**LA SERIE DE LIBROS MÁS VENDIDOS**

# eBay® Para Dummies,™ 4a Edición

Referencia Rápida

## Consejos para Compradores

Antes de ofrecer por un artículo en una subasta, siga estos pasos:

- Investigue el artículo antes de ofrecer, y busque las subastas terminadas para ver a qué precio se han vendido artículos similares en el pasado. Si el objeto es nuevo y puede comprarse en una tienda, conduzca una investigación en línea para saber en cuánto se vende el artículo en las tiendas. ¡No ofrezca demasiado!

- Haga una nota mental del costo del envío antes de ofrecer por un artículo. Añada los costos de transporte a su oferta total para tener una idea acertada de la suma total que deberá pagar.

- Revise la calificación del vendedor. No importa cuán alta sea ésta, cerciórese de que los últimos comentarios no sean negativos.

- Haga sus ofertas en incrementos extraños. Los oferentes a menudo utilizan números redondos (como incrementos de 25 céntimos). Si ofrece en incrementos de 27 céntimos, ¡podría ganar por sólo 2 centavos!

- Diviértase y prepárese para pagar por lo que ofrece. *Recuerde:* En muchos estados, hacer una oferta se considera un contrato vinculante.

## Cosas que Necesita Saber sobre las Calificaciones

Antes de enviar retroalimentación a otro miembro de eBay o leer los comentarios que los miembros de eBay le hayan enviado a usted, asegúrese de hacer lo siguiente:

- Antes de ofrecer por un artículo en eBay, **revise** la calificación de retroalimentación del vendedor haciendo clic en el número que aparece junto al lado de la identificación de usuario del vendedor.

- Incluso si ve una gran cantidad de comentarios positivos, **verifique** que el vendedor no tenga también un número creciente de respuestas de retroalimentación negativa, especialmente si es reciente. En los ojos de otros miembros de eBay, uno solamente es tan bueno como sus últimas transacciones, así que cuídese.

- **Respire y relájese** antes de dejar comentarios negativos para otro miembro de eBay. eBay no eliminará la retroalimentación si usted cambia de parecer o si exageró ante la situación.

- El vendedor **no está obligado** a dejar comentarios para usted cuando usted paga por el artículo. La retroalimentación se basa en toda la transacción; el comprador tal vez no haga ningún comentario hasta que reciba el artículo y ambos estén satisfechos.

- Si alguien le da calificación positiva, actúe con **reciprocidad** y déjele comentarios positivos también.

- Si recibe retroalimentación negativa y siente que es importante contar la historia desde su punto de vista, **asegúrese** de responder en un tono neutral. También puede agregar una línea de respuesta a la calificación que ha recibido, para explicar la situación a aquellos que lean el comentario.

*Para Dummies: La Serie de Libros más Vendida para Principiantes*

# eBay® Para Dummies,™ 4a Edición

Referencia Rápida

## La Hora eBay y las Actualizaciones

Los relojes de eBay están ajustados a tiempo militar de la zona del Pacífico. Fíjese en la tabla de mi sitio Web, la cual trae un cuadro de conversión (que se puede imprimir) con las horas eBay. Otra forma de mantenerse al tanto de los cambios en eBay es visitar mi sitio Web para obtener una suscripción gratuita a mi boletín informativo. Esta es la dirección electrónica:

www.coolebaytools.com

## Conozca los Términos de las Subastas

- **Precio reservado:** El precio mínimo que un vendedor está dispuesto a aceptar por un artículo subastado. Fijar un precio de reserva es opcional, y sólo el vendedor conoce el precio reservado. Si la oferta no sobrepasa la reserva, el vendedor tiene la opción de conservar el artículo. eBay cobra al vendedor una pequeña cuota por esta opción.

- **Oferta mínima:** La oferta mínima aceptable para un artículo, fijada por el vendedor. Esta cantidad debe ser determinada por el vendedor, y no se mantiene en secreto. Los montos de las ofertas mínimas a menudo son diferentes de los precios reservados.

- **Subasta (holandesas) de múltiples artículos:** Una subasta que permite a un vendedor colocar varios artículos idénticos a la venta, en lugar de organizar múltiples subastas separadas. El vendedor debe vender todos los artículos al precio mínimo ganador. Usted puede ofrecer por uno, algunos o todos los objetos.

- **BIN (Buy It Now: comprelo ahora):** Usted tiene la opción de comprar un artículo con la alternativa BIN. Si considera que el precio BIN representa un poco más de lo que quisiera pagar, haga una oferta al nivel mínimo posible (o lo máximo que le gustaría pagar). Así, la opción BIN desaparece y tal vez usted obtenga el artículo al menor precio.

- **Auto-oferta (proxy bid):** Puede decidir el máximo que está dispuesto a pagar por un artículo y dejar que el programa para hacer ofertas de eBay las coloque por usted mientras usted continúa con su vida. El oferente automático incrementa las ofertas para ganarle a la competencia hasta que su oferta sea superada o usted gane la subasta.

## Consejos para Vendedores

- Averigüe lo máximo posible acerca del valor, la historia y la condición del artículo.

- Responda todas las preguntas hechas por los oferentes potenciales a través del correo electrónico en pocas horas. No deje pasar demasiado tiempo, a no ser que desee parecer desinteresado en sus consultas.

- Estudie su competencia en eBay. Si se están realizando muchísimas otras subastas al mismo tiempo para el mismo tipo de objeto y las ofertas son competitivas, espere hasta que la competencia sea feroz por unos cuantos artículos selectos.

- Asegúrese de que su artículo no esté prohibido ni se considere cuestionable en eBay. Si no está seguro, lea las directrices de eBay y revise las leyes de su localidad.

- Cerciórese de agregar una foto para avivar sus subastas, y asegúrese de que su título resalte las palabras claves del artículo; pero no intente encubrir sus defectos en la descripción. Ser directo, informativo y conciso muestra a los compradores potenciales que usted es honesto y es fácil trabajar con usted.

# eBay®
## PARA
# DUMMIES™
### 4A EDICION

**por Marsha Collier**

ST Editorial, Inc.

## eBay™ Para Dummies™4a Edición

Publicado por
**ST Editorial, Inc.**
Edificio Swiss Tower, 1er Piso, Calle 53 Este,
Urbanización Obarrio, Panamá, República de Panamá
Apdo. Postal: 0832-0233 WTC
www.st-editorial.com
Correo Electrónico: info@steditorial.com
Tel: (507) 264-4984 • Fax: (507) 264-0685

Para información general de nuestros productos y servicios o para obtener soporte técnico contacte nuestro Departamento de Servicio al Cliente en los Estados Unidos al teléfono 800-762-2974, fuera de los Estados Unidos al teléfono 317-572-3993, o al fax 317-572-4002

For general information on our products and services or to obtain technical support, please contact our Customer Care Department within the U.S. at 800-762-2974, outside the U.S. at 317-572-3993, or fax 317-572-4002

Library of Congress Control Number: 2004100512

ISBN: 0-7645-6817-5

Publicado por S.T. Editorial, Inc.

Impreso en México

# Sobre el Autor

**Marsha Collier** pasa mucho tiempo en eBay. Le encanta comprar y vender (es PowerSeller), además de reunirse con usuarios de eBay de todo el mundo. Como columnista, autora de tres libros sobre eBay que han llegado a la lista de los más vendidos y conferencista invitada de la Universidad eBay, ella comparte su conocimiento sobre eBay con millones de compradores en línea. Miles de fanáticos de eBay también leen su boletín mensual llamado, *Cool eBay Tools*, para mantenerse al día con los cambios en el sitio.

Graduada de la universidad, Marsha trabajó en Publicidad de modas para el Miami Herald y luego como Gerente de Proyectos Especiales para *Los Angeles Daily News*. Al nacer su hija en 1984, fundó una empresa de publicidad y mercadeo en su hogar. Su muy exitoso negocio, Collier Company, Inc., apareció en la revista *Entrepreneur* en 1985 y, en 1990, la compañía de Marsha recibió el premio a la Pequeña Empresa del Año de los Asambleístas del Estado de California y de la Cámara de Comercio de Northridge.

Sobre todo, a Marsha le encanta un buen trato; eso es lo que la llevó a eBay en 1996, y lo que la mantiene ocupada en el sitio ahora. Ella compra de todo, desde cabezas de reemplazo para cepillos de dientes hasta repuestos para equipo de piscinas y vestidos de diseñadores famosos. Marsha sabe cómo hacer *trabajar* a eBay y, en este libro, comparte ese conocimiento con usted.

# Dedicatoria

A todos los futuros compradores y vendedores de eBay que han comprado este libro para tener una idea de cuán divertido puede ser comprar y vender en línea. Espero encontrármelos en las subastas y escuchar sus historias.

También dedico este libro a todos los empleados de eBay, quienes trabajan muy duro y no siempre reciben el reconocimiento o el aprecio de la comunidad. Quiero agradecerles todos sus esfuerzos; ustedes hacen que eBay sea un sitio divertido y provechoso, visitado por millones de personas. Sigan haciendo lo que están haciendo.

# Reconocimientos de la Autora

No podría haber escrito este libro sin las ideas compartidas por miles de vendedores y compradores de eBay con los cuales he hablado en todo el país. Me han inspirado a trabajar aún más y a hacer lo máximo por ayudarles.

He conocido a tantos amigos a lo largo de mis viajes en eBay. Mi coautor original del primer libro, Roland Woerner: Si no fuera por ti, este libro no existiría. También está mi gran amiga y compañera de eBay, Jillian Cline: Gracias por probar todas mis locas ideas sobre eBay; ¡me alegra que nos hayan servido a las dos! Gracias al resto de mis compinches de eBay, quienes siempre parecen tener un momento disponible cuando llamo.

Particularmente quiero agradecer a mis editores en Wiley Publishing, Inc.: la editora del proyecto Becky Huehls; mi super-editora técnica Louise (aunt-*patti) Ruby (quien, por cierto, fue una de las primeras empleadas de eBay); Steven Hayes, quien me sorprende todo el tiempo con nuevas ideas; y Andy Cummings, mi editor, quien nunca se ha sentido demasiado importante para inspirar a alguien tan pequeña como yo.

¡Gracias a todos ustedes!

# S.T. Editorial

**Edición al Español**

*Editorial*

**Editor en Jefe:** Joaquin Trejos

**Editora del Proyecto:** Viveca Beirute

**Diseño:** Milagro Trejos

**Traducción:** Roxana Gutiérrez

**Correctora:** Luciana Pávez

**Asistencia Editorial:** Laura Trejos,
Karla Beirute, Adriana Mainieri

**Editor Técnico:** Erick Murillo

---

*Adquisiciones, Editorial y
Desarrollo de Medios*

**Editora del Proyecto Asociada:**
Rebecca Huehls

**Editor General de Adquisiciones:** Steve Hayes

**Senior Copy Editors:** Kim Darosett,
Barry Childs-Helton

**Copy Editor:** Virginia Sanders

**Editora Técnica:** Patti Louise Ruby

**Editor General:** Leah Cameron

**Editora de Permisos:** Carmen Krikorian

**Jefe de Desarrollo de Medios:**
Laura VanWinkle

**Supervisor de Desarrollo de Medios:**
Richard Graves

**Asistente Editorial:** Amanda Foxworth

**Caricaturista:** Rich Tennant
(www.the5thwave.com)

*Producción*

**Coordinador del Proyecto:** Courtney
MacIntyre

**Diseño y Gráficos:** Andrea Dahl,
Stephanie D. Jumper, Lynsey Osborn,
Heather Ryan, Jacque Schneider

**Correctores:** Andy Hollandbeck, TECHBOOKS
Publishing Services

**Índice:** TECHBOOKS Publishing Services

# Un Vistazo a los Contenidos

# Tabla de Contenidos

# Introducción

. . . . . . . . . . . . . . . . . . . . . . . . . . . . . . . . . . . . . . . . . . .

Gracias por unirse a las miles de personas interesadas en aprender los crudos hechos sobre eBay de un usuario activo. He sido comprador en eBay por mucho tiempo, y además soy PowerSeller. Mi carrera "verdadera" era en el mercado detallista (ahora es de tiempo completo en eBay: enseñar y escribir). Trabajo en mi casa y aplico mis antecedentes exitosamente a todas las facetas del sitio.

¡Bienvenido a eBay *Para Dummies*, 4ta Edición! No puedo explicarles lo alegre que estoy de que mi entusiasmo y emoción por comprar y vender en eBay haya alcanzado tantos rincones del mundo. Los usuarios de eBay (como usted y yo) sumamos más de 78 millones: eso es una gran comunidad. Es una comunidad de compradores quienes no ven la necesidad de pagar precios detallistas por los artículos que compran, y de vendedores que salen a la caza de promociones de mayoristas para venderlas en línea y ganar unos cuantos dólares. Esto hace a eBay el nuevo mercado internacional, y lo mejor es que eBay está a disposición de cualquier persona que desee tomarse el tiempo para averiguar cómo funciona.

eBay no es difícil de dominar, pero como con cualquier otra herramienta, si usted conoce el teje y maneje, estará en ventaja. Podrá conseguir las gangas y, al vender, podrá ganar más dinero. Ha venido al lugar indicado para aprender todo sobre eBay. Este libro está diseñado para ayudarle a entender lo que necesita saber sobre comprar y vender en eBay, el sitio Web con la comunidad comercial de persona a persona más éxitoso. Usted obtiene todas las herramientas que necesita para empezar a moverse en eBay, no importa si es nuevo en la Internet o un adicto a ella. Verá cómo convertir ordinarios objetos amontonados en su casa en dinero en efectivo, y cómo buscar artículos para vender en eBay. Si usted es coleccionista (o le gustaría serlo), le mostraré cómo calcular cuánto debería gastar, cómo hacer ofertas inteligentes y cómo ganar las subastas. La cantidad de dinero que gane (o gaste) depende completamente de la *frecuencia* y la *inteligencia* con las que realice sus transacciones en eBay. Usted decide la frecuencia con que lleva a cabo las subastas y hace las ofertas; yo estoy aquí para ayudarle con la parte de la *inteligencia*, compartiendo consejos que he aprendido a lo largo del tiempo.

Un sitio Web tan complejo como eBay tiene muchos escondrijos y hendiduras que pueden confundir al usuario primerizo. Considere este libro como un mapa detallado que le ayudará a navegar por eBay para sacar tanto o tan poco de él como quiera. A diferencia de un mapa verdadero, usted no se frustrará al tratar de doblarlo a su forma original. Sólo cierre el libro y regrese cada vez que necesite la respuesta a alguna pregunta.

Después de averiguar el ir y venir de eBay, puede empezar a comprar y vender cosas. Yo tengo un montón de excelentes estrategias para comprar y vender que le ayudarán a aprovechar sus subastas al máximo. Con este libro y algo de roce, puede unirse a los flancos de millones de personas que usan las computadoras de sus hogares para hacer amigos, formar parte de la comunidad de eBay, divertirse muchísimo y ganar algo de dinero. Cuando haya entendido eBay y sienta que es tiempo de graduarse de este libro, busque mi otro libro *Starting an eBay Business For Dummies*:lo llevará a la cima.

## Sobre este Libro

¿Recuerda los exámenes a libro abierto con los que sus profesores lo sorprendían en secúndaria? Bueno, en ocasiones sentirá que eBay lo está evaluando con una prueba de esas. Piense en *eBay Para Dummies*, 4ta Edición, como un recurso para tomar el examen a libro abierto, con todas las respuestas. No tiene que memorizar nada; simplemente mantenga este libro a mano para ayudarle a sobrellevar las partes confusas de eBay.

Con esto en mente, este libro está dividido en secciones pertinentes que le ayudarán a encontrar sus respuestas rápidamente. Le mostraré cómo

- ✔ Conectarse e inscribirse en eBay.
- ✔ Navegar por eBay para hacer casi cualquier cosa que se le ocurra: buscar artículos en venta, montar subastas, monitorear sus transacciones y unirse al circuito de chateros.
- ✔ Hacer ofertas y ganar subastas de eBay.
- ✔ Escoger un artículo para vender, escoger el momento adecuado para su subasta, promocionarlo para que miles de oferentes lo vean y obtener buenas ganancias.
- ✔ Comunicarse bien y cerrar sus negocios sin problemas, sea usted comprador o vendedor.
- ✔ Hacerse parte parte de una comunidad realmente singular de personas a quienes les gusta coleccionar, comprar y vender artículos de casi cualquier tipo.

No trate de ajustar su vista. Para proteger la privacidad de los usuarios de eBay, las imágenes de pantallas (comúnmente conocidas como *screen shots*) en este libro muestran las identificaciones de usuarios borrosas.

## Suposiciones tontas

Tal vez haya escogido este libro porque ha escuchado que la gente se está haciendo rica comerciando en eBay y quiere averiguar qué está sucediendo.

O quizás escuchó sobre las gangas y cosas locas que puede encontrar en la venta de garaje más grande del mundo. Si cualquiera de estas dos suposiciones es cierta, este es libro correcto para usted.

Estas son algunas otras suposiciones tontas que he hecho sobre usted:

- Tiene, o le gustaría tener, acceso a una computadora, a un módem y a la Internet para poder hacer negocios en eBay.

- Tiene interés en coleccionar, vender y comprar cosas, y desea averiguar más sobre cómo hacerlo en línea.

- Quiere consejos y estrategias para ayudarle a ahorrar dinero al ofrecer y a ganar dinero cuando vende. (¿Usted también? Me identifico con usted. ¡Hable de todo con todos!)

- Le preocupa mantener su privacidad y mantenerse alejado de las personas que tratan de arruinarle la fiesta a los demás con actividades negligentes (y a veces ilegales).

Si cree que la expresión *surfear la Web* tiene algo que ver con arañas y tablas, entonces este libro puede ayudarle a empezar. Pero sería bueno que revise primero *The Internet For Dummies*, 9na Edición, por John R. Levine, Margaret Levine Young y Carol Baroudi, un curso intensivo sobre la confianza en la Internet. El libro es de Wiley Publishing, Inc., al igual que éste. De vez en cuando (y por mera coincidencia), menciono otros títulos de la serie *For Dummies* que encontrará útiles.

# Cómo está Organizado este Libro

Este libro tiene cinco partes, las cuales son independientes. Esto significa que puede leer el Capítulo 5 después de leer el Capítulo 10 o saltarse el Capítulo 3 por completo. Todo depende de usted. Sí le aconsejo que ojee los capítulos 1 y 2 para tener una idea general sobre qué es eBay y para saber cómo inscribirse.

Si ya está realizando transacciones en eBay, ciertamente puede adelantarse y empezar directamente con los útiles consejos y estrategias avanzadas para mejorar sus subastas. No espere a que le dé permiso, simplemente hágalo. ¡No voy a discutirle que las subastas llamativas equivalen a mayores ganancias!

## Parte 1: Olvídese del Mall: Darse una idea sobre eBay

En esta parte, le digo qué es eBay y cómo usarlo. Lo guío por el proceso de inscripción; le ayudo a organizar sus transacciones e interacciones en eBay usando la página My eBay, y a sentirse cómodo al navegar por el sitio desde la página de inicio.

# Parte II: ¿Quiere comprar lo que están vendiendo?

Si está muy seguro de querer empezar a hacer ofertas sobre un artículo, esta parte le da los detalles sobre cómo buscar un artículo, valorarlo, investigar, hacer ofertas y ganar las subastas.

El viejo dicho "Que el comprador tenga cuidado" se hizo popular porque aún hoy día (y tal vez especialmente hoy día), es una advertencia sabia. Use mis consejos amigables, sin calorías, para decidir cuándo ofrecer y cuándo dejar pasar una subasta.

# Parte III: ¿Quiere vender lo que están comprando?

Esta parte lo pone al día sobre cómo vender sus artículos en eBay. Considérelo un curso de mercadeo en eBay. Aquí encontrará información importante sobre cómo realizar sus subastas, qué hacer después de vender un artículo, cómo enviar el artículo y cómo darle seguimiento a todo el dinero que gane. Incluso el Tío Sam tiene algo que decir sobre su tema favorito: impuestos. Conozca las reglas para que su amigable oficina local de impuestos no lo invite a compartir una merienda para hacerle una auditoría.

También le enseño cómo hacer sus subastas más llamativas agregando fotos, y cómo usar el HTML básico para enlazar sus subastas a su página personal. (Si no tiene una página personal, no entre en pánico: los enlaces son opcionales.) Puede hacer que las imágenes digitales se vean como obras de arte con mis consejos, ideas y estrategias.

# Parte IV: Vaya, vaya, ¡más eBay! Características especiales

Revise esta parte para descubrir cómo manejar los asuntos de privacidad relacionados con eBay y cómo resolver asuntos de compras y ventas con la ayuda de la sección Rules & Safety (SafeHarbor), el centro de información para la resolución de problemas en eBay. También se incluyen formas para divertirse con la comunidad de eBay, usar las subastas para la caridad y hacer ofertas sobre grandes artículos para una buena causa.

## Parte V: Los diez más

Para seguir con la larga tradición de la serie For Dummies, esta parte es un compendio de capítulos cortos que le brindan referencias prácticas y datos útiles. Comparto más consejos excelentes para comprar y vender artículos, además de descripciones de mis programas de software favoritos, los cuales pueden ayudarle a aliviar la carga de sus subastas.

Además de estas partes, también hay dos apéndices. El Apéndice A le da información privilegiada sobre cómo avistar una tendencia antes de que el resto del mundo lo haga y cómo adquirir artículos a un buen precio por los que otros pagarían una fortuna. El Apéndice B es una introducción sobre cómo empezar su propio negocio de tiempo completo o de medio tiempo en eBay. Es un poco de inspiración y otro poco de hechos aprendidos a la brava. Después de leerlo y sentirse listo para el siguiente nivel, lea mi otro libro, *Starting an eBay Business For Dummies*. Empieza donde éste termina.

# Iconos usados en este libro

¡Estos son datos que usted *debe* conocer! El tiempo es dinero en eBay. Cuando vea este atajo o ahorro de tiempo cerca, lea la información y piense en todos los enredos que acaba de ahorrar.

Considere este icono como una nota autoadhesiva para su mente. Si usted olvida una de las perlas de sabiduría que se le han mostrado, puede devolverse y leerla otra vez. Si *todavía* no puede recordar algo, siga adelante, doble la página (yo no diré nada). Mejor aún: use un marcador amarillo para resaltar.

No sienta mi dolor. Yo ya me he equivocado en eBay y quiero ahorrarle la pena de cometer los mismos errores. Destaco estas advertencias claramente para que usted no tenga una mala experiencia. No se salte estas advertencias a menos que sea un entusiasta del masoquismo.

Cuando vea este icono, sabrá que se trata de un hecho verdadero. Yo elaboré este icono especialmente para contarle historias de batallas (e historias de éxitos) de los veteranos de eBay (*aprender de sus experiencias es mi lema*), las cuales le ayudarán a crear estrategias y hacer dinero, y lo librarán de los peligros de escribir mal la descripción de un artículo. Puede saltarse estos iconos si lo desea, pero tal vez se queme si lo hace.

# ¿Y ahora qué?

Como todo lo demás en el mundo, eBay evoluciona constantemente. Algunas de las pantallas de eBay en este libre podrían verse algo diferente de las que verá en el monitor de su computadora en su casa. Eso se debe a que eBay está moviéndose y cambiando. Mi trabajo es armarlo con todo lo que necesita saber para unirse a la comunidad de eBay y empezar a realizar sus transacciones. Si se enfrenta a aguas bravas, sólo busque el problema en la tabla de contenidos o en el índice de este libro. Yo le ayudo a resolverlo o le indico a dónde recurrir en eBay para obtener el consejo de un experto.

Aunque eBay trata de hacer su complejo portal tan fácil de navegar como sea posible, probablemente todavía necesitará referirse a este libro por ayuda. No se frustre si se ve obligado a revisar los temas una y otra vez antes de sentirse completamente cómodo al negociar en eBay.

Después de todo, Albert Einstein dijo una vez: "No traten de memorizar lo que pueden buscar." (Se me olvida cuándo lo dijo. . . .)

# Retroalimentación, por favor

La comunicación hace que el mundo gire, y me encanta saber de ustedes. Contáctenme en talk2marsha@coolebaytools.com. Por favor recuerde que no puedo responder todas las preguntas que me envían. No me queda suficiente tiempo en el día, entre escribir, enseñar, ah sí, ¡y mi familia! Pero sí leo todos mis mensajes. Las mejores preguntas serán respondidas en mi boletín.

Mi boletín gratuito sale casi cada mes, ¡lleno de nuevos datos para facilitarle el camino en eBay! Puede suscribirse a él en mi sitio web www.coolebaytools.com.

---

## Precaución: Trabajos en la autopista de la información en los siguientes tres kilómetros

Se podría pensar que, con los millones de personas que accedan el portal de eBay cada día, los tipos de Sillicon Valley tendrían suficiente para mantenerse ocupados. ¡Ojalá! Pero no, todos se están diversificando ahora que empieza el nuevo milenio; eBay quiere renovar el sitio y hacerlo más divertido: eso significa cambiar cosas de lugar para ver si usted lo nota. Por ejemplo, tal vez vea un enlace (una imagen o un grupo de palabras que lo lleva a una parte diferente del sitio después de hacer clic en él) en la página de inicio hoy, y mañana, ya no lo verá y habrá otra cosa en su lugar. No entre en pánico: la barra de navegación principal es como su propio rastro de migas de pan. Lo puede llevar hacia dentro eBay, alrededor de la cuadra y afuera del bosque casi sin ningún problema.

# Parte I
# Olvídese del Mall: Darse una Idea sobre eBay

**La 5a Ola**                    Por Rich Tennant

*"¿Adivina quién encontró una liquidación de mercadería de KISS mientras no estabas?"*

## En esta parte . . .

La nueva tecnología puede ser intimidante para cualquiera. Tal vez usted haya querido visitar eBay, comprar algo quizás, pero eBay parece ser enorme y atemorizante. Usted necesita alguien que le muestre las herramientas más útiles para pasear por eBay, que le ayude a averiguar cómo funciona y le enseñe cómo llevar a cabo sus transacciones. Eso es lo que yo hago en la Parte I.

En esta parte, le doy la información que usted desea conocer sobre cómo funciona eBay y lo que ofrece a sus miembros. Aprenda cómo inscribirse como usuario, a maniobrar por la página inicial de eBay y cómo personalizar su propia y exclusiva página My eBay. También puede enterarse sobre el muy importante perfil de retroalimentación, el cual persigue a todos los usuarios de eBay como una sombra.

# Capítulo 1

# eBay es un Magnífico Lugar para Comprar y Vender

. . . . . . . . . . . . . . . . . . . . . . . . . . . . . . . . . . . . . . . . . . . . . . . . . . . . . . . . . . . . .

### En este capítulo

▶ Descubramos eBay

▶ Lo esencial sobre los tipos de subastas

▶ Cómo usar las características y cosas divertidas

▶ Lo esencial las cámaras digitales y los escáneres

. . . . . . . . . . . . . . . . . . . . . . . . . . . . . . . . . . . . . . . . . . . . . . . . . . . . . . . . . . . . .

*e*Bay se ha convertido en el mercado del siglo veintiuno. En julio del 2003, la revista *Wired* predijo que la promesa de eBay es que "comprar al detalle se convertirá en el pasatiempo nacional". Los fundadores de eBay tuvieron una genial idea en 1995 (lea más sobre la historia de eBay en la barra lateral "Los humildes inicios de eBay", más adelante en este capítulo"), y el mundo se ha dedicado a comprar y vender en línea. eBay es un lugar seguro y divertido para comprar de todo, desde artículos de colección hasta ropa, y desde la comodidad de su propio hogar.

eBay es ahora también un mercado para mercadería nueva. Ya no es solamente el destino de artículos de colección y antiguos patrones de porcelana. Hoy día, usted puede adquirir artículos nuevos y útiles, tales como sistemas de alarmas, elegantes cepillos de dientes electrónicos, bombillos eléctricos, ropa, autos, casas y prácticamente todo lo que se le ocurra.

Eche un vistazo alrededor de su casa. Un bonito tostador. Un reloj espectacular. Un elegante microondas. Sin mencionar todas las demás cosas llamativas que posee. Es fabuloso tener todos estos artículos para el hogar y de colección, pero ¿cuál fue la última vez en que su tostador le dejó alguna ganancia? Cuando se conecta a eBay, su PC o Mac se convierte mágicamente en máquina de dinero. Sólo visite eBay, y maravíllese ante todos los artículos que están sólo a unos cuantos clics de comprarse y venderse.

En este capítulo, le digo qué es e-Bay y cómo funciona. eBay es la alternativa perfecta a pasar horas paseando por tiendas de antigüedades o centros de canje buscando el artefacto ideal. También puede ser su comprador personal para regalos y artículos cotidianos. No sólo es posible comprar y vender cosas desde la privacidad de su hogar; además, puede conocer gente que comparte sus intereses. Quienes usan el sitio de eBay son amigables, y pronto usted estará comprando, vendiendo, intercambiando historias y consejos de negocios con los mejores.

Para llegar a eBay, necesita tener acceso a la Internet. Para tener acceso a la Internet, necesita una computadora, ya sea una computadora personal (PC) o una Macintosh (Mac), con conexión a la Internet; o puede obtener MSN TV (no, mejor WebTV). Si no está listo para zambullirse en el mundo de la alta tecnología, este libro le enseñará cómo empezar a operar en eBay (y cómo ganar dinero) sin poseer ni un solo ciber-objeto.

# ¿Qué es eBay y cómo funciona?

La Internet está engendrando todo tipo de negocios nuevos (conocido como *comercio electrónico* entre los tipos de Wall Street); eBay es una de las pocas superestrellas. La razón es simple: es el lugar donde los compradores y vendedores se pueden reunir, hacer negocios, compartir historias y consejos y divertirse. Es como una gigantesca fiesta donde todos llevan algo para la olla; pero usted, en lugar de colaborar con un plato, ¡lo vende!

eBay no vende *nada*. En cambio, el sitio se comporta como todo buen anfitrión: crea un ambiente cómodo en el que se reúnen personas con intereses comunes. Piense en eBay como la persona que arregló su última cita a ciegas, y con resultados generalmente mucho mejores. Su amiga celestina no organiza la ceremonia de bodas, pero sí hace que usted y su potencial media naranja se encuentren en el mismo lugar. eBay pone a compradores y vendedores en una tienda virtual y los deja realizar sus negocios en forma segura conforme a las reglas establecidas por eBay.

Todo lo que debe hacer para unirse a eBay es llenar unos cuantos formularios en línea y hacer clic. Felicitaciones. Ya es usted miembro, sin necesidad de pagar grandes cuotas ni practicar el saludo secreto. Después de inscribirse, puede comprar y vender cualquier cosa que esté dentro de las reglas y reglamentos de eBay. (El Capítulo 2 le ayuda con el proceso de inscripción.)

El portal de eBay, mostrado en la Figura 1-1, es su primer paso hacia encontrar todas las cosas interesantes que puede ver y hacer en eBay. Puede realizar búsquedas, averiguar qué hay de nuevo y obtener un enlace instantáneo a la página My eBay, la cual le ayuda a seguirle la pista a cada artículo de subasta que usted tiene a la venta o sobre el cual haya hecho una oferta. Puede leer más sobre el portal de eBay en el Capítulo 3 y averiguar más sobre My eBay en el Capítulo 4.

¡Ay! ¿Qué pasó? ¿El portal de eBay en su computadora no se parece en nada al de la Figura 1-1? No se frote los ojos ni frunza el ceño: no le ayudará; eBay tiene una versión diferente de su portal para aquellos que no se han inscrito nunca en eBay. Incluso si *usted* no se ha inscrito nunca, tal vez alguien que usa su computadora lo haya hecho. Fíjese en la Figura 1-2, y compruebe si se parece más.

**Figura 1-1:**
La página
de Inicio de
eBay, su
punto de
partida
hacia
gangas y
enormes
ganancias
en efectivo.

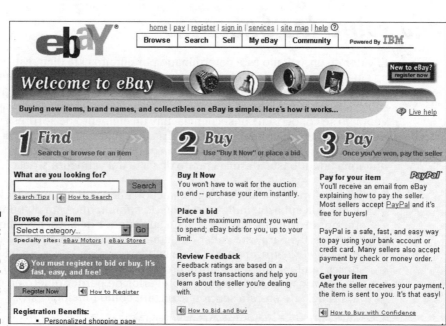

**Figura 1-2:**
La página
de Inicio
"eBay Lite"
para nuevos
usuarios.

## Los humildes inicios de eBay

La leyenda urbana popular dice que eBay inició con un dispensador Pez. Pero, aunque esa historia sea muy romántica (sobre el joven que diseñó el sitio para que su prometida pudiera intercambiar dispensadores Pez), tristemente sólo es un truco de relaciones públicas. Su fundador, Pierre Omidyar, tuvo la visión correcta en el momento oportuno, y el primer artículo que vendió en el sitio fue un puntero láser en mal estado. Día tras día, más personas (incluyéndome a mí en 1996) sintieron curiosidad por el sitio, al enterarse de su existencia en conversaciones de Internet. Eventualmente, el sitio creció hasta tal punto que empezó a darle problemas al ISP (proveedor de servicios de Internet) de Pierre. El ISP empezó a cobrarle más, así que él empezó a cobrarles una pequeña cuota de inscripción a los vendedores, lo suficiente para no tener pérdidas. Cuenta la leyenda que el día en que recibió $10 000 en cuotas en su buzón de correo, Pierre renunció a su trabajo. (¡Espero que eso no sea un invento también!)

eBay nació el Día del Trabajo en 1995. El nombre eBay viene de Echo Bay, el cual Pierre quería originalmente para su compañía. Al verificar con el estado de California, descubrió que ya había otra empresa con ese nombre, así que lo acortó a eBay y, como dicen, el resto es historia.

# *Todo sobre las Subastas*

El valor de un artículo está determinado por cuánto está dispuesta una persona a pagar para tenerlo. Esto hace que las subastas sean emocionantes. eBay ofrece varios tipos de subastas, pero en general, todas funcionan igual. Una *subasta* es un evento de ventas único, en el cual el valor exacto del artículo a la venta no se conoce. En consecuencia, hay un elemento de sorpresa involucrado, no sólo para el oferente (quien podría terminar con una gran ventaja), sino también para el vendedor (quien podría obtener una enorme ganancia). Así funciona una subasta, desde el punto de vista del vendedor y del oferente:

✔ **Vendedor:** Un vendedor paga una cuota, llena un formulario electrónico e inicia la subasta, indicando la *oferta mínima* que está dispuesto a aceptar por el artículo. Imagínese a un subastador de Sotheby's diciendo: "Las ofertas para este collar de diamantes empiezan en $5 000." Tal vez usted *quiera* ofrecer $4 000, pero su oferta no será aceptada. Los vendedores también pueden fijar un *precio reservado*, algo así como una red de seguridad financiera para protegerlos de perder dinero en el trato. Más adelante en esta sección explicaré cómo funciona esto.

✔ **Oferente:** Los oferentes en las subastas aguantan durante un período de tiempo (el mínimo es un día, pero la mayoría de las subastas dura una semana o más) hasta que alguien salga victorioso. Generalmente, la oferta más alta gana. Lo arriesgado de participar en una subasta (y también lo más emocionante) es que nadie sabe el precio final al que se venderá un artículo hasta el último momento de la subasta.

# Las subastas en eBay

A diferencia de las subastas "tradicionales" en vivo, que terminan con la bien conocida frase "¡Se va... a la una, a las dos, vendido!", las subastas en eBay son controladas por un reloj. El vendedor paga una cuota y exhibe el artículo en el sitio durante un período predeterminado de tiempo; el mejor postor cuando el reloj llega a su fin se lleva a casa el premio.

# Subastas con precio reservado

A diferencia de una oferta mínima, necesaria en una subasta de eBay, un *precio reservado* protege a los vendedores de vender un artículo a un precio menor del que desean recibir por él. Usted se sorprenderá de ver un auto deportivo Jaguar XKE de 1968 en la lista de subastas de eBay con una oferta mínima de sólo un dólar. Es seguro decir que el vendedor ha puesto un precio reservado sobre ese auto para evitar perder dinero. El precio reservado les permite a los vendedores fijar ofertas mínimas más bajas, las cuales atraen a los oferentes. Desafortunadamente, si un vendedor pone un precio reservado muy alto y éste no se alcanza al final de la subasta, nadie gana.

eBay cobra una cuota a los vendedores que dirigen estas subastas. Nadie sabe (excepto el vendedor y el sistema computarizado de eBay) cuál es el precio reservado hasta que la subasta termine, pero es posible saber a partir de la página de la subasta si se trata de una con precio reservado. Las subastas con precio reservado están en las listas junto con los demás artículos, así que usted debe hacer clic y ofrecer en una subasta para averiguar si tiene precio reservado. Si se han hecho ofertas sobre el artículo, aparecerá un mensaje en la página que dice si se ha alcanzado el precio reservado. Puede averiguar más sobre ofrecer en subastas con precio reservado en el Capítulo 6, y sobre cómo establecer una subasta con precio reservado en el Capítulo 9.

# Subastas en vivo

Si le hace falta el tipo tradicional de subasta donde se escucha: "se va, se va, se fue" (el mayor postor gana), puede participar en las subastas en vivo de una galería en tiempo real. En las *eBay Live Auctions*, usted puede ofrecer a través de la conexión de eBay a Internet tal como si estuviera sentado en una silla en la sala de subastas. Estas subastas generalmente se hacen para artículos muy singulares e interesantes, los cuales probablemente no podrá encontrar en su localidad. Para saber más sobre estas ventas, vea el Capítulo 6. La Figura 1-3 muestra el portal Live Auctions, localizado en www.ebay.com/liveauctions.

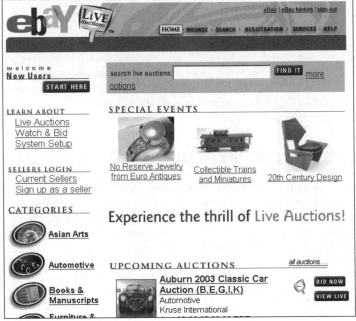

**Figura 1-3:**
La página de Inicio Live Auctions enumera las subastas presentes y venideras y proporciona enlaces para ver los catálogos de artículos.

## Subastas con acceso restringido

Si tiene más de 18 años de edad y está interesado en hacer ofertas por artículos para adultos, eBay tiene una categoría solo para adultos (*Mature Audiences*), la cual cuenta con acceso restringido. Usted puede revisar todas las otras categorías de eBay sin necesidad de enviar la información de su tarjeta de crédito, pero es obligatorio registrar su número de tarjeta de crédito en eBay para ver y ofrecer sobre los artículos en esta categoría. Las subastas con acceso restringido funcionan igual que las subastas comunes con límite de tiempo. Para ofrecer sobre artículos para adultos, primero debe estar de acuerdo con los términos de uso, digitar su identificación de usuario y su contraseña. La página de términos de uso aparecerá automáticamente cuando trate de acceder a esta categoría.

Si no le interesa ver u ofrecer sobre artículos para adultos, o si está preocupado de que sus hijos puedan tener acceso a material gráfico para adultos, eBay ha resuelto ese problema excluyendo este tipo de artículos de las áreas de fácil acceso, como la página Featured Items. A los niños menores de 18 años no se les permite inscribirse en eBay, y deberían ser supervisados por un adulto si ingresan al sitio.

## Subastas para caridad: Todo por una buena causa

Una *subasta para caridad* (*charity auction*) es una subasta altamente publicitada con el fin de recaudar fondos para entregar las ganancias a una obra de caridad seleccionada. La mayoría de las personas no se despierta en la mañana deseando tener los zapatos que Ron Howard usó cuando puso sus huellas en cemento en el Teatro Chino de Mann en Hollywood, pero artículos únicos como ése son los que a menudo se ofrecen en las subastas para caridad. (De hecho, alguien quería tanto esos zapatos como para ofrecer una gran suma de dinero por ellos en eBay.) Las subastas para caridad se hicieron populares des-

pués de que el programa de la *NBC Today Show* vendiera una chaqueta autografiada en eBay por más de $11 000 y entregó las ganancias a Toys for Tots. Estas subastas se dirigen igual que la mayoría de las otras subastas en eBay pero, debido a su popularidad, las ofertas son agresivas y las sumas llegan al cielo. Muchas personalidades famosas usan eBay para ayudar a sus obras de caridad favoritas. Le sugiero que visite estas subastas y ofrezca cuando pueda. En las subastas para caridad todos ganan. Puede leer más sobre las subastas de los famosos en el Capítulo 18.

## Subastas (shhh-es un secreto) privadas

Algunos vendedores prefieren realizar subastas privadas, pues saben que algunos oferentes pueden sentirse avergonzados de hacer una oferta por una caja de corbatines atrevidos delante del resto de la comunidad de eBay. Otros escogen la ruta privada porque están vendiendo artículos muy caros y no desean revelar la condición financiera de sus oferentes.

Las subastas privadas funcionan igual que las subastas típicas con tiempo, excepto que la identidad de cada oferente se mantiene en secreto. Al final de la subasta, eBay brinda la información de contacto al vendedor y al mayor postor, nada más.

Es posible enviar preguntas por correo electrónico al vendedor en una subasta privada, pero no se puede ojear la competencia: la página del artículo subastado muestra el precio actual de la oferta, pero no la identificación del oferente.

## Subastas de artículos múltiples (a la holandesa)

Las subastas a la holandesa (Dutch auctions) por artículos múltiples no tienen nada que ver con molinos, zapatos de madera o dividir la cuenta en una cita. Una *subasta de artículos múltiples* le permite al vendedor poner varios artículos idénticos a la venta. En lugar de llevar a cabo 100 subastas separadas para 100 pares de zapatos de madera, por ejemplo, un vendedor puede venderlos todos en una sola lista. Como comprador, puede elegir ofrecer por 1, 3 o hasta los 100 pares. Pero, a menos que tenga una boutique de ropa alternativa (o conozca a un ciempiés gigante que necesite todos esos zuecos), probablemente querrá ofrecer sólo sobre un par. Para más información sobre las subastas de artículos múltiples, vea el Capítulo 6.

Una subasta de artículos múltiples no puede llevarse a cabo como privada.

## Cómprelo Ahora en eBay

No hace falta participar en una subasta en eBay para comprar algo. Si desea hacer una compra (si es algo que *realmente* quiere tener), generalmente puede encontrar ese artículo y comprarlo inmediatamente. Por supuesto, usar Buy It Now (o *BIN* en lenguaje de eBay) no viene acompañado de la emoción de la subasta, aunque adquirir un objeto a una fracción del precio detallista sin dejar su silla o esperar a que termine una subasta tiene su atractivo. Si busca este tipo de gratificación instantánea en eBay, visite las tiendas eBay. También puede separar estos artículos haciendo clic en la pestaña Buy it Now cuando navega por las categorías o realiza una búsqueda.

### Las tiendas eBay

Visitar las tiendas eBay es tan fácil como hacer clic en el enlace de eBay Stores en el portal. Miles de vendedores de eBay han montado tiendas con mercadería destinada a la compra inmediata. Las tiendas eBay están clasificadas igual que eBay, y usted puede comprar cualquier cosa, desde medias hasta joyería y electrodomésticos.

Los vendedores que abren una tienda eBay tienen que cumplir con cierto nivel de experiencia en eBay, y cuando usted compra en las tiendas eBay, la misma política de protección contra fraudes que lo cubre al participar en las subastas de eBay tiene vigencia. La Figura 1-4 muestra la página central de eBay Stores.

### Ventas con Buy It Now y de precio fijo

Más y más vendedores están vendiendo artículos con la opción Buy It Now o a un precio fijo. Esto le permite comprar un artículo tan pronto como lo encuentre al precio que le convenga. Para más información sobre cómo funcionan estas ventas, revise el Capítulo 6.

**Figura 1-4:** Desde la central eBay Stores, usted puede encontrar casi cualquier cosa sin necesidad de esperar a que termine una subasta.

# Así que Quiere Vender Algo

Si usted es vendedor, crear una página de subasta en eBay es tan simple como llenar un formulario en línea. Usted digita el nombre del artículo y una corta descripción, agrega una fresca foto digital, fija el precio y listo, es hora de la subasta. (Bueno, es un poquito más complicado que eso, pero no mucho). eBay cobra una pequeña cuota (entre $0.30 y $3.30) por el privilegio. Cuando usted incluye su artículo en la lista, millones de personas (eBay tiene cerca de 80 millones de usuarios registrados) en todo el mundo pueden echarle una ojeada y ofrecer dinero por él. Con algo de suerte, empezará una guerra de ofertas que las subirá lo suficiente como para obtener una buena ganancia. Después de la subasta, deberá tratar directamente con el comprador, quien le enviará el pago por medio de algún servicio de pago o por correo. Luego, usted deberá enviarle el artículo. Abracadabra, acaba de convertir su artículo (un poco de basura diaria, tal vez) en dinero en efectivo.

Puede montar tantas subastas como quiera, todas al mismo tiempo. Para obtener información sobre cómo decidir qué vender, revise el Capítulo 9; para averiguar cómo montar una subasta, pase al Capítulo 10; y para conocer lo esencial sobre las ventas avanzadas, visite el Capítulo 14. Cuando sea hora de convertirse en profesional, revise los apéndices al final del libro.

# Así que Quiere Comprar Algo

Si es coleccionista o simplemente disfruta de encontrar gangas, puede navegar 24 horas al día entre los artículos que se están subastando en las miles de categorías de eBay, las cuales van desde antigüedades hasta instrumentos para escribir. Encuentre lo que desea; investigue un poco sobre qué está comprando y quién lo está vendiendo, haga su oferta y sígale la pista hasta que cierre la subasta. Cuando escribí mi último libro, *eBay Bargain Shopping For Dummies* (Wiley Publishing, Inc.), me divertí muchísimo visitando las diferentes categorías y comprando algo por aquí y algo por allá; la variedad es sorprendente. ¡Incluso compré unas llantas!

Vea en el Capítulo 5 la información sobre cómo buscar artículos para hacer ofertas. Cuando encuentre un artículo que le guste, puede diseñar una estrategia para ofrecer y dejar que el juego empiece. El Capítulo 6 presenta estrategias para ofrecer que lo pueden convertir en ganador. Cuando gane la subasta, puede recibir consejos expertos sobre cómo completar la transacción en el Capítulo 8.

Puede ofrecer tantas veces como desee en un artículo, y puede ofrecer en tantas subastas como quiera. Sólo recuerde que cada oferta es un contrato vinculante, y está obligado a pagar si gana.

# Investigue para Divertirse y Ganar

El magnífico motor de búsqueda de eBay le permite navegar por un sinnúmero de *categorías* de artículos a la venta. Como comprador, puede hacer muchas comparaciones sobre ese algo especial sin el cual no puede vivir o simplemente puede husmear hasta que algo le llame la atención. Si es vendedor, el motor de búsqueda le permite seguirle la pista a la competencia y tener una idea de cuánta demanda hay por su artículo. De esta forma, podrá fijar un precio competitivo. Para saber más sobre cómo usar las opciones de búsqueda y las categorías, revise los Capítulos 3 y 5.

El motor de búsqueda también le permite averiguar sobre qué están ofreciendo otras personas. De ahí, puede leer las *calificaciones de retroalimentación o feedback ratings* (el ingenioso sistema de honor de eBay) para tener una idea de cuán buena es su reputación *antes* de hacer negocios con ellos.

# El papel de eBay en la acción

Durante todo el proceso de la subasta, las computadoras de eBay están al tanto de qué está sucediendo. Cuando termina la subasta o la venta, eBay toma un pequeño porcentaje del precio final de venta y da instrucciones al vendedor y al comprador para que se pongan en contacto por medio del correo electrónico. En ese momento, el trabajo de eBay prácticamente ha concluido, y se hace a un lado.

La mayoría de las veces, todo funciona a la perfección, todos son felices y eBay nunca más ingresa en el juego. Pero si usted enfrenta problemas en el paraíso, eBay puede ayudarle a arreglar el enredo, sea usted comprador o vendedor.

eBay regula a sus miembros con un sistema detallado de revisión y comentarios, conocido como *retroalimentación o feedback*, el cual se describe en el Capítulo 4. El plan maestro es que la comunidad se supervise a sí misma. No me malentiendan: eBay sí interviene cuando surge una actividad sospechosa. Pero las personas que mantienen a eBay más seguro son los miembros de la comunidad, los compradores y vendedores que comparten el interés por realizar negocios en forma honesta y justa. Cada vez que usted vende algo o gana una subasta, los miembros de eBay tienen la oportunidad de dejar un comentario sobre usted. Usted debería hacer lo mismo por ellos. Si están felices, la retroalimentación es positiva; de lo contrario, es negativa. Sea como sea, los comentarios se quedan con usted como si fueran goma.

Crear una gran reputación con retroalimentación positiva garantiza una larga y productiva carrera en eBay. La retroalimentación negativa, al igual que las sentencias múltiples por robo de autos, realmente desalienta a la mayoría de las personas, y le dificulta hacer negocios en el futuro en eBay.

Si su calificación de retroalimentación es un –4 (cuatro negativo), eBay suspende sus privilegios para comprar y vender. Puede averiguar más sobre cómo eBay lo protege como comprador o vendedor en los Capítulos 16 y 17.

# Características y Cosas Divertidas

Entonces, eBay sólo se trata de ganar dinero, ¿verdad? No, no exactamente. La gente en eBay no bromea cuando la llaman una comunidad: un lugar donde personas con intereses similares pueden comparar notas, discutir, comprar y vender, y conocerse. Sí, hay quienes se han casado después de haberse conocido en eBay. (¡Adivinen cómo sus amigos les compraron los regalos de boda!)

## Chatear un rato

eBay tiene docenas de salas de chat y foros de discusión específicos (incluso un nido de lechuzas nocturnas, para quienes no pueden dormir), cuyos temas varían desde publicidad hasta tarjetas para intercambiar. Entonces, si usted no tiene idea de cuánto vale esa vieja señal de gasolinera Mobil que encontró en el granero de su abuelo, sólo coloque un mensaje en la pizarra del chat sobre Advertising. En algún lugar allá afuera se encuentra un experto con su repuesta. Su mayor problema será decidirse entre conservar la señal o subastarla. ¡Ese es un buen tipo de problema!

Una de mis salas de chat favoritas es The eBay Q&A chat room. Si algo está pasando en eBay, ahí es donde se enterarán primero. Los miembros de esta sala se mantienen al tanto de lo que sucede, y siempre están dispuestos a ayudar o por lo menos a escuchar. Para saber más sobre colocar mensajes y las salas de chat, visite los Capítulos 5 y 17.

# Reglamento y Seguridad (Puerto Seguro)

La sección sobre reglamento y seguridad, Rules & Safety (SafeHarbor), es un lugar donde acudir por información y servicios sobre cómo hacer los negocios en eBay más seguros, y por datos sobre qué hacer si un trato sale mal. No me gusta pensar en eso, pero a veces, a pesar de su mejor esfuerzo por ser un buen usuario de eBay, los compradores o vendedores no cumplen sus promesas. En un pequeño porcentaje de casos, rufianes inescrupulosos a veces invaden el sitio y tratan de montar una estafa. Usted puede acabar comprando un artículo que no resulte ser como lo describían, o el ganador de su subasta no le envía el dinero. En ocasiones, incluso los miembros honestos se meten en disputas. La sección Rules & Safety es un excelente recurso cuando necesita conocer las respuestas a sus preguntas o hace falta la ayuda de un profesional para que maneje una situación que se haya salido de control. El Capítulo 16 explica todo lo relacionado con Rules & Safety.

# Artefactos Adicionales que Querrá Tener

En algún momento de su carrera en eBay, se sentirá cómodo con todos los obstáculos relacionados con las computadoras que deberá conquistar para hacer que la magia de eBay ocurra. En ese momento, estará listo para invertir en unos cuantos dispositivos adicionales los cuales mejorarán aún más sus experiencias en eBay. Las cámaras digitales y los escáneres pueden ayudarle a convertir su tiempo en eBay en una aventura más lucrativa y divertida. En el Capítulo 14 encontrará más detalles sobre cómo usar la tecnología digital en sus subastas.

## Capítulo 2

# Aquí Empieza la Acción: Inscribirse en eBay

Probablemente usted ya haya deducido que la inscripción en eBay se lleva a cabo en forma electrónica; es decir, no es necesario firmar *realmente* en una línea punteada como se hacía en los viejos tiempos, antes de que las computadoras dominaran el mundo. Actualmente, el arte de garabatear una firma se ha convertido en algo tan pasado de moda como los discos de vinilo (aunque todavía es posible conseguir estos discos en eBay, si se siente nostálgico).

Si se compara con la tarea de encontrar un buen espacio para parquear en un centro comercial durante días festivos, suscribirse en eBay es sencillísimo. Lo más difícil que debe hacer es digitar su dirección de correo electrónico correctamente.

En este capítulo, descubrirá todo lo que necesita saber sobre cómo registrarse en eBay. Obtendrá consejos sobre qué información debe dar a conocer y cuál debería guardar en secreto. No se preocupe, este es un examen a libro abierto. No hace falta memorizar las capitales de los estados, la tabla periódica o las tablas de multiplicar.

## Inscribirse en eBay

Usted no se verá obligado a usar una de esas etiquetas cursis que dicen "Hola, mi nombre es…" en su camisa después de inscribirse, pero eBay necesita saber algunas cosas sobre usted antes de otorgarle la membresía. Usted y otros varios millones de personas estarán recorriendo la cueva del tesoro de eBay; eBay necesita saber quién es quién. Entonces, con eso en mente, ¡suscríbase por favor!

## ¡eBay internacional!

eBay tiene sitios web en Estados Unidos, Argentina, Australia, Austria, Brasil, Bélgica, Canadá, China, Francia, Alemania, Irlanda, Italia, Corea, México, Holanda, Nueva Zelanda, Singapur, España, Suecia, Suiza, Taiwán y (uf) el Reino Unido. La gran mayoría de los usuarios de eBay con los que comerciará está en Estados Unidos, pero la membresía internacional está creciendo.

No hace falta ser un científico espacial para registrarse en eBay, aunque sí es posible comprar un cohete a escala o algo más grande después de haberlo hecho. La única regla rígida y estricta en eBay es que debe ser mayor de 18 años. No se preocupe, la Policía de Edades no vendrá a su casa a confirmarlo; tienen otros medios para asegurarse discretamente de que usted tenga por lo menos 18 años de edad. (*Pista*: Las tarjetas de crédito sirven para otras cosas, además de pagar cuentas). Si de momento sufre de un calambre cerebral y ha olvidado su edad, sólo trate de acordarse del estreno de la serie *El Show de Cosby*. Si recuerda haber visto los episodios originales de ese popular programa de principios de los 80, no debe preocuparse. Diríjase a la página de inicio de eBay e inscríbase. El proceso entero tarda solamente unos cuantos minutos.

# La Inscripción es Gratuita y Divertida (y Rápida)

Antes de poder registrarse en eBay, es necesario estar conectado a la Web. Este es el momento de encender su computadora y hacerlo. Después de abrir su explorador de Internet, estará listo para firmar.

Solo digite **www.ebay.com** en la casilla de la dirección de su buscador y oprima Enter. Su siguiente parada es la página de inicio de eBay. Justo allí, donde usted no podrá ignorarlo, está el enlace para inscribirse, Register Now, mostrado en la Figura 2-1. Haga clic en el enlace y deje que el proceso de suscripción empiece. También puede obtener el formulario de inscripción haciendo clic en los enlaces de bienvenida de eBay; vea el Capítulo 3 para más detalles.

La página inicial de eBay cambia regularmente. Podría verse también como la página inicial en la Figura 1-2, del Capítulo 1. Si no encuentra el botón Register Now, busque alrededor de la página: habrá un botón destinado claramente a la suscripción en alguna parte.

**Figura 2-1:**
Haga clic en este enlace para inscribirse, y pronto estará comerciando en línea como todo un profesional.

Cuando ya esté en el formulario de inscripción, debe seguir un proceso de cuatro pasos. Este es un resumen:

1. Digite la información básica requerida.

2. Lea y acepte el acuerdo de usuario.

3. Confirme su dirección electrónica.

4. Ojee (o sáltese) la información opcional.

Las secciones siguientes le darán todos los detalles.

Las páginas de inscripción en eBay están en una conexión SSL segura. La *SSL* (Secure Sockets Layer) le permite tener una conexión codificada a eBay, pues un montón de geniecitos de la tecnología lo hicieron así. Es fácil notarlo: el *http* normal al inicio de la dirección Web (también llamada URL) ahora es *https*. Además, verá un pequeño candado cerrado en la esquina inferior izquierda (o derecha) de su pantalla. Podría explicarle cómo funciona SSL pero, en cambio, sólo iré al grano: *Funciona*, así que confíe en mí y úselo. Cuantas más precauciones tome eBay (y usted), más difícil será para algún chiquillo colegial con demasiada cafeína entrar a sus archivos.

# Entonces, ¿cuál es su firma? Completar la información requerida

Después de hacer clic en los enlaces del botón de registro, será transportado al corazón de las páginas de inscripción de eBay. Para empezar siga estos pasos:

1. **Al principio de la primera página de inscripción, eBay le muestra los pasos del proceso y le pide que complete alguna información requerida (vea la Figura 2-2).**

   Esto es lo que eBay quiere saber de usted:

   - Su nombre completo, dirección y número telefónico principal. eBay guarda esta información en un archivo, en caso de que la compañía (o algún miembro que sea parte de la transacción) necesite ponerse en contacto con usted.

   - También puede incluir, si lo desea, un número telefónico secundario y un número de fax.

   - Su dirección electrónica (`yourname@myISP.com`).

    Si se inscribe por medio de un servicio de *correo electrónico anónimo* como Yahoo! Mail o Hotmail, será llevado a una página que requiere información adicional, con propósitos de autenticación. Debe proporcionar información válida sobre su tarjeta de crédito para ser identificado. Su información está protegida por la política de privacidad de eBay, y no se le harán cargos a su tarjeta de crédito.

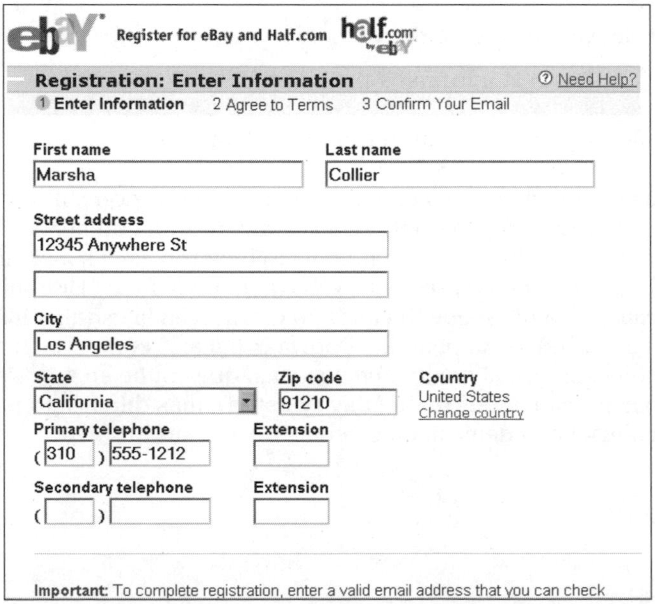

**Figura 2-2:** Una parte de la información requerida para suscribirse en eBay.

eBay Register for eBay and Half.com half.com

**Registration: Enter Information** ⑦ Need Help?
① Enter Information   2 Agree to Terms   3 Confirm Your Email

**First name** Marsha   **Last name** Collier

**Street address** 12345 Anywhere St

**City** Los Angeles

**State** California   **Zip code** 91210   **Country** United States — Change country

**Primary telephone** ( 310 ) 555-1212   **Extension**

**Secondary telephone** ( )   **Extension**

**Important:** To complete registration, enter a valid email address that you can check

Después de digitar su información personal, está listo para crear su identidad eBay.

2. **Deslícese hacia abajo en la página para seleccionar su nueva identificación de usuario de eBay.**

   Vea en "Escoger una Identificación de Usuario", más adelante en este capítulo, algunos consejos para seleccionar su identificación de usuario.

3. **Escoja una contraseña permanente, digítela en la casilla Create Password y luego digítela por segunda vez en la casilla Re-enter Password, para confirmarla.**

   Para más información sobre cómo escoger una contraseña, vea "Unas Cuantas Palabras sobre las Contraseñas", más adelante en este capítulo.

4. **Elabore su pregunta secreta única y digite la respuesta.**

   La pregunta secreta que escoja aquí es utilizada por eBay para identificarlo si alguna vez tiene problemas a la hora de conectarse.

   Si se está inscribiendo con una dirección electrónica anónima, aquí es donde debe digitar la información sobre su tarjeta de crédito.

5. **Digite su fecha de nacimiento.**

6. **Asegúrese de que toda la información digitada sea correcta.**

   Piense en su maestra de segundo grado, quien constantemente decía, "Niños, revisen su trabajo." ¿Lo recuerda? ¡Ella todavía tiene razón! Revise sus respuestas.

   Si eBay encuentra un error en su inscripción, tal como un código de área o código postal incorrectos, verá un mensaje de advertencia. Esto es parte del sistema de seguridad de eBay para protegerse de inscripciones fraudulentas. Use el botón Back para corregir la información: si, por ejemplo, escribió mal su dirección electrónica, eBay no tiene forma de contactarlo. Entonces, no escuchará ni pío de eBay con respecto a su inscripción hasta que pase nuevamente por todo el proceso.

7. **Haga clic en el botón Continue para pasar a la siguiente pantalla.**

Si ha cometido algún error, eBay le da la oportunidad de corregir la información usando el botón Edit Information.

Si se inscribió con un servicio de correo electrónico anónimo, tal como Yahoo! Mail o Hotmail, debe digitar la información de su tarjeta de crédito, como mencioné anteriormente, antes de ver el acuerdo de licencia, el cual explico en la siguiente sección. Si, al verlo, sus ojos le empiezan a llorar con toda la palabrería legal, la sección siguiente le ayudará a entenderlo.

## ¿Jura solemnemente . . . ?

Después de hacer clic en Continue, será transportado a una página con el acuerdo de usuario de eBay y la política de privacidad (User Agreement and

Private Policy). En esta página, usted jurará mantener a eBay un lugar seguro para la democracia y el comercio. Prometerá ser un buen jugador con los demás, no engañar y seguir la regla de oro. No, no está haciendo una audición para un club de superhéroes; pero no se le olvide nunca que eBay toma esto muy en serio. Usted podrá ser expulsado de eBay, o algo peor podría sucederle. (¿Puede decir "investigación federal"?)

Asegúrese de leer el acuerdo del usuario completamente al registrarse. Para evitarle el poner este completísimo libro a un lado para leer esa palabrería legal justo ahora, le doy lo fundamental aquí:

- ✔ Usted entiende que cada transacción es un contrato legalmente vinculante. (Haga clic en el enlace User Agreement, al final de cualquier página de eBay, para ver las reglas y regulaciones actuales de eBay.)

- ✔ Está de acuerdo con pagar por los artículos que compre y las cuotas en las que incurra en eBay. (El Capítulo 8 le explica cómo eBay toma su parte de cada subasta.)

- ✔ Entiende que tiene la responsabilidad de pagar los impuestos correspondientes.

- ✔ Está consciente de que, si vende artículos prohibidos, eBay podrá enviar su información personal a las autoridades para su investigación. (El Capítulo 9 le explica lo que puede y no puede vender en eBay, y lo que eBay hace con los vendedores de artículos prohibidos.)

- ✔ eBay aclara que es sólo un *medio*; esto significa que es un lugar donde las personas con intereses parecidos se pueden reunir, saludarse y hacer negocios.

Cuando todo sale bien, el sitio Web de eBay es como un gimnasio escolar que abre los sábados para reuniones de intercambio. En el gimnasio, si usted no juega siguiendo las reglas, lo pueden echar. Pero si usted no juega de acuerdo con las reglas en eBay, el asunto deja de parecerse al gimnasio de inmediato. eBay tiene el derecho de pedir a las autoridades estatales y federales que lo rastreen y acusen. Pero lo justo es justo; si hace clic en la casilla apropiada en esta página, eBay lo mantiene al tanto (por correo electrónico) de cualquier cambio en el acuerdo de usuario.

Si es aficionado a la letra menuda, diríjase a estas direcciones para encontrar todos los pormenores de las políticas más recientes:

```
pages.ebay.com/help/community/png-user.html
pages.ebay.com/help/policies/privacy-policy.html
```

Antes de proceder, debe hacer clic en las dos casillas mostradas en la Figura 2-3, las cuales indican que usted realmente, en serio entiende lo que significar ser usuario de eBay. Puesto que yo sé que usted, como miembro respetuoso de la ley de eBay, no tendrá ningún problema siguiendo las reglas, continúe y haga clic en el botón I Agree to These Terms, al final de la página. Esto lo llevará a una pantalla con la afirmación de que eBay le enviará un mensaje electrónico. Ya casi termina.

El siguiente paso es confirmar su dirección electrónica, cosa que explico en la siguiente sección.

**Figura 2-3:** Lea cuidadosamente esto puntos. Contienen la esencia de lo que debería saber sobre eBay.

## *Debe ser cierto si está por escrito*

Después de aceptar el acuerdo de usuario, a eBay le toma menos de un minuto enviarle el aviso de confirmación por correo electrónico, como se observa en la Figura 2-4. Cuando reciba la confirmación de su registro en eBay por correo electrónico, imprímala. Lo más importante es el código de confirmación. Si pierde ese número, vaya a la página inicial de inscripción de eBay y siga el Paso 2. También puede hacer clic sobre el enlace en su correo electrónico para obtener el número.

Con su número de confirmación a mano, diríjase de regreso a la página eBay Registration haciendo clic en el enlace suministrado en el mensaje. Si su correo electrónico no soporta enlaces, vaya a esta dirección:

    pages.ebay.com/register

Después de reconectarse a eBay, y cuando eBay sepa que su dirección electrónica está activa, será felicitado de todo corazón, como se aprecia en la Figura 2-5.

Si no recibe el mensaje electrónico confirmando su inscripción en eBay en un lapso de 24 horas, probablemente hubo un error en su dirección electrónica. En este caso, los amigos en el servicio al cliente pueden ayudarle a completar el proceso de inscripción. Vaya a la siguiente dirección:

    pages.ebay.com/help/contact_inline/index.html

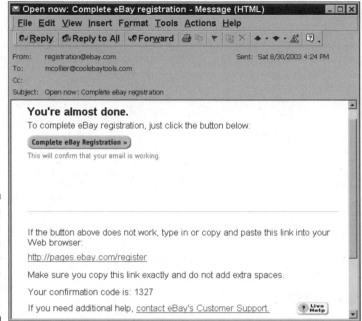

**Figura 2-4:**
Mensaje electrónico con la confirmación de inscripción a eBay.

**Figura 2-5:**
¡Es hora de empezar a comprar!

Si por alguna razón (un calambre cerebral es una excusa perfectamente válida) digitó incorrectamente su dirección electrónica, debe comenzar el proceso de suscripción desde el principio, con una identificación de usuario diferente (eBay guardará la anterior durante 30 días). Si se topa con alguna dificultad, puede hacer clic en el botón de ayuda en vivo, Live Help, que aparece en muchas páginas. En la Figura 2-6 se muestra mi conversación de Live Help.

## Empezar a conocerse: Información opcional

Ahora que usted es todo un miembro, inscrito oficialmente, de la comunidad de eBay, tal vez vea una ventana abrirse, la cual le brinda la opción de proporcionar información sobre sí mismo. Estas preguntas opcionales le permiten completar un autorretrato para sus nuevos amigos en eBay.

**Figura 2-6:**
Hice clic en
Live Help pa-
ra preguntar
sobre un pro-
blema de ins-
cripción. En
un par de mi-
nutos, estaba
en línea ha-
blando con
una persona
de verdad.

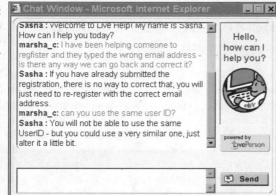

Aunque eBay no comparte la información de sus miembros con nadie, usted no debe responder a las preguntas opcionales si no lo desea.

Los puntos siguientes le muestran las preguntas opcionales que hace eBay. Usted decide qué siente cómodo divulgando y qué prefiere mantener personal. eBay le pide esta información porque la compañía desea tener una mejor idea de quiénes usan su sitio Web. En la jerga del mercadeo, esto se llama *demografía*: o sea, las estadísticas que caracterizan al grupo de personas que conforman la comunidad. En este caso, es la comunidad de eBay. Esta es la información opcional que puede suministrar:

✔ **Ingreso familiar anual:** Llene esto si lo desea (eBay afirma que esta información se mantiene anónima), pero yo creo que esta información es demasiado personal. Si no se siente cómodo, ignórela.

✔ **El nivel académico más alto que completó:** Repito, si es demasiado personal, deje esta área en blanco.

Después de elegir sus respuestas en el recuadro desplegable, puede hacer clic en Submit. Si no está de humor ahora, puede hacer clic en el enlace Answer Later. (Este recuadro desplegable reaparecerá para su respuesta en visitas posteriores a eBay). Si no desea responder a ninguna de las preguntas demográficas, haga clic en el enlace Please Don't Ask Me Again, al final de la ventana.

# *Unas cuantas palabras sobre las contraseñas*

Escoger una buena contraseña no es tan fácil (pero sí es el doble de importante) como parece. Cualquier persona que tenga su contraseña puede (en esencia) "ser usted" en eBay: llevar a cabo subastas, ofrecer en una subasta y dejar

## No se lo diga a nadie, pero su información está segura en eBay

eBay mantiene las información más personal en secreto. Lo básico (su nombre, número de teléfono, ciudad y estado) sólo se divulgan para responder a una solicitud específica de otro usuario de eBay inscrito (siempre y cuando usted esté participando en una transacción con esa persona), las autoridades competentes o los miembros de eBay Verified Rights Owner Program (el programa de vigilancia sobre los derechos de autor de eBay). Otros usuarios podrían necesitar su información básica de acceso por varias razones: un vendedor podría querer verificar su ubicación, obtener su número telefónico para llamarlo con respecto a su subasta o asegurarse de quién es usted realmente. Si alguien requiere información sobre usted, recibirá un mensaje electrónico de eBay con el nombre, número telefónico, ciudad y estado de la persona que hizo la solicitud. Debe mantener su información al día. Si no lo hace, corre el riesgo de ser expulsado del sitio.

retroalimentación posiblemente ofensiva para otros. Básicamente, un impostor así puede arruinar su carrera en eBay, y probablemente le causará serios problemas financieros.

Como con cualquier otra contraseña electrónica, debería seguir estas reglas de sentido común para proteger su privacidad:

✔ No escoja algo muy obvio, tal como su cumpleaños, su primer nombre o su número de seguro social. (***Pista***: Si es muy fácil de recordar, probablemente es muy fácil de adivinar.)

✔ Dificúlteles las cosas a los chicos malos: combine números y letras (use mayúsculas Y minúsculas) o invente palabras sin sentido.

✔ No dé su contraseña a nadie; es como regalar las llaves de la puerta de entrada a su casa.

✔ Si alguna vez sospecha que alguien tiene su contraseña, cámbiela inmediatamente entrando a la siguiente dirección:

```
pages.ebay.com/services/myebay/selectpass.html
```

✔ Cambie su contraseña cada cierto tiempo, sólo para estar seguro.

# *Otras Tantas Palabras sobre Cómo Escoger una Identificación de Usuario*

eBay le da la opción de escoger su identificación de usuario (User ID). Inventar una es mi parte favorita. Si nunca le ha gustado su nombre verdadero (o nunca ha tenido un apodo), esta es su oportunidad para corregir esa situa-

# La locura que comenzó con AW

En 1994, cuando el fundador de eBay, Pierre Omidyar, tuvo la idea de empezar una subasta en la Web, nombró a su primer intento Auction Web. La aw ocasionalmente aparece en muchos de los URLs de eBay, y se refiere al nombre original que eventualmente evolucionó a eBay.

La figura siguiente muestra una antigua Auction Web, una subasta en Internet de eBay de febrero de 1997. ¡Ya incluso en esos días había grandes ofertas!

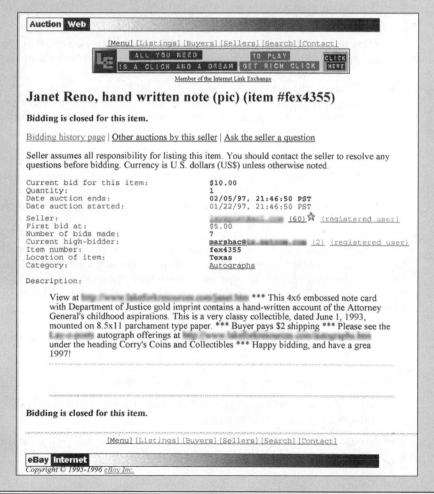

ción. Diviértase. Considere escoger una identificación que diga algo sobre usted. Por supuesto, si sus intereses cambian, podría lamentar haber escogido una identificación demasiado estrecha.

Se puede llamar a sí mismo casi cualquier cosa; puede ser tonto, creativo o aburrido. Pero recuerde, esta identificación es la forma en que los demás usuarios de eBay lo conocerán. Por eso, he aquí algunas reglas de sentido común:

- ✔ No use un nombre que avergonzaría a su mamá.
- ✔ No use un nombre con una connotación negativa, tal como *mentiroso*.
- ✔ No use un nombre que sea demasiado raro. Si las personas no confían en usted, no le comprarán nada.
- ✔ eBay no permite usar espacios en las identificaciones de usuario, así que asegúrese de que la suya tenga sentido al poner dos o más palabras juntas.

Si se está muriendo por incorporar varias palabras cortas en su identificación, puede usar guiones para separarlas, como en *super-compra-vendedor*. Si usted se conecta en forma permanente a eBay desde su computadora, digitar estas rayas no lo retrasará.

Puede cambiar su identificación de usuario cada 30 días si lo desea, pero no lo recomiendo. Las personas lo reconocen por su identificación. Si usted cambia de identificación, su pasado no lo abandonará, y se adjuntará a la nueva. Pero, si cambia su identificación muchas veces, la gente creerá que está tratando de esconder algo.

No obstante, para cambiar su identificación de usuario, haga clic en el enlace My eBay, en la parte superior de la mayoría de las páginas de eBay. En la página de registro My eBay, haga clic en la pestaña Preferences/Set-up y deslícese hasta el enlace Change My User ID, rellene las casillas y haga clic en el botón Change User ID. Ahora, tiene una nueva identidad en eBay.

eBay también tiene algunas reglas sobre las identificaciones de usuario que debe seguir:

- ✔ No usar nombres ofensivos (como hijo&\*#@@).
- ✔ No usar nombres con *eBay* en ellos. (Hace parecer como si trabajara para eBay, y a eBay no le gusta eso.)
- ✔ No usar nombres con & (*incluso* si tiene ambos, inteligencia&belleza).
- ✔ No usar nombres con @ (como @Aboy).
- ✔ No usar símbolos tales como mayor que o menor que (> <) ni dos barras consecutivas: __.
- ✔ No usar identificaciones que empiecen con una e seguida de números, una barra, una raya o un punto.
- ✔ No usar nombres de una sola letra (como Q).

Cuando escoja su identificación de usuario, asegúrese de que no sea una buena clave para averiguar su contraseña. Por ejemplo, si usa *Natasha* como identificación, no escoja *Boris* como contraseña. Incluso Bullwinkle averiguaría eso fácilmente.

Atención, usuarios de AOL, esto es para ustedes: Asegúrense de que sus Mail Controls estén configurados para recibir mensajes electrónicos de eBay. Si tiene bloqueados los correos electrónicos de la Internet, necesitará actualizar sus controles de correo en AOL. Para hacerlo, digite la palabra clave **Mail Controls**.

# Su Licencia para Negociar (Casi)

Ya es usted oficialmente un *newbie*, o novato de eBay. El único problema es que todavía está al nivel de vitrinas. Si está listo para pasar de espectador a vendedor, sólo atraviese unos cuantos formularios más y, antes de que se dé cuenta, podrá empezar a dirigir sus propias subastas en eBay.

Hasta que no haya sido miembro de eBay por 30 días, habrá una foto de un icono dorado caricaturesco junto a su identificación donde sea que aparezca en el sitio. Esto no quiere decir que lo han convertido en un robot dorado; el icono solamente indica a otros usuarios de eBay que usted es nuevo en eBay.

# Capítulo 3

# No Hay Otro Lugar Como la Página de Inicio

*En este capítulo*

▶ Entender cómo está organizado el lugar

▶ Usar los enlaces e iconos de la página de inicio de eBay

▶ Cómo obtener la primera palabra en las búsquedas

▶ Observar las subastas especiales y otras cosas divertidas

*E*l escritor Thomas Wolfe estaba equivocado: *Sí* es posible regresar a casa, una y otra, y otra vez. Por lo menos, ¡en eBay sí se puede! Mes tras mes, millones de personas aterrizan en la página inicial de eBay sin desgastar el tapete de bienvenida. La página inicial de eBay es la puerta delantera al sitio de subastas más popular en Internet.

Todo lo que necesita saber sobre navegar en eBay empieza aquí. En este capítulo, le doy el gran tour de las áreas a las que se puede llegar desde la página de inicio con la ayuda de los enlaces.

## ¿Qué es la Página de Inicio?

La página de inicio de eBay se muestra en la Figura 3-1 e incluye:

✔ Una barra de navegación, en la parte superior de la página, con cinco enlaces de eBay (que pueden conducirlo directamente a cualquiera de las muchas áreas de eBay), además de siete enlaces adicionales y poderosos, justo sobre la barra de navegación

✔ Un cuadro de búsqueda que (como el enlace Search en la barra de navegación) le ayudará a encontrar artículos por medio de palabras claves

✔ Una lista de enlaces a las categorías de subastas

✔ Enlaces a los sitios especializados en eBay, subastas especiales, cosas divertidas como subastas para la caridad, e información sobre qué más hay de nuevo en eBay

**Figura 3-1:**
La página
de inicio, su
trampolín
hacia la
diversión y
las ofertas.

No ajuste el monitor de su computadora. No se está volviendo loco. Puede ser que un enlace encontrado ayer en la página inicial de eBay ya no esté ahí hoy. Los enlaces en la página de eBay cambian muy a menudo según lo que esté sucediendo; y no sólo en el sitio, sino en el mundo entero también. La Figura 3-2 le da un vistazo a una página de inicio alterna de eBay, la cual aparece solamente para los visitantes nuevos que no se han inscrito en el sitio.

**Figura 3-2:**
Los
visitantes
nuevos al
sitio verán
una página
de inicio
diferente.

# *Regístrese, por favor (Sign In)*

Sign In probablemente sea el más poderoso de todos los enlaces en las páginas de eBay, y debería ser su primera parada si planea hacer negocios en eBay (ver Figura 3-3).

Al ir a la página Sign In y registrarse, no se hace necesario digitar su identificación de usuario para ofrecer o colocar artículos a la venta. La página Sign In también lo lleva a un enlace que le permite cambiar su nombre de registro o sus preferencias My eBay. (Vea el Capítulo 4 para más información sobre My eBay).

Si usted es el único usuario de su computadora, asegúrese de marcar la casilla que dice "Keep me signed in on this computer unless I sign out." De este modo, siempre estará registrado en eBay cuando vaya al sitio. El proceso de registro coloca una *cookie* (un software relacionado con la tecnología; vea el Capítulo 15 para más detalles) en su computadora, el cual permanece como parte de su buscador hasta que cierre la sesión. Si no marca la casilla, sólo estará registrado cuando esté en el sitio. Si no hay actividad durante 40 minutos, o si cierra su buscador, la cookie expira y debe registrarse nuevamente.

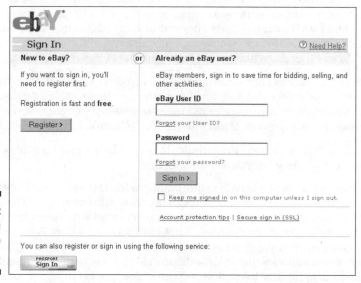

**Figura 3-3:**
La página
Sign In de
eBay.

Si prefiere usar su Microsoft Passport para eBay (vea el Capítulo 2), haga clic en el cuadro Passport Sign In, y luego digite la dirección electrónica de su Passport y su contraseña. Cuando se lo pidan, digite su identificación de usuario de eBay y su contraseña. Su Passport estará activado para uso en eBay hasta que termine la sesión.

Así se llega a la página Sign In de eBay y cómo se debe registrar:

1. **Haga clic en el enlace Sign In, sobre la barra de navegación en cualquier página de eBay.**

2. **Al final de la nueva página, haga clic en el enlace Secure Sign In SSL.**

   Usar SSL mantiene su información personal aún más segura de lo usual. (Vea el Capítulo 2 para más detalles sobre SSL.)

3. **Digite su identificación de usuario y contraseña.**

4. **Haga clic en el recuadro Secure Sign In.**

Ahora está registrado en eBay y puede viajar por el sitio con facilidad. Puede entrar a la página My eBay haciendo clic en el enlace My eBay, que aparece en la esquina superior derecha. (Vea el Capítulo 4 para más sobre My eBay.) También puede hacer clic en el enlace bajo la bienvenida de eBay, para cambiar su registro o mostrar sus preferencias.

## Esta barra nunca se cierra

La *barra de navegación* está en la parte superior de la página inicial de eBay, e incluye cinco enlaces que lo trasladan directamente a cualquiera de las diferentes áreas de eBay. Usar la barra de navegación es como hacer clic en una sola parada. Encontrará esta barra en la parte superior de cada página que visite en eBay. Al hacer clic en uno de los cinco enlaces, una barra de subnavegación aparecerá, con enlaces específicos hacia otros lugares importantes relacionados.

Piense en los enlaces como carreteras superrápidas hacia destinos específicos. Haga clic en un enlace una sola vez y, casi sin percatarse, está justo donde desea estar. Ni siquiera debe responder esa molesta y vieja pregunta, constantemente formulada por los niños en el asiento trasero: "¿Cuándo vamos a llegar?".

A continuación, y sin más preámbulo, le presento los cinco enlaces de la barra de navegación y adónde lo transportan:

✔ **Browse:** Lo lleva a la página que enumera los artículos especiales o Featured Items (vea el Capítulo 6), todas las categorías principales de eBay y Spotlights On (enlaces a las subastas de caridad y promociones de eBay que varían de vez en cuando). También encontrará Cool Features, promociones en eBay y varias subastas misteriosas (artículos escogidos al azar entre los millones que están a disposición). De esta página, puede enlazarse a cualquiera de los millones de artículos que están en subasta en eBay.

Bajo la pestaña Browse, usted encuentra enlaces para buscar por categorías, regiones geográficas, temas o tiendas. Haga clic en el enlace browse regions, para ser conducido al área local de intercambio que escoja (vea la Figura 3-4). eBay ha dividido más de 60 regiones de los Estados Unidos en mini-eBays. Aunque estos artículos se encuentran en el sitio regular de eBay, puede hallar algunos que costaría mucho enviar desde una gran distancia. También puede reducir su búsqueda a objetos cercanos a usted. Simplemente seleccione un área metropolitana importante más cerca de usted, y haga clic ahí.

**Figura 3-4:**
La página
central de
comercio
local en
eBay (Local
Trading).

Cuando hace clic en una categoría de búsqueda (por ejemplo, Books: Antiquarian & Collectible: First Editions), verá algunas casillas a la izquierda de la lista de subastas. Estas casillas le ofrecen formas de buscar; el cuadro Display le da opciones diferentes para ver:

- **All Items** es la configuración predeterminada para la página. Esta opción cumple con su promesa: verá todos los artículos, incluyendo los de la galería. Pequeñas vistas previas de la galería aparecen en la columna del estatus, a la izquierda del título del artículo. Si su conexión a Internet lo puede manejar, esta es la mejor opción.

- Haga clic en **Gallery View** , en el recuadro Display, para llegar a la versión de eBay de un catálogo de subastas, Gallery.

  La galería presenta fotos, también llamadas *thumbnails*, de los artículos en subasta. Los vendedores pagan más para que aparezcan allí, así que revíselos hasta que encuentre un artículo que le interese. Haga clic en el thumbnail, y será transportado a la página de subasta de ese objeto.

  Observe que no todos los vendedores incluyen sus artículos en el área Gallery View; si no busca en All Items, podría perderse algún artículo especial o un buen negocio.

Las ofertas por los artículos de la galería se hacen igual que las de las subastas tradicionales. La única diferencia es que eBay cobra al vendedor $0.25 extra por colocar un artículo en la galería, o $19.95 para tener una subasta especial allí. (Pase al Capítulo 10 para averiguar cómo poner sus artículos en las puertas de este exclusivo club.)

✔ **Search:** Lo lleva a la página principal de búsqueda de eBay. Debido a que más de 10 millones de artículos están en subasta en cualquier momento, encontrar uno en especial (digamos, una antigua lata de leche Vermont) no es tarea fácil. La página principal de búsqueda incluye cinco tipos específicos de búsqueda (vea "Explorar las opciones de búsqueda de su página inicial", más adelante en este capítulo.) Desde la barra de subnavegación, puede hacer clic en Find Members para buscar otros miembros y obtener información sobre sus comentarios (más sobre esto en el Capítulo 6). Además, la barra de subnavegación lo enlaza con Favorite Searches, un área residente de su página My eBay. Esta es la forma que tiene eBay de ayudarle a encontrar lo que busca (más sobre esto en el Capítulo 17).

✔ **Sell:** Lo lleva al formulario Sell Your Item, el cual usted debe rellenar para empezar una subasta. Explico cómo navegar por este formulario en el Capítulo 9. La barra de subnavegación lo dirige hacia su guía y cuenta de vendedor (Seller Guide y Seller account: enlaces para acceder a información relacionada con su cuenta), y a la página de enlaces con herramientas para vendedores en eBay.

✔ **My eBay:** Lo lleva a su página personal My eBay, donde usted lleva el registro de todas sus actividades de compra y venta, información de su cuenta y sus categorías favoritas (más sobre My eBay en el Capítulo 4).

✔ **Community:** Lo lleva a la página donde puede encontrar las últimas noticias y anuncios, chatear con amigos comerciantes en la comunidad eBay, encontrar subastas para caridad y averiguar más sobre eBay. Los Capítulos 17 y 18 le indican cómo usar estos recursos.

En la parte superior de casi todas las páginas en eBay, encontrará seis enlaces pequeños, los cuales son tan importantes como aquellos de la barra de navegación:

✔ **Home:** Lo conduce directamente de regreso a la página inicial. Use este enlace desde cualquier otra página cuando necesita volver de inmediato a la página de inicio.

✔ **Pay:** Cuando escoge Pay, se dirige a una página con los últimos artículos que usted ha ganado y por los cuales aún no ha pagado. La Figura 3-5 muestra cómo luce mi lista de objetos cuando hago clic en el enlace Pay.

✔ **Sign In / Sign Out:** Este enlace, que pasa de Sign In a Sign Out según su condición de registro, es importante. Se lo recuerdo constantemente en este libro.

✔ **Services:** Lo lleva a la página eBay Services Overview. Aquí, puede encontrar enlaces a páginas que le dicen cómo comprar y vender, páginas de inscripción, el foro de retroalimentación (Feedback Forum), el puerto seguro (Safe-Harbor), la página My eBay, la página About Me y otros programas de eBay.

✔ **Site Map:** Le brinda una visión general del mundo eBay. Cada enlace de nivel superior o importante, *top-level*, disponible en eBay aparece aquí. Si alguna vez está confundido sobre cómo encontrar un área específica, trate primero en el Site Map. Si un enlace a un nivel superior no está ahí, todavía no existe en eBay.

✔ **Help:** Abre el Help Center de eBay. La página panorámica del eBay Help Center consta de un recuadro de búsqueda, en el cual puede digitar su consulta, pestañas con temas de ayuda, un índice alfabético y un enlace a Ask an eBay Member (que lo vincula con las pizarras de preguntas y respuestas pobladas por miembros). La página ofrece enlaces a las respuestas de las preguntas más frecuentes enviadas por los usuarios de eBay y el Security Center.

Figura 3-5: Aquí es donde puede encontrar los artículos que ha ganado en eBay para pagar por ellos.

Si está dando vueltas, confundido o simplemente no puede encontrar la respuesta a su pregunta, puede encontrar el viejo Help Center de eBay en `pages.ebay.com/help/index.html` (por ahora). Puede ser de gran ayuda.

# Explorar las opciones de búsqueda de su página inicial

Hay una vieja expresión china que dice: "Todo viaje empieza con la primera búsqueda en eBay." Bueno, hemos actualizado la cita un poco. Son palabras muy sabias de todos modos. Puede empezar una búsqueda desde la página de inicio en una de dos maneras:

✔ **Use el recuadro de búsqueda.** Está justo ahí, en la parte superior de la página inicial junto a la frase "What are you looking for?", y es una forma rápida de encontrar las listas de artículos.

✔ **Use el botón Search de la barra de navegación o el enlace Smart Search, debajo del recuadro de búsqueda en la página de inicio.** Estos enlaces lo llevarán a la página de Basic Search, donde puede hacer todo tipo de búsquedas especializadas.

Ambas opciones le dan los mismos resultados. Las instrucciones que ofrezco en las dos secciones siguientes sobre cómo usar estos métodos de búsqueda son sólo la punta del iceberg llamado eBay. Si desea tener datos más exactos sobre cómo afinar el motor de búsqueda en eBay para encontrar y obtener justamente lo que está buscando, visite el Capítulo 5.

## Asomarse por el recuadro de búsqueda de la página inicial

Para lanzar una búsqueda por título desde la página de inicio, siga estos pasos:

1. **En el recuadro de búsqueda, digite no más de unas cuantas palabras claves para describir el artículo que está buscando.**

   Refiérase a la Figura 3-1 para ver el recuadro de búsqueda.

2. **Haga clic en el botón Find It.**

   Los resultados de su búsqueda aparecerán en la pantalla en unos cuantos segundos.

Puede digitar casi cualquier cosa en esta casilla y obtener algo de información. Digamos que está buscando objetos de colección relacionados con *Star Trek*. Si es así, no está solo. Este programa de televisión debutó el 8 de septiembre de 1966 y, a pesar de haber sido cancelado en 1969 por baja audiencia, *Star Trek* se ha convertido en una de las franquicias de ciencia ficción más exitosas en la historia. Si le gusta tanto *Star Trek* como a mí, puede usar el recuadro de búsqueda en la página de inicio de eBay para encontrar todo tipo de cosas sobre *Star Trek*. Acabo de hacer una búsqueda, y encontré 20 329 artículos en 1 263 categorías de eBay con *Star Trek* en sus títulos.

Pruebe el enlace Smart Search debajo del recuadro de búsqueda para limitar su búsqueda. Este enlace lo lleva a la página Basic Search, que explico en la sección siguiente.

Cuando usted busca artículos populares en eBay (y el ejemplo clásico es objetos relacionados con *Star Trek*), se verá inundado con cientos de subastas que concuerdan con sus criterios de búsqueda. Aún viajando a la velocidad de la luz, podría pasar horas revisando todas las subastas individualmente. ("Scotty, ¡necesitamos más potencia, *ahora*!") Si tiene poco tiempo, como el resto de nosotros, eBay tiene algunos modos no tan misteriosos para hacer su búsqueda de un artículo específico más manejable. Vaya al Capítulo 5, donde encontrará técnicas de expertos para ayudarle a reducir su búsqueda y mejorar los resultados.

## Ir donde el botón Search lo lleve

Uno de los botones más importantes en la barra de navegación es Search. Al hacer clic sobre él, usted es trasladado a la página principal de búsqueda, la cual pronto le muestra las cinco opciones de búsqueda. Cada opción le permite buscar información en forma diferente. He aquí cómo las opciones de búsqueda en el menú pueden servirle a usted:

✔ **Basic Search:** Búsqueda por palabras claves o número de artículo. Digite las palabras claves para describir un artículo (por ejemplo, **camiseta de Superman** o **antiguo reloj de bolsillo**) y haga clic en Search para ver cuántos artículos hay disponibles en eBay.

También puede buscar por número de artículo. A cada objeto en subasta en eBay se le asigna un número, el cual aparece junto al nombre del artículo en su página. Para encontrar un artículo por número, sólo digite el número y haga clic en Search, y seguirá adelante. Para saber más sobre cómo funcionan las páginas de subastas individuales en eBay, pase al Capítulo 6.

También puede hallar artículos por número al digitarlo en cualquiera de los pequeños recuadros de búsqueda que aparecen en las páginas de eBay.

✔ **Advanced Search:** Esta característica le permite definir su búsqueda sin usar muchos códigos. Funciona muy parecido al método Basic Search, pero usted puede excluir más características de su búsqueda. También puede sacar provecho del comercio regional en eBay y buscar artículos en venta en su vecindario. La Figura 3-6 muestra las opciones de Advanced Search.

El filtro de búsqueda por categoría es una nueva y atractiva función, la cual le ayuda a averiguar cuáles subcategorías tienen el objeto que desea o, si quiere vender un artículo, a decidir dónde incluirlo. Ésta produce una búsqueda regular en una categoría seleccionada, pero también trae una columna a la izquierda de la página, para indicarle en cuáles subcategorías está el artículo y cuántos artículos hay en cada categoría.

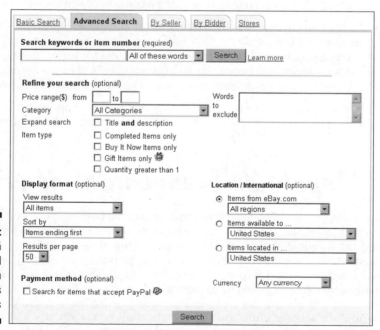

**Figura 3-6:**
La página
Advanced
Search
y sus
opciones

Para encontrar un artículo que fue vendido en eBay en el pasado, indique que desea usar la búsqueda Completed Items Only. Digite las palabras claves de un objeto, y obtendrá una lista de los artículos del mismo tipo que se han vendido en los últimos 14 días (aproximadamente), así como el valor por el cual se vendieron. Puede usar este tipo de búsqueda para fijar su precio en forma estratégica antes poner un artículo en subasta (o para determinar cuánto tendrá que ofrecer para ganar un artículo).

Aunque el Capítulo 5 le aclara todo lo que necesita saber sobre cómo buscar en eBay, la siguiente lista explica algunos otros tipos de búsqueda que usted puede realizar desde la página inicial. En resumen, esto es lo que hacen:

- **By Seller:** Cada persona en eBay tiene una identificación de usuario personal (el nombre usado para llevar a cabo sus transacciones). Use una búsqueda By Seller, si le gustó la mercadería de la subasta de un vendedor en especial y desea ver qué más tiene a la venta. Digite la identificación de usuario del vendedor y obtendrá una lista de todas las subastas que está dirigiendo esa persona.

- **By Bidder:** En nombre de lo práctico y conveniente, las identificaciones de usuario ayudan a eBay a llevar un registro de todos los movimientos de cada usuario en eBay. Si quiere ver sobre qué está ofreciendo un usuario en particular (digamos, un amigo fanático de *Star Trek*), use la búsqueda By Bidder. Digite la identificación de usuario en el recuadro de búsqueda By Bidder, y obtendrá una lista de todas las cosas sobre las que el usuario está ofreciendo, además de cuánto está ofreciendo. Yo le indico cómo usar esta opción de búsqueda como herramienta estratégica de compra en el Capítulo 6.

- **Store Search:** Aquí hay algo que seguramente usted no sabía: Cuando usa el motor de búsqueda de eBay, éste no registra las tiendas eBay por artículos que concuerden. Yo creo que eso es una tontería, ¿pero quién soy yo para decirlo? Al buscar su artículo aquí, verá si hay objetos disponibles en las tiendas de eBay (incluso, tal vez, a precios más bajos).

  Si está buscando una tienda eBay específica, eBay proporciona un recuadro que le permite buscar una tienda por nombre (o parte del nombre).

# Usar el "Tapete de Bienvenida" de eBay

eBay da la bienvenida a los nuevos usuarios de su página inicial con un tapete azul de bienvenida. Estoy hablando de los tres botones que están junto a las palabras *Welcome New Users*. Al hacer clic en uno de estos enlaces, usted será transportado a algunos de los lugares más importantes en eBay. (Por supuesto, si está buscando un nuevo tapete de bienvenida, ha venido al sitio Web adecuado: generalmente, encontrará alrededor de 180 de ellos en venta.)

Después de haberse conectado al sitio de eBay varias veces y haber vendido algunas cosas, dejará de ver el "Tapete de Bienvenida". No significa que eBay no le da la bienvenida; eBay prefiere que usted tenga nueva información en su lugar, cuando ya esté familiarizado con el sitio.

eBay presenta tres botones en el mapa: Learn To Buy, Safety Tips y Register Now. En realidad, si usted ve esta página, probablemente ya se ha inscrito, a menos que otro usuario registrado en eBay utilice su computadora. Si aún no se ha inscrito, vaya al Capítulo 2 para obtener datos rápidos y no dolorosos acerca del fácil proceso de inscripción en eBay.

Tal vez vea también el botón Live Help en la página inicial. Este es el más útil de todos. Al usar este enlace, podrá participar en conversaciones directas con un representante de servicio al cliente de eBay. Él o ella puede responder cualquiera de sus preguntas básicas sobre el sitio. Yo le enseño cómo funciona Live Help en el Capítulo 2.

# Enlaces del Inicio, la Próxima Generación

Si se fija con cuidado, verá otros enlaces en la página inicial, que le brindan servicio expreso a varias partes claves del sitio. Estos son los más importantes:

- ✔ **Specialty Sites:** Hacer clic aquí lo llevará a los nuevos sitios de especialidades de eBay. Un clic en eBay Motors lo transporta a `ebaymotors.com`, un área dedicada a la venta de casi todo lo que tenga un motor y ruedas. eBay Stores (`stores.ebay.com`) lo conduce a un área separada de eBay, llena de las miles de tiendas de vendedores de eBay. Las tiendas eBay están cargadas de artículos que puede comprar sin hacer una oferta.

- ✔ **Featured Items:** Viste los artículos especiales. (Traducción: Los vendedores pagaron más para aparecer anunciados en esta sección.)

- ✔ **Charity:** Este enlace lo lleva a las muchas subastas para la caridad que benefician a organizaciones dedicadas.

- ✔ **Live Auctions:** Este enlace lo transporta a las increíblemente divertidas subastas en vivo. En el Capítulo 18 encontrará más información sobre ellas.

- ✔ **Professional Services:** Este enlace lo lleva a un área con personas independientes que están buscando trabajo, donde los profesionales hacen ofertas por él.

- ✔ **Global Sites:** Éste lo enlaza a los sitios internacionales de subastas de eBay.

Notará que los enlaces gráficos en la página de inicio cambian día tras día, e incluso hora tras hora. Si está interesado en las áreas especiales del sitio, visite esta página varias veces al día para ver toda la gama de eventos singulares en eBay.

# Maniobrar entre categorías

Entonces, ¿cómo les sigue eBay el rastro a los millones de artículos que están en subasta en un momento dado? Las mentes brillantes de eBay decidieron agrupar los artículos en un bonito y ordenado sistema de almacenamiento llamado *categorías*. La página inicial muestra la mayoría de categorías principales, pero eBay tiene cientos de miles de subcategorías, que van desde antigüedades hasta instrumentos de escritura. Y no pregunte cuántas sub-subcategorías (categorías dentro de categorías) hay en eBay: no puedo contar tanto.

Bueno, sí, *sí podría* enumerar todas las categorías y subcategorías disponibles actualmente en eBay, si a usted no le importaría mirar una docena de páginas con letra diminuta que irrita los ojos. Sin embargo, una búsqueda por categorías es una aventura única para cada individuo, y no me gustaría privarlo de llevarla a cabo. Basta con decir que, si le gusta salir a la caza ese algo perfecto, está ahora en el cielo de las búsquedas.

Así se navega por las categorías:

1. **Haga clic en la categoría que le interesa, tal como Books o DVDs & Movies.**

   Será transportado a la página de esa categoría. Verá categorías y subcategorías enumeradas junto a cada encabezado. Feliz cacería.

   Si no encuentra una categoría que le interese entre las de la página inicial, simplemente haga clic en el botón Browse de la barra de navegación y llegará a la página principal de categorías. No sólo verá una página bastante impresionante de categorías principales y subcategorías; también obtendrá una lista corta de las subastas especiales y un enlace a todas ellas.

   Si honesta y verdaderamente desea ver una lista de todas las categorías y subcategorías, haga clic en See All Categories en el enlace Category Overview, en la página principal de categorías. O, vaya a `listings.ebay.com/pool1/listings/list/overview.html`.

2. **Después de que aparece la página de categorías, encuentre una subcategoría debajo del título de la categoría principal que le interesa. Haga clic en la subcategoría, y siga buscando dentro de las sub-subcategorías hasta que encuentre lo que desea.**

   Por ejemplo, si está buscando artículos que honran a su programa de televisión favorito, haga clic en la categoría Entertainment. La página que aparece incluye las siguientes subcategorías: DVDs & Movies, Memorabilia, Music y Video Games. Usted notará que la categoría Memorabilia tiene muchos enlaces, incluyendo la subcategoría TV Memorabilia. Si hace clic en ésta, entrará a una página que incluye las subcategorías (a la izquierda de la página) Ads, Flyers, Apparel, Clippings, Photos, Pins, Buttons, Posters, Press Kits, Props, Scripts, Wardrobe y Other. En la parte superior de la página, encontrará las subastas especiales y, bajo ellas, las subastas actuales sobre televisión. Pequeños *iconos* (fotos) junto a las listas le dicen más sobre cada artículo, ya sea si está fotografiado (una cámara) o si es un artículo nuevo (un amanecer). También puede hacer clic en las pestañas para separar los artículos Auctions only o Buy It Now.

Por cierto, tengo mucho más que decir sobre los artículos especiales en el Capítulo 10.

3. **Cuando encuentra un artículo que le interese, haga clic sobre él y aparecerá la página completa de la subasta en su pantalla.**

Felicidades; acaba de navegar por varios millones de artículos para encontrar ese objeto coleccionable de televisión que le llamó la atención. (Discúlpenme mientras hago una oferta por esa foto de Lily Munster autografiada por Yvonne DeCarlo.) Puede regresar instantáneamente a la página inicial haciendo clic en su enlace en la parte superior de la página (o volver a la página Listings haciendo clic varias veces en el botón Back, en la parte superior de su navegador).

Cerca del final de cada página de subcategorías, verá una lista de números de enlace. Éstos son números de página, y usted puede usarlos para avanzar hacia adelante rápidamente a través de los artículos de esa subcategoría. Entonces, si se le antoja ver la página 8, sin pasar por cada página antes de la 8, sólo haga clic en el número 8; se le presentarán los artículos que hay en esa página (de hecho, sus listas). Feliz navegación.

Si por hábito usted es un cazador de gangas, encontrará artículos bastante raros mientras navega por las categorías y subcategorías de objetos en eBay, algunos superbaratos y algunos (tal vez) solamente baratos. (Incluso hay una categoría de cosas extrañas: Weird Stuff; ¡no estoy bromeando!) Recuerde que (como en cualquier mercado), usted es responsable de averiguar todo lo posible sobre un artículo antes de comprarlo, y definitivamente antes de ofrecer por él. Así que, si usted es del tipo que a veces no puede resistir un buen negocio, pregúntese qué planea *hacer* con la pila de basura que puede comprar por 15 centavos; y pregúnteselo *ahora*, antes de que llegue a su puerta. Los Capítulos 6 y 7 le brindan más información sobre cómo ofrecer inteligentemente.

# Globalizarse

Debajo de la lista de categorías están los enlaces a sitios de subastas internacionales de eBay. Puede entrar a eBay Argentina, Australia, Austria, Bélgica, Brasil, Canadá, China, Francia, Alemania, Irlanda, Italia, Corea, México, Holanda, Nueva Zelanda, Singapur, España, Suecia, Suiza, Taiwán y (uf) el Reino Unido. Al hacer clic en uno de estos enlaces, usted despega hacia los sitios eBay de estos países. Los sitios internacionales están en la lengua materna de los países. Podría ser un buen lugar para practicar su francés de tercer año, ¡o tal vez no! Recuerde que, después de salir de eBay Estados Unidos, está sujeto a las leyes contractuales y de privacidad del país que esté visitando.

---

# Disculpe, ¿tiene usted vasos Don Ho para cóctel?

En efecto, ¡sí! eBay añade nuevas categorías constantemente para satisfacer las necesidades de sus usuarios. Por ejemplo, algunas categorías especializadas han surgido, con algunos artículos interesantes:

- **Cultural:** Máscaras tribales, tambores de Kenia, una maceta mexicana con forma de tortuga, un bastón de ébano y una montura persa para camello. (Se encuentra bajo Collectibles: Cultures and Religions: Cultures)

- **Firefighting:** La boquilla de una manguera, un antiguo casco de bombero, de cuero (lo siento, ningún antiguo bombero de cuero), una insignia del departamento de bomberos de West Virginia, un pichel de cerveza alemán con forma de bombero. (Bajo Collectibles: Historical Memorabilia: Firefighting)

- **Vanity Items:** un pulidor de uñas Art Deco, un cepillo de pelo para niños, de la década

de los 50, un juego de prendedores clásicos para sombrero, una rizadora antigua y un compacto para señora hecho por Hudnut. (Bajo Collectibles: Vintage Clothing and Accesories: Vanity Items)

- **Weird Stuff:** Tiquetes de lotería falsos, un antiguo brazo artificial, una pareja de esqueletos para un pastel de bodas, un nido de colibrí genuino, una lámpara lava de los sesenta y una colección de gallinas disecadas. (Bajo Everything Else: Weird Stuff)

- **Hawaiiana:** Una alcancía en forma de mono, hecha con un coco, una lámpara de mesa con una chica bailando hula-hula, un conjunto de vasos Don Ho para cóctel (¿Ve? Sí existen), una antigua camisa de boda hawaiana y un trípode para surfear con cabeza de diamante. (Bajo Collectibles: Cultures: Hawaiiana)

---

# Use el enlace de artículos especiales

Aquí en eBay el dinero habla bastante duro. En el centro de la página inicial, verá una lista de las subastas que eBay está presentando en ese momento. eBay generalmente coloca seis artículos especiales en un momento dato, y los rota a lo largo del día. Así, se asegura de que la mayor cantidad posible de vendedores tenga la oportunidad de estar en el centro de la atención. Al hacer clic en el enlace All Featured Items, usted es enviado instantáneamente a la sección de artículos especiales, Featured Items, de la página inicial de eBay.

Usted encontrará de todo, desde vacaciones en Las Vegas hasta autos Ford Modelo T y productos dietéticos en esta página. Los artículos especiales de la página de inicio no son para simples mortales con billeteras pequeñas. Han sido elevados a la exaltada condición de *especiales*, porque los vendedores invirtieron mucho dinero para hacerlos notar. Todo lo que necesita para elevar su subasta al estatus de especial son $99.95 ($199.95 para las listas de artículos múltiples), además de un segundo o dos para hacer clic en Home Page Featured Item, en el formulario Sell Your Item. (Vea el Capítulo 10 si tiene un artículo que todo el mundo debe ver.)

Observe que hacer una oferta sobre estos artículos funciona igual que hacer una oferta sobre artículos regulares.

La página Home Page Featured Items contiene muchos artículos caros. Los vendedores que colocan objetos caros tienen mucha experiencia, y le aclaran que verificarán todas las ofertas que se hagan por el artículo. Eso significa que, si usted hace una oferta por la Harley Davidson autografiada de Jay Leno (subastada recientemente en beneficio de Auction for America), prepárese para recibir una llamada telefónica del vendedor. Éste le podría pedir que demuestre que realmente puede pagar por la motocicleta. No es personal; son negocios.

# Obras de caridad

Haga clic en el enlace Charity en la página inicial, y verá los enlaces para las subastas de caridad en eBay. Éstas son una excelente fuente para los coleccionistas de recuerdos, quienes pueden encontrar artículos únicos (y auténticos). Ganar las subastas contribuye con los programas de ayuda a las organizaciones de caridad. (El Capítulo 18 le dice más sobre cuáles artículos de caridad puede hacer ofertas, y el bien que puede hacer con su chequera).

# Promoción du jour

La comunidad de eBay está cambiando constantemente. Para ayudarle a entender el teje y maneje de las cosas inmediatamente, eBay le brinda una casilla especial de enlaces que lo llevan directamente a la información actual sobre los últimos eventos especiales de eBay.

Aún si la casilla principal de promociones no le llama la atención, generalmente puede encontrar enlaces interesantes esparcidos alrededor de la página inicial sin encabezado. Puede encontrar el enlace a Spotlights On (las promociones especiales de eBay, artículos caros y palabras claves) al hacer clic en el enlace See All eBay Categories, en la página de inicio.

*Sí* es posible llegar allí desde aquí, y a muchos otros lugares, de hecho:

- ✔ Una lista rotativa de enlaces de interés especial cambia por lo menos una vez al día. (La mitad de la diversión es acercarse a ver las páginas que no ha visto.)
- ✔ Las ofertas de ahorro especial por parte de terceros pueden ser una bendición si está buscando una ganga.

# Tocar fondo

En lo más profundo, al pie de la página inicial, se encuentra un modesto grupo de enlaces que brindan otras formas de llegar a algunas páginas seriamente útiles:

✔ **Announcements:** Visite el General Announcements Board cuando quiera conocer las noticias de última hora.

✔ **Register:** Este es otro enlace hacia la página de inscripción de eBay.

✔ **Shop eBay-o-rama:** Este enlace le permite navegar y comprar mercancía de eBay en la tienda de la compañía eBay.

✔ **Security Center:** Este enlace lo lleva a la página donde se tratan temas como fraude y seguridad. Es una herramienta tan importante en eBay, que yo le dedico un capítulo entero a este programa. Antes de comprar o vender, es una buena idea revisar el Capítulo 15.

✔ **Policies:** Este es un buen lugar para visitar para enterarse de las políticas y los lineamientos del sitio.

✔ **PayPal:** Este enlace lo lleva a la página inicial de PayPal, el servicio de pago en línea de eBay.

✔ **Feedback Forum:** Este enlace lo lleva a uno de los lugares más importantes en eBay. Aquí puede averiguar si se le olvidó enviar sus comentarios acerca de una transacción, hacer comentarios y responder a la retroalimentación que otros le han dejado, todo en un solo y amigable lugar.

✔ **About eBay:** Haga clic en este enlace para enterarse sobre la compañía eBay y obtener sus informes de prensa, un panorama de la compañía e información sobre sus acciones. También puede conocer sobre las actividades de la comunidad eBay y sus obras de caridad, e incluso solicitar trabajo en eBay.

✔ **Jobs:** Haga clic aquí si desea trabajar *para* eBay en vez de *a través de* eBay.

✔ **Affiliates Program:** Si tiene su propio sitio Web y desea ganar algún dinero, haga clic en este enlace. Si se une al programa y pone un enlace en su página Web, eBay le pagará $5 por cada usuario nuevo que llegue directamente desde su sitio (además de otras bonificaciones).

✔ **eBay Downloads:** Un enlace a software proporcionado por eBay para ayudarle en las ventas. Vea el Capítulo 20 para más sobre estos programas.

✔ **eBay Gift Certificates:** Envíele a alguien un certificado de regalo eBay para cualquier ocasión especial. Puede imprimirlo usted mismo, o eBay lo enviará a cualquier dirección electrónica que usted indique. El certificado es válido para cualquier artículo en el sitio, y puede pagar por él inmediatamente con PayPal.

Debajo de estos enlaces, encontrará una pequeña área de enlaces iguales a aquellos en la barra de navegación, en la parte superior de la página.

En otras páginas de eBay, la barra de navegación al pie de la página se ve un poco diferente. A menudo incluye más enlaces, para que usted pueda viajar por todo el sitio rápidamente, sin necesidad de usar la barra de navegación.

# Capítulo 4

# Mi Propio y Exclusivo eBay

· · · · · · · · · · · · · · · · · · · · · · · · · · · · · · · · · · · · · · · · · · · ·

*En este capítulo*

▶ Cómo crear la página My eBay: un espacio que puede considerar suyo

▶ Mantenga un registro de lo que compra y vende

▶ Entendérselas con su retroalimentación

· · · · · · · · · · · · · · · · · · · · · · · · · · · · · · · · · · · · · · · · · · · ·

Yo sé que eBay es una compañía sensible, pues les da a todos los usuarios mucho espacio personal. Este espacio se llama la página My eBay, y es su lista privada de todas sus actividades en eBay; una especie de "Esta es su vida en eBay". Creo que es la mejor herramienta organizativa que existe, y me gustaría hablar con alguien para saber cómo obtener una para organizar mi vida fuera de eBay.

En este capítulo, aprenderá cómo usar la página My eBay para llevar un registro de lo que compra y vende, averiguar cuánto dinero ha gastado y añadir categoría a su lista personalizada para poder llegar a cualquier lugar favorito en eBay con sólo un clic de su mouse. Obtendrá conocimientos sobre el ir y venir de la retroalimentación: qué es, por qué puede brindarle un sentimiento cálido y agradable, y cómo manejarla para que todas esas ciber-alabanzas no se le suba a la cabeza.

## Cómo llegar a su página My eBay

Usar su página My eBay facilita muchísimo seguirle el rastro a su vida en eBay. Y llegar ahí es bastante sencillo también. Después de inscribirse en eBay, tiene dos cómodas maneras de llegar a la página My eBay. La más práctica para entrar a eBay siempre es a través del enlace Sign In (descrito en el Capítulo 3). Si no se ha registrado, puede llegar a la página My eBay siguiendo estos pasos:

1. **En la parte superior de cualquier página de eBay, haga clic en el botón My eBay, en la barra de navegación de eBay.**

    Usted es enviado a la página de registro My eBay Sign In, mostrada en la Figura 4-1.

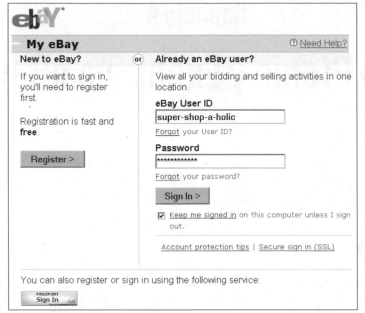

**Figura 4-1:**
La página
de registro
My eBay
Sign In.

No hace falta estar en la página inicial de eBay para encontrar My eBay o Sign In. Al maniobrar por el sitio Web, los enlaces lo persiguen como los ojos de la Mona Lisa.

2. **Decida si desea registrarse con un Passport de Microsoft (vea el Capítulo 3) o con una identificación de usuario de eBay.**

   Si se registra con Microsoft Passport, será transportado a la página My eBay para su identificación de usuario de eBay. Si su dirección electrónica de MSN es diferente a la que usa en eBay, se le pedirá que digite su identificación de usuario de eBay y su contraseña.

3. **Digite su identificación de usuario y contraseña.**

   Si ha olvidado su identificación de usuario de eBay o su contraseña, haga clic en el enlace Forgot Your User ID o Forgot Your Password. Para su identificación de usuario, puede digitar su dirección electrónica. eBay le enviará un mensaje electrónico con ella. Su identificación de usuario aparece en cualquier resultado de búsqueda, mensaje o página. Para la contraseña, deberá responder a su pregunta "secreta" (la que eligió al inscribirse). Si no la recuerda, eBay le enviará un mensaje electrónico para cambiar su contraseña, si digita correctamente su información de contacto correcta con su número telefónico.

4. **Haga clic en el botón Sign In para entrar a My eBay.**

   Ha llegado a su página de bienvenida a My eBay. Encontrará algunos enlaces útiles en esta página. Puede ir a cualquiera de los siguientes lugares:

- **My eBay Preferences tab:** Haga clic en este enlace para ir a la pestaña de preferencias de su página My eBay. Para saber más sobre lo que encontrará ahí, vea la Tabla 4-1.

- **Item I Last Looked At:** Si se da cuenta de que no se había registrado mientras estaba viendo un artículo, este enlace lo lleva de vuelta a él con un clic de su mouse.

- **My eBay:** Este es probablemente el enlace que está buscando. Lo lleva a su área My eBay.

- **Sell Your Item:** Si se ha registrado para vender un artículo, haga clic aquí.

- **Check Out the Announcement Board for Site Updates:** Este enlace lo lleva a la página System Announcement. Aquí es donde verá si ha habido interrupciones en el sistema de eBay, y se enterará de los cambios venideros.

5. **Haga clic en el enlace My eBay para ir (finalmente) a la página My eBay (vea la Figura 4-2).**

**Figura 4-2:** Su página My eBay, la central para sus actividades en eBay.

**My eBay** - Hello queen-of-shopping ( 0 )

| Bidding/Watching | Selling | Favorites | Accounts | Feedback | Preferences | All |

Go to: Items I'm Bidding On | Items I've Won | Items I'm Watching | Items I Didn't Win | ⑦Need Help?

**Items I'm Bidding On** (3 Items)   ▸See totals | All item details 🖶 ➖

Items that you are currently winning are green and bold, those that you are **not** currently winning are red.

| Item # | Start Price | Current Price | My Max Bid | Qty | # of Bids | Start Date | ( PST ) End Date | Time Left |
|---|---|---|---|---|---|---|---|---|
| Mary Frances Suede Cream Clutch Embroidered  (reserve price not yet met) | | | | | | | | |
| 3427748848 | $49.99 | $76.89 | $75.89 | 1 | 5 | Aug-23 | Sep-02 12:15:00 | 1d 0h 57m |
| Queen Mother Red Hat Club Rhinestone Pin NEW | | | | | | | | |
| 2654261650 | $9.99 | $9.99 | $10.58 | 1 | 1 | Aug-24 | Sep-03 17:56:26 | 2d 6h 39m |
| Porcelain figural box KITTEN AND YARN | | | | | | | | |
| 3240305299 | $4.99 | $4.99 | $5.78 | 1 | 1 | Aug-31 | Sep-07 17:17:00 | 6d 5h 59m |

| Totals | Start Price | Current Price | My Max Bid | Total Qty | # of Bids | | | |
|---|---|---|---|---|---|---|---|---|
| All items | $64.97 | $91.87 | $92.25 | 3 | 7 | | | |
| Items that I'm winning | $14.98 | $14.98 | $16.36 | 2 | 2 | | | |

La página My eBay consta de siete pestañas, donde puede ver diferentes áreas de sus negocios en eBay: Bidding/Watching, Selling, Favorites, Ac-

## Houston, no tenemos problemas

Este es un artículo que me hubiera gustado comprar: una foto de la NASA de Neil Armstrong, firmada con COA (certificado de autenticidad). Era una foto muy nítida de 8-x-10-pulgadas a color, firmada por Neil Armstrong, el primer ser humano que caminó en la luna. En años recientes, Armstrong se ha mantenido en reclusión, y es difícil conseguir cualquier tipo de autógrafo suyo. Se ofrecen muchas falsificaciones, así que: compradores, tengan cuidado. Esta foto tenía un COA de por vida. El precio inicial fue $10, y la foto se vendió finalmente en eBay en 1999 por ¡$520!

Muchos creen que un autógrafo de Neil Armstrong estará entre los más importantes del siglo veinte. Sólo piense en eso. Fue el primer ser humano en poner sus pies en otro cuerpo celeste. Esta hazaña tal vez nunca se repita, y ciertamente no será en nuestras vidas. Cuando actualicé este libro para la tercera edición, esa misma foto se estaba vendiendo a $650. Una rápida revisión de eBay actualmente dice que dicho retrato acaba de venderse por $1 925. ¿Por qué no seguí mi propio consejo y compré una?

counts, Feedback, Preferences y All. La Tabla 4-1 presenta un resumen de estas pestañas.

| Tabla 4-1 | Las Pestañas en su Página My eBay |
|---|---|
| *Haga clic aquí* | *Para ver esto en su página My eBay* |
| Bidding/ Watching | Todas las subastas en las que está ofreciendo actualmente, y los artículos ganados. Más abajo en la página, encontrará las subastas que ha marcado para observar. |
| Selling | Todas las subastas en las que está vendiendo algún artículo actualmente. También hay una lista de los artículos vendidos. |
| Favorites | Enlaces a sus categorías, búsquedas, vendedores y tiendas favoritos. |
| Accounts | Dinero que usted le debe a eBay y enlaces a lugares donde puede obtener información sobre los términos de pago, cuotas, crédito y reembolsos. También lo enlaza a su cuenta PayPal. |
| Feedback | Los comentarios de retroalimentación más recientes sobre usted y enlaces que lo llevan a todos sus comentarios, la retroalimentación que ha dejado usted y un área para responder. |
| Preferences | Le permite seleccionar las actividades en las cuales desea que eBay recuerde su contraseña para no tener que digitarla cada vez (como cuando vende, ofrece, maneja artículos, etc.). También le da la opción de cambiar su información personal en eBay. |
| All | Todos los artículos de las pestañas en su página My eBay vistos en una sola página desplazable. |

Al final de cada página de una pestaña hay enlaces importantes hacia actividades e información relacionadas con la pestaña de My eBay en la que se encuentre.

No confunda la página My eBay con la página About Me. Esta última es una página Web personal que usted puede crear para contarle al mundo acerca de usted y sus negocios en eBay. (No es necesario tener una página About Me si no lo desea; pero son gratis y divertidas.) Le explico cómo tener su propia página About Me en el Capítulo 14.

# Cómo Escoger sus Preferencias en My eBay

Una de las pestañas en la parte superior de la página My eBay es Preferences. eBay creó esta opción para ahorrarle la digitar su contraseña cada vez que haga ciertas actividades, tales como ofrecer, revisar el saldo de su cuenta y participar en subastas. El único truco es que debe registrarse antes de fijar sus preferencias.

La primera vez que entra a su página My eBay (al hacer clic en el enlace My eBay, en la parte superior de cada página), verá que eBay le solicita registrarse antes de seguir adelante. Entonces, haga clic en el enlace y regístrese. Después de hacerlo, con su identificación de usuario y su contraseña, se le presentará la página Sign In and Display Preferences. Las opciones tienen casillas para marcar. Puede personalizar estas opciones marcando las casillas (un solo clic es suficiente).

Usted debe decidir cuáles actividades quiere ver activadas cuando se registre en eBay (siempre puede cambiarlas posteriormente). Lo más conveniente es marcar todas las opciones. Si lo hace, no perderá mucho tiempo digitando su identificación de usuario y su contraseña para participar en subastas o ventas en el sitio.

Después de haberse registrado y haber montado su propia página My eBay, puede alterar cualquiera de sus preferencias escogiendo la pestaña Preferences, como se observa en la Figura 4-3. Al desplazarse hacia abajo en la página, puede hacer cambios en las siguientes áreas:

- ✔ **Personal Information:** Puede variar la información de inscripción, actualizar su dirección electrónica, agregar correo inalámbrico, crear una página About Me, y más.

- ✔ **My eBay Preferences:** Puede personalizar la apariencia de su página My eBay en su buscador.

- ✔ **Sign In Activities:** Puede cambiar la configuración inicial que ha escogido para sus actividades de registro.

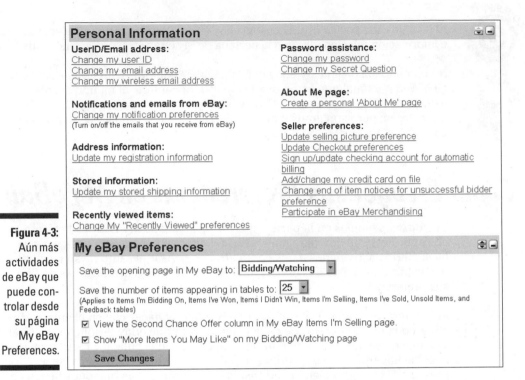

**Personal Information**

UserID/Email address:
Change my user ID
Change my email address
Change my wireless email address

Notifications and emails from eBay:
Change my notification preferences
(Turn on/off the emails that you receive from eBay)

Address information:
Update my registration information

Stored information:
Update my stored shipping information

Recently viewed items:
Change My "Recently Viewed" preferences

Password assistance:
Change my password
Change my Secret Question

About Me page:
Create a personal 'About Me' page

Seller preferences:
Update selling picture preference
Update Checkout preferences
Sign up/update checking account for automatic billing
Add/change my credit card on file
Change end of item notices for unsuccessful bidder preference
Participate in eBay Merchandising

**My eBay Preferences**

Save the opening page in My eBay to: Bidding/Watching

Save the number of items appearing in tables to: 25
(Applies to Items I'm Bidding On, Items I've Won, Items I Didn't Win, Items I'm Selling, Items I've Sold, Unsold Items, and Feedback tables)

☑ View the Second Chance Offer column in My eBay Items I'm Selling page.
☑ Show "More Items You May Like" on my Bidding/Watching page

**Save Changes**

**Figura 4-3:**
Aún más actividades de eBay que puede controlar desde su página My eBay Preferences.

Cuando finalmente llegue a su página My eBay, ahórrese un montón de trabajo y tiempo usando su buscador para marcar (bookmark) su página My eBay como favorita. Hacerlo le ahorrará muchos golpes de teclas después. Si desea enviar un acceso directo a su escritorio, en el Internet Explorer escoja File⇨Send⇨Shortcut to Desktop. Así, puede abrir su buscador directamente en la página My eBay. Algunas personas también hacen de su página My eBay página inicial en su buscador, para que su página My eBay aparezca en el momento de conectarse. Eso se llama dedicación.

# Cómo Configurar su Cuenta

Cuando explora la página My eBay por primera vez, notará que la pestaña eBay Accounts no se ha activado. Los encargados de eBay le abren una cuenta cuando usted pone algo a la venta. De esa forma, puede llevar un registro de las cuotas cobradas por colocar artículos en venta. Aun si los artículos no se venden, eBay se deja la cuota. No le cuesta ni un céntimo en cuotas echar un vistazo o inscribirse, o incluso comprar. (Para más detalles sobre cómo eBay le cobra por sus servicios, vea el Capítulo 9.)

## Estado de cuenta eBay

Aunque ya se ha inscrito como usuario de eBay (si no lo ha hecho, vea el Capítulo 2), no es necesario enviar la información de su tarjeta de crédito hasta que ponga un artículo en subasta, o hasta que haga una oferta en una subasta con reglas especiales que requieran de una tarjeta de crédito. Puede enviar esta información a eBay justo desde su página My eBay Accounts, a la cual puede ingresar haciendo clic en la pestaña Accounts.

Después de empezar a vender, su página Accounts se vuelve muy poderosa. La Figura 4-4 de qué se trata la sección Accounts de su página My eBay. Usted puede ver todos los detalles del historial de su cuenta, además de hacer cambios a sus preferencias personales (tal como cuándo y cómo desea pagar las cuotas). Si piensa que eBay le debe dinero, puede enviar una solicitud de reembolso desde aquí también. Antes de meterse de plano en el juego del dinero, debería revisar los enlaces que eBay le da para manejar su dinero:

**Figura 4-4:**
La sección Accounts de su página My eBay.

## ¿Qué es esa cosita?

Durante los primeros 30 días después de inscribirse o cambiar su identificación de usuario (puede hacerse en cualquier momento, como el Capítulo 2 lo indica), eBay le da un icono que permanece junto a su identificación de usuario cada vez que aparece en eBay (cuando hace una oferta, dirige una subasta o pone un mensaje en cualquiera de las salas de chat).

Entonces, ¿para qué es el icono? eBay llama este gráfico de una criatura parecida a un robot el

icono de "nueva identificación". Es algo así como una amistosa señal para que los demás sepan que usted es un usuario nuevo. (Si ha cambiado su identificación de usuario, el icono consiste en dos hombrecitos con una flecha que los conecta.) Usted continúa gozando de todos los privilegios que otros tienen en eBay mientras afirma su nueva identidad. Los iconos no son nada personal; son cosa de todos los días.

- ✔ **View Account Status:** Haga clic aquí para obtener una explicación competa de su cuenta en eBay: cargos, créditos y su saldo actual (vea la Figura 4-5).

- ✔ **View Invoice:** Haga clic aquí para ver su factura más reciente y los detalles de la transacción.

- ✔ **View/Update Automatic Payment Options:** Aunque todos los vendedores deben proporcionar una tarjeta de crédito, no hace falta usar esa tarjeta para pagar sus cuotas mensuales, a menos que esté usando uno de los sitios internacionales de eBay, los cuales requieren de pagos con tarjeta de crédito. Cuando se hace un solo pago, usted puede cancelar con cheque, orden de pago o incluso directamente desde su cuenta PayPal. Haga clic aquí y complete la información. Aunque eBay acepta gustosamente Visa, usted también puede usar American Express, Discover o MasterCard. También puede cambiar la tarjeta de crédito en cualquier momento. Cada mes, eBay carga a su tarjeta las cuotas en las que haya incurrido el mes anterior. Puede ver esos cargos en el estado de cuenta de su tarjeta de crédito, y también en su cuenta en eBay.

Al hacer clic en View Account Status, tiene la opción de observar la actividad de su cuenta por rango de fechas. También puede ver su estado de cuenta haciendo clic en View Entire Account. Hacerlo le mostrará toda su cuenta, cada transacción, desde que empezó a vender en eBay. Yo revisé mi cuenta. He estado vendiendo en eBay desde 1997, y es un estado de cuenta realmente impresionante. No recomiendo hacer clic aquí a menos que tenga bastante tiempo para esperar a que se cargue.

- ✔ **PayPal link:** Un rápido clic aquí y será transportado a la página inicial de PayPal. Revise el Capítulo 6 para más detalles sobre el servicio de pago PayPal.

Cuando usted le da a eBay la información sobre su tarjeta de crédito, eBay trata de autorizar su tarjeta de inmediato. La respuesta de la compañía de su tarjeta de crédito, sea ésta denegada o aceptada (Declined/Approved), aparece en la página View Account Status.

| | | | | | |
|---|---|---|---|---|---|
| 1568237545 | Nov-25-01 20:43:14 PST | Final Auction Value fee | 1034174035 | - | -$1.36 |
| | | Final price $29.50. | | | |
| 1568344664 | Nov-25-01 20:43:14 PST | Final Auction Value fee | 1664622902 | - | -$1.23 |
| | | Final price $24.50. | | | |
| 1568344689 | Nov-25-01 20:43:14 PST | Final Auction Value fee | 1664622907 | - | -$0.25 |
| | | Final price $4.99. | | | |
| 1568913211 | Nov-26-01 13:01:07 PST | Insertion fee | 1669513617 | - | -$0.30 |
| 1568913214 | Nov-26-01 13:01:07 PST | Gallery fee | 1669513617 | - | -$0.25 |
| 1568916437 | Nov-26-01 13:02:36 PST | Insertion fee | 1669514209 | - | -$0.30 |
| 1568916438 | Nov-26-01 13:02:36 PST | Gallery fee | 1669514209 | - | -$0.25 |
| 1576983219 | Nov-28-01 20:18:08 PST | Final Auction Value fee | 1300773372 | - | -$0.77 |
| | | Final price $15.50. | | | |
| 1576984679 | Nov-28-01 20:21:41 PST | Final Auction Value fee | 1488635942 | - | -$1.40 |
| | | Final price $31.00. | | | |
| 1576930942 | Nov-28-01 20:22:08 PST | Final Auction Value fee | 1037165799 | - | -$2.09 |
| | | Final price $58.77. | | | |

**Figura 4-5:** De esta manera se ven las facturas y los estados de cuenta en eBay cuando los solicita.

# Enlaces relacionados con las cuentas

Los enlaces relacionados con las cuentas al final de la página Accounts están entre los más útiles de su página My eBay, si usted está vendiendo en eBay. Estos son los enlaces relacionados con sus transacciones financieras en eBay:

✔ **Payment Terms:** Aunque necesita proveer una tarjeta de crédito para propósitos de identificación y ventas en eBay, puede cancelar su cuenta en eBay en alguna de tres maneras. Puede cambiar su método de pago en cualquier momento. Vea la Tabla 4-2 para averiguar cuándo se cargan los diferentes pagos a su cuenta.

- **Credit Card on File:** Puede poner su tarjeta de crédito en archivo, para que eBay pueda hacer los cargos mensuales por sus ventas en su tarjeta de crédito. Yo he estado usando este formato desde que me convertí en usuaria de eBay, y considero que funciona muy bien.

- **PayPal:** Puede hacer pagos únicos directamente por medio de su cuenta PayPal. Si tiene un saldo en efectivo en su cuenta, puede pedir que se lo apliquen a la cuenta en eBay; si no, puede cancelar el monto con la tarjeta de crédito registrada en PayPal.

- **eBay Direct Pay:** Esta forma de pago le permite a eBay entrar en su cuenta corriente personal una vez al mes y retirar el dinero que debe. Cuando usted escoge esta opción, se le hace una deducción automática a su cuenta bancaria, en un día predeterminado según su ciclo de facturación. ¿Adivinó que no soy fanática de este tipo de pago? Simplemente no me gusta que nadie saque fondos de mi cuenta sin que yo autorice el retiro cada vez.

- **Check or Money Order Payment:** Esto puede ser algo problemático si planea tener grandes volúmenes de ventas en eBay. Su pago debe llegar a tiempo a eBay. No estoy bromeando. eBay le puede cobrar intereses de 1.5% mensual sobre los saldos vencidos, o suspenderle la cuenta: algo que no pinta muy bien.

La desventaja de pagar las cuotas de eBay con cheque o orden de pago es que a usted le cobran si un cheque no tiene fondos, si se salta algún pago o si usa dólares canadienses en lugar de dólares estadounidenses. Supuestamente, usted recibe a fin de mes una factura por correo electrónico pero, incluso si no es así, eBay espera recibir su pago a tiempo. Un consejo a los sabios: Manténgase al tanto del estado de su cuenta si planea pagar de esta manera.

✔ **Make a One-Time Payment:** Si está a punto de llegar al límite de su crédito, o si no desea que eBay haga cargos mensuales a su tarjeta de crédito, puede hacer un solo pago. Revise el área Pay Your eBay Seller Fees para hacerlo. Para pagar con cheque, necesita un cupón de pago de eBay, el cual puede obtener haciendo clic en el enlace Mail in a Check or Money Order, imprimiendo la página del cupón y siguiendo las instrucciones. Si desea hacer un solo pago con su tarjeta de crédito, haga clic en el enlace Pay with Your Credit Card; o, para escribir un cheque virtual desde su cuenta bancaria, haga clic en el enlace Pay with Your Checking Account. Arribará a un área segura SSL, donde podrá digitar su información. Haga clic en Submit, y todo será enviado a eBay para ser procesado. Es así de fácil.

✔ **Refunds:** Si su cuenta de vendedor de eBay tiene un saldo de crédito de $1 o más que planea no usar, puede solicitar un reembolso haciendo clic en el enlace Refund. Si ha usado la característica Sign In, simplemente tiene que hacer clic en la casilla Print a Refund Request, para llegar hasta un cupón de solicitud de reembolso que podrá imprimir. Si no ha usado la característica Sign In, debe digitar su identificación de usuario y su contraseña para tener acceso al formulario personalizado. Imprima el formulario de esa página, llénelo y luego envíelo por fax o por correo a eBay.

| Tabla 4-2 | | Pagos Automáticos de eBay | |
|-----------|--------|---------------------------|-------------------------|
| **Ciclo de Facturación** | **Factura** | **Deducido de Cuenta Corriente** | **Cargado a Tarjeta de Crédito** |
| 15 del mes | Entre el 16 y el 20 | El 5 del mes siguiente | De 5 a 7 días después de recibir la factura |
| Último día del mes | Entre el 1° y el 5 del mes siguiente | El 20 del mes siguiente | De 5 a 7 días después de recibir la factura |

## *Cómo solicitar crédito por la cuota Final Value Fee*

Si usted vende un artículo, y el comprador se arrepiente (una situación poco común pero frustrante), al menos puede obtener un reembolso por algunas de las cuotas que eBay le cobra como vendedor. Estas son las cuotas por el valor final o *Final Value Fees*, y se basan en el precio de venta de un artículo. El enlace Credit Request lo lleva a la página con un panorama de las políticas relacionadas con oferentes que no pagan: Non Paying Bidder/Buyer.

Antes de poder cobrar el reembolso Final Value Fee, deben cumplirse las siguientes condiciones:

- ✔ Después de la subasta, usted debe otorgar a los oferentes por los menos tres días hábiles para responder. Si no lo hacen, puede enviarles un recordatorio de pago opcional (Payment Reminder) desde la página My eBay Selling. No pierda el tiempo; tiene hasta 30 días para enviar este mensaje electrónico generado por eBay.

- ✔ Si han pasado al menos siete días desde el fin de la transacción, y usted tiene el presentimiento de que no le enviarán su dinero, *debe* emitir el aviso de avertencia: Non-Paying Bidder Alert. Después de hacerlo, eBay le manda a usted (una copia) y al oferente un ominoso recordatorio por correo electrónico de que está obligado a completar la transacción.

  Usted cuenta con un máximo de 45 días a partir del final de la subasta para emitir una alerta por falta de pago; no podrá recibir el crédito Final Value Fee sin haberla enviado.

- ✔ Los diez días siguientes al envío de la alerta por falta de pago son su período de "arreglos"; es decir, el tiempo durante el cual usted y el oferente ojalá completen la transacción. Puede intentar llamar al oferente para resolver la situación durante este lapso.

- ✔ Una vez que hayan pasado los diez días, y no más de 60 días desde el fin de la subasta, podrá solicitar el crédito Final Value Fee.

Si ha iniciado el proceso y ha solicitado el crédito Final Value Fee, y consigue arreglar las cosas con el comprador, la etiqueta de eBay dice que debe retirar la alerta por falta de pago de la cuenta del comprador. Los compradores con muchas de estas adevertencias pueden ser suspendidos del sitio de eBay. Puede encontrar este formulario en la siguiente dirección:

```
cgi3.ebay.com/aw-cgi/eBayISAPI.dll?RemoveNPBWarning
```

# *Cómo arreglar su área de favoritos*

Parte de la diversión de eBay yace en explorar por cosas que ni en un millón de años pensaría en buscar. Dejando lo raro de lado, la mayoría de los usuarios de eBay pasa su tiempo cazando artículos específicos: digamos, muñecas Barbie, recuerdos de Elvis o estampillas de los Estados Unidos. Esa es la razón por la cual eBay creó el área Favorites de su página My eBay. Siempre que visite su página My eBay Favorites, verá una lista de sus búsquedas favoritas, cuatro de sus categorías favoritas y una lista de sus vendedores y tiendas favoritos. Pero, como eBay no puede leer su mente, deberá decirle qué quiere incluir en la lista.

## Escoja sus categorías favoritas

Usted puede escoger sólo cuatro categorías para marcar como favoritas y, con más de 30.000 categorías entre las cuales elegir, debe hacerlo con mucho cuidado. Si enfrenta problemas para delimitar las categorías por entresacar, no se preocupe: sus elecciones no quedarán grabadas en piedra. Puede cambiar su lista Favorites cuando quiera. (El Capítulo 3 le ofrece detalles sobre las categorías en eBay).

Para escoger sus categorías favoritas e incluirlas en la lista de su página My eBay Favorites, siga estos pasos:

1. **Haga clic en la pestaña Favorites y desplázese hasta el área My Favorite Categories.**

2. **Haga clic en el enlace Add/Change Categories (junto al encabezado My Favorite Categories).**

   Verá cuatro ventanas, cada una de las cuales contiene listas de categorías para cuatro de sus categorías favoritas. Estas ventanas contienen todas las categorías y subcategorías y sub subcategorías y sub sub subcategorías de eBay.

3. **En la columna del extremo izquierdo, haga clic en la categoría que desea escoger.**

   La columna a la derecha automáticamente cambiará para reflejar más opciones con base en la categoría principal seleccionada. Asegúrese de resaltar las categorías y subcategorías que desea, como se muestra en la Figura 4-6.

4. **Continúe horizontalmente, de izquierda a derecha.**

   Dependiendo de sus elecciones, deberá deslizarse a lo largo de cada ventana para encontrar la subcategoría que busca. Después de haber completado su escogencia, aparecerá un número en la ventana superior. Ese es el número de la categoría.

5. **Repita este proceso para sus categorías de favoritos, de la 2 a la 4.**

   Si no quiere usar las cuatro opciones, sólo borre cualquier número en la ventana de la categoría escogida.

6. **Haga clic en el botón Submit en la parte inferior de la página.**

   Recibirá un aviso de que los cambios se han hecho. Haga clic en el enlace My eBay, en la parte superior de la página, para ver sus nuevas categorías favoritas.

Lo específico que usted sea al escoger sus favoritos dependerá de cuántos artículos quiera ver. Cuanto más estrecho sea su enfoque, menor será la cantidad de artículos que deberá examinar. Cuanto más generales sean sus favoritos, más amplio será el rango de artículos que deberá ver. Justo debajo de cada uno sus favoritos hay cuatro opciones para observarlos. El enlace que usted prefiera escoger para ver las subastas dependerá del tipo de información que esté buscando. Ya sea que esté haciendo una búsqueda preliminar en una categoría o controlando los últimos días (o minutos) de una subasta, encontrará un enlace de clasificación adaptado a sus necesidades.

Esta es una lista de las opciones de distribución en su área Favorite Categories y cuándo debe usarlas. También puede usar estas opciones para buscar en las categorías de eBay cuando tiene ganas de comprar algo:

- **Current:** Le muestra todos los artículos que se están subastando actualmente en la categoría, los más nuevos primero. Si desea ver todas las subastas actuales para una categoría, terminará con millones de páginas de objetos que esperan ser vendidos en una categoría determinada la semana siguiente.

- **New Today:** Le muestra todos los artículos que se han puesto en subasta durante las últimas 24 horas. El pequeño icono del sol naciente junto al artículo le indica que se acaba de incluir en la lista hoy.

- **Ending Today:** Le muestra todas las subastas que cerrarán en las próximas 24 horas. La hora de cierre aparecerá impresa en rojo si la subasta acaba en la hora siguiente.

Si tiene poco tiempo, le sugiero que use los enlaces New Today o Ending Today. Ambos delimitan el número de subastas en lista a un número manejable. Para más información sobre cómo delimitar las búsquedas en eBay, vea el Capítulo 5.

- **Going, Going, Gone:** Le muestra todas las subastas que cerrarán en las siguientes cinco horas, incluso si están en sus últimos segundos. Este enlace le ofrece una gran forma de encontrar artículos sobre los cuales ofrecer en el momento final.

Cuando vea las subastas en el enlace Going, Going, Gone, recuerde que eBay actualiza esta página sólo una vez cada hora aproximadamente; entonces, asegúrese de leer la hora de cierre de la subasta. (Use la tabla de conversión de horas eBay de mi sitio web, `www.coolebaytools.com`, para descifrar las diferencias de horas). Debido a esa actualización, cada hora a la misma hora, a veces los artículos en Going, Going, Gone ya se han vendido, y la subasta ha terminado.

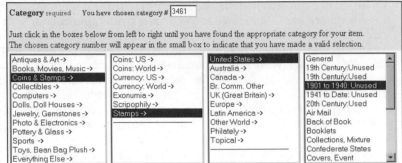

**Figura 4-6:**
Escoger sus categorías favoritas.

# Sus búsquedas y vendedores favoritos

Si su método de comprar en eBay se parece al mío, seguramente buscará cosas y vendedores parecidos una y otra vez. El área My eBay Favorites le permite tomar nota de sus búsquedas y vendedores favoritos. Usted puede realizar esas búsquedas y visitar esas tiendas con un clic de su mouse.

### Búsquedas favoritas

Usted tiene la oportunidad de incluir en la lista un máximo de 100 búsquedas en la página. Cuando quiera repetir una de ellas, sólo haga clic en su nombre para buscar los artículos. eBay incluso le enviará hasta 30 de sus búsquedas cuando haya nuevos artículos a la venta. (Para más detalles sobre esta función avanzada, revise el Capítulo 18.)

Para agregar una búsqueda a sus favoritos, lleve a cabo una. (Para ver los detalles sobre cómo hacerlo, vea el Capítulo 5). Cuando la búsqueda aparezca en su pantalla, haga clic en el enlace Add to My Favorite Searches, mostrado en la esquina superior derecha de la Figura 4-7.

La búsqueda será transportada al área de sus preferencias My eBay Favorite Searches correspondiente, como se aprecia en la Figura 4-8. Si desea que le avisen por correo electrónico cuando haya artículos nuevos en lista, marque la casilla y el rango de tiempo junto a Email Preferences.

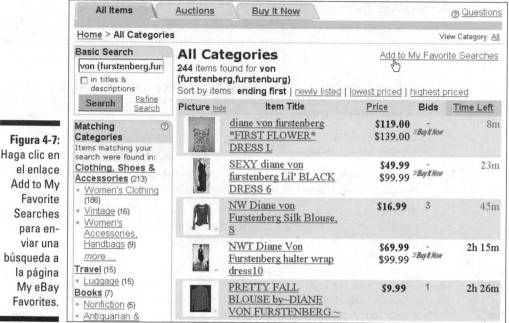

**Figura 4-7:** Haga clic en el enlace Add to My Favorite Searches para enviar una búsqueda a la página My eBay Favorites.

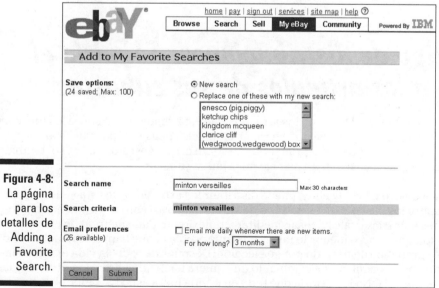

**Figura 4-8:** La página para los detalles de Adding a Favorite Search.

### Vendedores favoritos

Cuando encuentra un vendedor cuya mercancía y precios le resultan perfectamente convenientes, y le gustaría revisar ocasionalmente sus subastas, puede agregarlo al área My Favorite Sellers/Stores:

1. **Cuando haya hecho alguna compra en eBay y haya encontrado un vendedor con el que está contento, tome nota del nombre de su nombre o su identificación de usuario.**

2. **Vaya al área My eBay Favorite Sellers/Stores y haga clic en el enlace Add New Seller/Store.**

3. **Digite la identificación de usuario del vendedor o el nombre de la tienda y haga clic en el botón Save Favorite.**

   El vendedor o tienda ahora aparecerá en su área My Favorite Sellers / Stores. Para ver las subastas actuales del vendedor o visitar su tienda, haga clic en el enlace a la derecha de su nombre.

¿Qué hora es? eBay lo sabe. Haga clic en eBay Official Time (lo encontrará en la columna del extremo izquierdo del mapa del sitio o en cualquiera de las páginas de resultados de búsqueda). El reloj de eBay es tan exacto que puede ajustar su reloj con él. Y es bueno que lo haga, especialmente si desea hacer una oferta de último minuto antes de que cierre una subasta. Después de todo, la hora oficial de eBay es, bueno, *oficial*. Este es un enlace rápido a la hora y fecha actuales en eBay:

```
cgi3.ebay.com/aw-cgi/eBayISAPI.dll?TimeShow
```

# Todo tipo de distribuciones: Seguirle el rastro a los artículos de sus subastas

Si desea estar al tanto de los artículos que está vendiendo o sobre los que está ofreciendo (¿y por qué no lo haría?), empiece a pensar cómo clasificarlos *antes* de empezar a buscar el primer objeto sobre el que desea ofrecer. Este también es un buen consejo para planear su primera subasta.

Desde la página My eBay, puede distribuir los artículos que está vendiendo o sobre los cuales está ofreciendo de varias maneras. Esto le da muchas opciones sobre las cuales pensar, meditar y reflexionar. Cada método de clasificación hace más o menos lo mismo, así que escoja el que llame su atención y no se preocupe demasiado por su elección. Después de todo, la vida es demasiado corta, y aquí puede cambiar lo que quiera haciendo clic en los títulos de las opciones. (¿No le gustaría que todo en la vida fuera así?) La Tabla 4-3 le brinda más detalles los métodos de distribución.

| Tabla 4-3 | Los Métodos de Clasificación y lo que Hacen |
|---|---|
| *Clasificar según* | *Hacer Esto* |
| Item # | Distribuye los artículos en orden numérico por número de artículo. |
| Start Price | Distribuye los artículos según el precio de apertura (sólo para los artículos que usted está vendiendo). |
| Current Price | Ordena los artículos según la oferta más alta hasta el momento. Esta entrada cambia con frecuencia. |
| Reserve Price | Ordena los artículos de acuerdo con el precio reservado secreto que usted fija al empezar la subasta (sólo para los artículos que usted está vendiendo). Para más sobre las subastas con precio reservado, vaya al Capítulo 10. |
| Qty | Ordena los artículos de acuerdo con la cantidad disponible. Por ejemplo, si está ofreciendo sobre un artículo en una subasta de artículos múltiples (Dutch Auction), es posible que haya 2, 10, 100 o más artículos iguales en subasta al mismo tiempo. (Vea los Capítulos 7 y 10 para averiguar cómo funcionan las subastas de artículos múltiples.) |
| # of Bids | Ordena los artículos según el número de ofertas que se han recibido. |
| Start Date | Ordena los artículos con base en la fecha en que empezó la subasta. |
| Time Left | Ordena los artículos según el tiempo restante del período de venta (sólo elegible en la pestaña Items I'm Watching). |
| End Date PDT | Ordena los artículos con base en la fecha en que termina la subasta. Esta el la opción que eBay escoge automáticamente si no selecciona otra usted mismo. También es la forma más común en que las personas organizan sus listas. |

Todas las subastas en eBay se basan en la hora Pacific Daylight o Pacific Standar, dependiendo de la época del año.

Usted debe decir por cuánto tiempo desea que eBay muestre la información sobre los artículos que está comprando o vendiendo en su página My eBay. Puede exhibir el historial de un artículo hasta por 30 días. En una casilla en la página My eBay, puede digitar el número de días del historial en eBay que desea enseñar en sus páginas (vea la Figura 4-9). Sólo digite el número de días durante los cuales quiere ver la información y haga clic en el botón Go. También puede elegir que ese período de tiempo sea el predeterminado (el cual verá cada vez que vaya a esa página). Elija la casilla Save This Setting y haga clic en Go. ¡Todo está listo!

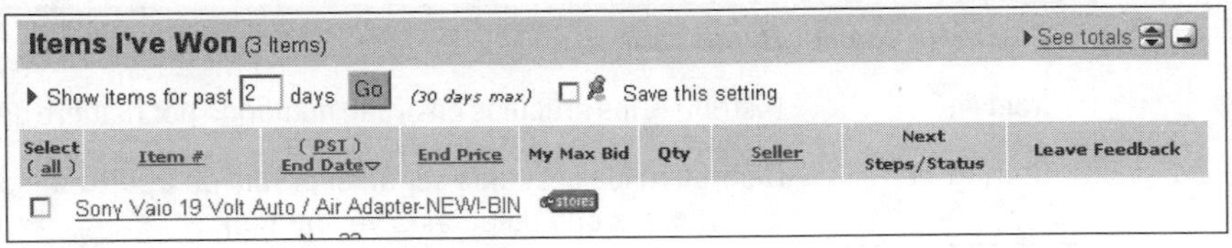

**Figura 4-9:** Configuración del tiempo en My eBay.

**Items I've Won** (3 Items) — See totals

▶ Show items for past `2` days `Go` (30 days max) ☐ Save this setting

| Select ( all ) | Item # | ( PST ) End Date▽ | End Price | My Max Bid | Qty | Seller | Next Steps/Status | Leave Feedback |
|---|---|---|---|---|---|---|---|---|
| ☐ | Sony Vaio 19 Volt Auto / Air Adapter-NEW!-BIN ⟨stores⟩ | | | | | | | |

# Siga la acción desde su área Bidding/Watcing

Yo me divierto al máximo en eBay cuando estoy comprando. Comprar en eBay es emocionante, y puedo encontrar cientos de excelentes gangas. Afortunadamente, eBay nos da un lugar para mantener junta toda la información sobre nuestras compras: la página My eBay Bidding/Watching (refiérase a la Figura 4-2).

## Vea los artículos sobre los que está haciendo una oferta

Cuando hace una oferta sobre un artículo, eBay automáticamente lo incluye en el área Items I'm Bidding On de su página My eBay. Si usted está ganando la subasta, el precio aparece en verde; si la está perdiendo, en rojo. Las subastas Dutch y las que han terminado estarán en negro. Puede observar el progreso de la subasta desde aquí y ver el número de ofertas por el artículo, la más alta y cuánto tiempo queda hasta el final de la subasta. Toda esta información puede ayudarle a decidir si desea entrar de nuevo y hacer otra oferta. eBay también guarda un total de todas sus ofertas activas en la parte inferior de esta área, en la sección Current Totals: Items I'm Winning; esto, ojalá, le ayudará a mantenerse dentro de su límite de gastos.

## Lleve un registro de los artículos que ha ganado

Cuando usted ha ganado una subasta o comprado un artículo en una tienda, éste sale en al área Items I've Won. Desde ahí, puede visitar la subasta para imprimir la página respectiva, o para volver a revisarla. También puede pagar por su artículo por medio de PayPal directamente desde aquí; si ya ha pagado, puede chequear el estado actual en Next Step/Status. También puede hacer clic en el enlace Leave Feedback aquí (después de haber recibido el artículo y estar satisfecho con su compra) para enviar su comentario.

## Sígale la pista a los artículos que está viendo

Items I'm Watching es mi área más activa de la página My eBay (vea la Figura 4-10). Este es el lugar donde usted prepara su estrategia para obtener gangas sin mostrar sus cartas al hacer una oferta. En esta área, puede ver la evolución de la subasta y decidir si desea ofrecer en ella. Puede incluir varias subastas para el mismo artículo y ver su desarrollo, y luego ofrecer en la que pueda obtener el mejor negocio. Puede seguir el progreso de hasta 30 subastas en esta área.

Trasladar las subastas a esta área es fácil. Cuando encuentre una subasta a la que desea seguirle la pista, busque el enlace Watch This Item (Track It in My eBay), junto al título del artículo (a la derecha). Si hace clic en este enlace, el artículo será llevado a su área Items I'm Watching.

**Figura 4-10:** El área Items I'm Watching de la página My eBay.

# Vigile sus ventas en la página My eBay Selling

Su página My eBay le proporciona herramientas para seguir el rastro de los artículos que está vendiendo en eBay. La página My eBay Selling funciona de manera muy parecida a la página Bidding, pero esta vez usted es quien está ganando dinero, ¡y no gastándolo! Sus ventas en subastas actuales aparecen en el área Items I'm Selling. Los artículos que han recibido ofertas aparecen en verde y, los que no, en rojo. Al pie, hay un total en dólares de las ofertas actuales sobre sus subastas.

## Artículos que está vendiendo

En forma similar a la sección Items I'm Bidding On de la página Bidding/Watching, el área Items I'm Selling lleva un registro de sus subastas actuales en eBay. Usted puede observar la acción de una subasta en tiempo real (o, por lo menos, cada vez que refresca la página). Puede ver cuántas ofertas se han hecho, cuándo cierra la subasta y el tiempo que queda en la subasta. Si desea más información sobre lo que está pasando, haga clic en el útil enlace All Item Details, el cual le da una mini-versión de cada subasta (sin la descripción).

## Artículos que ha vendido

Cuando la venta se sella, los artículos pasan al área Items I've Sold (mostrada en la Figura 4-11). Aquí es donde usted lleva el registro de la venta. Puede verificar si el comprador pagó con PayPal y cuál es el estado de la transacción. Si el comprador ha completado los trámites, puede obtener su información haciendo clic en el enlace Next Steps/Status. Si no lo ha hecho, puede hacer clic en el botón Send Invoice, para enviar al comprador una factura. ¡Muy útil!

Si no sabe nada del comprador después de tres días (la fecha límite que exige eBay para establecer contacto), puede hacer clic en el enlace Payment Reminder. Después de seleccionar cuál información desea que eBay mande, eBay le envía un firme empujón al ganador, recordándole que las transacciones en eBay son contratos vinculantes.

---

## Su herramienta secreta de ventas: Second Chance

Esas grandes y astutas mentes en eBay han acuñado otra gran invención para vender. Digamos que tiene varios artículos iguales (usted vendió ese conjunto de porcelana Minton *pieza por pieza*, ¿o no?), o el mayor postor se retira de la transacción sin pagar. La oferta Second Chance le da la oportunidad de ofrecer el artículo a uno de los que ofrecieron menos (está bien, los perdedores) a su precio de oferta más alto. La oportunidad Second Chance está disponible hasta por 60 días después de terminar una venta.

Puede ofrecer el artículo a los menores postores, uno por uno, y este oportunidad personal será válida de uno a siete días. El oferente recibirá un mensaje electrónico sobre la oferta y podrá acceder a ella por medio de un enlace especial. Sólo usted y el otro oferente podrán verlo mientras dure la oferta..

La mejor parte es que eBay no cobra ninguna suma adicional por esta característica, pero sí le cobra una cuota por el valor final de venta después de completar la transacción.

Después de completar la transacción (es decir, el artículo ha llegado a su desti-no y el comprador está feliz con su compra), puede hacer clic en el valioso enla-ce Leave Feedback para dejar un comentario sobre el comprador.

También puede volver a incluir el artículo desde un enlace rápido, o hacer una oferta de consolación (Second Chance) a alguien que ofreció menos, si usted posee más objetos iguales. Vea el cuadro cercano, para más información sobre la característica Second Chance.

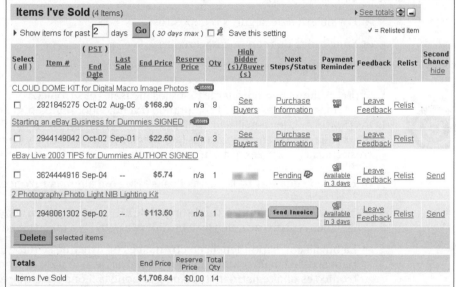

**Figura 4-11:** El área Items I've Sold y todas sus opciones.

## La función Selling Manager/Selling Manager Pro de eBay

Si ha llegado al punto en que está vendiendo muchísimos artículos en el sitio, se-ría bueno que se suscriba a una de las herramientas administrativas Selling Ma-nager de eBay. Éstas hacen que su área de ventas se vea completamente diferente. Le dan la oportunidad de manejar más ventas en un diseño compacto y conveniente. Vea el Capítulo 20 para información más detallada al respecto.

# Lleve un Registro de sus Transacciones

Sí, insisto en imprimir las cosas; no porque esté confabulando con la industria del papel, sino porque me preocupo. La mejor manera de protegerse a sí mismo es llevar sus propios registros. No dependa de eBay para cubrirle las espaldas. No es que a eBay no le importe, pero es su dinero. Entonces, cuídelo.

Eso sí, no se convierta en un fanático ni se obsesione. Para ayudarle a seguir el camino adecuado, le sugiero una lista de documentos importantes que, creo yo, debería imprimir y archivar, sea usted vendedor o comprador:

- ✔ Páginas de las subastas como aparecen después de terminadas
- ✔ Estados de cuentas bancarias con pagos que usted ha recibido y no han sido autorizados
- ✔ Formularios de seguros o depósitos
- ✔ Solicitudes de reembolso y crédito
- ✔ Recibos de compra de artículos que venderá en eBay

Siempre, siempre, *siempre* guarde todos los mensajes electrónicos que reciba sobre una transacción, esté usted comprando o vendiendo. También, guarde sus EOAs (End of Auction e-mails, mensajes de correo electrónicosobre el final de una subasta) que eBay le envíe. Para más información sobre los EOAs y la etiqueta de la correspondencia después de terminar una subasta, vea los Capítulos 8 y 12.

¿Por qué debe guardar todas estas cosas? He aquí algunas razones:

- ✔ Incluso si sólo compra o vende un par de artículos al mes en eBay, necesita llevar un registro de quién le debe dinero a usted, y a quién usted le debe.
- ✔ La buena correspondencia electrónica es un arte que se debe aprender, pero si usted hace referencia a los números de artículos, su correo electrónico es una registro instantáneo. Si pone la fecha en lo que escribe, y le da seguimiento, tiene un excelente y claro rastro en papel.
- ✔ Documentar las transacciones por medio del correo electrónico le servirá si, en algún momento, entra en una disputa sobre los términos de una venta.
- ✔ Si vende artículos especializados, puede hallar tendencias y saber quiénes son sus compradores frecuentes.
- ✔ Algún día, la oficina de recaudación de impuestos vendrá a tocar a su puerta, especialmente si compra cosas con el propósito de venderlas en eBay. Alarmante, pero cierto. Para más datos sobre dónde puede obtener información acerca de impuestos, déle una ojeada al Capítulo 9.

Cuando se trata de guardar registros por medio del correo electrónico y documentos sobre las transacciones, yo opino que, después de haber recibido su retroalimentación (positiva, por supuesto), puede botarlos. Si obtiene comentarios negativos (¿será posible?), guarde sus papeles durante algún tiempo. Queda a su discreción, pero generalmente puede tirar los papeles de una mala transacción una vez que haya alcanzado algún tipo de resolución. (Puede averiguar más sobre la retroalimentación en la sección siguiente).

Una vez al mes, haga una búsqueda de vendedor sobre sí mismo e imprima su historial de eBay más reciente. El Capítulo 5 explica más sobre cómo hacer las búsquedas de vendedor, organizar las búsquedas y crear archivos de los artículos a los que desea llevarles la pista.

# Dar y obtener retroalimentación

¿Conoce el dicho "uno es lo que come"? En eBay, uno sólo es tan valioso como su retroalimentación lo diga. La retroalimentación está conformada por comentarios (buenos, malos, neutros) que las personas hacen sobre usted (y usted hace sobre otros). En realidad, las personas hacen comentarios sobre su profesionalismo. (Incluso si es un aficionado eBay, y no tiene intenciones de usarlo profesionalmente, un poco de cortesía comercial puede facilitar sus transacciones con todo el mundo). Estos comentarios son la base de su reputación en eBay.

Debido a que la retroalimentación es tan importante para su reputación en eBay, no querrá que otros hagan comentarios o malas transacciones en su nombre. La única manera de garantizar que esto no suceda es siempre mantener su contraseña secreta. Si sospecha que alguien la conoce, cámbiela antes de que esa persona tenga oportunidad de registrarse como usted y arruinar su reputación. (Para más información sobre cómo elegir y proteger su nivel de privacidad, vea los Capítulos 1 y 15).

Cuando obtenga los primeros comentarios de retroalimentación, el número que aparece junto a su identificación de usuario es su calificación. Ésta lo perseguirá dondequiera que vaya en eBay, incluso si cambia su identificación de usuario o su dirección electrónica. Se le pega como si fuera goma. Haga clic en el número junto a cualquier identificación de usuario, y obtendrá un vistazo completo del perfil de retroalimentación de él. La idea detrás del concepto de retroalimentación es que usted no entraría ni muerto en una tienda de dudosa reputación; entonces, ¿por qué diantres querría hacer negocios en la Internet con alguien de dudosa reputación?

No es obligatorio dejar un comentario; pero, debido a que es el punto de referencia por el cual todos los usuarios de eBay son juzgados, sean compradores o vendedores, usted debería hacerlo *siempre*. Acostúmbrese a pensar que, cada vez que complete una transacción (justo cuando el paquete llegue sin problemas si usted es vendedor, o cuando reciba un artículo sobre el cual ha ofrecido y ganado) debe entrar a eBay para hacer sus comentarios.

Cada vez que obtenga un comentario positivo de un usuario que no haya comentado sobre usted antes, obtiene un punto. Cuando obtenga una mala calificación, ésta borra una de las positivas. Los comentarios neutros equivalen a cero: no tienen ningún impacto. eBay incluso tiene lo que llama su cuadro de estrellas (Star Chart), mostrado en la Figura 4-12, el cual recompensa a quienes tienen una buena calificación y continúan subiendo.

eBay awards Stars to our members when they achieve a certain <u>Feedback</u> Rating.

- A "Yellow Star" ( ☆ ) represents a Feedback Profile of 10 to 99.
- A "Turquoise Star" ( ★ ) represents a Feedback Profile of 100 to 499.
- A "Purple Star" ( ★ ) represents a Feedback Profile of 500 to 999.
- A "Red Star" ( ★ ) represents a Feedback Profile of 1,000 to 4,999.
- A "Green Star" ( ☆ ) represents a Feedback Profile of 5,000 to 9,999.
- A "Yellow Shooting Star" ( 🌠 ) represents a Feedback Profile of 10,000 to 24,999.
- A "Turquoise Shooting Star" ( 🌠 ) represents a Feedback Profile of 25,000 to 49,999.
- A "Purple Shooting Star" ( 🌠 ) represents a Feedback Profile of 50,000 to 99,999.
- A "Red Shooting Star" ( 🌠 ) represents a Feedback Profile of 100,000 or higher.

**Figura 4-12:** El sistema eBay de reconocimiento en estrellas a la retroalimentación.

La otra cara de la moneda (o el Lado Oscuro para los fanáticos de *Star Wars*) del sistema de estrellas es de números negativos. Los comentarios negativos se restan del total de comentarios positivos, por lo que bajan el número junto a su identificación de usuario. ***Adivinanza eBay***: ¿Cuándo es más de uno igual a uno? ¿No lo sabe? La respuesta es, cuando obtiene más de un mensaje con comentarios positivos de la misma persona. ¿Confundido? Esto le ayudará: Puede venderle a una persona 100 artículos diferentes pero, incluso si el comprador le da excelentes comentarios 100 veces, su calificación de retroalimentación no aumentará 100 veces. En este caso, los otros 99 comentarios aparecen en su perfil de retroalimentación, pero su calificación sólo aumenta en un punto. Hay algo más: Digamos que usted le vende al mismo usuario de eBay dos veces. Él le puede dar retroalimentación positiva en un caso y negativa en el otro; esto neutralizará su retroalimentación, dándole un puntaje neto de 0. eBay montó el sistema de este modo para que las cosas sean transparentes.

Cualquier persona con una calificación de -4 verá su membresía en eBay cancelada. Recuerde, sólo porque un usuario tenga una calificación de 750, no hace ningún daño hacer clic en el número junto al nombre para verificar la tarjeta de identificación de esa persona en eBay. Incluso si alguien tiene un total de 1,000 mensajes de retroalimentación, 250 de ellos *podrían ser* negativos.

Usted puede arribar a la página con su perfil personal de retroalimentación desde My eBay, haciendo clic en la pestaña Feedback.

La retroalimentación viene en tres excitantes sabores:

- ✔ **Positive feedback:** Alguien dijo una vez, "Todo lo que uno tiene es su reputación". La reputación hace que eBay funcione. Si la transacción sale bien, obtendrá retroalimentación positiva; siempre que se justifique, debería devolverla.

- ✔ **Negative feedback:** Si hay algún error (por ejemplo, le lleva seis meses recibir su camiseta de *Los Ángeles de Charlie* o el vendedor la sustituye con una toalla rota o si nunca recibe el artículo), tiene el derecho y, algunos dirían la *obligación*, de hacer un comentario de negativo.

✔ **Neutral feedback:** Puede hacer un comentario neutro si no se siente del todo satisfecho con una transacción específica. Es el comentario a medio camino. Digamos que compró un artículo un poco más usado y desgastado de lo que indicó el vendedor, pero aún así le gusta y quiere conservarlo.

## Cómo obtener retroalimentación positiva

Si está vendiendo, esta es la forma de crear una buena reputación:

✔ Establezca contacto con el comprador (¡pronto!) después de que termine una subasta (vea el Capítulo 12).

✔ Después de recibir el pago, envíe el artículo de inmediato (vea el Capítulo 12).

✔ Asegúrese de que su artículo sea exactamente como usted lo describió (vea el Capítulo 10).

✔ Empaque el artículo bien y envíelo con cuidado (vea el Capítulo 12).

✔ Reaccione rápida y adecuadamente a los problemas; por ejemplo, si el artículo se pierde o se daña en el correo o el comprador tarda en pagar (vea el Capítulo 12).

Si está comprando, pruebe estos buenos consejos:

✔ Envíe su pago rápidamente (vea el Capítulo 8).

✔ Manténgase en contacto por correo electrónico con el vendedor (vea el Capítulo 8).

✔ Colabore con el vendedor para resolver cualquier problema en forma cortés (vea los Capítulos 8 y 12).

## Cómo obtener retroalimentación negativa

Si es vendedor, esto es lo que debe hacer para manchar su nombre en grande:

✔ Mienta descaradamente en la descripción del artículo. (Defienda la verdad, la justicia y la legítima escritura con imaginación; vea el Capítulo 10).

✔ Acepte el dinero y "olvide" enviar el artículo. (¿Quién es usted? Vea el Capítulo 17).

✔ Empaque el artículo sin cuidado, para que termine pulverizado, quebrado o vaporizado durante el transporte. (Para evitar este patético destino, vea el Capítulo 12).

Si es comprador, esta es la mejor manera de convertir su estatus en desastroso:

✔ Haga una oferta sobre un artículo, gane la subasta y nunca responda al vendedor. (Recuerde sus buenos modales y vea el Capítulo 6).

✔ Envíe un cheque personal sin fondos y nunca cumpla con el pago. (Vea el Capítulo 17; y no se salte Go).

✔ Pida al vendedor un reembolso porque simplemente no le gusta el artículo. (Recuerde cómo jugar limpio y vea el Capítulo 8).

## La página de retroalimentación

Al hacer clic en la sección Feedback en su página My eBay, verá todas las herramientas necesarias para la retroalimentación. Considere su perfil de retroalimentación como su informe de calificaciones en eBay. Su meta es sacar sólo notas altas; en este caso, sólo comentarios positivos. A diferencia de un informe de calificaciones verdadero, no hace falta llevarlo a su casa para firmar.

Cuando alguien hace clic en el número de retroalimentación junto a su identificación de usuario, verá la siguiente información (vea la Figura 4-13):

✔ **Su identificación de usuario:** Aparece su apodo eBay, seguido de un número entre paréntesis: el número neto de los comentarios positivos que ha recibido, menos cualquier comentario negativo (pero eso no le va a pasar a usted . . .).

✔ **Información sobre su membresía:** Aquí sale la fecha en que se inscribió por primera vez como miembro de la comunidad de eBay. Debajo está el país en el cual se inscribió, su calificación en estrellas (refiérase a la Figura 4-12) y cualquier icono que lleve a otras áreas relacionadas con usted en eBay, como la página About Me (vea el Capítulo 14). Esta área también indica si usted es PowerSeller (vea el Capítulo 20) y si tiene una tienda eBay.

✔ **Su perfil general:** Esta área resume los comentarios positivos, negativos y neutros que otros han dejado para usted.

✔ **Su tarjeta de identificación eBay, junto con un resumen de los comentarios más recientes:** Esta área es un tablero de puntaje sobre su retroalimentación en los últimos seis meses. Al pie del tablero hay un resumen de las veces en que se ha retractado de sus ofertas; es decir, las veces en que ha retirado una oferta durante una subasta.

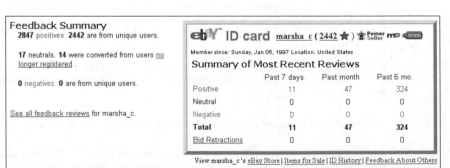

**Figura 4-13:** El informe de calificaciones con su perfil de retroalimentación; hay uno para cada miembro.

## Extra, extra, lea las últimas noticias

Generalmente, creo en el adagio: "Mantenga sus negocios en privado". Pero no en lo que se refiere a la retroalimentación. La configuración predeterminada es que su retroalimentación está a vista del público. De este modo, todos en eBay pueden leer todo sobre usted.

Si quiere mantener su retroalimentación en privado, debe entrar al Feedback Forum (haga clic en el enlace Services en la barra de navegación y luego, en el enlace Go Directly to the Feedback Forum), haga clic en el enlace Make Your Feedback Profile Public or Private y reconfigúrelo a privado.

Esconder su retroalimentación es una mala idea. Usted desea que las personas sepan que es confiable; ser honesto y directo es la mejor manera. Si esconde su perfil de retroalimentación, la gente podría sospechar que está encubriendo algo malo. Por su propio bien, deje que la luz brille en su historial de retroalimentación.

Es su reputación, su dinero y su experiencia como miembro de eBay. Recuerde que estas tres cosas siempre están unidas.

Tenga cuidado al retractarse de una oferta. Todas las ofertas en eBay son vinculantes pero, bajo lo que eBay llama "circunstancias excepcionales", usted puede retractarse, muy esporádicamente. Estas son las circunstancias en las cuales está bien hacerlo:

- ✔ Si por error digitó un monto incorrecto de oferta; digamos, $100 en lugar de $10

- ✔ Si el vendedor añade algo a su descripción después de que usted haya hecho la oferta, y si el cambio afecta considerablemente el artículo

- ✔ Si no puede autenticar la identidad del vendedor

No se puede retractar de una oferta sólo porque encontró el artículo en otro lugar más barato, o si cambió de idea o decidió que realmente no puede pagar por el objeto. Vea el Capítulo 6 para más información sobre cómo retractarse de una oferta.

## *Lea su retroalimentación*

Su reputación en eBay está a merced de los comentarios que los compradores y vendedores en línea hacen sobre usted.

Cada casilla de retroalimentación contiene estos ingredientes necesarios para mejorar (o arruinar) su reputación:

- ✔ La identificación de usuario de la persona que lo envía. El número en paréntesis junto al nombre es su propia calificación.

- ✔ La fecha y hora en que se envió el comentario.

✔ El número de artículo de la transacción a la que se refiere el comentario. Si el artículo se vendió en los últimos 30 días, puede hacer clic en el número de la transacción para ver qué adquirió el comprador.

✔ Una S o una B: *S* si usted era el vendedor, y *B* si usted era el comprador en la transacción.

✔ La retroalimentación viene en diferentes colores: alabanza (verde), negativa (rojo) o neutra (negro).

✔ El comentario que la persona hizo sobre usted.

## Usted tiene la última palabra: responda a los comentarios

Después de leer la retroalimentación recibida de otros, puede sentirse obligado a responder. Si la retroalimentación es negativa, tal vez quiera defenderse. Si es positiva, querrá dar las *gracias*.

Para responder a los comentarios, siga estos pasos:

1. **En la sección Feedback de su página My eBay, haga clic en el enlace Review and Respond to Feedback about Me.**

   Será transportado a la página Review and Respond to Feedback Comments Left for You.

2. **Cuando encuentre el comentario al que desea responder, haga clic en el enlace Respond.**

3. **Digite su respuesta.**

No confunda *responder* a comentarios con *hacer* comentarios. Responder no cambia la calificación del otro usuario; simplemente añade una línea debajo del comentario con su respuesta.

## Escriba sus comentarios con tacto

Escribir comentarios correctamente requiere de alguna práctica. No se trata simplemente de decir las cosas; se trata de decir *sólo las cosas apropiadas*. Piense cuidadosamente lo que quiere decir porque, una vez que envíe sus comentarios, permanecerán con esa persona por el resto de su carrera en eBay. Yo creo que siempre debería dejar algún comentario, especialmente al final de una transacción, aunque hacerlo no sea obligatorio. Piense en ello como el votar en las elecciones: si no lo hace, no podrá quejarse por un mal servicio.

CONSEJO

# Vaya al grano: Una guía simple para mantener la retroalimentación corta

A eBay le gusta mantener las cosas simples. Si desea alabar, quejarse o quedarse a medio camino, debe hacerlo en 80 caracteres o menos. Eso significa que sus comentarios deben ser cortos y dulces (o cortos y amargos si son negativos, o agridulces si está mezclando bebidas o pidiendo comida china.) Si tiene mucho que decir, pero no sabe cómo, estos unos buenos ejemplos para cualquier ocasión. ¡Únalos o mézclelos!

**Retroalimentación positiva:**

- Muy profesional
- Rápida respuesta electrónica
- Servicio rápido
- A+++
- Buena comunicación
- Exactamente como se describió
- Altamente recomendado
- Transacción sin problemas
- Haría negocios nuevamente aquí

- De gran valor para eBay
- ¡Regresaré!

**Retroalimentación negativa:**

- Nunca respondió
- Nunca pagó por el artículo
- Cheque rebotó, nunca lo validó
- Cuídese de su historial
- No era como lo describió
- Cuidado: no le van a pagar

**Retroalimentación neutra:**

- Envío lento, pero el artículo era como se describió
- Artículo no concuerda con descripción, pero el vendedor corrigió el problema
- Pagado con MO (money order) después de que cheque rebotó
- * Mala comunicación pero artículo OK

eBay indica que los comentarios deberían ser "basados en los hechos, sin emociones". No se equivocará si comenta sobre los detalles (buenos o malos) de la transacción. Si tiene preguntas sobre lo que eBay dice sobre la retroalimentación, haga clic en el enlace Services en la barra de navegación y luego haga clic en el enlace Go Directly to the Feedback Forum, en la página siguiente.

En el Feedback Forum, puede realizar seis tareas relacionadas con la retroalimentación:

- **Ver la retroalimentación de un usuario de eBay específico.**

- **Hacer comentarios sobre muchas ofertas de una sola vez.** Aquí, verá toda la retroalimentación pendiente para todas las transacciones de los últimos 90 días. Se le presentará una página con todas las transacciones para las cuales usted no ha dejado comentarios. Llénelas, de una en una y, con un clic, podrá dejar hasta 25 comentarios de una sola vez.

- ✔ **Revisar y responder a comentarios de retroalimentación sobre usted.**

- ✔ **Revisar la retroalimentación que usted ha dejado sobre otros.** Aquí, también podrá hacer comentarios de seguimiento después del comentario inicial, en caso de que la situación cambie.

- ✔ **Hacer que su perfil de retroalimentación sea público o privado.** Recuerde, si hace su perfil privado, podría obstaculizar sus negocios futuros en eBay. Vea la sección "Extra, extra, lea las últimas noticias", en otra parte de este capítulo.

- ✔ **Revisar las preguntas frecuentes sobre la retroalimentación (Feedback FAQ) para ver cualquier cambio en el sistema de retroalimentación.**

En el mundo real (al menos en la versión estadounidense moderna de él), cualquier persona puede demandar a otra por calumnia y difamación. Lo mismo aplica para la Internet. Es una buena idea cuidarse de no hacer ningún comentario que podría se calumniante o difamatorio. eBay no es responsable por sus acciones así que, si lo demandan por dar retroalimentación negativa (o por cualquier otra cosa que haya escrito), estará solo. La mejor manera de mantenerse seguro es apegarse a los hechos y no dejar que el asunto se ponga personal.

Si está enojado, respire y reléjese *antes* de digitar sus quejas y hacer clic en el botón Leave Comment. Si está convencido de que la retroalimentación negativa es necesaria, espere un tiempo y cálmese antes de enviar sus comentarios. Espere una hora o un día, y luego vea si todavía se siente igual. Los comentarios desagradables basados en emociones pueden hacer que usted parezca vengativo (aun cuando lo que está diciendo sea cierto).

### *Consejos seguros para dar retroalimentación*

Y hablando de las características de seguridad que debe conocer sobre la retroalimentación, estudie lo siguiente:

- ✔ Recuerde que la retroalimentación, buena o mala, es *pegajosa*. eBay no retirará su comentario si usted cambia de parecer posteriormente. Cerciórese de los hechos y piense cuidadosamente lo que va a decir.

- ✔ Antes de dejar sus comentarios, observe lo que otras personas han dicho sobre esa persona. Vea si lo que usted piensa concuerda con los comentarios de otros.

- ✔ Podrá hacer su comentario siempre y cuando la transacción todavía esté en el servidor de eBay. Esto dura generalmente 90 días después del final de la subasta. Después de los 90 días, debe tener el número de transacción para poder hacer un comentario.

- ✔ Su comentario sólo puede tener un máximo de 80 caracteres de longitud, y eso es realmente poco cuando se tiene mucho que decir. Antes de empezar a digitar, organice sus ideas y use abreviaturas comunes para ahorrar espacio valioso.

✔ Antes de enviar comentarios negativos, trate de resolver el problema por correo electrónico o por teléfono. Tal vez descubra que su reacción está basada en un malentendido fácil de resolver.

✔ Los usuarios de eBay generalmente quieren alegrarse unos a otros, así que use la retroalimentación negativa *sólo como último recurso*. Vea en los Capítulos 8 y 10 más detalles sobre cómo evitar la retroalimentación negativa.

Si hace un comentario negativo del cual se arrepiente después, no podrá eliminarlo. Puede darle seguimiento y dejar una explicación o un comentario más positivo (pero eso no cambiará el comentario inicial ni la calificación), así que piénselo dos veces antes de explotar.

### Cómo dejar comentarios de retroalimentación

Hay varias formas para hacer comentarios de retroalimentación:

✔ Si está en la página User's Feedback, haga clic en enlace Leave Feedback y aparecerá la página Leave Feedback.

✔ En el área Items I've Won de la página My eBay, haga clic en el enlace Leave Feedback, junto a la subasta.

✔ Vaya a su subasta y haga clic en el icono Leave Feedback.

✔ En el Feedback Forum, haga clic en el enlace Leave Feedback about an eBay User–See All Pending Comments at Once, para ver la lista de todas las subastas completadas en los últimos 90 días para las cuales aún no ha hecho comentarios.

✔ Haga clic en el enlace Services en la barra de navegación principal, y luego haga clic en Feedback Forum. En la página siguiente, haga clic en el enlace Go Directly to the Feedback Forum.

Para hacer el comentario, siga estos pasos:

1. **Digite la información requerida.**

   Observe que el número del artículo generalmente ya estará incluido pero, si usted va a dejar el comentario desde la página de retroalimentación del usuario, deberá digitar el número usted mismo.

2. **Escoja si desea dejar un comentario positivo, negativo o neutro.**

3. **Haga clic en el botón Leave Feedback.**

## eBay considerará eliminar un comentario si . . .

✔ eBay recibe una orden judicial indicando que el comentario en cuestión es difamatorio, calumnioso o ilegal desde cualquier otro punto de vista. eBay también aceptará un acuerdo de conciliación de una demanda resuelta, enviado por ambos abogados y firmado por ambas partes.

✔ La retroalimentación negativa se puede expurgar por medio de una resolución de un árbitro certificado, en la cual ambas partes acuerdan someter el asunto a arbitraje. Puede encontrar este servicio en SquareTrade; vea más detalles en el Capítulo 16.

✔ El comentario en cuestión no tiene relación con eBay; por ejemplo, comentarios sobre transacciones fuera de eBay o comentarios personales sobre los usuarios.

✔ El comentario contiene un enlace a otra página, foto o JavaScript.

✔ El comentario está escrito con lenguaje profano o vulgar.

✔ El comentario contiene información personal que identifique a un usuario.

✔ El comentario se refiere a cualquier investigación, ya sea por parte de eBay o de alguna autoridad.

✔ El comentario es enviado por un usuario que suministró información fraudulenta al inscribirse en eBay.

✔ El comentario es hecho por una persona que puede ser identificada como menor de edad.

✔ El comentario es dejado por un usuario como una forma de hostigamiento o acoso.

✔ El comentario era para otro usuario; siempre y cuando se haya informado a eBay de la situación y el mismo comentario haya sido enviado al usuario correspondiente.

# Parte II

# ¿Quiere Comprar lo que Están Vendiendo?

## La 5a Ola

Por Rich Tennant

"Ah, esto; es sólo una sorpresa que recibí de un surtido especial en la categoría 'Everything Else'."

# En esta parte . . .

Una vez que tiene una idea sobre cómo manejarse por el sitio de eBay, probablemente querrá empezar a negociar. Ha venido al lugar indicado. Aquí encontrará toda la información necesaria para comenzar a hacer ofertas y ganar subastas.

Aunque eBay es mucho más divertido que la escuela, todavía hay que hacer tareas. Después de haberse inscrito como miembro en eBay (en la Parte I), puede hacer una oferta sobre cualquier artículo que vea. Pero antes debe encontrar el artículo adecuado para usted. . . y luego tal vez averiguar cuánto vale. Y, ¿¡qué pasa cuando usted gana!?

En esta parte, le muestro cómo encontrar los objetos que desea, sin necesidad hurgar entre todas y cada una de las millones de subastas de eBay. También le doy consejos expertos para determinar el valor de un artículo de colección, determinar cuánto está usted dispuesto a gastar, y usar la estrategia correcta para ganar el artículo al precio apropiado. Al terminar la subasta, siga mis consejos para hacer del cierre del trato algo maravillosamente sencillo y placentero. Lo inundarán de comentarios positivos.

# Capítulo 5

# Busca y Encontrarás: La Investigación

Imagínese que entra a una tienda y ve miles de pasillos de estantes con millones de artículos en ellos. Navegar por las categorías de subastas en eBay puede ser igual de placenteramente aturdidor, aunque sin la preocupación de un posible dolor de pies. Al empezar a explorar el sitio, instantáneamente entenderá el tamaño y el alcance de lo que está a la venta ahí. Tal vez primero se sienta abrumado, pero los astutos encargados de eBay han ideado varias formas de ayudarle a encontrar exactamente lo que está buscando. Tan pronto se dé cuenta de cómo encontrar los artículos sobre los que desea hacer una oferta en eBay, podrá proteger su futura inversión asegurándose de que lo que halló es realmente lo que busca.

Por supuesto, buscar es más fácil si tiene alguna idea de qué quiere. En este capítulo, yo ofrezco a los compradores novatos algunos consejos de experto sobre coleccionar, y le muestro cómo obtener indicaciones de expertos de eBay y otras fuentes. También le doy ideas sobre cómo usar el motor buscador turbo de eBay, desde el punto de vista del comprador.

El mejor consejo que puede seguir mientras explora cualquier sistema de mercado libre es *caveat emptor*: comprador, ¡cuídese! Aunque nadie puede garantizar que todas y cada una de sus transacciones serán perfectas, investigue bien los artículos antes de ofrecer por ellos, para no perder mucho de su arduamente ganado dinero (ni sueño).

## El mejor auto familiar a la venta

¿Necesita un aventón? Maneje con estilo en un coche fúnebre Cadillac Fleetwood, modelo 1977. ¡Sólo 91 mil millas! Con todas las extras: V8, P/S, P/B, P/W. Gris con negro, interior negro. Buen motor, buenos frenos, cinco llantas extra y sistema de estéreo. El comprador lo podrá recoger después de que el cheque sea cobrado.

Este coche fúnebre se vendió en 1999 en eBay por $600. Parece que el valor de estos viejos coches sigue subiendo. Cuando actualicé este libro para la tercera edición, encontré una carroza fúnebre, marca Cadillac de 1971, con todas las extras, cuyo millaje no se mencionaba, el cual se estaba vendiendo a $2.500. Ahora, en el 2003, me enteré de un brillante coche funerario, Cadillac Superior Crown Sovereign de 1972, ¡con sólo 57.000 millas! Este ejemplar se había retirado en el 2002, y se vendió en $7.400! ¿¡Quién lo hubiera pensado!? Tal vez yo debiera estar invirtiendo en carrozas fúnebres.

# Consejos Generales para los Coleccionistas en Línea

Si está apenas comenzando en eBay, seguramente a usted le gusta comprar y colecciona artículos que le interesan. Pronto se dará cuenta, en sus aventuras en eBay, de que muchas personas en línea saben tanto sobre coleccionar como sobre ofrecer, y algunos son concursantes serios.

¿Cómo puede competir? Bueno, además de tener una estrategia de ofrecimiento bien planeada (tema que se cubre en el Capítulo 7), el conocer bien las cosas le da la ventaja necesaria para ganar. He recopilado las opiniones de dos coleccionistas expertos para obtener la información que usted necesita sobre lo básico de coleccionar en línea. (Si ya es un coleccionista experto y desea ayuda para encontrar ese algo perfecto en eBay con el fin de alistarse para hacer su oferta, aquí la encontrará. Vea la sección "¿En busca de un artículo? Encienda su Motor de Búsqueda eBay", más adelante en este capítulo). También explico cómo uno de estos expertos pone la información en práctica, y le doy un curso intensivo sobre cómo se califican (o deberían calificarse) los artículos a la venta.

## Los expertos opinan

Bill Swoger cerró su tienda de artículos de colección en Burbank, California, y vendió el saldo de sus artículos de G.I. JOE y Superman en eBay. Y Lee Bernstein, columnista y comerciante de artículos coleccionables, quien maneja Lee Bernstein Books and Collectibles desde su casa en Schererville, Indiana, no sólo frecuenta eBay, sino también tiene su propio sitio Web (www.eLee.com) Bill y Lee ofrecen estos consejos para los coleccionistas nuevos en eBay:

✔ **Obtenga todos los datos antes de ofrecer su dinero.** Estudie la descripción cuidadosamente. Es su responsabilidad analizar la descripción y tomar sus decisiones sobre la oferta en consecuencia. Averigüe si se incluyen todas las partes originales y si el artículo tiene algún defecto. Si la descripción dice que la figura de Pedro Picapiedra tiene la espalda rota, envíe un mensaje electrónico al vendedor pidiendo más información.

✔ **No se deje atrapar por la emoción de ofrecer.** Los compradores primerizos (conocidos como *Under-10s* o newbies, porque tienen menos de diez transacciones en su haber) tienden a ofrecer alocadamente, usando el corazón en lugar del cerebro. Si es nuevo en eBay, puede quemarse si sólo ofrece por la emoción de la victoria, sin pensar en lo que está haciendo.

No puedo enfatizar lo suficiente la importancia de determinar el valor de un artículo. Pero como los valores son cosas tan volátiles (dependen de la oferta y la demanda, las tendencias del mercado y todo tipo de cosas interesantes), le recomiendo que obtenga una idea general del valor de un artículo y use esa cantidad aproximada para fijar el monto máximo que está dispuesto a ofrecer por ese artículo. Luego *apéguese* a su máximo y ni siquiera piense en ofrecer más de esa cantidad. Si la oferta se pone muy caliente, siempre habrá otra subasta. Para saber más sobre las estrategias de ofrecimiento, el Capítulo 7 es el adecuado.

✔ **Sepa lo que debería costar un artículo.** Antes, los compradores solían depender de *guías de precios*, libros sobre artículos coleccionables y sus valores, para ayudarles a ofrecer. Bill dice que las guías de precios se están convirtiendo en una antigüedad. Claro, usted puede encontrar una guía con la indicación de que un afiche del *Rey León* de Broadway en excelentes condiciones tiene un valor de libro de $75 pero, si hace una búsqueda en eBay, verá que realmente se están vendiendo entre $20 y $30.

Al encontrar en eBay lo que está buscando, promedie los precios actuales que encuentre. El hacerlo le dará una mejor idea de cuánto deberá gastar que cualquier guía de precios.

✔ **El tiempo es oro, y ser el primero tiene su precio.** En el negocio de los afiches de películas, si puede esperar de tres a seis meses después del lanzamiento de una película, puede comprar el afiche en un 40 o 50 por ciento menos. Lo mismo sucede con muchos nuevos lanzamientos de artículos de colección. A veces, es más inteligente esperar y ahorrar dinero.

✔ **Tenga cuidado con las pre-ventas.** En ocasiones, usted se topará con distribuidores vendiendo artículos que no tienen disponibles por el momento, los cuales le serán enviados luego. Por ejemplo, antes de que saliera la película *La Guerra de las Galaxias Episodio I: La Amenaza Fantasma*, algunos distribuidores hicieron subastas de afiches de la película que todavía no tenían. Si usted hubiera ofrecido y ganado y, por alguna razón, el distribuidor hubiera tenido problemas para conseguir el afiche, usted estaría al final del camino. No ofrezca por nada que no pueda ser entregado a su puerta tan pronto como el cheque se haga efectivo. Vea más sobre las reglas de pre-ventas en eBay más adelante en este capítulo.

✔ **Llegar demasiado tarde también tiene su precio.** Muchos artículos de colección se hacen más difíciles de encontrar conforme pasa el tiempo. Generalmente, al aumentar la escasez, también lo hacen el deseo de poseerlos y su valor. El sentido común le dirá que, si hay dos artículos de colección originales e idénticos a la venta al mismo tiempo, y uno está como nuevo y el otro usado, el primero será de mayor valor.

✔ **Verifique quién es el vendedor.** Revise la calificación de retroalimentación (el número entre paréntesis junto a la identificación de usuario de la persona) que tiene el vendedor antes de comprar. Si hay muchos comentarios y pocos son negativos, es probable que sea un vendedor con buena reputación. Para más información sobre la retroalimentación, consulte el Capítulo 4.

Aunque eBay prohíbe los negocios al margen, un oferente que no haya sido exitoso puede (bajo su propio riesgo) contactar al vendedor una vez terminada la subasta, para ver si tiene más artículos disponibles. Si el vendedor es un usuario experimentado de eBay (una calificación alta generalmente es una señal de esto) y está interesado en la proposición del oferente, podría considerar venderle directamente al comprador. Vea el Capítulo 7 para más detalles, pero no olvide que eBay prohíbe estrictamente este comportamiento. Si realiza un negocio al margen y los encargados de eBay se enteran, lo podrían suspender. Y no se limita a eso: los compradores estafados por vendedores en transacciones fuera de eBay no deberían pedir a eBay que los ayude. Están solos. La forma legal de comprar estos artículos en eBay es pedir al vendedor que ponga otro artículo a la venta para usted; o, si usted fue el segundo mejor postor, que le envíe una oferta Second Chance.

✔ **Si un artículo llega quebrado por correo, contacte al vendedor para resolver el problema.** Lo mejor es solicitar un seguro (usted paga por él) antes de que el vendedor le envíe el artículo. Si usted no pidió un seguro, nunca está de más pedir un reembolso (o un artículo de reemplazo, si lo hay) si no está satisfecho. El Capítulo 12 ofrece los detalles sobre cómo comprar seguros de envíos, y el Capítulo 16 lo orienta acerca de cómo manejar las transacciones que no salen bien.

## *Adelante, Joe: Seguir a un experto en su cacería*

Bill busca características específicas cuando compra figurillas de acción de G.I. JOE. Aunque su lista de cotejo es específica para los de 1964 a 1969, esta información puede ayudarle a determinar su oferta máxima en otros artículos de colección (o si acaso vale la pena ofrecer por un artículo) antes de que empiece la subasta. Como se enterará en el Capítulo 7, cuanto más sepa antes de hacer su oferta, más feliz estará cuando gane. La lista de cotejo de Bill le puede ahorrar considerables inconvenientes:

✔ **Averigüe sobre la condición general del artículo.** Para un G.I. JOE, fíjese en el pelo pintado y en las cejas. No se sorprenda si está algo desgastado pero, en general, un artículo de colección sobre el que vale la pena hacer una oferta debería verse bien.

✔ **Asegúrese de que las partes móviles del artículo en verdad funcionen.** La mayoría de las figurillas de acción de G.I. JOE de ese período tiene grietas en las piernas y brazos, pero las articulaciones deberían moverse y las grietas no deberían ser tan profundas que las piernas y brazos se desprendan fácilmente.

✔ **Pregunte si el artículo tiene sus partes originales.** Puesto que usted realmente no puede examinar los artículos en detalle antes de comprar, envíe un mensaje electrónico al vendedor con preguntas específicas relacionadas con las partes originales o de repuesto. Muchas figurillas de acción de G.I. JOE están reconstruidas con partes que no datan de 1964 a 1969. A veces, las figuras incluso tienen ¡dos manos o pies izquierdos o derechos! Si le dice claramente al vendedor antes de comprar que desea un juguete únicamente con partes originales, podrá presentar un buen caso al pedir un reembolso, si el artículo está reconstruido como el Hombre Biónico. El Capítulo 7 tiene muchos consejos sobre cómo protegerse antes de hacer una oferta, y el Capítulo 16 tiene consejos sobre qué hacer si la transacción sale mal.

✔ **Pregunte si el artículo tiene los accesorios originales.** Un juguete de G.I. JOE del período entre 1964 y 1969 debería tener sus identificaciones de soldado, botas y uniforme originales. Si cualquiera de estos artículos falta, usted deberá pagar aproximadamente $25 para reemplazar cada uno. Si desea hacer una oferta sobre cualquier otro artículo de colección, sepa con anticipación cuáles accesorios eran parte del equipo estándar del artículo, o se verá obligado a pagar más sólo para lograr que regrese al estado de una versión original.

✔ **Conozca el valor de un artículo antes de ofrecer.** Un G.I. JOE clásico, de 1964 a 1969, en condición decente y con todas sus partes, se vende entre $125 y $150 sin su caja original. Si está ofreciendo por una figurilla de acción de G.I. JOE en eBay y está en este rango de precio, está bien. Si consigue un artículo por menos de $125, felicitaciones: ha pescado una ganga.

✔ **Si tiene alguna pregunta, hágala *antes* de hacer su oferta.** Revise las guías para coleccionistas, investigue sobre subastas parecidas en eBay, y visite alguna de las salas de chat por categorías en eBay.

## Pasar la prueba

Bienvenido a mi versión de la escuela primaria, sin los malos almuerzos. Una de las claves para establecer el valor es conocer la condición de un artículo, generalmente conocida como la *calificación* de un artículo. La Tabla 5-1 enumera las categorías más comunes de calificación usadas por los coleccionistas. La información de esta tabla se usa bajo el permiso de (y agradeciendo a) Lee Bernstein (`www.elee.com`) y también puede encontrarse en el sitio Web de eBay.

| Tabla 5-1 | Categorías de Calificación | |
|---|---|---|
| *Categoría (También Conocido como)* | *Descripción* | *Ejemplo* |
| Mint (M, Fine, Mint-In-Box [MIB], 10) | Un artículo de colección que nunca ha sido usado, en perfectas condiciones, con su empaque completo (incluyendo las instrucciones, accesorios originales, etiquetas, etc..) idéntico a como se veía en los estantes en la caja original. | Abuelita recibió una sopera como regalo de bodas, nunca la abrió y la mantuvo guardada en su ropero durante los siguientes 50 años. |
| Near Mint (NM, Near Fine, Like-New, 9) | El artículo está perfecto, pero ya no tiene su empaque original, o éste es menos que perfecto. Posiblemente haya sido usado, pero debe verse como nuevo. | Abuelita usó la sopera en la celebración de sus bodas de plata, la lavó cuidadosamente y la puso de nuevo en el ropero. |
| Excellent (EX, 8) | Excelente: (EX, 8): Usado, pero muy poco. Está tan sólo un paso debajo de Near Mint, y muchos vendedores los intercambian por error, pero "excelente" puede mostrar algunas pocas señales de desgaste. Éste debe ser producto normal y deseado de su antigüedad o tan insignificante que apenas se note y sea visible sólo al inspeccionarse de cerca. Un daño de cualquier tipo no es "algo insignificante". Desgaste o insignificante, los defectos de fábrica normales deberían anotarse. (Los defectos de fábrica son pequeñas manchas comunes a la hora de manufactura, como una minúscula burbuja de aire debajo de la pintura, por ejemplo). | A abuelita le gustaba celebrar el Año Nuevo con una taza de sopa para todos. |
| Very Good (VG, 7) | Se ve muy bien pero tiene defectos, tales como una pequeña raspadura. o algo de decoloración. | Si no lo estaba buscando probablemente no se daría cuenta de que la sopera de la abuelita sobrevivió el terremoto del 64 y al terrible episodio del cucharón del tío Bob. |
| Good (G, 6) | Usado, con defectos. Más que un poco de decoloración, astillas, grietas, rasgaduras, hendiduras, abrasiones, partes faltantes, etc.. | Abuelita invitaba a sus vecinas a jugar bingo y tomar sopa una vez al mes. |
| Poor (P or G-, 5) | Apenas coleccionable. Daños severos o uso frecuente. Imposible de reparar. | Abuelita vendía sopa. |

La clasificación es subjetiva. Perfecto para unos significa muy bueno para otros. Siempre pida al vendedor que defina el significado de los términos utilizados. Además, esté consciente de que los vendedores inexpertos realmente pueden desconocer las diferentes definiciones de calificación y podrían agregar los términos arbitrariamente en las descripciones de sus artículos.

# Cómo encontrar más información

Bueno, los expertos han estado comprando, vendiendo e intercambiando artículos de colección durante años. Pero sólo porque usted es nuevo en eBay no significa que debe ser un novato durante décadas antes de empezar a negociar con los dioses de las colecciones. Yo no lo abandonaría a su suerte de esa manera; eBay tampoco lo haría. Puede obtener información sobre los artículos que le interesan y buenos consejos en el propio sitio Web de eBay. Visite los foros de discusión específicos a cada categoría, en el área Community. También puede buscar en el resto de la Web o seguir la ruta anticuada y revisar la biblioteca (sí, las bibliotecas todavía existen).

Recuerde que realmente hay varios precios para un solo artículo. El precio al detalle (el precio sugerido por el fabricante para la venta al detalle, MSRP por sus siglas en inglés), el valor "en el libro", el precio en el mercado secundario (el precio que cobran los revendedores cuando un artículo no está disponible en el mercado primario) y el precio de venta en eBay. La única forma de constatar el precio por el cual un artículo se venderá en eBay es investigar las subastas que ya completadas. Más adelante en este capítulo, le doy los detalles sobre cómo investigar una subasta terminada.

## Sitios de búsqueda en línea

Si no encuentra la información que necesita en eBay, no se ofusque: simplemente vaya a otro lugar. Incluso un sitio tan vasto como eBay no tiene el monopolio de la información. La Internet está repleta de sitios Web y de subastas que le pueden dar comparaciones de precios e información sobre los ciberclubes.

Su computadora personal lo puede conectar a poderosos servidores externos (computadoras realmente grandes en la Internet) que tienen sus propios sistemas de búsqueda rápida llamados *motores de búsqueda*. Recuerde, si hay algo ahí afuera y usted lo necesita, lo puede encontrar de inmediato desde su PC en unos cuantos segundos. Estas son las direcciones de algunos de los motores de búsqueda más apreciados de la Web o sitios con motores de búsqueda múltiples:

- ✔ AltaVista (`www.altavista.com`)
- ✔ Dogpile (`www.dogpile.com`)
- ✔ Excite (`www.excite.com`)

✔ Google (www.google.com)

✔ Yahoo! (www.yahoo.com)

El proceso básico para obtener información con un motor de búsqueda en la Internet es bastante simple:

1. **Digite la dirección del sitio del motor de búsqueda en la casilla de la dirección de su explorador Web.**

   Será llevado a la página inicial del sitio Web.

2. **Encuentre la casilla de texto junto al botón llamado Search o algo parecido.**

3. **En la casilla de texto, digite algunas palabras con respecto a lo que le interesa.**

   Sea específico al digitar el texto de búsqueda. Cuanto más preciso sea, mejor oportunidad tendrá de encontrar lo que desea. Solicite consejos, alguna opción de búsqueda avanzada o páginas de ayuda en el motor de búsqueda de su elección para más información sobre cómo limitar su búsqueda.

4. **Haga clic en el botón Search (o alguno similar) u oprima Enter en su teclado.**

   El motor de búsqueda le enseñará una lista de cuántas páginas de Internet tienen la información solicitada. La lista incluye descripciones breves y enlaces para el primer grupo de páginas. Encontrará enlaces a listas adicionales en la parte inferior, si su búsqueda encuentra más de las que caben en una página (y, si pregunta por algo popular, como *Harry Potter*, no se sorprenda si encuentra millones de respuestas).

Siempre acérquese a la información de la Web con precaución. No todo el mundo es el experto que quisiera ser. Su mejor opción será obtener muchas opiniones diferentes y luego mezclarlas en algo coherente que tenga sentido para usted. Y recuerde: *caveat emptor*. (¿Hay un eco aquí?)

Encontrará más información sobre los motores de búsqueda en Internet en *Researching Online For Dummies*, por Reva Basch y Mary Ellen Bates (Wiley Publishing, Inc.).

Si está investigando sobre precios para comprar un auto en eBay, busque en su periódico local para tener una idea de los precios en su comunidad. En la Internet hay varios sitios buenos. Mi favorito es www.nadaguides.com. Le he pedido a varios de mis amigos (y editores) que visiten distintos sitios, y nos hemos quedado con este porque parece dar la información más exacta e imparcial.

## *Cómo encontrar otras fuentes de información*

Si está interesado en coleccionar un artículo en particular, puede obtener mucha información de expertos sobre coleccionar, sin escarbar mucho:

✔ **Vaya a otros lugares en eBay.** Las salas de chat y los foros de mensajes de eBay (detalladas en el Capítulo 17) están llenas de información de primera mano. La comunidad de eBay siempre está ansiosa de educar a los inexpertos.

✔ **Vaya a la biblioteca.** Los libros y revistas son una excelente fuente de información. Usted se topará, por lo menos, con un libro o una revista especializados en el artículo de su elección. Por ejemplo, si le interesan los muebles antiguos, *Antiquing For Dummies*, por Ron Zoglin y Deborah Shouse (Wiley Publishing, Inc.), le puede brindar pistas sobre qué buscan los coleccionistas de antigüedades.

Si encuentran una interesante revista especializada en la biblioteca, trate de digitar su título en el motor de búsqueda de su preferencia. Tal vez averigüe si la revista también se publica en formato digital, y podrá leerla en línea.

✔ **Hable con un conocedor.** Los amigos, clubes y organizaciones en su área le pueden dar mucha información. Pregunte a su distribuidor local de antigüedades sobre clubes a los cuales pueda unirse y vea cuánta información puede recopilar.

# ¿En Busca de un Artículo? Encienda su Motor de Búsqueda eBay

La mejor parte de comprar en eBay es que, aparte de los artículos de colección, se puede encontrar prácticamente cualquier cosa, desde una batería de litio esotérica hasta vestidos nuevos de diseñador (con zapatos para hacerles juego), hasta martillos neumáticos. Nuevo o usado: hay de todo, escondido entre los 13 millones de artículos que se incluyen en las listas a diario.

Encontrar las chispitas de oro (las gangas) puede ser como buscar la famosa aguja en un pajar. Los secretos de búsqueda en este capítulo lo pondrán muy al frente de la competencia a la hora de hallar gangas.

eBay tiene muchas formas fascinantes para que usted busque artículos (véalas en el Capítulo 3). Estas son las cuatro opciones principales:

✔ Búsqueda por Título (Búsqueda básica o Avanzada)

✔ Búsqueda por Vendedor

✔ Búsqueda por Oferente

✔ Tiendas eBay

Usted puede tener acceso a las cuatro opciones de búsqueda haciendo clic en el enlace Search, en la barra de navegación en la parte superior de cualquier página de eBay, donde podrá personalizar su búsqueda. Cada opción de búsqueda le brinda información diferente para ayudarle a encontrar el artículo adecuado del vendedor apropiado a un precio conveniente.

## Probando, probando . . . ¿cuánto tarda una búsqueda en eBay?

Tener un motor de búsqueda poderoso es una necesidad en eBay: millones de artículos se ponen a la venta a cada momento; y, a menudo, una búsqueda fácil y rápida representa la diferencia entre comprar y no comprar. Después de todo, el tiempo es dinero, y los miembros de eBay tienden a estar en constante movimiento, no les gusta quedarse inmóviles.

Entonces, ¿cuánto tarda realmente una búsqueda en eBay? Yo lo sometí a prueba. En la ventana de búsqueda de la página inicial de eBay, digité **Insignia de la Feria Mundial de Chicago 1933**, y la puse en marcha.

El motor de búsqueda revisó casi 10 millones de artículos generales y artículos de la Feria Mundial (¡860 de ellos en 1999, y cerca de 1 200 de objetos en el 2003!) y me dio un artículo específico en tan sólo cuatro segundos. (Ahora, si los genios en eBay pudieran averiguar cómo encontrar ese calcetín que siempre se pierde en secadora de ropa, realmente harían una diferencia.)

Por cierto, en 1999 esa insignia de felpa algo arrugada obtuvo cuatro apuestas, y se vendió por $17.50; en el 2003, la envejecida insignia se vendió a $43.88, con ocho ofertas.

Si quiere ser exhaustivo en sus búsquedas de eBay, le recomiendo que las lleve a cabo a menudo y las guarde en el área My eBay Favorite Searches (vea el Capítulo 2 para saber cómo hacerlo). Y cuando encuentre un artículo o una subcategoría particularmente llamativos, márquelos como favoritos o, si se trata de un artículo, haga clic en Watch This Item (un enlace en la página de subasta, justo debajo del número del artículo) o use su página My eBay. (Vea el Capítulo 18 para más información sobre el comprador personal eBay.)

# Cómo usar la página de búsqueda de eBay

Cuando hace clic en Search en la barra de navegación, aparece la página de búsqueda básica. Es el tipo de búsqueda más básico de todos (con pocas opciones) y el que usted usará más.

Cuando utiliza cualquiera de las opciones de búsqueda en eBay, el motor de búsqueda localiza todas las listas (subastas o precio fijo) que contengan las palabras digitadas en el título o en la descripción (si así lo especifica). El título (como es de suponer) es sólo otro término o grupo de términos con los cuales se nombra el artículo. Por ejemplo, si quiere hallar una antigua cucharita de plata genuina, sólo digite **cucharita de plata genuina** en la ventana de búsqueda (vea la Figura 5-1). Si alguien está vendiendo una y usó exactamente esas mismas palabras en su título o descripción, usted está de suerte.

Antes de hacer clic en el botón Search, delimite su búsqueda aún más. Cuando digite el título por consultar, tiene la opción de escoger cómo quiere que el motor de búsqueda interprete su entrada. Puede pedir al motor de búsqueda que registre el título y la descripción a partir de

✔ Todas las palabras que digitó

✔ Algunas de las palabras que digitó

✔ La frase exacta, en el orden en que la escribió

 Cuando se familiarice con los trucos que presento más adelante en este capítulo, podrá obtener la mayoría de estos resultados sofisticados en alguna de las muchas casillas de búsqueda desperdigadas por el sitio eBay.

Además, puede escoger otros criterios:

✔ **El rango de precio que desea ver:** Digite el rango del precio que desea. eBay buscará el rango específico entre el precio más bajo y el más alto. Si el dinero no es problema, deje este recuadro en blanco.

✔ **Palabras a excluir:** Si desea encontrar la cucharita de plata genuina, pero no quiere que sea enchapada en plata, excluya la palabra *enchapada*.

✔ **El pago:** Puede restringir su búsqueda a artículos que acepten PayPal.

✔ **Dentro de una categoría:** Use esta opción si desea limitar su búsqueda a una categoría principal (o de *nivel superior*) en particular, por ejemplo, en lugar de registrar todas las categorías de eBay.

✔ **La ubicación del artículo:** Puede delimitar su búsqueda a más de 50 regiones de comercialización locales en eBay.

✔ **El orden en que desea que aparezcan los resultados:** Si indica Items Ending First, el motor de búsqueda presenta primero los resultados de las subastas que están terminando. Newly Listed Items First los ordena según las subastas más nuevas. Lowest Prices First y Highest Prices First los ordena de acuerdo con el precio.

✔ **Si desea que el motor de búsqueda revise sólo los títulos de los artículos, o los títulos y las descripciones** *también***:** Obtendrá más resultados en su búsqueda si selecciona la casilla Search Title and Description, aunque probablemente también reciba información sobre demasiados artículos fuera del alcance de su búsqueda. Vea "Delimite su búsqueda en eBay", más adelante en este capítulo, donde hay consejos sólidos al respecto.

Bien, *ahora* haga clic en el botón Search. En unos cuantos segundos, verá el fruto de todo este trabajo. (Vaya, usted ni siquiera está transpirando.)

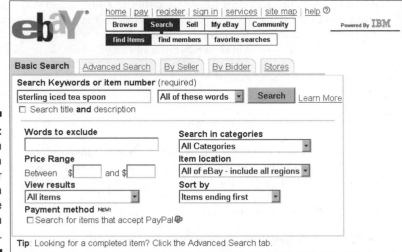

**Figura 5-1:**
Usar Search
para
encontrar
una
cucharita de
plata
genuina.

Cuando yo ejecuté la búsqueda de la cucharita de plata genuina, encontré 29 artículos. Pero algunas personas las llaman cucharas para té. Entonces, con la ayuda de uno de los trucos de búsqueda que le muestro en la Tabla 5-2 (más adelante en este capítulo), cambié mi búsqueda a *de plata (para, de té) cucharita* y encontré 50 artículos. Vea esos resultados en la Figura 5-2.

Junto a los artículos listados a menudo aparecen dibujos o *iconos*. La representación de un sol naciente amarillo significa que el objeto es completamente nuevo (este icono permanece allí durante las primeras 24 horas en lista del artículo); una cámara pequeña significa que el vendedor ha incluido una foto digital junto con la descripción del artículo; un marco de fotos indica que el artículo aparece con una foto en la Galería.

Estos son algunos consejos para interpretar y trabajar con los resultados de su búsqueda:

- ✔ Si alguna vez ve un icono misterioso en una lista (eBay inventa nuevos cada cierto tiempo), sólo haga clic sobre él con su mouse, y será llevado a una página de ayuda, donde se describe el significado del icono.

- ✔ A todos los artículos en subasta en eBay se les asigna un número. Usarlo resulta muy útil, si usted no desea abrirse paso por una búsqueda por título nuevamente al darle seguimiento a una subasta o averiguar sobre subastas terminadas. Seguro, puede digitar **gran anillo de diamantes con incrustaciones de piedras semipreciosas** en el título de su búsqueda una y otra y otra vez pero, después de haber encontrado uno, lo único que hace falta es digitar el número del artículo en la casilla Search. Esto es mucho más simple, créame.

- ✔ Una forma fácil de rastrear una subasta en la que está interesado es hacer clic en el enlace Watch This Item, en la parte superior derecha de la página de la subasta. La subasta aparecerá en Items I'm Watching en la página My eBay, y usted podrá estar al tanto de la acción.

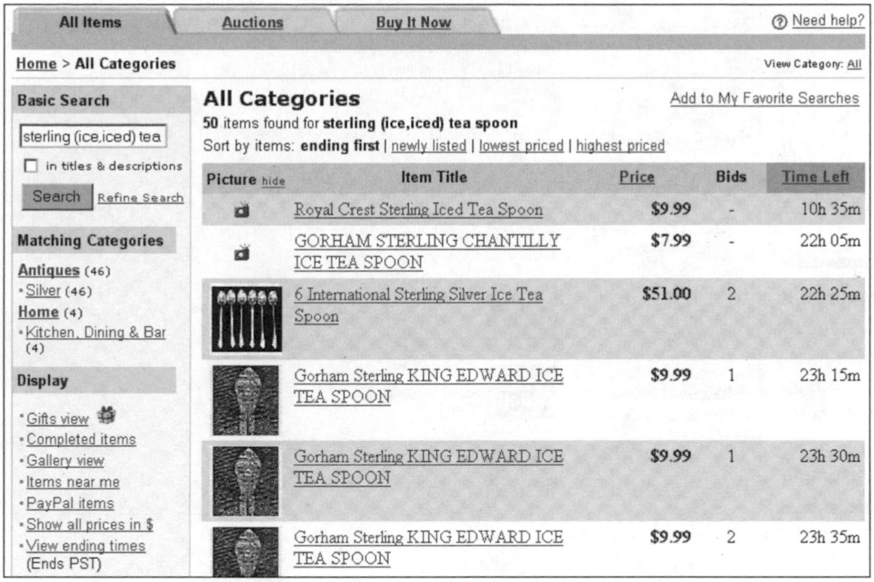

**Figura 5-2:**
Los resultados de una búsqueda de una cucharita de plata genuina usando trucos de búsqueda.

✔ Al lado izquierdo de la página de resultados hay una lista de categorías en las que aparece su término de consulta; esto es una excelente referencia. Junto a cada categoría hay un número entre paréntesis que le indica cuántas veces aparece el artículo que busca en esa categoría. La Figura 5-3 muestra un ejemplo del despliegue de categoría. Para ver los artículos que aparezcan en una sola de ellas en particular, haga clic en el título de esa categoría (o subcategoría).

# Búsqueda avanzada de eBay

La pestaña Advanced Search del área de búsqueda añade unas cuantas opciones más al paquete. No se sienta intimidado por esta área; sólo necesita entender unas cuantas tonadas importantes.

## Una búsqueda de artículos ya vendidos

Una búsqueda Completed Items presenta resultados de las subastas que ya han terminado. Esta es mi opción de búsqueda favorita en eBay, porque se puede usar como herramienta estratégica para hacer ofertas. ¿Cómo? Si está ofreciendo sobre un artículo y desea saber si es probable que los precios suban demasiado para su bolsillo, puede usar esta opción para comparar el precio actual del artículo con el precio de venta de artículos parecidos en subastas ya concluidas.

También puede usar esta herramienta si desea vender un artículo y está tratando de determinar cuánto vale, cuánta demanda existe y si este es el mejor momento para incorporar el artículo a las listas. (El Capítulo 10 le ofrece los secretos y trucos que necesita saber para montar su subasta.)

**Figura 5-3:**
Listado de categorías en los resultados de búsqueda.

Digite los criterios de palabra clave y desplácese hacia abajo en la página hasta la casilla Completed Items Only. Paso a paso, he aquí cómo se lleva a cabo una búsqueda de artículos ya vendidos:

1. **En el campo de búsqueda por título, digite el nombre del título o las palabras claves del artículo que desea encontrar.**

2. **Marque la casilla Completed Items Only para ver listas de artículos ya vendidos hace tanto tiempo como el motor de búsqueda de eBay lo permita.**

   Actualmente, se puede retroceder hasta dos semanas en el tiempo.

3. **Indíquele a eBay cómo desea que arregle los resultados.**

   En el área Sort By, escoja una de las siguientes cuatro opciones:

   • **Items Ending First:** Incluye las subastas terminadas, comenzando por la más antigua disponible (de unas dos semanas).

   • **Newly Listed:** Enumera las subastas más recientemente completadas primero.

   • **Lowest Prices First:** Ordena las subastas desde el precio más bajo obtenido hasta el más alto pagado por un artículo.

   • **Highest Prices First:** Ordena los artículos desde el precio más alto al más bajo. (Esto es muy útil cuando se busca un Camaro de 1967 y desea comprar un auto, no un juguete marca Hot Wheels).

4. **Haga clic en Search.**

   Los resultados de la búsqueda aparecerán en sólo unos pocos segundos.

Una manera alternativa para hallar artículos ya vendidos es ejecutar una búsqueda de subastas actuales desde cualquiera de las pequeñas casillas de búsqueda de casi cualquier página de eBay. Cuando los resultados de su subasta aparezcan, desplácese hacia abajo hasta la casilla Display, en la columna izquierda, y haga clic en el enlace Completed Items, como se aprecia en la Figura 5-4. De ese modo, puede vislumbrar la competencia en subastas activas rápidamente, antes de pasar a las ventas completadas.

### Una búsqueda internacional

Usted puede elegir cualquier país (desde Afganistán hasta Zimbabwe, ¡no estoy bromeando!) o delimitar su búsqueda a los Estados Unidos o Canadá. No olvide que debe pagar por el envío; así que, si no desea pagar por el flete de un sofá estilo victoriano desde Hungría hasta Hoboken, Nueva Jersey, manténgase cerca de su casa. La opción Location/International Search es básicamente una versión internacional de Search, y sigue los mismos principios. Usted también tiene la opción de delimitar su búsqueda por país, con las opciones siguientes:

- **Items Available To:** El motor de búsqueda encontrará artículos dentro de su país o de vendedores internacionales dispuestos a mandarle el artículo.

- **Items Located In:** El motor de búsqueda localizará artículos de los países específicos señalados en la casilla.

**Figura 5-4:** El muy conveniente enlace Show Only Completed Items, en la casilla Display de la página de resultados de búsqueda.

## Una búsqueda por vendedor

La pestaña By Seller, en el área de búsqueda, mostrada en la Figura 5-5, le presenta una lista de todas las subastas de un solo vendedor, y es una excelente manera de conservar una lista de las personas con quienes ha hecho negocios exitosamente en el pasado. La página By Seller también es una estrategia utilizada por los usuarios de eBay para evaluar la reputación de un vendedor. Puede averiguar más sobre las estrategias de venta en el Capítulo 9.

### Ver todos los artículos de un solo vendedor

Para usar la opción de búsqueda By Seller y encontrar todos los artículos de un vendedor, siga estos pasos:

1. **En el campo de búsqueda Single Seller, digite la identificación de usuario de la persona sobre la que desea saber más.**

2. **En la línea Include Bidder Emails, indique a eBay si desea ver las direcciones electrónicas de otras personas que están ofreciendo en las subastas organizadas por la persona sobre la cual busca información.**

   Si usted es el vendedor y desea ver las direcciones en esta página, haga clic en el botón Yes. Observe que, para proteger la privacidad de cada miembro, las direcciones sólo serán disponibles para usted si participa en una transacción con la otra persona.

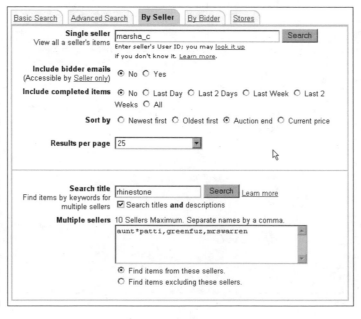

**Figura 5-5:** Puede buscar todas las subastas de un individuo o buscar un artículo a la venta por muchos vendedores.

3. **Si no desea ver las subastas que ese vendedor ha realizado en el pasado, elija No en la línea Include Completed Items.**

Puede escoger ver todas las subastas actuales y anteriores, además de aquellas que terminaron el día anterior, en los dos últimos días, la semana pasada o en las últimas dos semanas.

eBay mantiene los resultados de las subastas anteriores activos sólo por 30 días; si está buscando algo subastado hace 31 días (o más), lo siento: es un callejón sin salida.

4. **En la línea Sort By, seleccione una opción para controlar cómo desea que aparezcan los resultados de su búsqueda en pantalla.**

Si desea ver las subastas que están terminando en este momento, elija Auction End.

5. **Escoja el número de resultados que desea ver por página.**

Si la persona que está buscando tiene 100 subastas activas, puede limitar el número de resultados a cuatro listas más manejables de 25. Hacer esto le permitirá delimitar lo que desea ver.

6. **Haga clic en el botón Search junto a la casilla Single Seller.**

La Figura 5-6 muestra la página de resultados de un búsqueda por vendedor.

Items for Sale by marsha_c ( 2419 ★ ) Power Seller me estores

Find more great stuff at my eBay store

View text-only format

19 items found.

| All items | Auctions | Buy It Now | | | |
|---|---|---|---|---|---|
| Picture hide | Item Title | | Price | Bids | Time (Ends PDT) |
| | CLOUD DOME w 7 inch Ext Digital Macro Photos | | $162.99 $168.99 =Buy It Now | - | Oct-14-03 14:05:40 PDT |
| | eBay Live 2003 TIPS for Dummies AUTHOR SIGNED | | $3.99 | 1 | Oct-14-03 14:05:40 PDT |
| | Starting an eBay Business for Dummies SIGNED | | $21.99 $22.99 =Buy It Now | - | Oct-14-03 14:09:57 PDT |
| | Author SIGNED eBay for Dummies NEW 3rd Edit | | $19.99 $20.99 =Buy It Now | - | Oct-14-03 14:09:57 PDT |
| | SIGNED Arnold Schwarzenegger Governor Ticket | | $15.50 | 5 | Oct-14-03 22:55:49 PDT |
| | Spanx Footless Body Shaping Pantyhose A NUDE | | $13.99 =Buy It Now | | Oct-16-03 09:07:29 PDT |

**Figura5-6:** Resultados de una búsqueda By Seller en eBay.

### Encontrar artículos de múltiples vendedores por medio de palabras claves

Si está buscando un artículo específico en un grupo de vendedores, puede completar la información de búsqueda en la mitad inferior de la página de búsqueda By Seller, como se mostró anteriormente en la Figura 5-5. Usted probablemente lleve a cabo este tipo de búsqueda una vez que se haya acostumbrado a comprar en eBay, cuando haya encontrado varios vendedores con quienes le gusta hacer negocios (o, en caso contrario, puede excluir a los vendedores con quienes prefiere no involucrarse). Con este método, puede limitar la búsqueda de un artículo en particular a los vendedores que prefiere, y no a cientos de miles de ellos.

Cuando encuentra un vendedor con quien desea continuar haciendo negocios, añada su enlace al área My eBay Favorite Sellers. Simplemente vaya a la página My eBay y, en el área Favorites, haga clic en el enlace Add New Seller/Store. Puede agregar hasta 30 vendedores en esta área y, así, ¡registrar sus ventas con un solo clic de su mouse!

## Una búsqueda por oferente

La opción de búsqueda By Bidder es única, porque los vendedores y compradores por igual la usan cuando se está llevando a cabo una subasta, para reflexionar sobre sus mejores estrategias. Después de todo, el dinero es lo que está en juego. Para más información sobre cómo realizar una búsqueda By Bidder, échele un vistazo al Capítulo 7.

## Delimitar su búsqueda en eBay

Después de haberse familiarizado con cada una de las opciones de búsqueda de eBay, necesita un curso intensivo sobre cuáles palabras debe realmente digitar en esas pequeñas casillas. Si pone muy poca información, tal vez no encuentre su artículo. Si escribe demasiado, se abrumará con la cantidad de datos. Si realmente le interesan los juguetes bean-bag, por ejemplo, tal vez le interese buscar a Ty's Tabasco, el Toro. Pero, si solamente escribe *Tabasco*, se verá inundado con los resultados que variarán desde salsa picante hasta publicidad.

Algunos trucos simples le pueden ayudar a limitar los resultados de su búsqueda en eBay al registrar otras páginas que no sean la de búsqueda (en las cuales no encontrará todas las tonalidades de búsqueda). La Tabla 5-2 tiene los detalles.

**Tabla 5-2    Símbolos y Palabras Claves para Realizar Búsquedas con el Motor de Búsqueda de eBay**

| Símbolo | Impacto en la Búsqueda | Ejemplo |
|---|---|---|
| Ninguno, palabras múltiples | Muestra subastas con todas las palabras en su título | **carta de Reagan** aparece tanto una subasta de un mensaje enviado por el ex-presidente de Estados Unidos como una de otro mensaje enviado por Boris Yeltsin a Ronald Reagan. |
| Comillas "" | Limita la búsqueda a los artículos con la frase entre comillas exacta | **"Mujer Maravilla"** aparecen artículos sobre la heroína de las tiras cómicas y la televisión. Las comillas no hacen la búsqueda sensible a las mayúsculas. Usar mayúsculas o minúsculas en *cualquier* búsqueda de eBay le dará los mismos resultados. |
| Asterisco * | Sirve como comodín | **budd\*** aparecen artículos que empiezan con budd, tal como Beanie Buddy, Beanie Buddies o Buddy Holly. |
| Coma de separación sin espacios (a, b) | Encuentra artículos relacionados con el objeto que está antes o con el que está después de la coma | **(gi joe,g.i. joe)** aparecen todos los artículos de G.I. JOE, sin importar cómo los presentó el vendedor. |
| Signo de – sustracción | Excluye resultados con la palabra que está después del signo - | Digite **caja –almuerzo**: será mejor que no tenga hambre; hallará una caja, pero sin el almuerzo incluido. |
| Símbolo de sustracción y paréntesis | Busca subastas con las palabras antes de los paréntesis, pero excluye las que están dentro | **midge –(skipper,barbie)** significa que las subastas con la muñeca Midge no tendrán que competir por la atención de Ken. |
| Paréntesis | Busca ambas versiones de la palabra entre paréntesis | **política (broche, broches)** busca broche político o broches políticos. |

Estos son consejos adicionales para ayudarle a limitar su búsqueda en eBay:

- **No se preocupe por las mayúsculas:** Puede escribir los nombres propios en mayúscula o dejarlos en minúscula, al motor de búsqueda no le importa.

- **No use *and, a, an, or,* o *the*:** Llamadas *palabras ruidosas* en la jerga de búsqueda, estos términos se interpretan como parte de su búsqueda. Entonces, si desea encontrar algo de *The Sound of Music* y digita **the sound of music**, tal vez no obtenga ningún resultado. La mayoría de los vendedores elimina las palabras ruidosas del inicio del título de un artículo al enlistarlo, al igual que las bibliotecas al ordenar los libros alfabéticamente. En ese caso, su búsqueda debe decir **sound music**. Una aún más exacta sería "**sound of music**" (entre comillas).

- **Busque dentro de categorías específicas:** Este tipo de búsqueda limita los resultados porque registrará solamente un nicho en eBay: el área específica que usted desea. Por ejemplo, si quiere encontrar a Tabasco el Toro, empiece en la página inicial y, bajo el encabezado Categories, haga clic en Toys y Bean Bag. El único problema con buscar dentro de una categoría específica es que a veces un artículo puede aparecer en más de un lugar. Por ejemplo, si busca un cobertor infantil de Mickey Mouse en la categoría Disney, podría no encontrarlo porque tal vez aparezca bajo los artículos infantiles.

Use el símbolo del asterisco a menudo para ubicar palabras mal escritas. A menudo hallo excelentes gangas en artículos que han sido erróneamente enlistados por los vendedores. Estos son algunos ejemplos:

- **Rodri\***. En este caso yo busco artículos del famoso artista sureño *George Rodrigue*. Sus pinturas Perro Azul son famosas en todo el mundo, y muy valiosas. Usando esta búsqueda, logré comprar una litografía Perro Azul firmada por menos de $200. (¡La revendí en eBay más tarde el mismo año en $900!)

- **Alumi\* tree**. ¿Recuerda los viejos árboles de Navidad de aluminio de los sesenta? Su popularidad ha resurgido en los últimos años. Puede comprar estas "antigüedades" en tiendas por cientos de dólares… o puede adquirir uno en eBay por la mitad del precio. Puede hallarlos aún más baratos si el vendedor no sabe deletrear *aluminio* en inglés. . .

- **Cemet\* plot**. Si está buscando ese último lugar de descanso, eBay tiene grandes ofertas. Desafortunadamente, los vendedores todavía no se han puesto de acuerdo sobre si deletrear *cemetery* o *cemetary* (en inglés). Esta búsqueda encontrará ambas palabras.

Después de estudiar estos ejemplos, estoy segura de que puede pensar en muchos otros casos en los cuales el uso de un asterisco puede ayudarle a encontrar las gangas. ¡No se olvide de mandarme un mensaje para avisarme cuando encuentre algo especial usando esta técnica!

# Confeti gratis . . .

eBay le da la oportunidad de tener artículos de la misma incomparable calidad que el Instituto Smithsonian. En noviembre del 2001, la Junta de Comisionados del Condado de Palm Beach se encontró en un embrollo. Debido a que la notoria elección presidencial del 7 de noviembre del 2000 estuvo cargada de tarjetas mal perforadas (conocidas como *hanging, pregnant, and dimpled chads*), el anuncio del ganador de la elección fue retrasado durante 37 días, algo sin precedentes. Como resultado de esta elección, la legislatura de Florida declaró ilegal el uso futuro de sistemas de votación con tarjetas perforadas: todos los condados de Florida tuvieron que pasarse a máquinas de votación más estables y aprobadas por el estado.

El Condado de Palm Beach escogió usar un dispositivo de votación con una pantalla de tacto, el cual costó a sus residentes más de $14 millones. ¿Qué hacer con las viejas e históricas máquinas de votación con tarjetas perforadas? Así es, donaron una al Smithsonian; y subastaron el resto en eBay. El Condado de Palm Beach donó la máquina No. 1 a Auction for America; recaudó $4 550.01 para el fondo de las Torres Gemelas.

¿El resto? Bueno, los personeros del Condado de Palm Beach deberían haber leído este libro. Hicieron una subasta tipo Dutch para 3.055 de los paquetes de votación básicos, con una oferta inicial de $300. Incluyeron con la máquina la dudosa "boleta mariposa" con el estilete oficial; una placa de bronce certificaba que fue usada en la elección del 7 de noviembre; un Certificado de Autenticidad firmado por Theresa LePore, Supervisora de las Elecciones del Condado de Palm Beach; 25 tarjetas perforadas de demostración para jugar a centro de votación en el hogar; una fotografía firmada de las personas que estuvieron a cargo de recontar las boletas: la Supervisora de Elecciones del Condado de Palm Beach Theresa LePore, la Comisionada del Condado de Palm Beach Carol Roberts y el Juez Charles Burton; y "el confeti de elecciones anteriores que esté dentro de la máquina". ¡Qué gran paquete! También hubo 569 paquetes premier, los cuales incluían una urna oficial de papeletas, y cuya oferta inicial era de $600.

En las subastas de diez días (¡realizadas simultáneamente!), el Condado de Palm Beach vendió 78 de los paquetes premier y 389 de los paquetes básicos con las máquinas de votar. Yo llamé a la oficina de la Comisionada del Condado para averiguar por qué mi máquina no había llegado, y pregunté cuándo iban a subastar el resto. Me aseguraron que iban a organizar otra subasta en eBay, pero con un precio inicial más alto.

El Condado de Palm Beach debió haber empleado las estrategias mencionadas en este libro, como lo hicieron algunos vendedores inteligentes de eBay. Poco después, uno de los paquetes básicos se vendió luego de una subasta de siete días a $670. Otros vendedores emprendedores han estado vendiendo en eBay este tipo de máquinas de otros condados. Desafortunadamente para los compradores, sólo las máquinas del Condado de Palm Beach tenían la famosa boleta mariposa.

# Encontrar a miembros de eBay: Toda la pandilla está ahí

Con millones de usuarios de eBay sueltos, se podría pensar que hallar a alguien es difícil. Pues no. El maravilloso motor de búsqueda de eBay entra en la doble tracción, para ayudarle a encontrar a otros miembros de eBay en segundos.

He aquí como puede encontrar a personas u obtener información sobre ellas en eBay:

1. **En la barra de navegación principal, en la parte superior de la mayoría de las páginas de eBay, haga clic en el enlace Search.**

   Esta acción lo llevará a la página principal de búsqueda, donde surgirán tres enlaces en la barra de subnavegación: Find Items, Find Members y Favorite Searches.

2. **Haga clic en el enlace Find Members, en la barra de subnavegación.**

   Este enlace lo conduce a la página principal de Find Members, donde puede buscar páginas About Me específicas. (Vea el Capítulo 14 para averiguar cómo crear su página web personal en eBay). Aquí también podrá echar un vistazo al perfil de retroalimentación de un usuario (vea el Capítulo 4 para los detalles sobre la retroalimentación), hallar los historiales de identificaciones de usuario de sus compañeros de eBay (lo cual es útil al hacer ofertas sobre artículos, como lo demuestra el Capítulo 7) u obtener información de contacto cuando usted está participando en una transacción.

3. **Complete las casillas adecuadas con lo que está buscando y haga clic en el botón Search (o, en algunos casos, en el botón Submit) para conseguir la información que desea.**

   Si está buscando historiales de identificaciones de usuario o información de contacto y no se ha registrado, tendrá que hacerlo en este momento.

Hacer clic en el enlace Favorite Searches en la barra de subnavegación lo transporta a la página My eBay Favorites. Usted puede indicarle a eBay cuáles artículos está buscando, y éste ejecutará la búsqueda automáticamente. También puede pedir a eBay que le mande un correo electrónico cada vez que aparezcan subastas que concuerden con sus descripciones. (El Capítulo 18 le da más información sobre cómo funciona esto).

# Capítulo 6

# Comprar en eBay: Lo Básico

● ● ● ● ● ● ● ● ● ● ● ● ● ● ● ● ● ● ● ● ● ● ● ● ● ● ● ● ● ● ● ● ● ● ● ● ● ● ● ● ● ● ● ● ● ● ● ●

*En este capítulo*

▶ Elaborar un plan antes de ofrecer

▶ Conocer los pormenores de la página de artículos

▶ Observar una subasta

▶ Conocer al vendedor

▶ Evitar el remordimiento del oferente

● ● ● ● ● ● ● ● ● ● ● ● ● ● ● ● ● ● ● ● ● ● ● ● ● ● ● ● ● ● ● ● ● ● ● ● ● ● ● ● ● ● ● ● ● ● ● ●

*1* magínese que está navegando por diferentes categorías de eBay, sin nada especial en mente; de pronto descubre ese artículo indispensable oculto entre los recuerdos de Elvis en la categoría Collectibles. Seguro, usted *podría* continuar viviendo sin ese reloj de bolsillo de Elvis enchapado en oro, pero la vida sería mucho más dulce *con él.* E incluso si está siempre atrasado, al menos dará la hora correcta dos veces al día.

Al ofrecer por un artículo en eBay, puede sentir la misma emoción que en las subastas de Sotheby's o Christie's por mucho menos dinero, y los artículos que gane probablemente serán *ligeramente* más prácticos que esa obra maestra holandesa, la cual usted temería dejar enmarcando. (Además, hay que tener un reloj, y Elvis es el Rey).

En este capítulo, le doy los detalles sobre los tipos de subastas disponibles en eBay y un recorrido por los pormenores de las estrategias para ofrecer. Además, comparto algunos consejos probados y garantizados que le otorgarán la ventaja sobre la competencia.

## La página de artículos en subasta

Debido a que en cualquier momento hay más de un millón de páginas con artículos que usted puede ojear en eBay, las páginas de artículos en subasta son el corazón (mejor aún, el esqueleto) de las subastas en eBay. Todas las páginas de artículos en eBay (ya sean subastas, artículos con precio fijo u objetos Buy It Now) son muy parecidas. Por ejemplo, la Figura 6-1 muestra una página convencional de artículos en subasta, y la Figura 6-2 le enseña las ventas a precio fijo. Ambas páginas presentan el título de la lista arriba, la información para ofrecer o comprar en el medio y los datos sobre el vendedor a la derecha. Debajo de esta área encontrará una descripción completa del artículo, junto con la información de envío.

**Figura 6-1:**
Una subasta típica; presenta la característica Buy It Now y los pagos a través de PayPal.

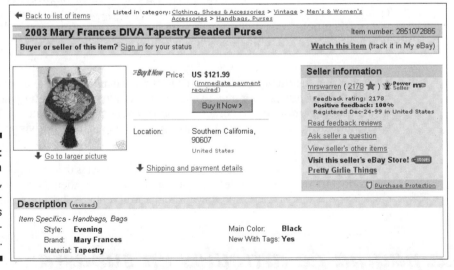

**Figura 6-2:**
Una venta a precio fijo, con especificaciones sobre el artículo.

Por supuesto, los dos tipos de subasta poseen algunas diferencias sutiles. (En un medio tan grande como eBay, es necesario ser flexible.) Algunas subastas incluyen una foto en la parte superior de la página y otras no, dependiendo de cómo monte el vendedor su página de venta. Algunas subastas tienen especificaciones sobre el artículo en la descripción (como se aprecia en la Figura 6-2). Esta área es montada por eBay y llenada por el vendedor para darle una descripción rápida del artículo en venta. Si el artículo al que llega después de su búsqueda es una venta de precio fijo, sólo verá las palabras Buy It Now (también se observan en la Figura 6-2). Pero, por lo demás, las páginas son extremadamente parecidas.

Esta es una lista de las cosas que verá al desplazarse hacia abajo en una página típica de artículos en subasta:

- ✔ **Item title and number:** El título y el número identifican al artículo. Archive esta información para hacer consultas posteriormente

  Si está interesado en un tipo en particular de artículo, tome nota de las palabras claves usadas en el título (probablemente las verá nuevamente en otros). Hacer esto le ayudará a delimitar su búsqueda.

- ✔ **Item category**: Justo encima de la barra del título y número del artículo, puede hacer clic en la lista de la categoría para comparar precios. (El Capítulo 5 le brinda más estrategias de búsqueda).

- ✔ **Current Bid:** Este campo le indica la cantidad en dólares a la que ha llegado la oferta, la cual cambia durante la subasta conforme las personas hacen sus ofertas. Si no han hecho ofertas sobre artículo, este campo se llama oferta inicial, Starting Bid.

- ✔ **Buy It Now price:** Si desea adquirir el artículo de inmediato y el precio citado en esta área está bien para usted, haga clic en el enlace Buy It Now, que lo llevará a una página donde puede completar su compra.

- ✔ **Quantity:** Este campo aparece sólo en una venta de artículos múltiples a precio fijo o una subasta holandesa (Dutch auction). Le dice cuántos artículos hay disponibles. Si ve un número diferente a 1 en este campo, está viendo una subasta de artículos múltiples (holandesa), la cual se explicará posteriormente en este capítulo. También puede ser una venta de múltiples unidades a precio fijo (lo que significa que puede comprar sólo un objeto; no tiene que comprar todo el lote). Se puede saber si es una venta a precio fijo porque no tiene la oportunidad de hacer una oferta; puede usar Buy It Now por cualquier cantidad de artículos que desee. Se le pedirá la cantidad cuando compre. Pero, si alguien está vendiendo dos relojes de Elvis por el precio de uno, la cantidad de artículos indicará 1 (o sea, 1 conjunto de 2 relojes).

- ✔ **Time Left:** Aunque el reloj nunca deja de correr en eBay, usted debe continuar refrescando su buscador para ver el tiempo restante en el reloj oficial. Cuando la subasta del artículo llega a su última hora, verá la hora expresada en minutos y segundos. Este campo le indica el tiempo restante para esta subasta en particular.

  El tiempo es la clave en una de las estrategias para ofrecer en eBay (se cubren en el Capítulo 7); no olvide que, como las oficinas centrales de eBay están en California, eBay usa la hora Pacific Standard o Pacific Daylight como estándar, dependiendo de la estación.

- ✔ **History:** Este campo le dice cuántas ofertas se han hecho. Para usar el número de ofertas en su favor, debe leer entre líneas. Puede determinar cuán "caliente" es un artículo comparando el número de ofertas que ha recibido a lo largo del tiempo. Con base en la cantidad de interés por un artículo, puede crear una estrategia de tiempo (de la que hablo más adelante en este capítulo). La oferta inicial aparece en gris claro, junto al número de ofertas. Si hace clic en el número de ofertas, puede averiguar quién está ofreciendo, además de la fecha y la hora en que se hicieron las ofertas. La cantidad en dólares de cada oferta se mantiene en secreto hasta el final de la subasta.

✔ **High Bidder:** Este campo le muestra la identificación de usuario y la calificación de retroalimentación del mayor postor hasta el momento. *¡Podría ser usted si ya hizo su oferta!*

Hacer las ofertas es más un arte que una ciencia. En ocasiones, un artículo no recibe ninguna oferta porque todos están esperando hasta el último minuto. Luego, un huracán de actividad se forma cuando los oferentes tratan de superarse unos a otros (esto se llama *sniping* y se explica en el Capítulo 7). Pero todo eso es parte de la diversión en eBay.

✔ **Location:** Este campo le indica como mínimo el país donde está ubicado el vendedor. Tal vez encuentre información más específica, como la ciudad y área geográfica desde donde opera. (Lo que se ve depende de cuán detallado quiera ser el vendedor).

Considere la ubicación geográfica de un vendedor al pensar en ofrecer por un artículo. Saber exactamente dónde se encuentra el objeto le puede a ayudar a calcular rápidamente cuánto costará el envío, y cuánto tiempo le tomará al artículo en llegar hasta usted. (El Capítulo 10 toca este tema). Además, si usted adquiere un bien de alguien en su propio estado, quizás deba también pagar el impuesto de ventas sobre su compra. Si el artículo está en Australia, por ejemplo, y usted está en Vermont, tal vez decida que realmente no necesita ese tope de puerta en hierro forjado. (Recuerde, *usted* es quien paga los gastos de envío).

La región (localizada encima del país, en el campo Location) le permite saber si el artículo está incluido en las áreas de subasta regionales de eBay. Esta es generalmente la ciudad donde está ubicado el vendedor. También ayuda si se trata de un artículo que le gustaría recoger personalmente donde el vendedor. Envíe un mensaje de correo electrónico al vendedor antes, para ver si está dispuesto a reunirse con usted en la cafetería local para completar la transacción.

✔ **Watch This Item:** Haga clic en este enlace y el artículo mágicamente será agregado a la pestaña Bidding/Watching de su página My eBay, para que usted pueda seguirle la pista al progreso de la subasta, sin necesidad de ofrecer. Si aún no se ha registrado, tiene que digitar su identificación de usuario y contraseña antes de poder guardar la subasta en su página My eBay.

✔ **Seller Information box:** Esta área le da información sobre el vendedor. *Conozca a su vendedor* es casi tan importante como *caveat emptor*, frases que pagan en eBay. Como le digo casi un millón de veces en este libro, ¡*lea la calificación de retroalimentación*! (Bueno, tal vez no un millón; volvería locos a los editores). Los seres humanos vienen en todas formas, tamaños y niveles de honradez y, como en cualquier comunidad, en eBay hay buenas y malas personas. Su mejor defensa es leer la retroalimentación del vendedor. Verá varias cosas en la casilla Seller Information (como se aprecia en la Figura 6-3):

- **Feedback Rating:** Este es el mismo número que aparece a la derecha del nombre del vendedor entre paréntesis. Haga clic en él para ver la tarjeta de identificación eBay del vendedor, y el historial completo de retroalimentación justo debajo de ella. Lea, lea, y vuelva a leer toda la retroalimentación (¿vio?, ¡ya estamos más cerca del millón!) para asegurarse de sentirse cómodo al hacer negocios con esta persona.

- **Positive Feedback percentage:** Las computadoras de eBay calculan esta cifra. Se deriva de toda la retroalimentación positiva y negativa que recibe un usuario.

- **Registered:** Esta línea indica la fecha en que un vendedor se registró en eBay, y el país en el cuál está registrado.

- **Read Feedback Reviews:** Este vínculo hace lo mismo que hacer clic en el número de la calificación de retroalimentación.

- **Ask Seller a Question:** Si hace clic en este vínculo, se conectará al sistema de correo electrónico de eBay. Le podrá hacer al vendedor una pregunta sobre el artículo.

- **View Seller's Other Items:** Este vínculo lo lleva a la página que muestra todas las subastas actuales del vendedor, además de sus ventas a precio fijo.

  Si el vendedor tiene una tienda eBay, aquí también aparecerá un enlace hacia ella. Más adelante en este capítulo, le doy una guía paso a paso sobre cómo funcionan estos enlaces.

  Si el vendedor acepta PayPal, esa opción se indica en un área sombreada. También, si el vendedor califica para la protección al comprador (Buyer Protection), se indica aquí, como se aprecia en la Figura 6-3.

✔ **Barra de descripción:** Debajo de esta barra sombreada en azul claro está la descripción del artículo. Lea toda esa información cuidadosamente antes de hacer su oferta. Siga leyendo para averiguar cómo usar esta información.

**Figura 6-3:** Montones de datos sobre el vendedor aquí.

**Seller information**

marsha_c ( 2424 ⭐ ) 💫 Power Seller me

Feedback rating: 2424
**Positive feedback: 100%**
Registered Jan-05-97 in United States

Read feedback reviews

Ask seller a question

View seller's other items

**Visit this seller's eBay Store!** stores
**Marsha Collier's Fabulous Finds**

PayPal ✓ Buyer Protection Offered
See coverage and eligibility

Debajo del área de descripción del vendedor, encontrará algunos otros datos importantes en la página típica de artículos en subasta, como se aprecia en la Figura 6-4:

➤ **Detalles de envío y pago:** Revise esta área para ver los detalles sobre el flete. Verá

 • Quién paga (recuerde que en eBay, generalmente es el comprador).

 • Si se ofrece seguro.

 • En cuáles estados deberá pagar el impuesto de ventas (si lo hubiese).

 • Si el vendedor está dispuesto a enviar a su área. (A veces los vendedores no hacen envíos internacionales, y se lo harán saber aquí).

Además, siempre revise la descripción del artículo para más información y términos del envío.

Si el artículo pesa más de una libra, el vendedor probablemente haya incluido la calculadora de flete de eBay en esta área para su conveniencia. Simplemente digite su código postal, y se le presentarán los costos de envío para su localidad.

➤ **Métodos de pago aceptados:** Este campo le señala los métodos de pago aceptados por el vendedor: cheques, órdenes de pago, tarjetas de crédito o PayPal. A menudo, le pide que lea la descripción del artículo para más detalles. Yo le explico cómo interpretar las descripciones de artículos posteriormente en este capítulo.

➤ **Enviar este artículo a un amigo:** Puede avisar a un amigo cuando encuentre algo bueno, pedir consejo de expertos en antigüedades o coleccionistas, o enviar la subasta a un amigo con más experiencia en eBay para solicitarle indicaciones y estrategias. (Encontrará este enlace debajo de las áreas de envío y pago).

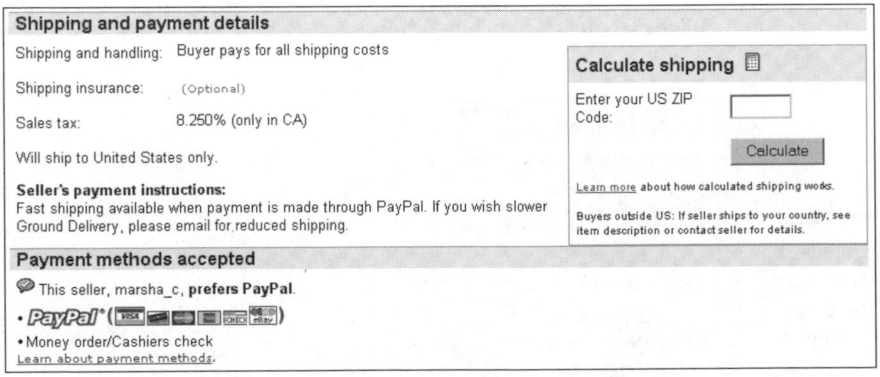

**Figura 6-4:**
Revise las casillas de envío y pago debajo de la descripción del artículo, para averiguar sobre los costos adicionales, el flete y los impuestos aplicables cuando compre.

**Shipping and payment details**

| | |
|---|---|
| Shipping and handling: | Buyer pays for all shipping costs |
| Shipping insurance: | (Optional) |
| Sales tax: | 8.250% (only in CA) |

Will ship to United States only.

**Seller's payment instructions:**
Fast shipping available when payment is made through PayPal. If you wish slower Ground Delivery, please email for reduced shipping.

**Calculate shipping**

Enter your US ZIP Code:

Calculate

Learn more about how calculated shipping works.

Buyers outside US: If seller ships to your country, see item description or contact seller for details.

**Payment methods accepted**

This seller, **marsha_c**, **prefers PayPal**.

• **PayPal** ( VISA )
• Money order/Cashiers check
Learn about payment methods.

No dude en usar la característica Watch This Item. En eBay, la organización resulta vital, especialmente si planea ofrecer en varias subastas mientras lleva a cabo las suyas propias. Supongo que está en el juego de ofrecer para ganar, así que empiece a rastrear los artículos ahora.

# Gánele al diablo en los detalles

Como con cualquier venta, sin importar si la encuentra en la Ferretería de Joe, Bloomingdale's o Target, revise cuidadosamente lo que está comprando. La página del artículo le brinda enlaces que le ayudarán a saber sobre qué está ofreciendo, y de quien podría adquirir un objeto. Si saca provecho de estas características, no tendrá muchos problemas. Pero, si ignora estos consejos esenciales, podría acabar descontento con lo que compre, con quien se lo venda y con cuanto gaste.

## Lea cuidadosamente la descripción del artículo

La *descripción del artículo* es el elemento más crítico en la página del artículo subastado. Ahí es donde el vendedor provee los detalles sobre el objeto que vende. Lea esta página cuidadosamente y ponga mucha atención a lo que está y *no está* escrito en ella.

No se guíe por las apariencias, pero sí juzgue a un vendedor por la descripción de su artículo. Si las oraciones son sucintas, detalladas y bien estructuradas, probablemente está tratando con un individuo que planeó y ejecutó la subasta con cuidado. Toma algo de tiempo y esfuerzo presentar una buena subasta. Si ve grandes errores gramaticales, oraciones confusas y faltas de ortografía, *¡podría salir perdiendo!* Asegúrese de sentirse cómodo al negociar con esta persona; decida por usted mismo si él oella pretende vender basura para obtener dinero rápido o si será parte de eBay por mucho tiempo.

Si hay una foto, revísela muy bien. La mayoría de los vendedores en eBay aviva sus subastas con fotos de los artículos. El vendedor debería responder algunas preguntas generales en la descripción del artículo. Si no es así, no significa necesariamente que sea deshonesto; solamente quiere decir que, si usted realmente está interesado, debería enviar un mensaje electrónico al vendedor para obtener esas respuestas antes de hacer su oferta. En particular, haga preguntas como las siguientes:

- ✔ ¿El artículo es nuevo o usado?
- ✔ ¿Es una primera edición o una reimpresión? ¿Es original o se trata de un nuevo lanzamiento? (Vea en el Capítulo 5 consejos sobre cómo evaluar lo que está comprando.)
- ✔ ¿Viene en su empaque original? ¿Tiene todavía las etiquetas originales?
- ✔ ¿Está cubierto por una garantía?

La mayoría de los vendedores detalla en su descripción del artículo exactamente cómo espera que se le pague y cómo enviará el pedido. Revise la casilla de los detalles de envío y pago, debajo de la descripción, para saber si hay un costo de envío y, si es así, cuánto es. Algunos vendedores usan la increíblemente útil calculadora de fletes de eBay. Estas son algunas otras cosas que debe considerar con respecto al artículo:

- ✔ Si le urge conseguir el artículo, ¿hay probabilidades de algún retraso? Si es así, ¿de qué tipo y cuánto durará?

- ✔ ¿El vendedor puede garantizarle un reembolso si el artículo está quebrado o no funciona cuando se lo entreguen?

- ✔ ¿En qué condición está el artículo? ¿Está quebrado, rayado, defectuoso o como nuevo?

La mayoría de los compradores experimentados de eBay sabe que, dependiendo del artículo, un pequeño rasguño aquí o allá bien podría valer la pena de tomar el riesgo para hacer una oferta. Pero un rasguño o dos puede afectar el precio de su oferta. (Consulte el Capítulo 5 para más consejos expertos sobre cómo comprar artículos de colección).

- ✔ ¿El artículo es genuino o una reproducción? Y, si es real, ¿tiene papeles o etiquetas que certifiquen su autenticidad?

- ✔ ¿De qué tamaño es el artículo? (Esa ballena de fibra de vidrio de tamaño real tal vez no *quepa* en su garaje).

Si usted gana un artículo y se da cuenta de que el vendedor mintió en la descripción, tiene derecho a solicitar la devolución del artículo. Pero, si gana el artículo y descubre que *usted* pasó por alto un detalle de la descripción, el vendedor no está obligado a aceptar la devolución del artículo.

El vendedor está obligado a describir el artículo honestamente y en detalle; así que, si sus preguntas no son respondidas en la descripción del artículo, entonces, por su propio bien, envíe un mensaje al vendedor para pedirle los datos. Si hay una foto, ¿es lo suficientemente clara para ver cualquier defecto? Siempre puede pedir al vendedor que le mande una foto por correo electrónico, tomada desde otro ángulo.

## *Entérese de todo sobre el vendedor*

No puedo insistir lo suficiente en que el elemento más vital e importante para que una subasta salga bien es *saber con quién está tratando*. Aparentemente, los encargados de eBay están de acuerdo; le permiten obtener información sobre el vendedor justo desde la página del artículo subastado. Le recomiendo que aproveche los enlaces ofrecidos ahí. (El Capítulo 5 le demuestra cómo realizar una búsqueda por vendedor). Para obtener todos los detalles sobre el vendedor, debe hacer lo siguiente:

- ✔ Haga clic en el número al lado de la identificación de usuario del vendedor para obtener su historial de retroalimentación. Haga clic en el enlace Me (si existe) junto al vendedor, para ver su página *About Me*. Con frecuencia ésta le brinda bastante más información sobre el vendedor. (Para montar su propia página gratuita About Me en eBay, revise el Capítulo 14).

🗸 Tome nota si ve el icono PowerSeller al lado del nombre del vendedor. Eso significa que éste ha cumplido con algunas certificaciones estrictas. (Para más sobre PowerSellers, vea el Capítulo 20.)

🗸 Haga clic en el enlace View Seller's Other Auctions para echar un vistazo a las otras cosas que esa persona está vendiendo. (Si usted gana más de una subasta de un vendedor, generalmente los costos de envío se combinan). Revise la retroalimentación del vendedor. (¿Se acuerda de esta frase?)

Revise la tarjeta de identificación del usuario en eBay y su historial de retroalimentación. En otras palabras, *verifique la retroalimentación*. (¿Es que acaso hay un eco aquí?) Lo que encontrará son (en su mayoría) opiniones y comentarios sinceros de compradores anteriores. Ningún usuario de eBay tiene control sobre los comentarios que hacen los demás, y la retroalimentación permanece con usted, al igual que sus calificaciones de secundaria.

Lea la retroalimentación (la buena, la mala y la neutra) y, a menos que esté preparado para despedirse de su dinero, siempre es más seguro no comprarle a un vendedor que tenga un gran porcentaje de comentarios negativos.

eBay, al igual que la vida, está lleno de medias tintas. Algunos vendedores reciben comentarios negativos injustamente por algo de lo que no fueron culpables. Si sospecha que un vendedor es víctima de una mala pasada (después de haber leído todos sus comentarios positivos), asegúrese de leer la respuesta del vendedor. (Vea en el Capítulo 4 más información sobre cómo leer la retroalimentación y hacer comentarios).

Aunque ojear la tarjeta de identificación de un miembro de eBay es *muy rápido y muy sencillo*, es necesario que usted se tome el tiempo de leer la retroalimentación. *(*Ahí esta el eco de nuevo. ¡Qué bueno que es un eco sabio!). Alguien con 500 mensajes de retroalimentación positiva podría parecer un buen vendedor pero, si se fija bien, podría encontrar que sus 10 mensajes más recientes corresponden a comentarios negativos.

### Vea las otras subastas del vendedor

Para averiguar cuáles otras subastas tiene activas un vendedor en eBay, basta con hacer clic en el enlace correspondiente en la página del artículo; será transportado a una lista de los demás pasteles subastados sobre los que el vendedor tiene sus manos puestas. Si el vendedor no tiene ninguna otra subasta corriendo al mismo tiempo, ni retroalimentación actualizada, será mejor que usted lleve a cabo una investigación más a fondo y haga una búsqueda por vendedor, la cual le mostrará todas las subastas realizadas por ese vendedor en los últimos 30 días. (Vea el Capítulo 5 para más detalles.)

### Hágale una pregunta al vendedor

Si hay algo que no le quede claro sobre la subasta, recuerde esta palabra: *pregunta*. Averigüe todos los detalles sobre el artículo antes de ofrecer. Si espera hasta haber ganado para hacer preguntas, tal vez se vea obligado a quedarse con algo que no desea. Volver a revisar puede ahorrarle muchos pesares y problemas después.

Puede averiguar más sobre las opciones de pago, los cargos por envíos, el seguro y otras cosas divertidas en los Capítulos 8 y 12.

## ¡Qué bueno es!

Una astuta usuaria de eBay que conozco se benefició gracias a un gran error de un vendedor. El vendedor tituló su subasta "Swede Star Trek Cast Jacket" (chaqueta sueca del reparto de Viaje a las Estrellas). Mi amiga revisó la descripción del artículo y se dio cuenta de que tenía errores de ortografía y gramática incoherente. Entonces, envió un mensaje electrónico al vendedor pidiendo más información. El vendedor le explicó que la chaqueta era de gamuza (suede, en inglés) y fue dada como regalo a los miembros del reparto y equipo de la película *Star Treck: Generations*. Él la había ganado en un concurso de radio local, y estaba completamente nueva. Debido al error ortográfico del vendedor, sólo una persona hizo una oferta por esta hermosa chaqueta de gamuza verde (¡con forro de seda!), por la cual mi amiga pagó $150. Por su conexión con *Star Treck*, la chaqueta vale más de $400 para los coleccionistas. Así que estudie la página de un artículo cuidadosamente. Podría tener suerte y hallar que, a veces, los errores funcionan en su beneficio. (Un consejo de sabios: Revise su propia ortografía y gramática cuidadosamente al poner un artículo a la venta).

Si está ofreciendo en una subasta con precio reservado, no dude en enviar al vendedor un mensaje y preguntarle cuál es. Así es, las reservas en general se mantienen en secreto, pero nada se pierde con preguntar; y muchos vendedores le darán la información gustosamente.

Para hacer una pregunta al vendedor, siga estos pasos:

1. **Haga clic en el enlace Ask Seller a Question, en la página del artículo.**

   Si todavía *no* se ha registrado, será llevado automáticamente a la página de solicitud de identificación de usuario. (¡Esto empieza a sonar tan repetitivo como verificar la retroalimentación!) Después de haber rellenado su identificación de usuario y su contraseña y oprimir Enter, se le presenta el formulario Ask the Seller a Question.

   Siempre puede cambiar su identificación de usuario, pero su pasado (en forma de mensajes de retroalimentación) permanecerá con usted en eBay. Junto a la retroalimentación correspondiente a su identificación de usuario anterior, todas sus identificaciones de usuario anteriores aparecerán también en una búsqueda del historial de una identificación de usuario que se haga desde la página de búsqueda de eBay.

   Si *ya* se registró, se abrirá una ventana que ya contiene la dirección electrónica.

2. **Complete el área del mensaje y haga sus preguntas cortésmente; luego haga clic en Send Message.**

   Espere recibir una respuesta del vendedor dentro de 24 horas. Si le toma más de un día o dos responderle, y no le da ninguna explicación por el retraso, piénselo dos veces antes de hacer su oferta.

Encienda su alarma contra estafas si la respuesta de un vendedor viene de una dirección electrónica diferente a la que usted envió su pregunta. El vendedor debería incluir una explicación si hay alguna diferencia. Si no la recibe, pídala. Los vendedores fraudulentos a menudo usan varias direcciones electrónicas para esconder su verdadera identidad. Tal vez no haya nada de malo en tener varias direcciones electrónicas, pero si tiene un presentimiento de que el vendedor está jugando a las escondidas con las direcciones, *agradezca* a su sexto sentido y piénselo dos veces antes de negociar con esa persona.

# Tome en cuenta las extras

Antes de pensar en hacer una oferta sobre un artículo, usted debería tomar en cuenta las obligaciones financieras en las que incurrirá. En cada caso, la oferta máxima que haga no será todo lo que gastará por un artículo. Le recomiendo que vea cuidadosamente los métodos de pago que el vendedor está dispuesto a aceptar, y también calcule los costos de envío, seguro y depósito (si lo hay). Si sólo cuenta con $50 para gastar, no debería hacer una oferta por $50 sobre un artículo frágil que será enviado desde larga distancia, porque a menudo el comprador (o sea, usted) tendrá que pagar por el flete y el seguro. Además, si vive en el mismo estado que el vendedor, tendrá que añadir el impuesto de ventas si él tiene un negocio oficial.

## Formas de pago

Hay varias opciones de pago disponibles, pero el vendedor tiene el derecho de rechazar algunas de ellas. Generalmente, las aceptadas se indican en la descripción del artículo o en la sección Shipping and Payment Details, debajo del área de descripción. Si no ve esta información, pregunte al vendedor (como se describió en la sección anterior) para tener una idea clara de los costos adicionales *antes* de hacer una oferta.

Estas son las formas de pago disponibles:

- **Tarjeta de crédito:** Cancelar con tarjeta de crédito es una opción de pago favorita, principalmente ofrecida por negocios y distribuidores. A mí me gusta pagar con tarjetas de crédito porque son rápidas y eficientes. Además, usar una tarjeta le ofrece otro aliado, su compañía de tarjetas de crédito, si no está completamente satisfecho con una transacción.

  A veces, los vendedores usan la compañía de un amigo para recibir pagos con tarjetas de crédito en las subastas de eBay. No se sorprenda si compra un tractor Tonka original y el pago de su tarjeta se acredita a la Sala de Belleza Holly.

- **PayPal:** Yo pago la mayoría de mis compras en eBay por medio de PayPal. PayPal pertenece a eBay y es la red de pagos más grande en toda la Internet. Los vendedores que aceptan PayPal son identificados con un icono especial en la casilla Seller Information (así como un gran logotipo PayPal en el área de métodos de pago, debajo de la descripción); aceptan American Express, Visa, MasterCard y Discover, además de cheques electrónicos y débitos. El servicio está directamente integrado a las subastas de eBay; pagar está solo a un clic de distancia.

Después de registrarse con PayPal para pagar por un artículo, PayPal carga su tarjeta de crédito o su cuenta bancaria (o su cuenta, si ha ganado algún dinero con sus ventas) y envía el pago a la cuenta a la cuenta del vendedor. PayPal no cobra a los compradores por el uso de este servicio. Los compradores pueden usar PayPal para pagar a cualquier vendedor dentro de los Estados Unidos (y alrededor del mundo en más de 35 países). Algunos oferentes internacionales pueden pagar por sus subastas de eBay a partir de vendedores en los Estados Unidos. Para ver una lista actual de los servicios internacionales de PayPal vaya a `www.paypal.com/cgi-bin/webscr?cmd=p/gen/approved_countries-outside`

PayPal deposita el dinero directamente en la cuenta corriente o de ahorros del vendedor. El servicio le cobra al vendedor una pequeña cuota por la transacción; el vendedor es quien absorbe el costo.

La información de su tarjeta de crédito sólo es conocida por el servicio PayPal. El vendedor nunca ve la información de su tarjeta de crédito. Otra gran ventaja es que usted está protegido cuando usa PayPal. Y tiene el derecho a impugnar los cargos si el artículo llega dañado o no llega del todo. Al usar PayPal para pagar por un artículo calificado en eBay a un miembro verificado de PayPal, podría estar cubierto por el programa de protección a los compradores de PayPal por compras de hasta $500. Para averiguar si su artículo está protegido por este programa, busque la información en la parte inferior de la casilla Seller Information (refiérase a la Figura 6-3).

Para más detalles, consulte el sitio web de PayPal (`www.paypal.com`).

✔ **Money order:** Mi segundo método de pago favorito, y el más popular en eBay, es la orden de pago. A los vendedores les encanta usarlas, porque no deben esperar a hacer efectivo un cheque.

Las órdenes de pago son lo mismo que el dinero en efectivo. Tan pronto como el vendedor recibe su orden de pago, no tiene ninguna razón para esperar a enviar el artículo. Usted puede comprar órdenes de pago en los bancos, supermercados, tiendas de abarrotes y en la oficina de correos local. El costo promedio es de aproximadamente un dólar. Si está comprado un artículo que será enviado desde el extranjero, puede cancelar con una orden de pago internacional del Servicio Postal de los Estados Unidos, que cuesta unos $3.00.

Los compradores internaciones pueden comprar una orden de pago de Western Union; `www.westernunion.com` tiene oficinas en diversas ciudades alrededor del mundo. Sólo en el Reino Unido hay cientos de agentes de Western Union listos para recibir su pago. Las órdenes de pago de Western Union también están disponibles en línea por medio de BidPay.com, a $1.95 para órdenes menores a $10.00. El monto se cobra a su tarjeta de crédito, y BidPay envía la orden de pago al vendedor en su nombre.

✔ **Cheque personal o de gerencia:** Pagar con cheque resulta conveniente, pero tiene sus desventajas. La mayoría de los vendedores no le enviará los bienes hasta que el cheque se haga efectivo, lo cual significa un lapso de tiempo de un par de semanas o más. Si un vendedor acepta cheques personales, la descripción del artículo generalmente indica cuánto tiempo esperará para cobrar el cheque antes de enviar el artículo. Desafortunadamente, eso quiere decir que mientras el vendedor esté esperando a hacer efectivo su cheque, su mercancía estará llenándose de polvo en una caja. Esto no es divertido ni para usted ni para el vendedor. Los cheques de gerencia están disponibles en su banco, pero a menudo son mucho más caros que una orden de pago. No vale la pena gastar dinero adicional; mejor, diviértase y compre más en eBay.

Antes de enviar un cheque personal, asegúrese de tener suficiente dinero para cubrir su compra. Un cheque sin fondos le puede traer comentarios negativos; demasiadas transacciones negativas lo sacarán de eBay.

La buena noticia sobre los cheques es que usted puede saber si han sido cambiados o no. Los cheques personales dejan un rastro en papel que se puede seguir si ocurre algún problema posteriormente.

La mala noticia sobre los cheques es que usted está revelando información personal, como el número de su cuenta bancaria, a un extraño.

✔ **C.O.D.:** No, no estoy hablando del bacalao (codfish, en inglés). Me refiero a *Cash on Delivery (pago contra entrega)*. Como comprador, tal vez a usted le guste la idea de pagar por un artículo solamente si llega a su puerta. Pero cancelar C.O.D. tiene dos problemas:

- Usted debe tener el dinero a mano: el monto exacto. ¿Cuándo fue la última vez que alguno de nosotros tuvo el cambio exacto para algo?

- Incluso si tiene el dinero exacto, si usted no está en casa cuando entregan el artículo, se habrá quedado sin suerte.

Si usted no se encuentra con el Sr. C.O.D., el paquete será enviado nuevamente a Bolivia o al Olvido o donde sea que haya venido, y nunca lo volverá a ver. ¿Y qué obtendrá usted? Muchos correos electrónicos cargados de furia y probablemente algunos comentarios de retroalimentación negativos. No es sorpresa que los vendedores casi no usen esta opción.

La mayoría de los negocios en eBay se realiza en dólares de los Estados Unidos. Si compra un artículo de un vendedor internacional, tal vez tenga que convertir los dólares estadounidenses a otra moneda. eBay tiene un convertidor de monedas. Digite el siguiente URL en su buscador: `pages.ebay.com/services/buyand-sell/currencyconverter.html`. Simplemente seleccione la moneda, digite el monto y haga clic en Perform Currency Conversion.

Nunca use una forma de pago que no deje un rastro en papel. (Lea bien esto: **¡No envíe dinero por correo!**) Si un vendedor le pide dinero en efectivo, cite a Nancy Reagan: sólo diga no. Ocasionalmente, me entero de compradores internacionales que envían dinero en efectivo por correo. Pero, si un vendedor le pide dinero en efectivo, es probable que nunca vea el artículo o su dinero de nuevo. Y, si un vendedor le pide que envíe su pago a un apartado postal, pida su número telefónico. Muchos vendedores legítimos usan apartados postales, pero los chicos malos también lo hacen.

## Usar un servicio de depósito

Aunque la mayoría de las ventas en eBay son de artículos que cuestan $100 o menos, usar un servicio de depósito (*escrow*) es útil de vez en cuando, como cuando compra un artículo muy valioso o algo extremadamente raro. *Escrow* es un servicio de depósito que permite al comprador y al vendedor proteger una transacción al colocar el dinero en manos de una tercera persona neutral, hasta que se haya cumplido un conjunto específico de condiciones. Los vendedores indican en las descripciones de sus artículos si están dispuestos a aceptar este servicio de depósito. Si usted está algo nervioso sobre enviar mucho dinero a alguien que realmente no conoce (como un usuario llamado Clumsy con sólo dos comentarios de retroalimentación, quien le enviará porcelana fina desde Broken Hill, Australia), considere usar una compañía de depósitos de este tipo.

Usar una compañía de depósitos vale la pena solamente si el artículo sobre el cual usted está ofreciendo es caro, valioso o frágil, o si debe viajar una gran distancia. Si está gastando menos de $200 en el artículo, le recomiendo que compre un seguro a su transportista en lugar del depósito, sólo por si acaso. Recuerde, para compras menores a $200, usted también está protegido contra fraudes por medio de eBay. (Puede estar protegido hasta por $500 si paga por medio de PayPal; vea la sección "Formas de pago", anteriormente en este capítulo).

eBay está asociado a Escrow.com, que maneja las ventas con depósito de eBay en Canadá y Estados Unidos. Al cerrar una subasta, el comprador envía el pago a la compañía de depósitos. Una vez que ésta lo recibe, le manda un mensaje electrónico al vendedor para que envíe la mercadería. Después de que el comprador recibe el artículo, tiene un período de tiempo previamente acordado (generalmente dos días hábiles) para revisarlo y avisar al servicio de depósito que todo está bien. Si todo está bien, el servicio envía el pago al vendedor. Si el comprador está insatisfecho con el artículo, debe restituirlo al vendedor. Cuando el servicio de depósito recibe el aviso del vendedor de que el artículo ha sido devuelto, el servicio reintegra el pago al comprador (menos la cuota administrativa de la compañía).

Antes de empezar una transacción con depósito, asegúrese de que usted y el vendedor estén de acuerdo sobre los términos (use su correo electrónico para hacerlo). Estas son tres preguntas sobre los depósitos cuyas respuestas usted debería conocer antes de hacer su oferta:

- ¿Quién paga la cuota administrativa por el depósito? (Normalmente, lo hace el comprador, aunque a veces el comprador y el vendedor dividen el costo).

- ¿Cuánto dura el período de inspección? (Comúnmente, son dos días hábiles después de recibir la mercadería).

✔ ¿Quién paga el transporte de regreso si el artículo es rechazado? (Por lo general, el comprador).

Si usa una tarjeta de crédito o una transferencia bancaria, puede pagar los costos por el transporte de regreso desde su computadora. Si no se siente cómodo dando su número de tarjeta de crédito en línea, puede imprimir el formulario para tarjetas de crédito de la compañía de depósitos y enviarlo por fax a la compañía.

## Costos de envío y seguro

No deje que la venta se hunda con el flete. La mayoría de las descripciones de subastas terminan con "el comprador pagará los costos de envío". Si el artículo no tiene una forma extraña, ni es demasiado grande o frágil, los vendedores experimentados calculan el flete con base en la tarifa de correo de primera clase del Servicio Postal de los Estados Unidos, el estándar no oficial de eBay. Probablemente tendrá que pagar $3.85 por la primera libra y $0.45 adicionales por el rastreo del artículo.

También se ha vuelto rutinario que el vendedor agregue un dólar por los materiales de empaque como papel, envoltorio de burbujas, cinta adhesiva y cosas así. Un dólar es bastante razonable como gasto de manejo, porque el costo de estos artículos se acumula con el tiempo.

Tal vez se tope con vendedores que están tratando de hacer una fortuna contando cada centavo, quienes elevan los precios del flete a sumas ridículas. Si tiene alguna pregunta sobre los costos de envío, hágala antes de ofrecer por el artículo.

Antes de ofrecer por algo grande, como una silla de barbería o un sofá, busque algo en la descripción del artículo que diga "El comprador paga los gastos reales de envío". Cuando lo vea, siempre envíe un mensaje electrónico al vendedor antes de ofrecer, para averiguar cuáles serían esos gastos de envío hasta su casa. En los artículos de mayor tamaño, tal vez deba considerar los gastos por embalado. El vendedor incluso podría sugerirle una empresa de transporte específica.

Como dice la calcomanía para autos, (ejem) *las cosas* pasan; a veces le suceden a las cosas que usted compra. Pero antes de rendirse y aguantar, considere asegurar sus objetos. Las transacciones en eBay a veces involucran dos tipos de seguros que pueden tener un impacto en su bolsillo:

✔ **Seguro de envío:** Este seguro cubre su artículo mientras viaje por medio del Servicio Postal de los Estados Unidos, UPS, FEDEC o cualquier otro servicio de transporte.

Algunos vendedores astutos han firmado un acuerdo con una empresa llamada Package In-Transit Coverage, que asegura todos sus paquetes por medio de una póliza anual. De este modo, el vendedor no tiene que hacer fila en la oficina postal para conseguir el sello del seguro. El vendedor registra los paquetes y los reporta mensualmente. Los vendedores le indicarán si usarán este servicio al enviarle su artículo.

Aunque muchos vendedores ofrecen el seguro de flete como una opción; otros no se molestan porque, si el precio de un artículo es bajo, prefieren devolverle su dinero y mantenerlo contento antes que hacer los trámites del seguro. No olvide que, si desea un seguro de envío, usted tiene que pagarlo. (Vea el Capítulo 12 para detalles sobre el seguro de envío).

✔ **Seguro contra fraudes:** eBay brinda un seguro nominal contra fraudes: el programa Fraud Protection de eBay. Este seguro de protección contra fraudes paga hasta $175 (un máximo de $200 menos un deducible de $25). Entonces, si usted presenta un reclamo por $50, recibirá $25. Si presenta uno por $5 000, igualmente recibirá sólo $175. (Todos los detalles de este tipo de seguro se cubren en el Capítulo 16). Recuerde que si paga por medio de PayPal, podría estar cubierto hasta por $500.

# Hacer su oferta

Bueno, ha encontrado el artículo perfecto para rastrear (digamos un reloj verdaderamente bonito de Elvis Presley), y está dentro de su rango de precio. Usted está más que interesado: está listo para ofrecer. Si esta fuera una subasta en vivo, un petulante tipo vestido de traje gris lo vería asentir con la cabeza y empezaría la oferta en, digamos, $2. Luego, una mujer con un peinado severo tiraría de su oreja, y el precio del reloj de Elvis subiría a $3.

La realidad en eBay es más bien así: Usted está sentado en su casa con sus pantuflas de peluche, tomando café frente a su computadora; todos los demás oferentes están navegando por el ciberespacio en pijamas, también. No puede verlos. (Dé las gracias por las pequeñas ventajas.)

Cuando esté listo para unirse al frenesí de eBay, puede encontrar el formulario para hacer ofertas (mostrado en la Figura 6-5) en la parte inferior de la página del artículo subastado (o haga clic en el botón Place Bid, en la parte superior de la página de subastas). Cuando llegue al final de la página, si el artículo incluye una opción Buy It Now, la verá junto al formulario de ofertas.

**Figura 6-5:** Puede encontrar el formulario para hacer ofertas al final de cada página de subastas.

**Ready to bid or buy?**

~ Author SIGNED eBay for Dummies NEW 3rd Ed ~

| Place a Bid | | or | Buy It Now | |
|---|---|---|---|---|
| Starting bid: | US $19.99 | | *Buy It Now* price: | US $20.99 (immediate payment required) |
| Your maximum bid: | US $ [____] (Enter US $19.99 or more) | | | Buy It Now > |
| | Place Bid > | | | Purchase this item now without bidding. Learn about Buy It Now. |
| eBay automatically bids on your behalf **up to** your maximum bid. Learn about bidding. | | | | The seller requires you to make immediate payment to claim this item. You will be asked to do so with PayPal on the next page. Learn more. |

Para llenar el formulario de ofertas y hacer una oferta, primero asegúrese que está inscrito (vea el Capítulo 2 para más detalles) y luego siga estos pasos. Después de hacer su primera oferta por un artículo, puede llegar instantáneamente a las subastas en las que está ofreciendo desde su página My eBay. (Si necesita algunos consejos sobre cómo montar My eBay, vea el Capítulo 4.)

1. **Digite su oferta máxima en la casilla apropiada.**

   La oferta debe ser más alta que la oferta mínima actual.

2. **Si esta es una subasta de múltiples artículos, digite la cantidad de artículos sobre los que está ofreciendo.**

   (Si no es una subasta de varios objetos, la cantidad siempre será 1). La Figura 6-6 ilustra un formulario de ofertas para una subasta de múltiples artículos.

**Figura 6-6:**
El formulario de ofertas para subastas de múltiples artículos requiere que usted digite la cantidad de artículos.

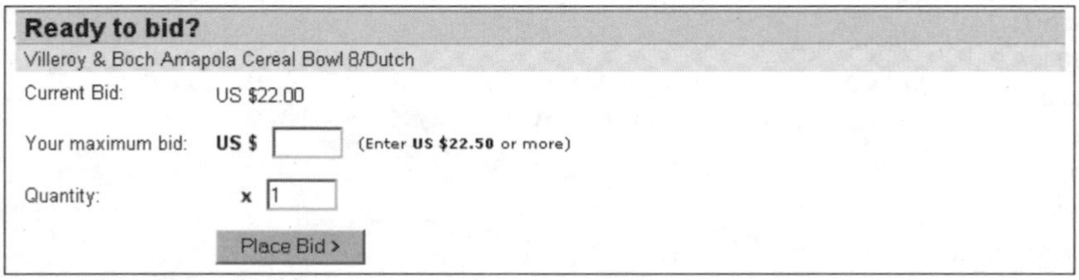

| Ready to bid? | |
|---|---|
| Villeroy & Boch Amapola Cereal Bowl 8/Dutch | |
| Current Bid: | US $22.00 |
| Your maximum bid: **US $** [ ] | (Enter **US $22.50** or more) |
| Quantity: **x** [1] | |
| [ Place Bid > ] | |

No necesita poner el signo de dólares, pero sí use el punto decimal; a menos que realmente quiera pagar $1 049.00 en lugar de $10.49. Si comete un error con un punto decimal, puede retirar su oferta (vea la sección "Retirar su oferta" más adelante en este capítulo).

3. **Haga clic en Place Bid.**

   La página Review Bid aparecerá en su pantalla, y la llenará con un montón de palabrería legal. Esta es su última oportunidad para cambiar de idea. ¿Realmente quiere el artículo, y puede comprarlo realmente? El punto es: Si hace su oferta y gana, debe comprarlo; eBay exigirá que cumpla.

4. **En este momento, debe registrarse si todavía no lo ha hecho. Si ya está registrado, siga al Paso 5.**

5. **Si está de acuerdo con los términos, haga clic en Submit.**

   Después de aceptar los términos, aparecerá la pantalla de confirmación de la oferta (Bid Confirmation).

Cuando esté recién empezando en eBay, le sugiero que comience con una *oferta simbólica* (*token bid*): no le hará ganar la subasta, pero le ayudará a observar el progreso de la subasta.

Despúes de ofrecer por un artículo, el número del artículo y su título aparecerán en su página My eBay, bajo (sorpresa) Items I'm Bidding On, como se aprecia en la Figura 6-7. (Vea el Capítulo 4 para más información sobre My eBay). La lista Items I'm Bidding On le facilita el rastreo de su subasta (o subastas, si está ofreciendo por varios artículos).

eBay le enviará un mensaje electrónico confirmando su oferta. Sin embargo, el servidor de correo de eBay puede ser tan lento como un maratón de osos perezosos (el suyo también lo sería si tuviera varios millones de subastas que rastrear), así que no dependa en eBay para seguir la pista de su subasta. Después de todo, es su dinero el que está en juego.

**Items I'm Bidding On** (4 Items)     ▸ See totals | All item details

Items that you are currently winning are green and bold, those that you are not currently winning are red.

| Item # | Start Price | Current Price | My Max Bid | Qty | # of Bids | Start Date | (PST) End Date | Time Left |
|---|---|---|---|---|---|---|---|---|
| McQUEEN KINGDOM GIFT SET! NEW! NO RESERVE | | | | | | | | |
| 2958802796 | $3.00 | $3.00 | $3.00 | 1 | 1 | Oct-18 | Oct-21 20:15:33 | 2d 2h 16m |
| coiner "Rouge Baiser" signed Gruau   (reserve price not yet met) | | | | | | | | |
| 3632455011 | $1.00 | $1.00 | $2.51 | 1 | 1 | Oct-17 | Oct-24 11:30:25 | 4d 17h 31m |
| Gay Parisienne Barbie 1959 Repro Doll | | | | | | | | |
| 2958713804 | $19.99 | $21.55 | $21.05 | 1 | 2 | Oct-18 | Oct-25 11:55:20 | 5d 17h 56m |
| DARLING ENESCO COLLECTIBLE/PIGGY BANK/BANK | | | | | | | | |
| 3248225137 | $0.99 | $0.99 | $2.01 | 1 | 1 | Oct-17 | Oct-27 17:30:00 | 8d 0h 30m |

| **Totals** | Start Price | Current Price | My Max Bid | Total Qty | # of Bids | | | |
|---|---|---|---|---|---|---|---|---|
| All items | $24.98 | $26.54 | $28.57 | 4 | 5 | | | |
| Items that I'm winning | $3.99 | $3.99 | $5.01 | 2 | 2 | | | |

**Figura 6-7:** Rastree los artículos por los que está ofreciendo justo en su página My eBay.

eBay considera las ofertas por los artículos contratos en firme. Puede ahorrarse muchos dolores de cabeza si se promete a sí mismo lo siguiente: *nunca ofrezca por un artículo que no tiene intenciones de comprar*, y manténgase fiel a su promesa. *No haga ofertas* de práctica ni asuma que, por ser nuevo en eBay, no puede ganar; si lo hace, probablemente ganará simplemente porque ha quedado expuesto a la Ley de Murphy. Por lo tanto, antes de dirigirse al formulario de ofertas, asegúrese de participar en esta subasta hasta el final, y hágase otra promesa: *calcule el máximo que está dispuesto a gastar*, y apéguese a esta suma. (Lea la sección "La Agonía (¿?) del Remordimiento del Comprador", más adelante en este capítulo, donde encontrará dolorosos relatos de lo que puede suceder si ofrece descuidadamente o sufre de remordimiento del comprador).

# Ofrecer al máximo: Auto-ofertas

Cuando hace una oferta máxima en el formulario de ofertas, realmente hace varias ofertas pequeñas, una y otra vez, hasta que el ofrecer llegue adonde usted le pidió detenerse. Por ejemplo, si la oferta actual es de $19.99 y usted puso un máximo de $45.02, su oferta aumenta automáticamente en forma proporcional para que usted esté a la cabeza de la competencia; por lo menos hasta que la oferta máxima de otra persona exceda la suya. Básicamente, se hacen auto-ofertas; es decir, su oferta aumenta automáticamente en respuesta a las ofertas de otros.

Nadie más sabe con seguridad si usted está ofreciendo automáticamente a través del sistema de eBay, y nadie sabe cuán alta es su oferta máxima. Y la mejor parte es que usted puede estar afuera divirtiéndose mientras la oferta actúa automáticamente. Los compradores y vendedores no tienen control sobre los incrementos (adecuadamente llamados *incrementos de oferta*) establecidos por eBay. El incremento de oferta es la cantidad de dinero por la que se eleva una oferta, y el sistema de eBay funciona en forma misteriosa. La oferta máxima actual puede subir cinco o veinticinco centavos o incluso 20 dólares, pero sí hay un método en toda esa locura, aunque usted no lo crea. eBay usa una *fórmula para los incrementos de ofertas*, que usa la oferta actual más alta para determinar cuánto debe aumentar el incremento de la oferta. Por ejemplo:

✔ La oferta actual más alta por una botella de 5 cuartos de crema es de $14.95. El incremento en la oferta es de $0.50, lo que significa que, si usted ofrece a través del sistema automático de eBay, éste ofrecerá $15.45.

✔ Pero la oferta actual más alta sobre una lata de 5 onzas de caviar de primera es de $200. El incremento de la oferta es de $2.50. Si escoge ofrecer automáticamente, eBay ofrecerá $202.50 por usted.

La Tabla 6-1 le muestra el tipo de magia que ocurre cuando utiliza el sistema de auto-ofertas y una fórmula de incrementos de oferta juntos en la misma cibersala.

| Tabla 6-1 | | Auto-ofertas e incrementos de ofertas | | |
|---|---|---|---|---|
| *Oferta Actual* | *Incremento de oferta* | *Oferta mínima* | *Subastado en eBay* | *Oferentes* |
| $2.50 | $0.25 | $2.75 | ""¿Alguien da $2.75?" | Joe Bidder le ha dicho a eBay que su oferta máxima es $8. Actualmente es el mayor postor, con $2.75. |
| $2.75 | $0.25 | $3 | ""¿Alguien da $3?" | Usted le indica a eBay que su oferta máxima es $25, y se toma un relajante baño mientras eBay ofrece $3 y lo convierte en la oferta más alta. |
| $3 $3.25, | $0.25 | $3.25 | "Recibí $3 automáticamente. ¿Alguién da $3.25?" | El ayudante eBay de Joe Bidder ofrece $3.25 y, mientrasél está paseando a su perro, se convierte en el mayor postor. |

*Continúa*

| | | | | |
|---|---|---|---|---|
| *Se inicia una candente batalla de ofertas entre el ayudante eBay de Joe Bidder y el suyo, mientras ustedes dos continúan sus vidas. El incremento de oferta pasa de $0.25 a $0.50 conforme aumenta la oferta más alta.* | | | | |
| $7.50 | $0.50 | $8 | "¿Alguien da $8?" | El asistente de Joe Bidder grita $8, su oferta final. |
| $8 | $0.50 | $8.50 | "La oferta está en $8. ¿Alguien da $8.50?" | Su asistente grita $8.50 en su nombre y, como ha ofrecido más que su oponente, usted gana la subasta. |

# Categorías especializadas de subastas

Después de entender cómo funcionan las ofertas en eBay, puede aventurarse en las áreas de subastas especializadas. Puede adquirir arte fino en las subastas en vivo, un carro o repuestos y accesorios para carro en eBay Motors o su propio lote o una casa nueva en la categoría de bienes raíces. eBay siempre está agregando áreas especializadas, así que asegúrese de revisar los anuncios y la página inicial.

En caso de llegar a las grandes ofertas, recuerde que si ofrece más de $15.000 en una subasta, usted *debe* registrar una tarjeta de crédito en eBay. Todos los artículos en las categorías especiales se pueden encontrar usando el motor de búsqueda de eBay, así que no se preocupe por perder el Corvette de sus sueños al usar la página Search.

## eBay Motors

Visitar el área automotriz de eBay es el sueño de todo aficionado a los autos. También puede encontrar excelentes gangas en autos usados, y además eBay ofrece estas formas creativas para facilitarle la compra de vehículos de todas las formas y tamaños (así como la gama de repuestos más amplia del planeta). Visite eBay Motors con sólo hacer clic en el enlace correspondiente en la página inicial, o visite www.ebaymotors.com.

✔ **Motor de búsqueda:** Si desea buscar autos sin encontrarse con cientos de vehículos moldeados en yeso, eBay Motors tiene su propia búsqueda a su disposición en la página inicial de eBay Motors.

✔ **Transporte de vehículos:** Si no desea manejar a través de todo el país para recoger su auto nuevo, puede pedir que se lo envíen mediante un transportista de autos confiable. Pida una cotización gratuita en línea.

ANÉCDOTA DE SUBASTA

## El remordimiento del comprador puede ser beneficioso

A veces el remordimiento del comprador resulta favorable. Conozco a una compradora de eBay que sufrió un serio caso de remordimiento después de haber ganado una subasta. Decidió hacer lo correcto y pagar por el artículo, aunque no lo quería. Después de recibir el artículo, se dio la vuelta y lo *vendió* en eBay por el triple de lo que había pagado. Si usted realmente no quiere el artículo, piense como un vendedor: vea si puede convertir un horrible error en ganancias. Para más información sobre los beneficios de vender, revise el Capítulo 99.

✔ **Inspecciones:** Muchos vendedores de autos usados aprovechan el servicio de inspección disponible por medio de Pep Boys. Pep Boys ofrece una inspección completa que cubre la condición mecánica, la apariencia cosmética y un informe detallado de inspección. Las subastas de autos de vendedores cuyos carros son inspeccionados incluyen un icono de inspección en sus subastas.

✔ **Revisión *Limón*:** Con el VIN (número de identificación del vehículo), usted puede realizar una revisión de la condición del auto (popularmente conocida como revisión Limón) desde eBay Motors por medio de CARFAX.

✔ **Depósito:** Escrow.com es una de las formas más seguras de comprar un vehículo en línea. Escrow.com verifica y guarda el pago del comprador y lo entrega al vendedor solamente después de que el comprados haya inspeccionado el auto y esté completamente satisfecho con él.

## Subastas eBay en vivo (Live Auctions)

Si yo no reviso eBay Live Auctions por lo menos una vez al mes, siento que me estoy perdiendo algo. Las subastas en vivo de eBay son la fantástica central de casas y centros de subastas de todo el mundo. Aquí encontrará artículos tan raros, que no los hallará nunca en ninguna otra parte. Acabo de gastar (bueno, *enriquecer*) media hora de mi vida observando las cosas maravillosas que se subastan. Vi autógrafos de Abraham Lincoln, manuscritos iluminados del siglo XVIII y cartas firmadas por Albert Schweitzer: genial. No puedo darme el lujo de comprar ninguno de estos artículos, pero examinar las subastas en vivo de eBay es como pasar el tiempo en las galerías finas del mundo; ¡es mi versión virtual de vitrinear!

Live Auctions le permite participar en subastas en tiempo real, al igual como se hacen en las mejores casas de subasta en el mundo. Puede llegar eBay Live Auctions a través de la página inicial de eBay (aparece al final de la lista de categorías). Recuerde leer los términos cuidadosamente, porque a menudo es necesario pagar una prima de oferente (un monto adicional a su oferta de hasta un 20%) sobre los artículos de las subastas en vivo.

Puede ser que usted se encuentre ofreciendo (o fantaseando al respecto) contra personas famosas por estos artículos sorprendentes; ¡eso, en sí, es muy divertido! Si no cuenta con el dinero para comprar uno de estos finos objetos por el momento, simplemente puede hacer clic en View Live, y su computadora le dará un vistazo en tiempo real de la subasta. Fíjese en la Figura 6-8; es un artículo que me encantaría tener, ¡pero no lo puedo pagar!

Si usted piensa que existe la más mínima posibilidad de querer ofrecer por algo, asegúrese de registrarse para la subasta primero. Es necesario registrarse por adelantado para participar en las subastas en vivo de eBay. No hay nada peor que no estar registrado y ver un artículo que usted pensó que no podría comprar entrar en la subasta, observar cómo se hacen muy pocas ofertas y verlo venderse a un precio que estaba al alcance de su bolsillo.

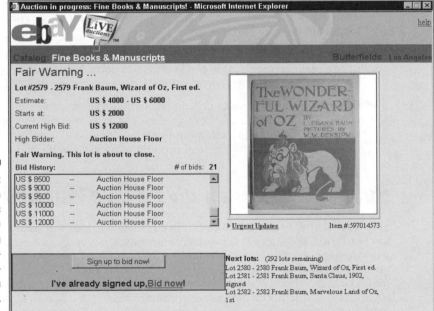

**Figura 6-8:** Pantalla con uno de los artículos de subasta en vivo de Butterfield, tentándome a ofrecer.

# ¡Hacer compras instantáneas!

Hay más en eBay que las subastas. Además de la opción Buy It Now disponible en algunas subastas, eBay tiene otras alternativas para varios artículos que puede comprar *de inmediato*.

# Las tiendas eBay

Las recién instituidas tiendas eBay son una forma rápida, fácil y conveniente de hallar artículos a la venta que usted puede comprar de inmediato. Un gran número de vendedores de eBay ha abierto tiendas eBay como una forma barata de poner más artículos a la venta. Ellos pagan una cuota mucho más baja por anunciar sus artículos, sólo cinco centavos, y los artículos permanecen en sus tiendas por el tiempo que deseen. Las cuotas más bajas son un gran ahorro en comparación con las cuotas por incluir un artículo para una subasta, y los vendedores a menudo le pasan el ahorro al comprador.

Al escrutar las subastas en eBay, busque la pequeña etiqueta roja de tiendas (Stores) junto al nombre del vendedor. Si hace clic en ella, mágicamente será transportado a la entrada virtual de la tienda del vendedor. La Figura 6-9 le muestra la central de las tiendas eBay. Puede llegar ahí haciendo clic en el enlace eBay Stores, en la parte superior izquierda de la página inicial.

Las tiendas eBay tienen un motor de búsqueda separado al de las subastas. Si no encuentra el artículo que desea en las subastas de eBay, observe la columna al lado izquierdo de la página. Debajo del encabezado Related Stores, hay una lista de tiendas eBay que podrían contener el objeto que desea y un enlace Search Stores. Haga clic en él para que eBay realice la misma búsqueda en todas las tiendas eBay.

**Figura 6-9:** La central de eBay Stores; desde aquí, usted puede ojear las categorías, visitar las tiendas o buscar todos los artículos en todas las tiendas eBay.

## Después de la subasta: ¿Negocios al margen u ofertas personales?

Si un oferente no gana un artículo que realmente desea, o si no se alcanza el precio de reserva de la subasta, el oferente puede enviar un mensaje electrónico al vendedor para ver si está dispuesto a hacer otro negocio. Tal vez el vendedor tenga otro artículo similar o esté dispuesto a venderlo directamente en lugar de hacer toda una nueva subasta. Usted necesita saber que esto puede suceder, pero eBay no aprueba este tipo de actividad.

Si el ganador original de la subasta no completa la transacción, el vendedor puede hacer una oferta Second Chance. Esta es una segunda oportunidad, legal y aceptada por eBay, para quienes no ganaron la subasta (oferentes no exitosos) y participaron en ella.

Todo negocio al margen que no sea las ofertas Second Chance no está protegido. Mi amigo Jack colecciona libretos finales autografiados de las series de televisión populares. Así que, cuando la cortina cayó sobre *Seinfeld*, él debía tener su libreto. No es sorprendente que encontrara uno en eBay, con un precio final que estaba completamente fuera de su alcance. Pero

sabía que, al hacer una oferta, alguien más con un libreto firmado para vender podría ver su nombre y tratar de hacer un negocio con él. Y estaba en lo cierto.

Después de que la subasta terminó, recibió un mensaje electrónico de un tipo que trabajó en el último programa y tenía un libreto firmado por todos los actores. Se lo ofreció a Jack por $1.000 menos que el precio final de la subasta de eBay. Aunque estaba muy tentado a aceptar la oferta, Jack entendía que las reglas y reglamentos de eBay no le ayudarían si el negocio no acababa bien. También sabía que no tendría el beneficio de la retroalimentación (el pilar de la comunidad eBay) ni el seguro de protección contra fraudes de eBay por la transacción.

Si alguna vez piensa en hacer un negocio al margen, recuerde que eBay no solo prohíbe *estrictamente* esta actividad, sino que también puede suspenderlo si se entera de que usted hizo un trato de ese tipo. Y si es víctima de un fraude por un trato al margen, las reglas y reglamentos de eBay no le ofrecerán ninguna protección. ¿Mi consejo? ¡Tenga cuidado!

# La Agonía (¿?) del Remordimiento del Comprador

Tal vez esté acostumbrado a ir de compras al centro comercial y adquirir algo que no está muy seguro de querer. ¿Qué es lo peor que podría pasar? Tendrá que regresar al centro comercial, con el recibo en la mano, y devolver el artículo. Pero no en eBay. Incluso si se da cuenta de que ya tiene una bufanda de plumas moradas en su ropero, exactamente igual a la que ganó ayer en eBay, decidir que ya no quiere seguir adelante con la transacción es un gran problema. No sólo le puede ganar horribles comentarios de retroalimentación, sino también puede otorgarle la reputación de miserable.

Sería una lástima navegar en eBay con el equivalente a la letra escarlata *M* (*de miserable*) sobre su identificación de usuario. Bueno, eBay usa un término más amable (*oferente que no paga*) pero, para muchos miembros, significa lo mismo. Si ganó una oferta y tiene que retractarse de su obligación como ganador, incluso sin culpa, necesita alguna información para no manchar su reputación (bueno, está bien, para no mancharla *por completo*). No busque más; la ha encontrado.

## Retirar su oferta

Recuerde, muchos estados consideran su oferta como un contrato vinculante, igual que cualquier otro. Usted no puede retirar su oferta, a menos que suceda una de estas tres circunstancias increíblemente inusuales:

✔ Si su oferta es claramente un error tipográfico (envió una oferta por $4,567 cuando realmente quería decir $45.67), puede retirar su oferta. Si esto ocurre, usted debería volver a digitar la cantidad correcta inmediatamente.

Nadie se va a compadecer de usted si trata de retirar una oferta de $18.25 aduciendo que quiso decir $15.25, así que revise su oferta antes de enviarla.

✔ Ha tratado de contactar al vendedor para que responda a sus preguntas sobre un artículo, y no ha obtenido ninguna respuesta.

✔ Si el vendedor cambia sustancialmente la descripción de un artículo después de que usted haya hecho su oferta (la descripción del artículo cambia de "lata de bolas de tenis" a "una bola de tenis", por ejemplo), puede retirar su oferta.

Si necesita a toda costa retirar una oferta, trate de hacerlo mucho antes de que termine la subasta; y ofrezca una buena razón por su comportamiento. Los usuarios de eBay son comprensivos, hasta cierto punto. Si tiene una buena explicación, saldrá bien librado de la situación. Por eso, admita que ha cometido un error.

Si se ha equivocado, debe retirar su oferta antes de las últimas 12 horas de la subasta. En ese momento, un retiro elimina todas las ofertas que haya hecho en la subasta. Error o no, cuando retira una oferta dentro de las últimas 12 horas de la subasta, sólo se elimina la última oferta hecha; las que hizo antes de las últimas 12 horas seguirán activas.

Esta es la manera de retirar una oferta mientras la subasta aún se está llevando a cabo:

1. **Haga clic en el enlace Services, en la barra de navegación principal.**

2. **Vaya al área Buying and Selling Tools.**

   Haga clic en el enlace Go Directly to Buying and Selling Tools.

3. **Desplácese hacia abajo hasta Buyer Tools y haga clic en Retract My Bid.**

   Tal vez tenga que volver a registrarse; cuando lo haga, aparecerá la página para retirar la oferta (Bid Retraction).

4. **Lea la palabrería legal y desplácese hacia abajo en la página. Digite el número de artículo de la subasta de la cual se está retirando. Luego abra el menú desplegable y elija una de las tres razones legítimas para retirar su oferta.**

5. **Haga clic en el botón Retract Bid.**

   Recibirá una confirmación por correo electrónico de que su oferta ha sido retirada. Guarde una copia del mensaje hasta que termine la subasta.

El vendedor podría enviarle un mensaje electrónico para pedir una explicación más amplia de su retirada, especialmente si el artículo era muy apetecido y recibió muchas ofertas. Tal vez también reciba mensajes de otros oferentes. Mantenga sus respuestas corteses. Después de retirar su oferta por un artículo, todas sus ofertas más bajas por ese artículo también son retiradas (a menos que se retire dentro de las últimas 12 horas), y su retirada entra a su historial de ofertas: otra buena razón para realmente tener una buena razón para retirarse. El número de ofertas de las que se retracte también aparecerá en su tarjeta de retroalimentación.

# Evite la condición de miserable (oferente que no paga)

Algunos oferentes parecen más bien payasos: ofrecen aun sin la intención de comprar nada. Pero esas personas no duran mucho en eBay, gracias a toda la retroalimentación negativa que reciben. De hecho, cuando los miembros honestos de eBay detectan a estos buenos para nada, a menudo anuncian la identificación de usuario de los miserables en las boletines de mensajes de eBay. Algunos miembros de eBay han creado sitios web enteros para advertir a otros sobre hacer negocios con los miserables… digo… *oferentes que no pagan*. (Civilizado pero frío, ¿verdad?)

Las excepciones a la regla de los miserables (perdón, *oferentes que no pagan*) pueden incluir los siguientes deslices humanos:

- La muerte de un familiar
- Fallos en la computadora
- Un tremendo malentendido

Si tiene una buena razón para retirar su compra, asegúrese de que el vendedor se entere. El vendedor es el único que puede excusarlo de su compra.

Si recibe una advertencia por no pagar, pero usted efectivamente pagó por el artículo, eBay requerirá prueba del pago. Esto incluye una copia del cheque (frente y dorso) u orden de pago, una copia de la confirmación de pago de PayPal (u otro servicio de pago en línea) o un mensaje electrónico del vendedor reconociendo haber recibido el pago. Si el vendedor lo excusó de la subasta, debe reenviar el mensaje electrónico con todos los encabezados.

✔ Mande copias impresas por fax a eBay, al 888-379-6251.

✔ Envíe copias de los documentos por correo a

> eBay, Inc.
> Bidder Appeal Dept.
> P.O. Box 1469
> Draper, UT 84020

✔ Mande el e-mail por medio de un formulario en línea. Vaya a `pages.e-bay.com/help/policies/appeal-npb.html`, haga clic en el enlace hacia el formulario en línea y presente su caso.

Esta es la manera de abogar por su caso si recibió una advertencia por no pagar:

1. **Haga clic en el enlace Help en la barra de navegación principal.**

   Será llevado a la página Help Overview.

2. **Haga clic en el enlace Rules and Safety, en la barra de subnavegación.**

   Será transportado a la página Rules & Safety Overview.

3. **Desplácese hasta el encabezado Policies y haga clic en el enlace Non-Paying Bidder Policy.**

   Llegará a la página Non-Paying Bidder Program, donde puede leer la política y las instrucciones de eBay sobre cómo hacer una apelación.

4. **Desplácese hacia abajo de la página y haga clic en el enlace Non-Paying Bidder Appeal Form.**

   Será conducido al formulario Non-Paying Bidder Appeal.

5. **Regístrese de nuevo.**

   Para su seguridad, esta es un área adicional de registro.

6. **En la casilla Message, escriba las razones de su apelación y también incluya la siguiente información:**

   - El número de transacción para el artículo
   - Cualquier información de apoyo que tenga para presentar su caso

7. **Revise la información que ha dado. Si debe cambiar algo que ha escrito, haga clic en el botón Clear All Data y empiece de nuevo.**

8. **Haga clic en el botón Send Inquiry.**

   Listo. Ahora siéntese y cruce los dedos.

No hay garantía de que su apelación al estatus de oferente que no paga será aceptada. eBay se pondrá en contacto con usted después de hacer una investigación y le informará si su apelación tuvo éxito.

eBay tiene un mensaje para los oferentes que no pagan: La política es *tres strikes y estará fuera*. Después de la primera queja sobre un oferente (miserable) que no paga, eBay le da una advertencia al involucrado. Después de la tercera ofensa, el oferente que no paga será suspendido de eBay para siempre y se convertirá en un *NARU* (Not A Registered User/Usuario no registrado). Nadie es torturado ni perseguido, pero probablemente no volverá a verle ni un pelo a ese usuario en eBay nuevamente.

# Capítulo 7

# Estrategias Poderosas para Hacer Ofertas

• • • • • • • • • • • • • • • • • • • • • • • • • • • • • • • • • • • • • • • • •

*En este capítulo*

▶ Conocer la competencia

▶ Encontrar los secretos ocultos en el historial de ofertas

▶ Hacer una oferta simbólica

▶ Usar estrategias prudentes para ganar la subasta

• • • • • • • • • • • • • • • • • • • • • • • • • • • • • • • • • • • • • • • • •

**C**uando viajo por el país dando cursos sobre eBay, hablo con tantas personas que encuentran un artículo en eBay, hacen una oferta por él y, en el último momento (en la última hora o en el último día), alguien ofrece más y les gana. Tristes y decepcionados, se sienten como verdaderos perdedores.

Usted no es un perdedor si perdió en eBay. Simplemente no conoce el fino arte de ofrecer en forma escurridiza o furtivamente. Ofrecer furtivamente es mi modo de decir ofrecer *educadamente*.

Los equipos deportivos estudian a sus rivales, y los candidatos políticos exploran lo que hace la oposición. Ofrecer en una competencia contra otros oferentes es un asunto igual de serio. Siga los consejos de este capítulo y vea si puede idear una potente estrategia de oferta por usted mismo. Siéntase en confianza de enviarme un mensaje electrónico con cualquier plan inmensamente brillante; siempre estoy abierta a escuchar nuevas teorías.

## Conocer al Mayor Postor

La identificación de usuario de la persona a quien pertenecería el artículo si la subasta terminara inmediatamente aparece en la página del artículo subastado (asumiendo que alguien haya ofrecido por el artículo). Eche un vistazo a ese nombre, porque quizás lo vea nuevamente en subastas de artículos parecidos. Si el mayor postor tiene mucha retroalimentación, probablemente conoce el teje y maneje del asunto, y regresará a luchar si usted entra en la acción.

Puede usar la opción de búsqueda por oferente (By Bidder) mostrada en la Figura 7-1, en la página de búsqueda de eBay para conocer la experiencia en subastas más reciente del oferente. Si usted está ofreciendo por un artículo, hacer una búsqueda por oferente puede ser muy útil: así podrá esculcar a su competencia.

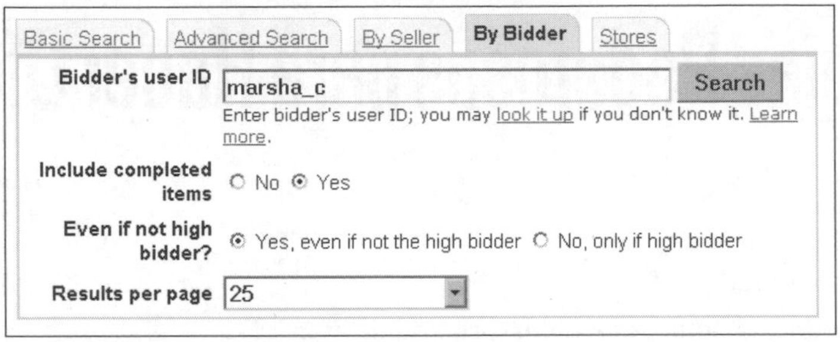

**Figura 7-1:**
Use una
búsqueda
By Bidder
para tener
una idea de
los patrones
de ofreci-
miento de
la compe-
tencia.

| Basic Search | Advanced Search | By Seller | **By Bidder** | Stores |

**Bidder's user ID** `marsha_c`   [ Search ]

Enter bidder's user ID; you may look it up if you don't know it. Learn more.

**Include completed items**   ○ No  ⦿ Yes

**Even if not high bidder?**   ⦿ Yes, even if not the high bidder   ○ No, only if high bidder

**Results per page** `25` ▾

Para tener una radiografía de un oferente, esto es lo que debe hacer:

1. **Digite la identificación de usuario del oferente sobre el que desea investigar.**

2. **Si quiere ver las subastas en las cuales este usuario ha participado en el pasado, seleccione el botón Yes, en la línea Include Completed Items.**

   Debería revisar las subastas terminadas. Le darán una idea de cuán a menudo y a qué hora del día participa el usuario en las subastas.

   Recuerde que eBay tiene un límite de 30 días en la información sobre las subastas que presenta, así que no espere ver resultados de hace un año. Al hacer clic sobre el número del artículo en los resultados de su búsqueda, podrá ver a qué hora su principal competencia acostumbra hacer ofertas, y luego haga su oferta cuando sepa que nadie lo está mirando.

3. **Indique a eBay si también quiere ver la oferta de la persona, incluso si no es el mayor postor.**

   Seleccionar Yes significa que desea ver la actividad del oferente en todas las subastas, incluso si la persona no es el mayor postor *en este momento*. Elegir No limita la búsqueda a las subastas donde el oferente es quien lleva la delantera. Yo creo que usted debería revisar todas las subastas del oferente para ver cuán agresivo es al ofrecer sobre un artículo. También puede ver con cuánta ansiedad desea el oferente artículos específicos.

   Si el oferente ofreció sobre el mismo artículo en el pasado por el cual ustedes dos están interesados ahora, usted podrá tener una idea bastante aproximada de cuánto está dispuesta esta persona a pagar por el artículo.

4. **Escoja el número de artículos que desea ver por página.**

5. **Haga clic en Search.**

Probablemente se sienta tentado a contactar al oferente con el que está compitiendo para obtener información sobre esa persona con más facilidad. Esto no sólo es una mala idea, sino también podría lograr que lo suspendan. No lo haga.

---

## El cuento del vendedor negativo con 3 signos positivos

Un amigo mío se arriesgó a ofrecer por un viejo rifle Winchester (actualmente un objeto prohibido; vea el Capítulo 9 para conocer el listado de lo que está permitido vender en eBay y lo que no) sin leer la retroalimentación del vendedor. El vendedor tenía un (+3) junto a su identificación de usuario, una calificación satisfactoria. Por suerte, mi amigo perdió la subasta. Resulta que el vendedor tenía un impresionante registro con 20 mensajes de retroalimentación negativos. Tenía 23 positivos, la mayoría enviados por personas con nombres sospechosos. Repita conmigo: ¡*Siempre hay lea los comentarios de retroalimentación*!

---

# Conocer el Historial de Ofertas de un Artículo

El *historial* de ofertas, mostrado en la página del artículo subastado, enumera a todas las personas que están ofreciendo por un artículo. Podrá ver con cuánta frecuencia y a qué hora se hacen las ofertas, aunque no podrá ver *cuánto* ofrece cada oferente hasta que termine la subasta. Diríjase a la Figura 7-2 para ver una lista con el historial de ofertas típico. Puede ver los montos de las ofertas, pues la subasta ya acabó.

**eBay.com Bid History for**
Bob Hope SIGNED 1st Ed Book ~DON'T SHOOT~ OOP (Item # 3339693778)

| | | | |
|---|---|---|---|
| Currently | $132.50 | First bid | $0.99 |
| Quantity | 1 | # of bids | 17 |
| Time left | Auction has ended. | | |
| Started | Jul-28-03 15:49:29 PDT | | |
| Ends | Aug-04-03 15:49:29 PDT | | |
| Seller (Rating) | marsha_c ( 2376 ★ ) me stores | | |

**View page with email addresses** (Accessible by Seller only) Learn more.

**Bidding History (Highest bids first)**

| User ID | Bid Amount | Date of Bid |
|---|---|---|
| ( 15 ★ ) | $132.50 | Aug-04-03 15:48:22 PDT |
| ( 6 ) | $130.00 | Aug-03-03 23:04:26 PDT |
| ( 15 ★ ) | $125.00 | Aug-03-03 20:37:44 PDT |
| ( 6 ) | $125.00 | Aug-03-03 23:04:06 PDT |
| ( 6 ) | $110.00 | Aug-03-03 23:03:33 PDT |
| ( 6 ) | $100.00 | Jul-29-03 09:28:04 PDT |
| ( 15 ★ ) | $100.00 | Aug-03-03 20:36:18 PDT |
| ( 56 ★ ) stores | $65.00 | Jul-30-03 18:48:48 PDT |

**Figura 7-2:** El registro de ofertas le indica la fecha y hora del día en que los oferentes hicieron sus ofertas.

Preste atención a las horas en las que las personas colocan sus ofertas, y se dará cuenta de que, como muchos usuarios de eBay, quienes ofrecen en esta subasta parecen ser criaturas de hábitos: hacen sus ofertas una vez al día a una hora en particular. Tal vez se conecten antes de empezar a trabajar, durante el almuerzo o después del trabajo. Cualquiera que sea su horario, usted contará con excelentes datos a su disposición en caso de que se desate una guerra de ofertas: Simplemente ofrezca después de que su competencia generalmente se desconecta, y aumentará sus posibilidades de ganar la subasta.

Temprano en una subasta, tal vez no haya un gran historial de ofertas para un artículo, pero eso no quiere decir que no puede revisar las fechas y las horas en que las personas colocan sus ofertas. También puede saber si un oferente practica la técnica del francotirador, conocida como *sniping*, (la cual se discute más adelante en este capítulo) si su oferta es en los últimos minutos de la subasta. Tal vez tenga una lucha entre sus manos si el oferente de hecho practica la técnica sniping.

# Estrategias para Ayudarle a Superar a la Competencia

Sus dos céntimos sí son importantes, al menos en eBay. Esta es la razón: Muchos miembros de eBay tienden a redondear sus apuestas a la siguiente cifra. Algunos escogen sencillos aumentos en monedas familiares como 25, 50 o 75 céntimos. Pero los oferentes más exitosos en eBay se han dado cuenta de que agregar dos o tres céntimos a una oferta de rutina puede significar la diferencia entre ganar o perder. Así que le recomiendo hacer sus ofertas en cifras disparejas, como $15.02 ó $45.57, como una forma barata de dejar atrás a su competencia. Por primera vez, ¡sus dos céntimos pueden realmente servir para algo!

Esta es sólo una de las muchas estrategias para ayudarlo a adelantarse al resto del pelotón oferente sin pagar más de lo que debiera. Nota: Las estrategias en esta sección son para oferentes que rastrean un artículo durante una semana o más, así que asegúrese de tener el tiempo para hacerlo, y planear sus movimientos siguientes. Además, participe en varias subastas antes de lanzarse a una guerra de ofertas.

## Estrategia para las subastas de múltiples artículos (holandesas)

Las *subastas (holandesas)* de *múltiples artículos* (explicadas en el Capítulo 1) son atemorizantes. Sí, ese es un término técnico que quiere decir que la estrategia para las subastas de múltiples artículos es un poco diferente. Después de todo, cada ganador paga la misma cantidad de dinero por el artículo, y estas subastas no tienen un precio de reserva supersecreto.

*Ganar* una subasta de múltiples artículos no es tan diferente a ganar otras subastas. Por lo tanto, espere hasta los minutos de cierre de la subasta para ofrecer y luego siga mis sabios consejos para tener éxito absoluto.

Estas son los asuntos clave que debe recordar sobre las subastas de múltiples artículos:

- **El vendedor debe vender todos los artículos al *menor precio ganador* al final de la subasta, sin excusas.**

- **Los ganadores se escogen a partir de las ofertas *más altas* recibidas.** Si hace la oferta base, podría ganar la subasta y pagar sólo el *precio ganador más bajo*, que puede ser menor al de su oferta.

  ¿Confundido? Digamos que la oferta mínima para cada uno de los diez relojes de Elvis es $10, y 20 personas ofrecen $10, cada una por un reloj. Los primeros diez oferentes ganan un reloj. Pero supongamos que usted viene al final de la subasta y ofrece $15 como oferente número 21. Obtendrá un reloj (al igual que las primeras nueve personas que ofrecieron $10), y ¡obtendrá el reloj por la oferta ganadora más baja, de $10! ¿Entiende?

- **Sepa en qué posición está en el orden de los hachazos.** Puede ver una lista de mayores postores (y sus ofertas) en la página de la subasta, así que siempre sepa dónde se encuentra usted en el orden de los hachazos.

- **Evite ser el menor o mayor postor.** El mayor postor seguro ganará, así que la estrategia usual para ofrecer es destronar al que ofrece menos entre los mayores postores. Se dice que esta persona está *en la burbuja* y a punto de perder la subasta por un par de centavos. Para evitar ser el oferente en la burbuja, mantenga su oferta justo por encima del segundo menor postor

- **Si quiere comprar más de uno de los artículos subastados, asegúrese de tener el mismo número de ofertas ganadoras al acercarse la subasta a su final.** ¿Qué? Recuerde, los ganadores se basan en las ofertas *más altas*. Si está participando en una subasta de múltiples artículos para diez artículos y hace cinco ofertas de $15, no hay garantía de que ganará cinco objetos. Otras nueve personas que desean el artículo podrían ofrecer $20 cada una. Entonces, todas ellas ganarán uno de los artículos a $15, y usted se quedará sólo con uno. (Al menos sólo pagará $15 por él.)

## Los Piratas del Caribe… ¿o Carribe?

Poco antes de que la película Los Piratas del Caribe se estrenara, Disneyland entregó afiches exclusivos de la película a sus visitantes. Mi hija, una astuta ciudadana de eBay, consiguió varias copias para vender en el sitio. Las anunció (una por una) cuando la película se estrenó, y no pudo obtener más que la oferta inicial de $9.99 por cada una.

Al buscar afiches de piratas en eBay, averigua

mos que los mismos afiches anunciados con un error ortográfico en el título, Piratas del Carribe, se estaban vendiendo hasta por $30 cada uno. Después de vender sus existencias iniciales, ella encontró a otro vendedor con 10 afiches en venta, en una sola subasta, con la ortografía correcta. Los compró (a $5.00 cada uno), ¡y los vendió con títulos mal escritos en el sitio por entre $15 y $27!

## Estrategias para hacer ofertas que eBay no menciona

Esta es una lista de cosas que se deben y no se deben hacer, la cual puede ayudarle a ganar su artículo. Por supuesto, algunos de estos consejos *son* avalados por eBay, pero yo tenía que lograr que usted me prestara atención de alguna forma

- **No haga una oferta temprana y alta.** Hacer ofertas *altas y temprano* indica que usted tiene un claro interés en el artículo. También demuestra que es un novato, y probablemente cometerá errores. Si hace una oferta desde el principio y es alta, estará diciendo a los demás exactamente cuánto desea el artículo.

  Claro está, una oferta alta significa más dinero para el vendedor y una buena tajada para el intermediario. No es un gran misterio que muchos vendedores recomienden hacerlo. De hecho, cuando usted venda un artículo, probablemente también querrá motivarlo.

  Si debe ofrecer temprano y no puede dar seguimiento a la acción en la subasta (¿quiere decir que usted tiene cosas que hacer?), use software o un servicio francotirador en línea. Luego, ¡siéntase en libertad de colocar la oferta más alta dentro de sus posibilidades! Puede averiguar más sobre esto en el Capítulo 20.

- **Espere y observe su subasta.** Si está interesado en un artículo y tiene tiempo para observarlo desde el principio hasta el final, creo que la mejor estrategia es esperar. Marque la subasta en Watch This Item, en su página My eBay, y recuerde revisarla diariamente. Pero si no tiene el tiempo, entonces siga adelante: haga su oferta máxima temprano y cruce los dedos.

- **No entre en pánico si se encuentra en medio de una guerra de ofertas.** No se desmaye si, en el mismo segundo en que usted está convencido de ser el mayor postor con sus $45.02 alguien le gana con $45.50.

  Puede aumentar su oferta máxima a $46.02 pero, si su enemigo también tiene una oferta máxima de $46.02, el empate va a la persona que puso la oferta más alta primero. Ofrezca tanto como esté dispuesto a pagar, pero hágalo al final de la subasta.

- **Revise el historial de ofertas del artículo.** Si se halla en medio de una guerra de ofertas y desea un artículo lo suficiente, revise el historial de las ofertas e identifique a su competidor más encarnecido; luego consulte la sección anterior "Conocer al Mayor Postor" para tener información antes de la subasta.

  Para tener una idea más exacta de los hábitos de su contrincante a la hora de ofrecer, tome nota de la hora del día en que hace su oferta en otras subastas. Usted puede ajustar sus horas para ofrecer de acuerdo con eso.

- **Recuerde que la mayoría de los negocios se lleva a cabo sin problemas.** La inmensa mayoría de los negocios en eBay se cierra sin ningún problema, lo que significa que si la subasta en la que usted está participando es típica y queda en segundo lugar, simplemente perdió.

Sin embargo, si el ganador se retracta de la subasta, o si el vendedor tiene más de una artículo, el vendedor *podría* (pero no está obligado a) contactar a otros oferentes e intentar venderles el artículo al precio del segundo oferente mediante la opción Second Chance de eBay. (Consulte el Capítulo 13 para más detalles sobre esta característica.)

# El Tiempo es Oro: La Estrategia del Reloj

Puede usar diferentes estrategias para ofrecer, dependiendo de cuánto tiempo queda en una subasta. Al poner atención al reloj, puede aprender sobre su competencia, vencerlos y terminar pagando menos por su artículo.

La mayoría de las subastas en eBay dura una semana; la página del artículo subastado siempre indica cuánto tiempo queda. No obstante, los vendedores pueden hacer que sus subastas sean tan cortas como un día o tan largas como diez. Por eso, sincronice el reloj de su computadora con el tiempo maestro de eBay y conviértase en el oferente más preciso que hay. La Figura 7-3 muestra la página de la hora oficial de eBay.

**Figura 7-3:**
Página de la hora oficial de eBay.

Para sincronizar su reloj, asegúrese de estar conectado a la Internet y de poder entrar fácilmente al sitio Web de eBay. Luego siga estos pasos:

1. **Vaya al panel de control de su computadora y haga doble clic en el icono que representa las funciones de fecha y hora de su sistema.**

2. **En el sitio Web de eBay, vaya al mapa del sitio haciendo clic en su enlace, sobre la barra de navegación en la parte superior de toda página en eBay.**

3. **Haga clic en el enlace eBay Official Time.**

   Este enlace está ubicado en la parte inferior de la columna Browse, en el lado izquierdo de la página.

4. **Compare la hora de su computadora con la hora actual en eBay.**

5. **Haga clic sobre los minutos en el reloj de su computadora y luego haga clic en el botón Reload (a veces se llama Refresh) de su buscador.**

   Hacer clic en Reload le garantiza que verá la última, y más precisa, hora de eBay.

6. **Digite los minutos desplegados en la página de la hora oficial de eBay tan pronto como aparezca la página recién recargada.**

7. **Repita los Pasos 5 y 6 para sincronizar los segundos de su computadora con los de eBay.**

   Este proceso toma algo de práctica, pero puede significar la diferencia entre ganar o perder una subasta.

No necesita preocuparse por la hora a menos que no le importe que el reloj de su sistema muestre la hora del Pacífico.

La mayoría de las ofertas en eBay se hace durante horas laborales en la Costa Este y temprano en las primeras horas de la noche, lo cual le da una ventaja si vive en el Oeste. Los de hábitos nocturnos se darán cuenta de que, después de las 10 p.m. hora del Pacífico (cerca de la 1 a.m. hora del este), surgen muchas gangas. Y, lo crea o no, muchas subastas terminan en horas de la madrugada. Los días feriados también son excelentes para las gangas, especialmente el día de Acción de Gracias y el siguiente. Mientras todos están en la sala digiriendo y discutiendo sobre qué ver en televisión, encienda eBay y dé gracias por las grandes ofertas que podrá ganar.

## Use la estrategia del ocio

A veces la mejor estrategia al inicio de una subasta es no hacer nada del todo. Así es; relájese, quítese los zapatos y repose. Siga adelante. Tal vez quiera hacer una oferta simbólica o *token bid* (el mínimo permitido) o marcar la página para observarla en el área My eBay. Generalmente, yo tomo esta actitud durante los primeros seis días de una subasta que dure una semana, y funciona bastante bien. Claro está: ingreso todos los días sólo para mantenerme al tanto de los artículos que estoy observando en la página My eBay, y modifico mi estrategia conforme pasa el tiempo.

El vendedor tiene el derecho de subir su oferta mínima, si su subasta no ha recibido ofertas, hasta 12 horas antes de que termine la subasta. Si el vendedor ha fijado una oferta mínima ridículamente baja y luego ve que la subasta no recibe atención, puede escoger subir la oferta mínima para proteger su venta. Al hacer una oferta simbólica mínima al ver una subasta por primera vez, usted puede frustrar la opción Buy It Now de otro oferente (Buy It Now se desactiva después de que alguna oferta se haga) o evitará que el vendedor suba el mínimo. Si es lo suficientemente importante, usted puede ver si el vendedor ha hecho esto en el pasado haciendo una búsqueda de las subastas terminadas de este vendedor (vea "Conocer al Mayor Postor", anteriormente en este capítulo, donde encontrará cómo hacer esta búsqueda). Todos los cambios anteriores al cierre están disponibles a vista del público; sólo haga clic en Revised, junto a la palabra *Description*, en la página del artículo. Vea un ejemplo en la Figura 7-4.

Si ve un artículo que definitivamente debe tener, márquelo para observarlo en su página My eBay (o haga una oferta simbólica), y planee y modifique su oferta máxima conforme transcurra la subasta. No puedo insistir lo suficiente en la importancia de hacerlo.

Al regresar cada día, fíjese en las otras ofertas y en el mejor postor. ¿Hay alguien que está empezando una guerra de ofertas? Vea la hora en que la competencia ofrece y tome nota de sus patrones. ¿Tal vez al medio día hora del este? ¿Durante el almuerzo? Si sabe a qué hora ofrece su principal competidor, entonces, cuando llegue el momento indicado, puede apostar con seguridad después de que esa persona lo haga (preferiblemente cuando su enemigo está atrapado en el tráfico de la hora pico).

Si usa el método de esperar y ver, podrá decidir si realmente quiere aumentar su oferta o esperar a que el artículo vuelva a aparecer más adelante. Tal vez decida que realmente no quiere el artículo después de todo. O tal vez no tenga prisa, porque muchos vendedores que ofrecen múltiples artículos los colocan en subastas, uno por uno

**Figura 7-4:**
Esta página muestra las revisiones hechas por el vendedor durante esta subasta.

ebay®    home | sign out | services | site map | help ?

| Browse | Search | Sell | My eBay | Community |   Powered By IBM |

**Item Revisions summary for item #2949092959**

The seller has revised the following item information:

| Date | Time | Revised Information |
|------|------|---------------------|
| Sep-02-03 | 19:16:13 PDT | Description |
| Sep-02-03 | 19:17:32 PDT | Buy It Now Price<br>Minimum Bid Price |
| Sep-02-03 | 19:19:12 PDT | Description |

## La historia de las hermanas Snipe

Cory y Bonnie son hermanas y ávidas compradoras en eBay. Bonnie colecciona floreros. Tenía sus ojos puestos en un florero Fenton Dragon Flies Ruby Verdena, pero la subasta cerró mientras estaba trabajando, y no tenía acceso a una computadora. Sabiendo eso, su hermana Cory decidió arrebatarlo usando la estrategia del francotirador. Faltando 37 segundos para el cierre, insertó una oferta alta a nombre de su hermana. Disparó y, de pronto, con $63, ella era el mejor postor. Pero, tan sólo 17 segundos antes del fin, otro oferente respondió su disparo y elevó el precio a $73. Por supuesto, era Bonnie, quien había encontrado la manera de tener acceso a una computadora donde estaba. Bonnie obtuvo el florero y ambas acabaron riéndose a carcajadas.

## Use la estrategia de ganarle al reloj

Usted debería acelerar su estrategia de oferta durante las últimas 24 horas de una subasta y decidir, de una vez por todas, si realmente *necesita* tener el artículo que ha estado ojeando. Tal vez hizo una oferta máxima de $45.02 hace unos días. Ahora es el momento de decidir si está dispuesto a subir hasta $50.02. ¿Tal vez $56.03?

Nadie quiere pasar el día frente a la computadora (pregúntele a la mayoría de las personas que lo hacen). Puede acampar junto al refrigerador o en su escritorio o donde usted quiera. Sólo coloque una notita autoadhesiva donde esté seguro de verla, para recordarle la hora exacta en que termina la subasta. Si no va a estar cerca de su computadora cuando cierra la subasta, también puede usar un programa de software para hacer sus ofertas automáticamente; vea el Capítulo 20 para más detalles.

### En la última media hora

Media hora antes de que la subasta se convierta en historia antigua, diríjase a la computadora y prepárese para la última batalla en la guerra de ofertas. Le recomiendo que se conecte a eBay unos 10 ó 15 minutos antes del fin de la subasta. Lo último que usted desea es quedar atrapado entre las rejas de Internet, sin acceso al sitio Web. Vaya a los artículos que está observando y haga clic en el título de la subasta.

Faltando 10 minutos, si hay mucha acción en su subasta, haga clic en Reload o Refresh cada 30 segundos para obtener la información más actualizada sobre cuántas personas están ofreciendo.

### Disparar hasta el final: Los últimos minutos

El tiroteo rápido y alocado en la emoción del final de la subasta se conoce como disparar al estilo del francotirador (*sniping*). Disparar es el fino arte de esperar hasta los últimos segundos de una subasta en eBay para superar al mayor postor justo a tiempo. Claro, es de esperar que el mejor postor probablemente responderá a sus disparos.

Con un artículo apetecido, abra una segunda ventana en su buscador (oprima la tecla Ctrl y la tecla N juntas), mantenga una abierta para ofrecer y la otra para estar refrescando constantemente durantes los últimos minutos. Con la cuenta regresiva en 60 segundos o menos, haga su oferta final por la cantidad definitiva más alta que está dispuesto a pagar por el artículo. Cuanto más pueda esperar, estoy hablando de unos 20 segundos, mejor. Todo depende de la velocidad de su conexión de Internet, así que practique con algunas subastas pequeñas para saber cuánto tiempo dejar al ofrecer por su preciado botín. Siga recargando o refrescando su buscador tan rápido como pueda y vea el tiempo pasar hasta el final de la subasta.

Si desea ser realmente sofisticado, puede abrir una tercera ventana (vea la Figura 7-5) y tener una oferta alta de apoyo en caso de que haya otro francotirador abalanzándose sobre su artículo inmediatamente después de su primer disparo. (Recientemente recibí un mensaje de una de mis lectoras, quien usó este método algo paranoico, aprendido en una edición anterior de este libro; usando el segundo tiro, ¡ella ganó su artículo!) Puede evitar la rutina de la tercera ventana si ya hizo su oferta más alta con el primer tiro. Luego, si alguien lo supera, sabrá que el artículo se vendió por más de lo que usted estaba dispuesto a pagar. Sí, es algo de consolación, pero no mucho.

Algunos miembros de eBay consideran la práctica del francotirador muy inapropiada e incivilizada, como cuando cientos de padres solían asediar las tiendas de departamentos y atropellar a los empleados para comprar una de las pocas muñecas Cabbage Patch que acababan de ser entregadas. (Pensándolo bien, ¿qué habrá pasado con *esos* artículos de colección?) Claro, a veces un poco de conducta incivilizada puede ser graciosa.

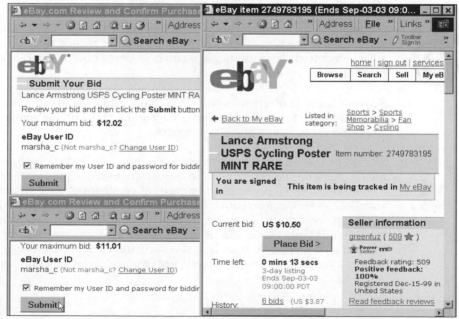

**Figura 7-5:**
¡Mi procedimiento personal de disparar en acción!

Yo creo que disparar como francotirador es una parte divertida y adictiva de la vida en eBay. Y es muy emocionante. Yo le recomiendo intentarlo. Muy probablemente, usted se beneficiará con los resultados, y disfrutará de su experiencia en eBay aún más, especialmente si es adicto a la adrenalina.

Esta es una lista de cosas que debe recordar al alistarse para hacer su última oferta:

- ✔ Sepa cuán alto está dispuesto a llegar.

   Si sabe que se está enfrentando a mucha competencia, calcule su oferta máxima con exactitud, hasta el último centavo. Ya debería haber investigado el artículo y conocer su valor en este momento. Suba su oferta sólo al nivel donde esté seguro de recibir un buen resultado por su inversión, y no se sobrepase. Seguramente, si el artículo tiene valor sentimental para usted y simplemente tiene que tenerlo, ofrezca tanto como quiera. Pero recuerde, tendrá que pagar al flautista por llevarse los ratones. ¡Si gana, es suyo!

- ✔ Sepa cuán rápida o(o lenta) es su conexión a Internet.

- ✔ Recuerde, este es un juego, y a veces es un juego de azar, así que no se descorazone si pierde la subasta.

Aunque a los vendedores les encantan los disparos porque suben los precios, y a los oferentes les encantan porque son divertidos, un francotirador puede arruinar la labor cuidadosa de toda una semana para crear una estrategia en la subasta. Los francotiradores más talentosos introducen una oferta tan cerca del cierre de la subasta que no hay oportunidad de hacer una contraoferta, y eso significa que usted perderá. Perder muy a menudo, especialmente contra el mismo francotirador, puede ser una lata.

Si su conexión a Internet es más lenta que la mayoría, y quiere hacer algunos disparos, haga su última oferta dos minutos antes de que termine la subasta y fije el monto de la oferta tan alto como se sienta cómodo para superar a la competencia.

Si puede hacer la oferta más alta justo cuando quedan 20 segundos, probablemente ganará. Con tantas ofertas llegando en los últimos segundos, la suya podría ser la última que eBay registre.

Se supone que esto debe ser divertido, así que no pierda la perspectiva. Si no puede pagar por un artículo, no se deje atrapar en una guerra de ofertas. De otro modo, la única persona que gana es el vendedor. Si está sufriendo de insomnio, ladrándole a su gato o comiéndose las uñas por cualquier artículo, es hora de reflexionar sobre lo que está haciendo. Comprar en eBay es como estar en una larga fila en una tienda de departamentos atestada de gente. Si toma mucho tiempo de su vida, o si un artículo es demasiado caro, esté dispuesto a retirarse, o desconectarse, y viva para ofrecer (o comprar) otro día.

# Capítulo 8

# Después de Ganar la Subasta

L a emoción de la persecución ha terminado, y usted ha ganado su primer artículo en eBay. Felicidades; ahora, ¿qué hacer? Usted debe darle seguimiento a su victoria y poner mucha atención a lo que hace. El proceso posterior a la subasta puede estar cargado de escollos y potenciales dolores de cabeza si no tiene cuidado. Recuerde, a veces el dinero, como la luna llena, hace que la gente actúe en forma extraña.

En este capítulo, aprenderá sobre qué debería esperar después de ganar la subasta. Le explicaré lo que supuestamente debe hacer el vendedor para que la transacción salga bien, y le muestro cómo cumplir al pie de la letra con sus responsabilidades de comprador. Le doy información sobre cómo seguir las normas de etiqueta apropiadas después de la subasta, incluyendo la mejor manera de organizarse, comunicarse con el vendedor profesionalmente y enviar su pago sin peligros. También le hablo sobre cómo manejar una transacción imperfecta.

## *Llamada de eBay: Usted es un Ganador*

La sección Bidding/Watching de su página My eBay resalta los títulos de las subastas que usted ha ganado, y le indica el monto de su oferta ganadora. Si piensa que ganó la subasta y no quiere esperar a que eBay lo contacte, revise la sección Bidding/Watching usted mismo y averígüelo. ¿Tenía razón?

Durante todo el proceso de ofrecer, los montos en dólares de los artículos que usted está ganando aparecen en verde en su página My eBay. Si alguien lo ha superado, los montos aparecerán en rojo. Una vez terminada la subasta, no hay ninguna banda musical ni visitas de Ed McMahon con sus camarógrafos; no recibirá un ramo de rosas ni un cheque gigantesco detrás del cual podrá esconderse. De hecho, usted probablemente se enterará de que ha ganado la subasta a través del vendedor o la sección Items I'm Bidding On en su página My eBay, y no inmediatamente a través de eBay. eBay trata de enviar sus mensajes anunciando el final de la subasta (EOAs: por End of Auction, en inglés) pronto, pero a veces hay un poco de retraso. Para observar toda la información de contacto en el mensaje EOA, vea la Figure 8-1.

Si puede recibir mensajes de texto en su celular, eBay le enviará los avisos EOA a su teléfono. Averigüe su dirección electrónica inalámbrica por medio de su proveedor de servicio telefónico celular; generalmente está disponible en la página inicial del proveedor, como por ejemplo `www.nextel.com`, `www.tmobile.com` o algo similar. Luego, vaya a la página My eBay Preferences y haga clic en el enlace Change My Wireless Email Address. Después de haber digitado su información de contacto allí, haga clic en el enlace Change My Notification Preferences (también en la página Preferences) y elija cuáles avisos desea que le envíen a su teléfono celular. De ese modo, sin importar dónde esté, siempre sabrá cuándo ha ganado su artículo (¡y necesita enviar su pago cuanto antes!).

**Figura 8-1:**
Todo lo que necesita saber sobre cómo contactar al comprador o al vendedor se incluye en el mensaje EOA de eBay.

# Aliste sus documentos

Sí, ya sé que las PCs supuestamente iban a crear una sociedad sin papel, pero también se suponía que los autos volarían antes del 2000. Tal vez sea mejor que algunas predicciones no se hagan realidad (piense en la forma en que alguna gente maneja). El papel todavía tiene sus usos; imprimir copias de los registros de su subasta puede ayudarle a mantener sus transacciones en orden.

Su página de subasta muestra el monto de su oferta ganadora, la descripción del artículo y otra información relevante. Tan pronto como sepa que ha ganado la subasta, imprima *dos* copias de la página de la subasta si le va a enviar el pago al vendedor por correo. Guarde una en sus archivos. Envíe la segunda al vendedor junto con su pago; hacerlo no sólo es eficiente sino también cortés.

eBay muestra las subastas sólo durante 30 días en la búsqueda por oferente, así que no posponga imprimir la página final de la subasta para sus registros. Si puede guardar los mensajes EOA que recibe de eBay, podrá tener acceso a la subasta hasta por 90 días al usar el enlace en el correo electrónico.

Muchos vendedores corren varias subastas al mismo tiempo. Por eso, cuanto más organizado sea usted, más probabilidades tendrá de recibir el artículo correcto (y retroalimentación positiva) por parte del vendedor. Esta es una lista de los artículos que debe guardar en el archivo de sus compras en subastas:

✔ Una copia del mensaje EOA de eBay. *No* borre ese mensaje; por lo menos no hasta que haya impreso una copia y la haya guardado en sus registros. Tal vez deba referirse al EOA posteriormente, y no existe una manera de obtener otra copia.

✔ Las copias impresas de cualquier correspondencia electrónica entre usted y el vendedor que detalle información específica sobre el artículo o el pago especial y los arreglos para el envío.

✔ Una copia impresa de la página final de la subasta.

Los vendedores pueden editar y actualizar sus subastas incluso cuando éstas se encuentran en proceso, así que manténgase alerta a cambios en la subasta mientras la observa. Si el vendedor hace cambios importantes en la subasta, usted tiene todo el derecho de retirar su oferta. (Consulte el Capítulo 6 para más información sobre el proceso de hacer ofertas).

## Una orden de papas con un menú para acompañar

Un vendedor, en 1999, subastó un viejo menú de Howard Johnson's, calculando que era de la década de los 50 por las fotos de los autos en la cubierta; y los precios (las almejas fritas costaban $1.25). Además, incluyó una tarjeta de menú separada que incluía mariscos frescos y un menú de licores (con el logotipo de Pieman) en la parte de atrás, y una lista de localidades en el área de la ciudad de Nueva York. Con excepción de un par de agujeros de engrapadora en la parte superior de la portada (probablemente evidencia de los especiales diarios del pasado), el menú estaba en muy buenas condiciones. La oferta base fue de $5; el artículo se vendió a $64. Estos menús son muy difíciles de conseguir ahora, pero aún se venden por el rango de los $65.

(Me pregunto cuánto cuestan las almejas fritas en Nueva York hoy día. . . .)

# Conseguir la Información de Contacto

Las reglas y reglamentos de eBay dicen que los compradores y vendedores deben ponerse en contacto por correo electrónico dentro de los tres días hábiles después del final de la subasta. Entonces, si una subasta cierra un sábado, es necesario entrar en contacto a más tardar el miércoles.

La mayoría de los vendedores contacta a los ganadores de las subastas pronto, pues desean completar la transacción y recibir su pago. Pocos compradores o vendedores esperan el mensaje oficial EOA de eBay para contactar a la otra persona.

Si usted ha ganado un artículo y piensa pagar a través de PayPal, es de rigor que usted se dirija a la página del artículo tan pronto como pueda y use el enlace Pay Now, para cancelar inmediatamente.

Si necesita contactar al vendedor antes de enviar el pago, hay varias formas de encontrar la información necesaria:

- Haga clic en el enlace Ask Seller a Question, en la página de la subasta, el cual lo llevará al formulario Ask Seller a Question.
- Haga clic en el enlace Site Map, ubicado en la esquina superior derecha de todas las páginas en eBay, y luego haga clic en el enlace Search for Members.
- Haga clic en el enlace Search de la barra de navegación principal y luego en el vínculo Find Members, en el submenú.

Dentro de los tres días hábiles después de una subasta o transacción Buy It Now, limítese a usar el formulario Ask Seller a Question. El vendedor (si se ha registrado) ve la dirección electrónica del comprador en la página del artículo, después de terminada la venta.

# *Entonces, ¿Cuál es su Número?*

Si no sabe nada del vendedor después de tres días hábiles y ya trató de enviarle un correo electrónico, necesita más información de contacto. ¿Recuerda que al inscribirse eBay le pidió su número telefónico? eBay guarda esta información para ocasiones como esta.

Para obtener el número telefónico de un miembro de eBay, vaya a la página Find Members y llene el formulario Contact Info: digite el número de identificación del vendedor, su número de identificación y el número del artículo que está negociando con el otro miembro; luego haga clic en el botón Submit.

Si toda la información es correcta, usted verá automáticamente una página que solicita la confirmación. eBay genera un mesaje automáticamente para usted y el otro usuario, como se aprecia en la Figura 8-2.

El mensaje de eBay incluye la identificación de usuario del vendedor, su nombre, compañía, ciudad, estado y país de residencia, así como el número telefónico y la fecha de su inscripción inicial. eBay envía esta misma información sobre usted al usuario con quien desea ponerse en contacto.

A menudo, los vendedores paran las orejas cuando reciben este mensaje de eBay, y ponen de su parte para completar la transacción.

eBay no tolera ningún abuso de su sistema de contacto. Asegúrese de usar esta fuente sólo para comunicarse con otro usuario sobre una transacción específica en la cual usted está participando. Usar la información de contacto para completar un negocio fuera de eBay infringe las reglas. Si abusa del sistema de contacto, eBay podrá investigarlo y echarlo del sitio.

**Figura 8-2:**
Después de
solicitar la
información
de contacto
del usuario,
recibirá un
mensaje
electrónico
automático
de eBay.

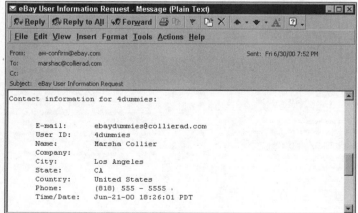

Si el vendedor no se pone en contacto con usted dentro de los tres días hábiles, quizás usted deba dar algunos empujones para completar la transacción. (Vea "Mantenerse en contacto: Cómo tratar con un vendedor AWOL", más adelante en este capítulo, y eche un vistazo al Capítulo 13.)

# Pase a la Caja a Cancelar

Cuando usted compra algo en una tienda, debe ir a la caja a pagar. eBay no es muy diferente. La caja allí (eBay Checkout) es una manera muy conveniente de pagar por las subastas completadas o las ventas Buy It Now, con una tarjeta de crédito o cheques electrónicos a través de PayPal. También puede usar Checkout para intercambiar información con el vendedor y pagar por su artículo en otro lugar que no sea PayPal (por ejemplo, con una orden de pago, un cheque u otro servicio de pago que el vendedor acepte).

La caja está integrada directamente en la página del artículo; así, usted puede ganar y pagar por un artículo en menos de un minuto. Algunos vendedores indican, en su descripción, que le enviarán un enlace a su página privada de caja. Cuando la venta acaba, la página del artículo tendrá la información de pago, como se observa en la Figura 8-3.

Al hacer clic en el botón Pay Now, usted es guiado, paso a paso, por el proceso de cancelación. Usted paga por el artículo, el vendedor recibe un aviso. Usted también obtendrá un mensaje electrónico que confirma su pago, junto con la dirección electrónica del vendedor.

**Figura 8-3:**
Haga clic en el botón Pay Now para pagar por el artículo a través de PayPal o para indicar sus preferencias de pago.

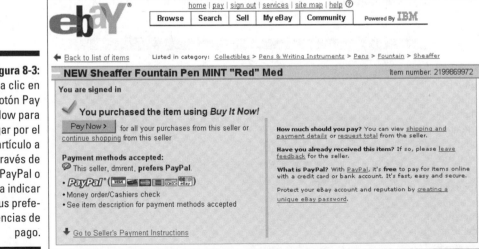

Se puede hacer un pago inmediato sólo si el vendedor elige aceptar PayPal. Si prefiere otras formas de pago, como un cheque personal o una orden de pago, usted todavía puede seguir el proceso para mandar al vendedor su información de envío (aunque no su pago). Si los costos de flete se basan en su código postal, el vendedor también puede usar esta información para enviarle la factura o actualizar la información de pago en la página del artículo. Cuando eso esté listo, usted puede seguir adelante y enviar su pago.

# Comunicarse con el Vendedor

Los mejores vendedores saben que la comunicación es la clave absoluta para una transacción exitosa, y hacen todo lo posible por mantener un tono positivo durante todo el proceso, mediante mensajes rápidos y corteses.

Un buen mensaje electrónico de un vendedor profesional en eBay debería incluir la siguiente información:

- Confirmación del precio ganador
- La dirección para enviar el pago o un número telefónico para procesar un pago con tarjeta de crédito
- Un repaso de las opciones de flete y sus precios (la cuota que debe pagar usted)
- Confirmación del depósito (si se ofreció en la subasta)
- La fecha en que se enviará el artículo

Cuando lea el mensaje del vendedor, asegúrese de comparar los términos que éste expone allí con los que aparecían en la página de la subasta. Y esté seguro de que el método de pago y el lugar a donde debe enviarse le queden claros a usted.

Al enviar su respuesta al vendedor, usted debería

- Informar al vendedor cuál método de pago usará. Para más información sobre las opciones de pago, vea el Capítulo 6.
- Incluir su dirección, nombre e identificación de usuario.
- Incluir el título del artículo y su número, para que el vendedor sepa exactamente a qué se refiere usted y pueda preparar su artículo para enviárselo tan pronto como reciba el pago.

✔ Incluir su número telefónico si planea pagar con una tarjeta de crédito. Si hay algún problema con el número de la tarjeta de crédito que usted ha dado, el vendedor podrá ponerse en contacto con usted rápidamente para avisarle.

✔ Solicite al vendedor que le indique por e-mail cualquier información sobre el flete, tal como los números de rastreo y una fecha aproximada de arribo.

El mensaje que reciba del vendedor después del fin de la subasta debería ser una confirmación de las opciones señaladas en la página del artículo subastado. Si ve diferencias significativas entre lo que el vendedor está diciendo ahora y lo que sale en su copia impresa de la página del artículo subastado, discútalas inmediatamente con el vendedor antes de seguir adelante con la transacción. Para más información sobre cómo aclarar las opciones de pago durante el proceso de oferta, vea el Capítulo 6.

# Envíe el Pago Rápida y Seguramente

¿Cuántas veces ha escuchado el dicho "El cheque está en el correo"? Sí, yo también lo he escuchado miles de veces. Si está en el extremo de la venta de la transacción, escuchar esta línea de un comprador y no recibir el dinero es frustrante. Si está en el extremo de la compra, es una actitud muy mala y probablemente le conseguirá retroalimentación negativa.

Siendo el buen comprador que usted es (está aquí para averiguar cómo hacer las cosas bien, ¿no?), naturalmente enviará su pago rápidamente. Si ha adquirido un artículo y piensa pagar mediante PayPal, hágalo inmediatamente. ¿Para qué esperar? (Cuanto más pronto pague, ¡más pronto recibirá ese elegante garrafa de vino en forma de mono que ganó!)

La mayoría de los vendedores espera recibir su pago en un lapso de siete días hábiles después de cerrar la subasta. Aunque este período no es obligatorio, tiene sentido avisar al vendedor que el pago está en camino.

Envíe su pago inmediatamente. Si tiene que retrasar el pago por cualquier razón (debe salir de la ciudad, se quedó sin cheques, se quebró una pierna), avise al vendedor cuanto antes. La mayoría de los vendedores entiende si se les envía un mensaje amable y sincero. Avise al vendedor qué está sucediendo, dígale la fecha en que puede esperar recibir el dinero y cúmplala. Si el retraso es irracionalmente largo, el vendedor podría cancelar la transacción. En ese caso, no se sorprenda si recibe retroalimentación negativa.

Estos son algunos consejos para asegurarse de que su pago llegue al vendedor rápida y seguramente:

- ✔ Imprima su nombre y dirección en sus cheques. Un cheque sin el nombre y la dirección impresos envía una señal de alerta a los vendedores de que tal vez el cheque no tenga fondos. No obstante, por razones de privacidad y seguridad, *nunca* coloque el número de su licencia de conducir o del seguro social.

- ✔ Siempre escriba el título del artículo y su identificación de usuario en el cheque o la orden de compra, y adjunte una copia impresa de la página final de la subasta en el sobre. La principal molestia para la mayoría de los vendedores en eBay es recibir un pago y no saber a qué corresponde; es decir, algunos compradores envían sus cheques sin ninguna información sobre la subasta.

- ✔ Si está pagando con tarjeta de crédito sin usar un servicio de pago y desea dar el número al vendedor por teléfono, asegúrese de solicitar el número telefónico del vendedor en su respuesta al mensaje electrónico inicial, y explíquele por qué lo necesita.

- ✔ Para enviar la información sobre su tarjeta de crédito por correo electrónico en forma segura, distribúyala en varios mensajes, cada uno con cuatro números. Divida sus mensajes entre períodos de 20 minutos cada uno, y no olvide avisar al vendedor qué tipo de tarjeta está usando. Además, incluya la fecha de expiración.

Los compradores muchas veces mandan sus pagos sin nombre, dirección ni ninguna clave que identifique lo que adquirieron. No importa cómo pague, recuerde incluir una copia de la carta de confirmación de eBay, una copia impresa de la página de la subasta o una copia del e-mail que el vendedor le envió a usted. Si paga con tarjeta de crédito por correo electrónico o por teléfono, de todas maneras debería enviar esta información por correo, sólo para estar seguro.

## Usar PayPal, un servicio de pago persona a persona

El Capítulo 6 cubre las ventajas y desventajas de usar PayPal para pagar por sus subastas. Aquí es donde le muestro por qué PayPal es la forma más segura de pagar en eBay. eBay se encarga de que PayPal sea increíblemente fácil de usar, porque es el servicio oficial de pago en eBay. Una vez terminada la subasta, aparece un enlace para pagar. Si así lo prefiere, espere hasta haberse comunicado con el vendedor. (A mí siempre me gusta tener el nombre completo del vendedor y su dirección en mis registros antes de enviar el pago, especialmente si la cantidad de la transacción sobrepasa el límite del programa de protección contra fraudes de eBay).

Puede cancelar en tres formas diferentes.

✔ **Tarjeta de crédito:** Puede usar su American Express, Discover, Visa, o MasterCard para hacer su pago mediante PayPal. El costo del artículo se cargará a su tarjeta, y su estado de cuenta reflejará un pago a PayPal con la identificación de usuario del vendedor.

✔ **Cheque electrónico (eCheck):** Enviar su dinero con un eCheck es fácil. Se retira de su cuenta corriente igual que un cheque de papel. No se hace efectivo de inmediato, y el vendedor probablemente no le enviará el artículo hasta que PayPal le diga que el banco ha aceptado su cheque.

✔ **Transferencia instantánea:** Una transferencia instantánea (Instant Transfer) es como un eCheck, excepto que se hace efectiva inmediatamente, y el dinero se deposita directamente en la cuenta del vendedor. Para enviar una transferencia instantánea, debe tener una tarjeta de crédito registrada en PayPal como respaldo (en caso de que el pago de su banco sea rechazado).

PayPal es mi servicio de pago favorito por otra razón. Tiene un programa de protección para los compradores, el cual cubre compras superiores a los $200 cubiertos por el plan de protección contra fraudes de eBay. Lea más sobre esto en el Capítulo 16.

Cuando la subasta acaba, usted puede hacer clic en el botón Pay Now para cancelar y entrar al sitio de PayPal. Si no paga inmediatamente desde la página del artículo, haga clic en el enlace Pay de la barra de navegación de eBay, o simplemente digite **www.paypal.com** en su buscador. Si va directamente al sitio PayPal, siga estos pasos:

1. **Si esta es su primera visita al sitio PayPal, inscríbase.**

   Si ya es un usuario inscrito, siga adelante y regístrese siguiendo los pasos en la pantalla.

2. **Haga clic en la pestaña Auction Tools y luego desplácese hacia abajo y haga clic en Pay for an Auction.**

PayPal lo guía paso a paso a través del proceso de completar el formulario de pago para identificar la subasta que está pagando, así como también su información para envíos. Eso es todo. La información de su tarjeta de crédito se mantiene segura con PayPal, y el pago será depositado en la cuenta PayPal del vendedor. Éste recibe un aviso sobre su pago y le indica a usted cuán rápido enviará su artículo.

Si paga con PayPal, puede hacerlo instantáneamente, sin enredos. La información sobre su tarjeta de crédito se mantiene en privado, y su pago se deposita en la cuenta PayPal del vendedor.

Siempre es posible ver su condición de pago yendo al área My eBay Items I've Won, mostrada en la Figura 8-4. Haga clic en el enlace de la columna Next Steps/Status para el artículo en cuestión.

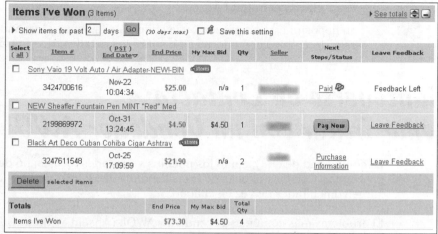

**Figura 8-4:**
Haga clic en
el enlace de
la columna
Next
Steps/Status
para
verificar la
condición
de su pago.

# Usar un servicio de depósito

Si usted y el vendedor han acordado usar un servicio de depósito (escrow) para completar su transacción, primero debe registrar su subasta para una transacción con depósito.

Para inscribirse en el servicio de depósito desde cualquier página de eBay, siga estos pasos:

1. **Haga clic en el enlace Services, en la barra de navegación principal.**

   Será transportado a la página Services Overview.

2. **Desplácese hacia abajo hasta el área SafeHarbor y haga clic en Escrow Services.**

   Será conducido a la página de ayuda Escrow.

3. **Haga clic en el enlace How Escrow Works.**

4. **En la página Escrow.com de eBay, desplácese hacia abajo de la página y aprenda sobre lo último del servicio de depósito.**

5. **Haga clic en el botón Start New Transaction.**

   Ingresará al inicio del proceso de depósito. Digite el número del artículo para la transacción en cuestión.

6. **Haga clic en el botón Continue.**

   Se le presenta un resumen del artículo. Observe que todo esté correcto y lea los términos y condiciones; esta es su última oportunidad para cancelar el proceso. eBay envía la información a la compañía de depósitos, una de depósitos en Internet, para su procesamiento.

7. **Haga clic en el botón I Agree.**

   Su depósito está en proceso, y la compañía lo llama o le manda un mensaje electrónico con información sobre los detalles de esta transacción.

# Mantenerse en Contacto: Cómo Tratar con un Vendedor AWOL

La comunidad de eBay, como los pueblos y ciudades locales, no deja de tener problemas. Con los millones de transacciones que ocurren todos los días, surgen dificultades de vez en cuando.

El problema más común es el vendedor AWOL (Absent Without Official Leave/Ausente sin permiso), el tipo de persona que no lo deja en paz hasta que usted pague y luego desaparece. Así como se espera que usted se apresure y envíe su pago al vendedor en una semana, éste tiene la obligación de avisarle, también en una semana, que ha recibido su pago; debe hacerlo mediante un mensaje con la indicación de que el artículo ha sido enviado. Si usted mandó el dinero y no ha sabido nada en algún tiempo, no se precipite ni asuma que la persona está tratando de engañarlo.

Siga este enfoque semana-a-semana si ya pagó por el artículo y no ha sabido nada del vendedor:

- ✔ **Semana uno, enfoque del empujón sutil:** Recuerde al vendedor, por medio de un correo electrónico, el artículo subastado, su número y la fecha de cierre. "Tal vez a usted se le ha olvidado y se enredó con el ir y venir de sus otras subastas" es una buena forma de introducir el tema. Es muy posible que reciba un mensaje pidiéndole disculpas debido a alguna emergencia familiar o un viaje de negocios de última hora. Encontrará que el viejo adagio "Se puede atraer más moscas con miel que con vinagre" funciona de maravilla en eBay.

- ✔ **Semana dos, enfoque educado pero firme:** Envíe otro mensaje electrónico. Sea educado, pero firme. Fije una fecha para cuando espera ser contactado. Mientras tanto, utilice algunos recursos de eBay. Vea la sección "Conseguir la Información de Contacto", anteriormente en este capítulo, para averiguar cómo obtener el número telefónico de un usuario de eBay. Después de tener esta información, puede enviar una carta de seguimiento o establecer contacto directo y fijar una fecha límite para algún tipo de acción.

- ✔ **Semana tres, hora de tomar acción:** Si el vendedor todavía no ha asomado su cara, envíele otro mensaje más y hágale saber que usted va a presentar una queja. Luego vaya a SafeHarbor y interponga un reclamo por falta de cumplimiento del vendedor (Seller Non-Performance). Explique en detalle lo ocurrido. eBay lanzará su propia investigación interna. Diríjase al Capítulo 16 para conocer más sobre cómo presentar quejas y usar otras herramientas para resolver problemas.

# Usted Recibe el Artículo (Ay no, ¿qué es esto?)

La gran mayoría de las transacciones en eBay transcurre sin problemas. Usted gana, envía el pago, recibe el artículo, lo revisa y se siente feliz. Si es así, un buen resultado de su subasta, entonces ignore esta sección y mande algunos comentarios positivos para el vendedor.

Por otra parte, si no está contento con el artículo recibido, el vendedor tal vez se vea obligado a darle explicaciones. De inmediato, envíe un mensaje o llame al vendedor y exíjale cortésmente una explicación si el artículo no es como fue descrito. Algunas indicaciones de engaños son bastante obvias:

✔ El color, la forma o el tamaño del artículo no concuerda con la descripción.

✔ El artículo está rayado, roto o abollado.

✔ Usted ganó una subasta por un conjunto de candelabros y recibió un florero en su lugar.

Un tropiezo en la transacción es molesto, pero no se enfurezca inmediatamente. Contacte al vendedor y vea si pueden resolver las cosas. Mantenga la conversación educada. La mayoría de los vendedores quiere tener un historial limpio y buena retroalimentación, así que responderán a sus preocupaciones y corregirán las cosas. Asuma lo mejor sobre la honradez del vendedor, a menos que tenga una razón verdadera para sospechar una mala pasada. Recuerde, siempre resulta riesgoso comprar algo que usted no puede tocar. Si el artículo tiene un pequeño problema que usted puede tolerar, déjelo así y no pase por la molestia de dejar comentarios negativos sobre quien, por lo demás, ha sido un vendedor sincero y agradable.

Claro está, aunque yo puedo darle consejos sobre lo que usted *merece* recibir de un vendedor, usted es quien debe vivir con el artículo. Si usted y el vendedor no pueden llegar a un acuerdo y usted realmente piensa que merece un reembolso, pídalo.

Si le pagó al Servicio Postal de los Estados Unidos un seguro para el artículo y llega a su casa hecho polvo, llame al vendedor para alertarlo sobre el problema. Averigüe los detalles del seguro que compró el vendedor. Después de tener todos los detalles, siga las instrucciones del vendedor sobre cómo presentar un reclamo. Si el artículo fue enviado a través de la oficina postal, agárrelo todo y llévela a la oficina de correos, y hable con las buenas personas que trabajan ahí para presentar un reclamo. Consulte el Capítulo 12 para más consejos sobre cómo tratar con una catástrofe relacionada con el transporte. Y pase al Capítulo 16 para saber cómo presentar un reclamo de seguro en eBay y/o PayPal.

# No Olvide Dejar Comentarios

Los buenos vendedores deben ser recompensados, y los compradores potenciales deben estar informados. Por eso ninguna transacción en eBay está completa hasta que el comprador rellene el formulario de retroalimentación. Sin embargo, antes de hacer sus comentarios, siempre recuerde que a veces nadie tiene la culpa cuando las transacciones salen mal; los problemas de comunicación le suceden a todos. (Para más información sobre cómo dejar comentarios, vea el Capítulo 4). Estos son algunos consejos útiles sobre qué tipo de retroalimentación dejar para un vendedor:

- ✔ Dé al vendedor el beneficio de la duda. Si la transacción pudo haberse convertido en una pesadilla, pero el vendedor realmente intentó arreglar las cosas y quedar bien con usted, es sencillo: deje retroalimentación positiva.

- ✔ Siempre que sea posible, recompense a alguien que parece honrado o trató de enmendar una situación desfavorable. Por ejemplo, si el vendedor fue muy lento, pero usted eventualmente recibió su artículo y está encantado con él, podría dejar retroalimentación positiva con una advertencia. Algo así como "Artículo como descrito, buen vendedor; muy lento en la entrega" transmitirá el mensaje indicado.

- ✔ Si el vendedor trabajó tan lento como un caracol y empacó bien el artículo y éste era más o menos algo así como lo que usted pensaba, deje un comentario neutro; no fue totalmente malo como para ser negativo, pero no merece una alabanza. He aquí un ejemplo: "Realmente lentísimo en el envío, no indicó que la condición del artículo era buena y no excelente, pero lo entregó". La vaguedad está bien como respuesta a un trabajo regular; por lo menos el siguiente comprador sabrá que deberá hacer preguntas muy específicas.

- ✔ Si el vendedor no envía su artículo, o si el artículo no concuerda con la descripción y el vendedor no trata de arreglar las cosas, debe dejar retroalimentación negativa. Pero nunca escriba comentarios negativos envuelto en la pasión del momento, y nunca los haga personales. Seguramente recibirá una respuesta, pero no se involucre en una guerra de comentarios negativos. La vida es demasiado interesante sin enredos adicionales.

*Miserable Por Accidente* tal vez sea el título para una intrigante película algún día, pero ser un miserable no es muy divertido en la vida real. Vea el Capítulo 6 para más detalles sobre el remordimiento del comprador y cómo retirar una oferta *antes* del final de una subasta.

# Parte III

# ¿Quiere Vender lo que Están Comprando?

**La 5a Ola**                    Por Rich Tennant

"Bueno, nos está yendo excelente. Philip y yo vendemos jarras decorativas de jalea en eBay. Yo me encargo de los anuncios y Philip controla el inventario".

## En esta parte . . .

Muchos factores diferentes entran en juego cuando un vendedor recibe buenas ganancias de un artículo que ha puesto en subasta.

Si usted es nuevo en las ventas, puede conocer todos los beneficios de vender y ser guiado en la dirección correcta para encontrar los artículos que podrían conseguirle una ganancia decente. De hecho, ¡tal vez su propia casa esconda esos tesoros! Sin embargo eBay tiene sus reglas; por eso, al evaluar el valor de un artículo para preparar su subasta, debe asegurarse de que la venta del artículo no esté prohibida en el sitio de eBay.

En esta parte, lo oriento a través del papeleo que debe completar para anunciar un artículo en una subasta, y le muestro cómo cerrar un trato y enviar el artículo sin enredos. Pero, aunque soy buena, no puedo evitar que surjan los problemas. Por eso también trato de advertirle sobre cualquier dificultad imaginable. Además, hay un capítulo para los novatos en eBay que ya saben que una foto vale más que mil palabras. Así es; si realmente quiere ganar dinero en eBay, no puede ignorar las estrategias avanzadas.

## Capítulo 9

# Vender en Pantuflas para Divertirse y Ganar

- - - - - - - - - - - - - - - - - - - - - - - - - - - - - - - - - - - - - - - - - - - - -

*Es este capítulo*

▶ Descubra los beneficios de vender

▶ Extraer el inventario de su propio patio

▶ Saber qué vender, cuándo hacerlo y cuánto pedir

▶ No se meta en problemas; lo que no se puede vender eBay

▶ Pagarle al flautista con cuotas de eBay

▶ Mantener al recolector de impuestos feliz (o por lo menos amigable)

- - - - - - - - - - - - - - - - - - - - - - - - - - - - - - - - - - - - - - - - - - - - -

**E**ncontrar artículos para vender puede ser tan fácil como abrir su ropero, y tan retador como adquirir antigüedades en el extranjero. De cualquier modo, establecerse como vendedor en eBay no es tan difícil cuando se conocen los trucos. En este capítulo, aprenderá a hallar artículos en su propio hogar, a saber cuánto valen y cómo convertirlos en dinero instantáneo. Sin embargo, antes de vaciar su casa entera (sé que eBay puede volverse una adicción pero, por favor, ¡quédese con *algunas* cosas para usted!), lea las reglas de la selva en eBay; por ejemplo, cómo vender, cuándo hacerlo y qué *no* vender. Si está interesado en aprender a montar su página de subasta, acérquese al Capítulo 10; si quiere leer estrategias avanzadas para las ventas, podrá encontrarlas en el Apéndice A.

## ¿Por qué Vender en eBay?

Ya sea que quiera deshacerse de todas las chucherías raras y excéntricas acumuladas y apiladas durante los últimos 35 años en su sótano, o seriamente desea ganar algún dinero extra, los beneficios de vender en eBay son tan diversos como los vendedores mismos. La mayor ventaja de vender en eBay es negociar y hacer tratos desde su propia casa, en pijamas y pantuflas de peluche (todos los días son viernes informales en mi oficina). Pero no importa dónde realice sus negocios o cómo se vista, existen muchísimas recompensas más importantes y más jugosas por vender en eBay.

## Lecciones de la vida aprendidas en eBay

Si tiene hijos, involúcrelos en sus ventas en eBay. Aprenderán lecciones de la vida reales a las cuales no tendrían acceso en la escuela. Enséñeles la importancia de cumplir con las fechas límite y con sus promesas. Póngalos a usar el correo electrónico (si es que todavía no saben) y pida que le ayuden a empacar los artículos. eBay es un gran lugar para aprender sobre principios básicos de economía y cómo manejar el dinero. Cuando yo me inicié en eBay, enseñé geografía a mi hija preadolescente con ayuda de eBay. Cada vez que completaba una transacción, ella buscaba la ciudad en la que vivía el comprador (o vendedor) con un motor de búsqueda y luego la marcaba con un alfiler en un gigantesco mapa de los Estados Unidos. Ahora se está graduando de la universidad y, por casualidad, estudió negocios y mercadeo. (¡Gracias eBay!)

Vuélvase creativo y haga de eBay una provechosa experiencia de aprendizaje, también. Recuerde, sin embargo, que eBay no permite a nadie menor de 18 años inscribirse, comprar o vender, así que asegúrese de estar a cargo del manejo de la transacción. Sus hijos pueden ayudar, pero siempre deben permanecer bajo su supervisión.

Casi todo la gente que empieza un negocio debe preocuparse sobre amasar un capital de inversión (dinero inicial que podrían perder), levantar un inventario (comprar cosas para vender) y encontrar un lugar para vender como un puesto en una feria o hasta una pequeña tienda. Actualmente, incluso una pequeña operación casera requiere de una fuerte inversión. eBay ha ayudado a nivelar el campo de juego un poco; todos tienen una oportunidad equitativa de empezar un pequeño negocio con sólo un poco de dinero. Cualquiera que desee probar suerte haciendo negocios puede empezar únicamente con el dinero suficiente para cubrir la cuota de inserción.

Agregue unas cuantas transacciones a su currículo. Vea si le gustan las responsabilidades de mercadear, cobrar dinero, hacer envíos y atender a los clientes. Crezca un poco más y se encontrará detectando tendencias, adquiriendo inventario y mercadeando sus artículos para obtener la ganancia máxima. En poco tiempo, hará que los artículos desaparezcan más rápido que David Copperfield (aunque usted probablemente tenga algo de dificultades con la Estatua de la Libertad. ¿Cómo habrá hecho *eso*?). Si cree que está listo para convertir a e eBay en un negocio a tiempo completo o parcial, mire el Apéndice B. Si todavía quiere seguir adelante en eBay, lea mi libro *Starting an eBay Business For Dummies* (Wiley Publishing, Inc). Le brinda exactamente lo que necesita para pasar de un simple aficionado a un magnate en eBay.

Una manera divertida de mojarse los pies en eBay es comprar algunas cosas pequeñas. Cuando digo pequeñas, quiero decir pequeñas. Algunos de los artículos más baratos que puede comprar en eBay son recetas de cocina. Digite **recipe** en la casilla de búsqueda y ordene los resultados según el precio más bajo: Lowest Prices First. Encontrará recetas que cuestan un dólar o menos. No hace falta pagar costos de envío, tampoco. Los vendedores generalmente le mandan la receta por correo electrónico directamente después de la subasta. También puede empezar a vender sus propias recetas secretas. Esta es una excelente manera de familiarizarse con la forma en que funciona eBay y obtener experiencia con la retroalimentación; ¡además de empezar a crear su reputación!

# Mi Casa, Mi Dinero: Encontrar Cosas Para Vender

Encontrar mercadería para vender en eBay es tan fácil como abrir un ropero y tan complicado como trepar al ático. Prácticamente todo lo que usted compró y dejó guardado (porque no lo quería, olvidó que lo tenía o no le quedaba bien) vale. Piense en todos aquellos regalos de cumpleaños y de navidades verdaderamente horribles (bueno, lo importante era la intención; y la persona que se los regaló seguramente ya los ha olivdado). Ahora tiene un lugar donde tratar de deshacerse de ellos. Tal vez hasta hagan feliz a alguien.

En su ropero, encuentre lo que no está haciendo nada ahí

✔ Ropa que ya no le queda o no está de moda. (¿Realmente quiere guardarla, sabiendo que no la usaría nunca o ya no le queda bien?) Y no olvide ese par de zapatos que usó una vez y luego descartó.

✔ Ropa de sus hijos. (Los niños dejan su ropa rapidísimo. Use la ganancia de las cosas viejas para comprarles ropa nueva. Eso sí es reciclar.)

Conserve la indumentaria en la mejor condición posible antes de ponerla a la venta. Por ejemplo, los zapatos se pueden limpiar y pulir para parecer casi nuevos. De acuerdo con las políticas de eBay, la ropa *debe* limpiarse antes de ser enviada.

Y considere aquello que permanece inmóvil en su sótano, garaje o ático:

✔ **Radios, equipos de sonido y de video y sistemas de 8 pistas viejos.** Vea cómo estos artículos salen volando de su casa; especialmente los sistemas de 8 pistas (aunque no lo crea, a las personas les encantan).

✔ **Libros que terminó de leer hace mucho y no quiere leer de nuevo.** Algunos libros con fechas antiguas de edición o las primeras ediciones de autores famosos se venden por mucho dinero en eBay.

✔ **Restos de un pasatiempo abandonado.** (¿Quién hubiera dicho que construir casas de muñecas en miniatura fuera tan trabajoso?)

✔ **Regalos no deseados.** ¿Tiene regalos de cumpleaños, días festivos y graduaciones acumulados durante una década, llenándose de polvo? Subástelos en eBay y ¡ojalá que su abuelita o abuelito no hagan una oferta por ellos, pensando que usted necesita otra cuchara con bigote!

Artefactos vendibles podrían incluso yacer en su sala o dormitorio:

✔ **Decoraciones de hogar que desea cambiar.** Lámparas, sillas y alfombras (especialmente si son antiguas) se venden rápidamente. Si cree que un artículo es valioso pero no está seguro, haga que se lo avalúen primero.

✔ **Equipo para ejercicios.** Si usted es como la mayoría de gente, compró esas cosas con toda la intención de ponerse en forma, pero ahora sólo está cubriéndose de polvo. Ejercítese cargando el equipo a la oficina de correos después de haberlo vendido en eBay.

✔ **Discos, cintas de video y discos láser.** Véndalos después de comprar tecnología de audio y video con formatos más recientes, tales como DVD (Digital Versatile Disc) o DAT (Digital Audio Tape). (¿Piensa que el Betamax ha muerto? Se sorprendería.)

✔ **Autógrafos.** Todo tipo de autógrafos, desde astros del deporte, a celebridades y líderes mundiales, son muy populares en eBay. Sin embargo, sea precavido: Hay muchos autógrafos falsos en el mercado; asegúrese de que lo que está vendiendo (o comprando) es verdadero. Si planea vender autógrafos en eBay, no olvide revisar las reglas especiales que aplican a estos artículos en:

```
pages.ebay.com/help/policies/autographs.html
```

# Saber Cuándo Vender

Peligro . . . peligro . . . estoy a punto de repetir algunos clichés: *Hay un tiempo para todo. Venda lo que conoce y sepa cuándo vender. Compre barato y venda caro.*

Está bien, de acuerdo, los clichés pueden ser dolorosos cuando se escuchan una y otra y otra vez, pero contienen trozos de valiosa información. (¿Tal vez son bien conocidos por una razón?)

ANÉCDOTA DE SUBASTA

## Atrape sus ganancias

Hace mucho tiempo, en la década de los 80, cuando Pac-Man reinaba, mi amigo Ric decidió involucrarse en el mundo de la fotografía. Esperando ser el próximo Ansel Adams o al menos atrapar algo para la posteridad, compró una cámara de 1/4 Kowa 66, una de esas que usted sostiene frente a la hebilla de su faja mientras mira hacia abajo por el visor. Poco después, los intereses de Ric cambiaron. La cámara permaneció en su caja, hasta con las instrucciones, durante 15 años hasta que decidió hacer una gran venta de garaje.

Ric y su esposa no sabían mucho sobre su Kowa, pero sabían que valía bastante. Cuando le ofrecieron $80 por ella en la venta de garaje, su esposa le susurró "¡eBay!" al oído, y él rechazó la oferta.

Ric y su esposa pusieron la cámara en eBay con la poca información que tenían sobre su tamaño y color, y la pareja recibió montones de preguntas e información sobre la cámara de parte de oferentes conocedores. Uno de ellos dijo que si tenía un lente plateado, sería más valiosa. Otro les habló sobre la historia de la cámara.

Ric y su esposa agregaron cada trozo de información nuevo a su descripción y observaron cómo las ofertas aumentaban con cada adición; hasta que la cámara sin estrenar se vendió a más de $400, en una lluvia de disparos de último momento en 1999. Actualmente, cuando Ric anuncia una subasta, siempre pide información adicional y la añade a la página de la subasta.

¿Cuánta diferencia hace un año? Aprenderá que el valor de todos los artículos en eBay tiende a subir y bajar. En el 2000, esta cámara se vendió por más de $600; a finales del 2001, a $455. En el invierno del 2003, el interés se estaba desvaneciendo: se vendió entre $375 y $400.

Los vendedores experimentados en eBay saben que, al planear una subasta, aprovechar el momento es casi lo más importante. No querrá resultar estancado con 200 muñecas Cabbage Patch Kids durante un frenesí por los Furbies, y las figuras de acción de Superman se venden bien, a menos que se vaya a estrenar una película de Batman.

Algunos artículos, tales como las buenas antigüedades, las alfombras, las tarjetas de béisbol y los autos deportivos resisten la prueba del tiempo. Pero aún así, encontrar el momento apropiado es crucial. No subaste su rara y antigua cortadora de papel si alguien más está vendiendo otra al mismo tiempo. Le garantizo que eso cortará sus ganancias.

Saber cuál es el momento apropiado para algo no es precisamente una ciencia exacta. En realidad, se trata más bien de un poco sentido común, una pizca de mercadeo y una buena cantidad de recopilar información. Investigue un poco entre sus amigos. ¿Qué les interesa? ¿Comprarían su artículo? Use eBay como una herramienta de investigación. Busque para ver si hay alguien más está ganando dinero con el mismo tipo de artículo. Si alguna gente está antojada de un artículo de moda (digamos, juguetes como los Beanie Babies o los Furbies) y usted tiene un montón, ayer fue el momento para venderlos. (En otras palabras, si desea obtener dinero con ellos, manos a la obra y a empacar).

Si el mercado de eBay ya está saturado con docenas de un artículo y nadie está acumulando dinero con él, puede darse el lujo de esperar antes de planear su subasta.

# Conozca sus Cosas

Al menos eso es lo que Sócrates hubiera dicho si hubiera sido vendedor en eBay. ¿No ha tenido que hacer una tarea por algún tiempo? Es hora de desherrumbrar esas viejas habilidades. Antes de vender su mercadería, escarbe un poco para averiguar todo lo que pueda sobre ella.

## Conozca lo bueno sobre sus bienes

Estas son algunas ideas para ayudarle a enriquecer su conocimiento de lo que tiene para vender:

✔ **Sumérjase en los libros.** Revise su biblioteca local en busca de libros sobre el artículo. Estudie las guías de precios y las revistas para coleccionistas.

Aunque los coleccionistas todavía usan guías de precios publicadas al valorar un artículo, hay tanto comercio digital en la Internet, y se mueve tan rápido, que las guías de precios a menudo están retrasadas con respecto al mercado que cubren. Tome sus precios con cierta reserva.

✔ **Navegue un rato.** Haga una búsqueda en la Web e indague información sobre el artículo en otros sitios de subastas. Si encuentra una revista impresa que le agrada, verifique si está disponible en la Web digitando el título en la ventana de búsqueda de su buscador. (Para información detallada sobre cómo usar los motores de búsqueda para realizar una búsqueda digital completa, consulte el Capítulo 5.)

✔ **Cuando el camino se pone difícil, vaya de compras.** Visite las tiendas locales que se especializan en su artículo. Controle los precios en varios lugares.

Cuando comprenda la demanda que existe por su producto (ya sea un artículo de colección o un bien de consumo) y cuánto puede pedir en forma realista por él, estará en el camino adecuado hacia una subasta exitosa.

✔ **Consulte a los profesionales.** ¿Necesita una forma rápida de averiguar el precio de un artículo que desea vender? Llame a un distribuidor o coleccionista y diga que quiere *comprar* uno. Un comerciante que presiente una venta le dará el precio de venta actualizado.

✔ **eBay al rescate.** eBay ofrece algo de guía para su investigación en sus páginas de categorías; hay características especiales para cada categoría principal. Haga clic en Browse, en la barra de navegación, y elija su categoría favorita. Al desplazarse por la página, eBay coloca enlaces a historias y características específicas para esta categoría. Además, eBay tiene salas de chat específicas para las categorías, donde podrá leer lo que otros coleccionistas escriben sobre los artículos en una categoría en particular. Vea el Capítulo 17 para más sobre el área de chateo en eBay.

Para información sobre cómo los coleccionistas profesionales califican y valoran los artículos, pase al Capítulo 5, donde hablo sobre cómo calificar sus artículos.

Asegúrese de conocer lo que tiene; no sólo lo que es y para qué es, sino también *si es genuino.* Cerciórese de que es completamente verdadero. Usted es responsable por la autenticidad de su artículo; las falsificaciones e imitaciones no son bienvenidas en eBay. Además, los fabricantes vigilan eBay en busca de falsificaciones y bienes robados, y podrían avisar a las autoridades.

He aquí todos los detalles sobre las guías de precios para coleccionistas de parte de Lee Bernstein, mi experto favorito en antigüedades y artículos de colección: Se supone que los precios citados en la mayoría de los libros para coleccionistas son puntos de referencia flexibles para ayudar a guiar a los compradores. Las pautas al inicio de todo buen libro para coleccionistas indican cómo ha determinado el autor los precios mencionados. Para más consejos sobre artículos de colección, visite el sitio web de Lee en `www.elee.com`

## *Espía contra espía: Compare antes de vender*

En los viejos tiempos, los dueños de tiendas exitosos como Gimbel y Macy se espiaban entre sí para hallar la manera de superar a la competencia. Actualmente, en el agitado mundo del comercio digital, el espionaje continúa, y meterse de lleno en la intriga de vigilar a la competencia es tan fácil como hacer clic con su mouse.

Digamos que usted es el mayor fanático de *Los Duques de Hazzard* que ha existido y colecciona cosas relacionadas con esta serie de televisión, tal como cintas en VHS del programa, modelos del auto General Lee y loncheras. Entonces, buenas noticias: ese pedazo de lata en que guardaba su emparedado de mantequilla de maní con jalea podría recolectar una buena suma de dinero. Para saber con certeza, puede investigar en eBay. Para conocer los precios actuales del mercado para las loncheras de *Los Duques de Hazzard*, puede realizar una búsqueda Completed Items en la página Search (como se describió en el Capítulo 5) y averiguar exactamente cuántas loncheras de *Los Duques de Hazzard* se han subastado en las últimas dos semanas. También puede encontrar su precio de venta más alto y cuántas ofertas se habían recibido por las loncheras cuando la subasta había terminado. Y repetir esta búsqueda de subastas completadas en una o dos semanas no es una mala idea, para obtener al menos un mes de datos sobre el precio de su artículo. La Figura 9-1 muestra los resultados de una búsqueda Completed Items, con el precio más alto primero.

eBay facilita el guardar su búsqueda. Sólo haga clic en el enlace de la esquina superior derecha (también pede verlo en la Figura 9-1) para agregarla a sus búsquedas favoritas. Luego, aparecerá en la página My eBay Favorites, y podrá repetirla con un clic de su mouse.

A veces los vendedores cometen errores al escribir los títulos de artículos. En el caso de una lonchera de *Los Duques de Hazzard*, cuando lleve a cabo una búsqueda para este tipo de artículo, le sugiero que use uno de mis trucos favoritos, presentado en el Capítulo 5. Digite su búsqueda de esta manera: **Dukes Hazzard (lunchbox,"lunch box")**. (Asegúrese de quitar la palabra ruidosa of). De esta forma, encontrará todos los ejemplos de *Dukes Hazzard lunch box y Dukes Hazzard lunchbox*

**Figura 9-1:**
Use la búsqueda Completed Items para averiguar a cuánto se está vendiendo un artículo, cuántas ofertas ha recibido y cuántos se han subastado durante las últimas semanas.

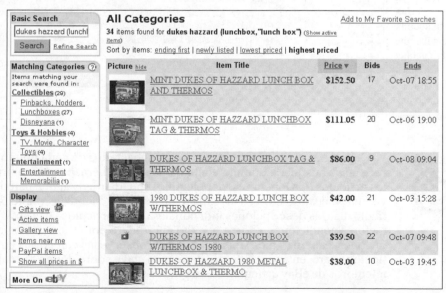

Como era de esperar, cuando yo probé esta táctica, encontré un gran número de listas adicionales para *Dukes of Hazzard Lunch Box* (*lunchbox, "lunch box"*). Casualmente, al cambiar mi búsqueda (recuerde, los vendedores cometen errores) a **dukes (hazzard, hazard) (lunchbox,"lunch box")**, ¡los resultados pasaron de 34 a 49! Las mejores gangas para los compradores (y para los vendedores que revenden) siempre son aquellas en que el vendedor escribió mal un nombre o una marca en el título.

Siempre busque el mismo artículo con diferente ortografía y variaciones de palabras. Esta es casi la única vez en que la ortografía "creativa" realmente puede ayudarle.

Las loncheras siempre han sido un artículo apetecido en eBay. Revise la Figura 9-2 para ver algunas de las más vendidas.

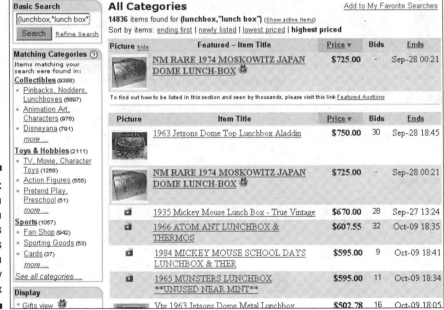

**Figura 9-2:**
Una búsqueda de subastas terminadas para lunchbox y lunch box

Vea las páginas individuales de artículos subastados de cada objeto que aparece en su búsqueda Completed Items. De esa manera, puede confirmar que los artículos (las loncheras, por ejemplo) son idénticos al que usted desea vender. Y, cuando haga su investigación, tome en cuenta la condición de su artículo. Lea las descripciones individuales de los artículos. Si el suyo está en mejores condiciones, espere (y pida) más dinero por él; si está en peores condiciones, espere (y pida) menos. Además, observe las categorías en que los artículos aparecen anunciados; le darán una clave sobre dónde buscan los miembros de eBay artículos como el suyo.

Si desea ser extremadamente minucioso en su comparación, vaya a un motor de búsqueda para ver si los resultados de su búsqueda en eBay reflejan lo que está sucediendo en otros lugares. Si no encuentra artículos como el suyo a la venta en ninguna otra parte en línea, y está bastante seguro de que la gente quiere lo que usted tiene, tal vez haya descubierto la Ciudad de Oro.

No se le olvide considerar la historia de un artículo al evaluar su costo. Darse una idea de lo que las personas están observando, escuchando y coleccionando puede ayudarle a valorar las tendencias y averiguar qué está de moda. Para más sobre cómo usar su habilidad para detectar tendencias y hallar posibles ganancias, eche una miradita al Apéndice A.

# Saber qué puedo (y no puedo) vender

La mayoría de las subastas en eBay se hace honestamente. Pero a veces eBay se entera de subastas que son ilegales (en ojos del gobierno estatal o federal) o prohibidas por las reglas y reglamentos de eBay. En cualquier caso, eBay se involucra, declara la falta e invalida la subasta.

eBay no tiene reglas y reglamentos sólo por gusto. eBay quiere mantenerlo informado, para que usted no ofrezca (ni venda) inadvertidamente un artículo que ha sido representado en forma engañosa. eBay también quiere que usted sepa qué está bien y qué está prohibido para que, al toparse con una subasta sospechosa, usted ayude a los demás miembros de eBay y la reporte. Además, eBay desea que usted sepa que la cancelación de su subasta es lo menos preocupante: Puede ser suspendido si, a sabiendas, anuncia artículos prohibidos. Y ni siquiera voy a hablar de los cargos criminales.

Usted necesita conocer estas tres categorías en eBay:

- ✔ **Prohibited** señala artículos que *no* se pueden vender en eBay bajo ninguna circunstancia.

- ✔ **Questionable** contiene artículos que pueden venderse bajo ciertas condiciones.

- ✔ **Potentially Infringing** indica el tipo de artículo que puede violar los derechos de autor, las marcas registradas y otros derechos.

Ni siquiera es posible ofrecer regalar un artículo prohibido o infractor, ni tampoco un artículo cuestionable que eBay no autorice; regalarlo no lo liberará de su responsabilidad.

Los artículos que usted definitivamente *no puede* vender en eBay pueden calzar en *las tres* categorías. Estos objetos pueden ser legalmente ambiguos en el mejor de los casos, sin mencionar potencialmente peligrosos y escabrosos. Para encontrar una descripción detallada de cuáles artículos están prohibidos en el sitio de eBay, siga estos pasos:

1. **Haga clic en el enlace Policies al final de todas las páginas de eBay.**

   Llega a la amistosa página de políticas de eBay.

2. **Desplácese hasta el enlace Scroll to the Prohibited and Restricted Items y haga clic.**

   ¡Ta-tán! Finalmente se le presentarán las listas y enlaces que le ayudarán a descifrar si su artículo es legal o no.

   También puede hace clic en el mapa del sitio o ir al encabezado Help y hacer clic en el enlace Is My Item Allowed on eBay. También, si no le importa digitar, puede ir directamente a `pages.ebay.com/help/sell/item_allowed.html`.

A veces es posible poseer un artículo, pero no venderlo. Otras veces el artículo está prohibido para su *venta y posesión*. Para complicar las cosas aún más, algunos objetos pueden ser legales en una parte de los Estados Unidos pero no en otras. O un artículo puede ser ilegal en los Estados Unidos, pero legal en otros países.

Como el centro de operaciones de eBay está en California, aplican las leyes de los Estados Unidos, incluso si tanto el comprador como el vendedor se encuentran en otros países. Es legal, por ejemplo, comprar y vender puros cubanos en Canadá pero, incluso si el comprador *y* el vendedor son de Canadá, eBay dice *"No es permitido"* y cierra las subastas de habanos rápidamente. La Figura 9-3 muestra una subasta que fue cancelada poco después de que yo la encontré.

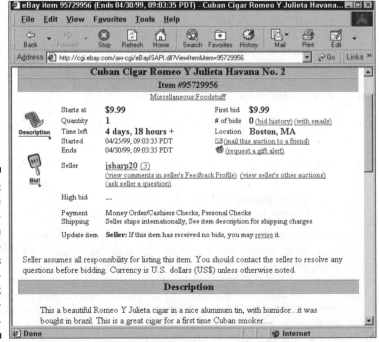

**Figura 9-3:** Encontré esta subasta para un puro cubano antes que la policía de eBay; fue cancelada en 1999.

# Artículos prohibidos

Aunque poseer (y vender) muchos artículos de la siguiente lista es legal en Estados Unidos y otros lugares, es total y absolutamente *prohibido* vender y comprar lo siguiente en eBay:

✔ **Armas de fuego de todo tipo.** Esto también cubre accesorios de armas de fuego, incluyendo pistolas antiguas, coleccionables, deportivas o de caza; pistolas de aire comprimido; pistolas de balines; silenciadores; convertidores; equipo para crear pistolas; pólvora; cargadores o *magazines* para cartuchos de alta capacidad (receptáculos diseñados para alimentar diez rondas o más en un arma, no las revistas o *magazines* sobre municiones); y balas que atraviesan armaduras. Ni siquiera se puede vender un arma que no funcione.

Sí *puede* comprar y vender balas sueltas, casquillos e incluso bombas y balas de mosquetes antiguos, siempre y cuando no contengan nada explosivo.

✔ **Armamento militar.** De ninguna manera se puede vender ningún tipo de armamento que esté diseñado para impulsar un proyectil de metal (o algo similar), sin importar si funciona o no. ¿Armamento militar? Estos artículos incluyen bazucas, granadas y morteros.

✔ **Insignias e identificaciones de policía y otras autoridades.** Deténgase en nombre de la ley si está pensando comprar o vender cualquiera de estos artículos, incluyendo insignias federales de los Estados Unidos, verdaderas o imitaciones. De hecho, vender cualquier tipo de insignia gubernamental de Estados Unidos puede acarrearle problemas.

Tampoco puede poseer ni vender tarjetas de identificación o credenciales de esas agencias, ni las llamativas chaquetas que usan en las redadas. Vender una copia o reproducción de cualquiera de estos artículos está prohibido también, pues están protegidos por derechos de propiedad (vea la sección sobre artículos infractores en este capítulo).

Si encuentra una insignia que es legal vender y poseer, debe suministrar una carta de autorización de la agencia. La misma carta de autorización se requiere para insignias falsas, tales como reproducciones o utilería de películas.

✔ **Réplicas de documentos o licencias de identificación oficiales del gobierno.** Constancias de nacimiento, licencias de conducir y pasaportes son parte de esta categoría.

✔ **Placas de autos actuales o que se parezcan a las actuales.** Observe que las placas de autos vencidas (de al menos 5 años de edad) se consideran artículos de colección pues ya no son válidas para usar en un vehículo.

✔ **Dispositivos de cerrajería.** Estos artículos sólo pueden venderse a personas autorizadas. La ley federal prohíbe el envío de tales dispositivos por correo.

✔ **Partes o restos humanos.** Vaya, todos tenemos dos riñones, pero si se le antoja vender uno para pagar sus cuentas, eBay no es el lugar para venderlo. No se puede vender esperma, óvulos, sangre ni ninguna otra cosa que salga de su cuerpo. Es más, ni siquiera puede regalar ninguna de estas cosas como bonificación en sus subastas.

- **Drogas o parafernalia relacionada.** No se pueden anunciar narcóticos, esteroides ni ninguna sustancia controlada, además de gama hidroxibutirato (GHB). La parafernalia de drogas incluye todos los artículos principalmente diseñados para utilizarse en la fabricación, ocultamiento o uso de sustancias controladas, incluyendo papel para cigarrillos clásicos de los 60s, *bongs* y pipas de agua.

- **Cualquier cosa que requiera de la receta de un médico, dentista u optometrista para ser dispensada.** Oiga, sólo porque es legal usarlo no significa que no requiere de un permiso especial para obtenerlo. Por ejemplo, aunque es legal comprar penicilina en los Estados Unidos, sólo un médico la puede recetar, razón por la cual, al enfermarse, usted debe hacer esa *laaaaarga* fila en la farmacia mientras tose encima de todas las demás personas enfermas. Y si está buscando subastas de Viagra en eBay, ni siquiera lo *intente*.

- **Acciones, bonos o títulos negociables.** No, no puede vender acciones de su nueva empresa de pasteles horneados ni una inversión en una propiedad que le pertenezca. Y si está pensando en ofrecer crédito a alguien, tampoco puede hacerlo. Observe que las antigüedades y los artículos de colección sí son permitidos.

- **Listas de direcciones electrónicas.** No se puede negociar con listas de direcciones electrónicas ni listas de correo que contengan información de identificación personal. Ni siquiera se pueden vender herramientas o software diseñado para enviar mensajes electrónicos comerciales no solicitados.

- **Mascotas y fauna silvestre, incluyendo partes de animales de las especies en peligro de extinción.** Si está harto de Buster, su mascota hurón, no busque ayuda en eBay para encontrarle una nueva casa. Y tampoco puede vender sus lechuzas manchadas disecadas ni sus pociones de amor de cuerno de rinoceronte. Si está en el negocios de animales, *cualquier* tipo de negocio con animales, eBay no es el lugar para usted.

- **Pornografía infantil.** Note que este material está estrictamente prohibido en eBay, pero sí puede vender otras formas de artículos eróticos. (Vea la sección sobre artículos cuestionables, más adelante en ese capítulo).

- **Artículos falsificados.** Los autógrafos de celebridades y astros del deporte son un gran negocio, y una excelente oportunidad para los estafadores. Vender una falsificación es un acto criminal. El estado de Nueva York lleva la vanguardia en este asunto, e investiga por lo menos dos docenas de casos de sospecha de falsificación relacionados con subastas en línea.

Si le apetece un autógrafo, ni siquiera piense en ofrecer por uno a menos que venga con un *Certificado de Autenticidad* (COA). Muchos vendedores toman la autenticidad tan seriamente que dan a los compradores el derecho a un reembolso completo si surge alguna duda sobre la autenticidad. La Figura 9-4 muestra un artículo que viene con un COA de una subasta en eBay. Averigüe más sobre los servicios de autenticación en el Capítulo 15.

✔ **Artículos que violan los derechos de autor o marcas registradas de otros.** Fíjese en la sección siguiente para más detalles sobre artículos infractores.

✔ **Decodificadores de satélites y TV por cable.** Aunque Internet está inundada de hardware e instrucciones sobre cómo decodificar la TV por cable, eBay prohíbe la venta de cualquier cosa en esta área. Después de todo, es ilegal manipular estas tecnologías.

✔ **Artículos robados.** ¿Necesito decir algo más? (Parece obvio, pero se sorprendería.) Si lo que está vendiendo le llegó por medio del descuento de cinco dedos, se cayó de un camión o está caliente, no lo venda en eBay.

La ignorancia no es una excusa. Si anuncia un artículo prohibido de cualquier modo en eBay, eBay acabará con su subasta. Si tiene preguntas, siempre verifique con el departamento de reglas y seguridad de eBay en `pages.ebay.com/help/sell/item_allowed.html`.

**Figura 9-4:**
Cuando ofrece por un artículo con un COA, cerciórese de que el vendedor tiene una buena reputación (atención, atención, revise las calificaciones).

*The item you are bidding on is a 3x5 Card, Autographed by the late James Stewart ....*

*The card is white and in mint condition... Signed bold and clear, in black felt tip pen ...*

*This Autograph is 100% Genuine, and I will provide my COA that Guarantees it for life...*

## Artículos infractores

En la escuela, si copiaba el trabajo de alguien, lo acusaban de plagio. Incluso si hace tiempo salió de la escuela, lo pueden acusar por copiar el trabajo de alguien más. Obtener ganancias de la copia de propiedad intelectual que legalmente *le pertenece a otra persona* es una violación *infractora*. Estas infracciones, conocidas como *piratería*, consisten en la usurpación de los derechos legales de otra persona sobre un artículo, marca registra o derechos de autor. eBay prohíbe la venta de artículos infractores en su sitio.

## Propiedad robada y recuperada

En 1961, un joven jockey llamado John Sellers ganó su primer Kentucky Derby en un caballo llamado Carry Back. Estaba tan emocionado con su victoria que lloraba al cruzar la meta. Diecisiete años después, alguien entró en su casa en California y robó su preciado trofeo. Pero hoy, más de dos décadas después de haber sido robado, está de nuevo en su posesión, gracias a un observador miembro de eBay. El codiciado trofeo fue anunciado para subastarse en 1999 por un vendedor que lo había comprado legítimamente. Un miembro de eBay que conocía la historia del trofeo lo vio a la venta y alertó al vendedor. El vendedor detuvo la subasta inmediatamente, contactó al ex jockey y personalmente le devolvió el trofeo a Sellers. ¡Ese sí es un gran final!

Toda esa palabrería legal, traducida al castellano, se reduce a esto: Obtener ganancias con la idea, el trabajo original o el invento patentado de otra persona es muy, muy malo y puede acarrearle problemas.

Esta es una lista de artículos prohibidos comúnmente hallados en el centro de las violaciones infractoras:

- Música que ha sido grabada de un disco compacto, una cinta de casete o un disco LP originales.

- Películas que se han grabado de un DVD, disco láser o cinta de VHS comercial originales.

- Television shows that have been recorded off the air, off cable, or from a satellite service.

Vender CDs, cintas, casetes de películas comerciales en VHS, DVDs o CD-ROMs originales usados es perfectamente legal. Algunos programas de televisión han vendido episodios en cintas; también se pueden vender esos originales. Pero, si está tentado a vender una copia personal que hizo de un original, está cometiendo una infracción.

- Software y juegos de computadora que se hayan copiado de CD-ROMs o discos (y eso incluye los discos duros; de cualquier persona).

- Imitaciones (también llamadas *knock-offs*), tales como ropa o joyería, que hayan sido producidas, copiadas o calcadas sin permiso del fabricante. (Las camisetas de Bart Simpson falsificadas abundaban a principios de los 90s.)

Si compra un artículo de marca superbarato en una tienda de descuentos, usted puede revisar si es una copia fijándose en la etiqueta. Si algo no parece encajar, el artículo probablemente sea una imitación.

La protección de las marcas registradas y los derechos de autor no sólo cubre software, música y películas. La ley también se encarga de ropa, juguetes, lentes para el sol y libros, entre otros.

Los dueños de la propiedad intelectual defienden activamente sus derechos y, con la ayuda de usuarios comunes de eBay, constantemente avisan a eBay de subastas fraudulentas o infractoras. Los dueños de los derechos pueden usar el programa Verified Rights Owner (VeRO) de eBay, al igual que las autoridades. (Vea "VeRO al Rescate", más adelante en este capítulo, para más datos sobre el programa VeRO.)

## Artículos cuestionables: Conozca las leyes

Como hay artículos prohibidos en unos lugares y en otros no, en eBay hay una lista de artículos que se pueden negociar, aunque en forma restringida y regulada. Como miembro de eBay, usted es responsable de conocer las restricciones en su área y en el sitio web de eBay.

Ciertos artículos son ilegales en un área geográfica y en otra no. Esta lista menciona unos cuantos de los principales artículos cuestionables:

✔ **Tiquetes para eventos:** Las leyes sobre la venta de tiquetes para eventos varían de un estado a otro, incluso de una ciudad a otra. Algunas leyes prohíben la reventa de tiquetes por un precio más alto que la suma impresa en la cara del tiquete. Algunos estados limitan la cantidad que se puede cobrar de más sobre el valor nominal del tiquete.

Si planea vender tiquetes para eventos, visite `pages.ebay.com/help/community/png-tickets.html` or `pages.ebay.com/help/policies/event-tickets.html` para los detalles. Estas páginas contienen detalles sobre los requisitos legales de varios estados. Cerciórese de revisar esta página dos veces para no tener dudas de que está siguiendo las leyes correspondientes a su área.

✔ **Vino y licor:** Vender vino y licor en eBay (y, de hecho, en cualquier otro lugar) es un negocio complicado. Para empezar, no debe involucrarse en él a no ser que tenga por lo menos 21 años. eBay sólo permite vender productos alcohólicos si el interés yace en su envase "coleccionable". Se pueden vender bebidas alcohólicas para consumo si se cuenta con una patente de licores y la pre-aprobación de eBay. En el caso de las botellas de colección, se aplican algunas reglas estrictas:

- El valor debe estar en el envase coleccionable, y no en su contenido. No puede subastar el Chateax Margaux de su tío porque el valor está en el vino, no en la botella.

- La botella no debe estar abierta, y su subasta debe indicar que los contenidos no son para el consumo.

- El valor del envase debe exceder sustancialmente el precio del licor que contiene, y no debe estar disponible en una tienda de licores al detalle.

- Debe asegurarse de que el comprador tenga por lo menos 21 años de edad.

- Debe asegurarse de que la venta cumpla con todas las leyes y reglas de transporte. Cada estado tiene sus propias reglas sobre el transporte de licores y vinos. Algunos requieren de licencias especiales; algunos limitan la cantidad que se puede enviar. Usted es responsable de conocer cuáles son las leyes de su estado (y se espera que conduzca su subasta de acuerdo con ellas).

Para leer un resumen con las leyes estado por estado, más nombres y números de teléfono de los contactos, y todos los enlaces posibles que necesita para mantener su negocio de transporte de vinos del lado bueno de la ley, visite `www.wineinstitute.org/shipwine/analysis/intro_analysis.htm` o consulte con la agencia de control de bebidas alcohólicas, Alcoholic Beverage Control (ABC), de su estado. Para encontrar el número de teléfono y la dirección de su ABC estatal, visite `www.wineinstitute.org/shipwine/state_abcz/abcz.htm`.

✔ **Productos Eróticos:** Algunas formas de productos eróticos son permitidas en eBay. Para ver qué permite eBay y qué prohíbe, digite `pages.ebay.com/help/policies/mature-audiences.html` en su buscador.

Algo que definitivamente es ilegal, equivocado y criminal es la pornografía infantil. Si alguien reporta que usted está vendiéndola, eBay enviará su información de registro a las autoridades para que lo procesen criminalmente.

## Subastas prohibidas

Los encargados de eBay no nacieron ayer. El personal de eBay ha visto casi todas las estafas para tratar de evitar el pago de las cuotas o el cumplimiento de las normas en sus políticas. Es altamente probable que, si usted intenta alguna de estas estafas, lo atraparán. eBay cancela la subasta y le acredita la cuota de anuncio. Hágalo una vez, y será una vergüenza para usted. Hágalo muchas veces, y lo echarán de eBay.

Los siguientes artículos están terminantemente prohibidos:

✔ **Rifas y premios:** Tiene que vender algo en su subasta; no puede ofrecer tiquetes o la oportunidad de recibir un regalo.

✔ **Avisos clasificados:** Si desea algo, debe buscarlo. No trate de anunciar sus necesidades como un aviso clasificado disfrazado de subasta. Le explico esto en el Capítulo 14.

✔ **Publicidad:** Una subasta en eBay no es el lugar para hacer propaganda (que no se refiera a la atractiva descripción de su artículo). Algunos chicos malos de eBay anuncian el nombre de una subasta y luego la usan para enviar a los oferentes a alguna otra subasta o sitio web. La categoría de Bienes Raíces es una excepción. Ahí puede colocar un anuncio de su propiedad.

✔ **Tácticas de carnada y cambio:** Estas son una variación de la fea y anti-gua técnica de ventas en la que se finge vender algo que realmente no se está vendiendo. Algunos usuarios de eBay que venden una marca desco-nocida de artículo atraen oferentes poniendo una marca más conocida en el título. Por ejemplo, escriben *Bolso de la Diseñadora  Chanel; bueno, no realmente, ¡pero muy parecido!* es un truco. eBay lo llama *keyword spamming*, o sea, palabras claves falsas. Yo lo llamo mal gusto.

✔ **Subastas de escogencia:** Estas se parecen a las subastas con artículos múltiples (holandesas), pero alocadas. Normalmente, los vendedores pueden ofrecer sólo un artículo por subasta en una subasta regular y va-rios artículos iguales en una subasta con artículos múltiples. Las subas-tas de escogencia ofrecen un enredo de múltiples artículos, entre los cuales el oferente escoge. Por ejemplo, si está vendiendo camisetas, una subasta puede ser sólo para un tamaño en particular por venta. Si desea anunciar tamaños pequeño, mediano y grande, sugiero que organice una subasta para un tamaño y abra un tienda eBay (vea el Capítulo 11) don-de puede anunciar ventas individuales para cada tamaño.

✔ **Mezclar manzanas con naranjas:** Esta estratagema trata de atraer más oferentes a ver un artículo, poniéndolo en una categoría de alto tráfico donde no pertenece. Olvídelo. eBay lo trasladará si es necesario y usted no lo hace, pero mantener ese libro de recetas para nabos *lejos* de la lis-ta de manuales de reparación para autos es más considerado.

✔ **Catálogos:** "Compre mi catálogo para poder comprarme más cosas". No. No sé por qué alguien pondría una *oferta* sobre un catálogo (a menos que sea una antigüedad de Sears-Roebuck). Si es sólo un folleto que alar-dea con toda la basura interesante que usted está vendiendo, no lo pue-de ofrecer como un artículo de subasta.

# Reportar una Subasta Problemática

Usted probablemente no cree que eBay puede controlar millones de subastas diarias. Es cierto; no puede. eBay confía en miembros de eBay como usted pa-ra que le informen cuando hay una subasta dudosa. Si alguna vez sospecha al-go raro, por favor, repórtelo a eBay. A veces eBay se toma algunos días para cancelar una subasta, pero descanse tranquilo sabiendo que eBay invierte mu-cho tiempo protegiendo a sus usuarios de subastas fraudulentas.

Si ve una subasta que simplemente no luce bien, debería reportarla mediante un formulario en línea a alguna de las direcciones siguientes:

```
pages.ebay.com/help/contact_inline/index.html
pages.ebay.com/securitycenter/
```

eBay no acusa personalmente a sus usuarios y no le gustaría tener tan tre-menda responsabilidad. Sin embargo, eBay debe encargarse de proteger a sus usuarios honrados, y actúa como intermediario entre los usuarios de eBay honrados y las autoridades.

# VeRO al Rescate

Si usted es dueño de propiedad intelectual que cree está siendo violada en el sitio de eBay, eBay tiene un programa llamado Verified Rights Owner (VeRO). Los dueños de marcas registradas o artículos protegidos por derechos de autor y logotipos, así como otras formas de propiedad intelectual, se pueden convertir en miembros de este programa por una cuota.

Puede averiguar más sobre el programa VeRO haciendo clic en el enlace Help sobre la barra de navegación principal. Para obtener la política actual de VeRO en eBay, vaya a `pages.ebay.com/help/confidence/vero-rights-owner.html`. Lea la información y, si califica, haga clic para bajar el formulario, complételo y envíelo por fax a eBay. Entonces estará en camino hacia proteger su propiedad intelectual de ser subastada al mejor postor. Recuerde, sólo *usted* puede detener esta locura infractora. Si eBay está de acuerdo con usted en que su propiedad intelectual está siendo violada, invalidará la subasta e informará al vendedor por e-mail que la subasta "no está autorizada". Los mayores postores en la subasta también son notificados y advertidos de que podrían estar violando la ley si continúan con la transacción.

Si califica y se convierte en miembro de VeRO, le complacerá saber que eBay se ha asociado con Ranger Online para localizar y reportar usurpaciones de derechos. Visite `www.rangerinc.com/channel/vero` para más detalles.

eBay entiende que a veces las personas no saben que están vendiendo artículos infractores, pero hace una diferencia notable con ofensores recurrentes. eBay no sólo cierra sus subastas, sino que los suspende. Además, eBay coopera con las autoridades correspondientes a nombre de los miembros de su programa VeRO.

Si eBay considera que su subasta es inválida porque el artículo no cumple con las políticas y directrices de eBay, puede averiguar por qué consultando la página `pages.ebay.com/help/confidence/vero-removed-listing.html`. Si todavía cree que tiene derecho, desplácese hacia abajo en la página hasta el enlace Contact Us. Haga clic ahí para presentar su caso.

# ¿Cuotas de eBay? ¿Cuáles Cuotas de eBay? Vaya . . .

La policía de los clichés va a venir por mí en cualquier momento, pero aquí hay otro al que le estoy haciendo algunos ajustes: *Hay que gastar para ganar.* Este viejo adagio comercial significa que debe invertir una buena cantidad de dinero antes de poder ver ganancias. Aunque el principio todavía es cierto en el mundo real (al menos la mayoría de las veces), en eBay no hace falta gastar mucho para operar su negocio. Esta es una de las razones por las cuales eBay se ha convertido en una de las empresas de comercio digital más exitosas en la Internet, y es muy apreciada en Wall Street. eBay mantiene las cuotas bajas y el volumen alto.

eBay cobra los siguientes tipos de cuotas por realizar subastas:

- Cuotas de inserción por subastas regulares ($0.30 a $3.30).

- Cuotas por anunciar bienes raíces. Estas pueden variar porque usted tiene la opción de colocar su propiedad como un anuncio en vez de una subasta. Como las subastas de bienes raíces en eBay *no son vinculantes* (por asuntos legales), probablemente le vaya mejor publicando un anuncio. eBay cobra diferentes precios por diferentes tipos de propiedades:

  - **Tiempo compartido y terrenos**

    Subastas: en lista por 3, 5, 7 ó 10 días ($35); en lista por 30 días ($50)

    Formato de anuncio: anuncio de 30 días ($150); anuncio de 90 días ($300)

  - **Residencial, comercial y otras propiedades**

    Subastas: en lista por 3, 5, 7 ó 10 días ($100); en lista por 30 días ($150)

    Formato de anuncio: anuncio de 30 días ($150), anuncio de 90 días ($300)

- Cuotas automotrices ($40); motocicletas, solamente $25.

- Cuota adicional por subasta de reserva, reembolsable si su artículo alcanza el precio reservado y se vende ($0.50 a $1; subastas con reserva superior a $100, 1% de la reserva con un máximo de $100).

- Cuota por precio final (un porcentaje del precio final de venta).

- Cuotas opcionales (varía).

## Cuotas de Inserción

En toda subasta se cobra una cuota de inserción. No hay forma de evadirla. Ésta se calcula mediante una escala graduada, basada en la *oferta mínima* (su precio base) o el *precio reservado* (el menor precio secreto que está dispuesto a aceptar) de su artículo. (Más adelante en este capítulo, le explico cómo afecta el precio reservado lo que eventualmente debe pagar). Fíjese en la Tabla 9-1 para apreciar la estructura de la cuota de inserción en eBay.

| Tabla 9-1 | Cargos por Cuota de Inserción |
|---|---|
| *Si su oferta mínima es* | *La cuota de inserción es* |
| $0.01 a $9.99 | $0.30 |
| $10.00 a $24.99 | $0.55 |
| $25.00 a $49.99 | $1.10 |
| $50.00 a $199.99 | $2.20 |
| $200 a millones | $3.30 |

Si está ejecutando una subasta con precio de reserva (se explica en detalle en el Capítulo 10), eBay basa su cuota de inserción en el precio reservado, no la oferta mínima. eBay también cobra una cuota por realizar una subasta de precio reservado.

He aquí un vistazo de cómo el precio reservado afecta su cuota de inserción. Si usted fija una oferta mínima de $1 por un reloj de oro Rolex (¿cuánto dijo?), pero su precio reservado es de $5 000 (ahora sí tiene sentido), le cobrarán una cuota de inserción de $3.30, con base en el precio reservado de $5 000 más $50 (*reembolsable si el artículo se vende*) de la cuota de reserva. (Vea en la Tabla 9-4, más adelante en este capítulo, las cuotas por subastas con precio reservado.)

En una subasta (holandesa)de artículos múltiples (explicada en el Capítulo 10), la cuota de inserción se basa en la oferta mínima, como en una subasta regular, pero luego eBay la multiplica por el número de artículos en su lista. Entonces, si fija una oferta mínima de $1 por 300 imanes para refrigeradora que brillan en la oscuridad, pagará $3.30 como cuota de inserción.

¿A qué le da derecho la cuota de inserción en eBay?

- Una página de subasta realmente vistosa y llamativa, que millones de miembros de eBay pueden ver y admirar y a la que podrán responder sin aliento. (Bueno, eso espero.)
- El uso de los servicios de eBay, tales como el programa SafeHarbor, que de algún modo facilitan su experiencia con subastas. (El Capítulo 15 le indica cómo usar SafeHarbor durante y después de sus subastas).

## Cuotas Sobre el Valor Final

Si es fanático de las películas, habrá oído hablar de algunas estrellas de primera clase que aceptan un pequeño monto por grabar la película, pero negocian un gran porcentaje de las ganancias brutas. Esto se conoce como "trato de amortización anticipada" o *back-end deal*, esencialmente una comisión basada en cuánto dinero gane la película. eBay hace lo mismo; toma una pequeña cuota de inserción cuando usted coloca su artículo y luego una comisión al final, cuando haya vendido su artículo. Esta comisión se llama *cuota sobre el valor final (Final Value Fee)*, y se basa en el precio final de venta de su artículo.

eBay no cobra una cuota sobre el valor final en una subasta de la categoría Real Estate/Timeshares como en otras. Se paga una cuota por el valor final, fija, de $35 por tiempo compartido y lotes, y no se paga ninguna cuota por comercial o residencial. Pero en la categoría automotriz, usted paga una cuota por servicio de transacción, fija, de $40 para vehículos y $25 para motocicletas si su subasta termina con un oferente ganador (y el precio reservado se alcanzó).

En la vida real, al pagar una comisión de ventas sobre compras grandes, como una casa, generalmente se entrega un porcentaje fijo. La estructura de la cuota sobre el valor final de eBay es diferente: Está montada como un sistema con tres niveles. La Tabla 9-2 cubre el cálculo de las cuota sobre el valor final.

| Tabla 9-2 | Cuotas sobre el valor final |
|---|---|
| *Oferta de cierre* | *Para averiguar su cuota sobre el valor final* |
| $.01 a $25 | Multiplique el precio de venta final por **5 por ciento**. Si el precio de venta final es $25, multiplique 25 por el 5 por ciento. Le debe a eBay $1.25. |
| $25.01 a $1,000 | Paga $1.25 por los primeros $25 del precio de venta final (un 5 por ciento). Reste los $25 a su última oferta de cierre y luego multiplique esta cantidad por **2.5 por ciento**. Sume este total al $1.25 que debe de los primeros $25. La suma es lo que usted debe a eBay. Si el precio de venta final es $1 000, multiplique 975 por 0.025. (**Clave**: La respuesta es $24.38.). **Ahora**, sume $24.38 y $1.25. Le debe a eBay $25.63.. |
| $1,000.01 y más | Debe $1.25 por los primeros $25 del precio de venta final (equivale a un 5 por ciento). Pero también debe pagar $24.38 por el resto del precio entre $25.01 y $1 000 (2.5 por ciento). Esta cantidad es $25.63. **Ahora**, reste $1 000 al precio de venta final (ya calculó esas cuotas) y multiplique el monto de la venta final que supera los $1 000 por el 1.25 por ciento. Agregue esta cantidad a $25.63. La suma es la cantidad que debe a eBay. Si el precio final de venta es $3 000, multiplique $2 000 por **1.25 por ciento**. (**Clave**: La respuesta es $25). Sume $25.63 y $25. El total, $50.63, es lo que debe entregar a eBay. No se le tomará un examen de esto. |

Entonces, ¿cómo se traducen todos estos porcentaje a montos reales en dólares? Fíjese en la Tabla 9-3. Yo calculé la cuota sobre el valor final de algunos precios de venta como ejemplo.

| Tabla 9-3 | Ejemplos de precios y comisiones | |
|---|---|---|
| *Precio de la Oferta de Cierre* | *Perccentaje* | *Lo que le debe a eBay* |
| $10 | 5.25 por ciento de $10 | $0.53 |
| $256 | 5.25 por ciento de $25 más 2.75 por ciento de $231 | $7.66 |
| $1,284.53 | 5.25 por ciento de $25 más 2.75 por ciento de $975 más 1. 5 por ciento de $284.53 | $32.39 |
| $1,000,000 | 5.25 por ciento de $25 más 2.75 por ciento de $975 más 1.5 por ciento de $999,000 | $15,013.12 (¡ay!) |

Al vender un vehículo (auto, camión o RV) por medio de eBay Motors, obtiene un gran negocio. Aunque pague una cuota de $40 por anunciar su artículo, cuando se venda, la cuota por servicios de transacción es sólo de $40.

Si trata de hallar su propia cuota sobre el valor final, le puede dar un dolor de cabeza extremo; y puede enredarse con las fracciones de céntimos. Sepa que eBay redondea las cuotas de $0.005 y más, y elimina las menores a $0.005. Este redondeo se refiere a cada transacción, y generalmente se balancea con el tiempo.

Si se está empezando a marear leyendo estos ejemplos, tal vez hacer sus propios cálculos no es lo suyo. Ciertamente no es algo que me agrade a mí; ¡estas cosas hacen que mis ojos se pongan vidriosos! Hay un programa de software muy útil que puede manejar todos estos cálculos para usted. Visite www.hammertap.com/coolebaytools para una prueba gratis y un descuento.

Debido a los porcentajes, cuanto más alto sea el precio final de venta, más baja será la comisión que cobra eBay. Supongo que las matemáticas son bonitas cuando se aplican en beneficio mío.

## Cuotas opcionales

No hace falta pagar una cuota por la licencia ni el cargo por el destino, pero montar su subasta puede ser como comprar un auto. eBay tiene muchos tipos de opciones para avivar su subasta. (Lo siento, eBay ya no tiene pintura metálica en dos tonos; pero ¿qué tal un par de bonitos dados de peluche para su espejo?) En el Capítulo 10, yo le explico cómo engalanan su subasta estas campanas, silbatos y paredes blancas.

Para darle una idea de lo que viene, la Tabla 9-4 enumera las opciones de subasta de eBay y lo que cuestan.

| Tabla 9-4 | Cuotas por características opcionales en eBay |
|---|---|
| *Opción* | *Cuota* |
| Título en negrilla | $1.00, $4.00 para vehículos en Motors |
| Anuncio en la página inicial | $99.95, $199.95 por múltiples artículos |
| Featured Plus! (anteriormente Featured in Category) | $19.95 |
| Incluir en dos categorías | Doble anuncio y cuota de mejora |
| Subasta de 10 días | $0.10 |
| Resaltar | $5.00 |
| Diseñador de listado | $0.10 |
| Anuncios programados | $0.10 |

| Opción | Cuota (continúa) | |
|---|---|---|
| Servicio de regalos | $0.25 | |
| Subtítulo | $0.50 | |
| Servicio de Fotos | Primera foto gratuita;cada adicional $0.15 | |
| La Galería | $0.25 y $19.95 Subasta especial en la Galería), Galería gratis para vehículos en Motors | |
| Cuota BIN de la subasta | $0.05 | |
| Cuota BIN para vehículos en eBay Motors | $1.00 para vehículos, $0.50 Motocicletas | |
| Cuota de reserva para vehículo | $0.01 – $24.99 | $0.50 |
| | $25.00 – $199.99 | $1.00 |
| | $200.00 and up | $2.00 |

# Manténgase al día con su flujo de dinero

Cuando haya hecho todos los preparativos necesarios para ganar algún dinero, póngase a trabajar en llevar el registro de los resultados. El mejor lugar para vigilar su contabilidad en eBay es su página My eBay, un excelente espacio para organizarse mientras realiza sus negocios en eBay. Describo todas las funciones de la página en el Capítulo 4.

Esta es una lista de las cosas por controlar una vez acabada la subasta:

- **Esté al tanto de cuánto está gastando por poner los artículos a subastar en eBay.** Usted no quiere ninguna sorpresa desagradable, y no quiere darse cuenta que gastó más por montar su subasta de lo que recibió por la venta del artículo.

- **Si decide convertir sus ventas en eBay en un negocio, lleve un registro de sus gastos para sus impuestos.** (Explico la posición del Tío Sam sobre los impuestos en eBay más adelante en este capítulo; de hecho, es lo que sigue. No cambie de canal.)

- **Asegúrese de obtener reembolsos y crédito cuando corresponde.**

- **Revise dos veces sus cifras para cercionarse de que eBay no ha cometido un error.** Si tiene preguntas sobre su contabilidad, comuníquese con eBay de inmediato.

¿Encontró un error o algo que no está del todo bien con su cuenta? Use el formulario en pages.ebay.com/help/contact_inline/index.html para solicitar una respuesta a sus preguntas.

# El Tío Sam necesita de ti— y que pagues tus impuestos

¿Qué sería de un capítulo sobre dinero sin los impuestos? Como Ben Franklin sabía (y todos hemos averiguado desde su época), no se puede huir de la muerte ni de los impuestos. (Vamos, no es un cliché; es sabiduría popular). Ya sea en el ciberespacio o en la vida cara a cara, nunca olvide que el Tío Sam siempre es su socio en los negocios.

Si vive fuera de Estados Unidos, revise las leyes de impuestos en su país para no acabar con un verdadero dolor de cabeza.

Al igual que en las transacciones no electrónicas, el conocimiento es poder. Cuanto más sepa sobre comprar y vender en eBay antes de meterse de lleno a hacerlo, mejor será la impresión que dé; y más satisfactoria será su experiencia.

Para más detalles sobre los impuestos y la contabilidad, consulte mi libro *Starting an eBay Business For Dummies*.

## Dos rumores salvajes sobre los impuestos federales

He escuchado algunos rumores sobre no tener que pagar impuestos sobre las ganancias de eBay. Si escucha cualquier variante de este tema, sonría cortésmente y no crea ni una palabra de lo que le digan. Aquí, comento dos de los conceptos más populares (y seriamente equivocados) con respecto a los impuestos que circulan por la comunidad de eBay actualmente.

El gobierno de los Estados Unidos usa dos leyes sobre los libros para perseguir a los forajidos en eBay. Una es la Acta de la Comisión Federal de Negocios, Federal Trade Commission (FTC) Act, que prohíbe las transacciones engañosas o falaces en el comercio. La otra es la Regla sobre Pedidos de Mercadería por Correo o Teléfono, la cual exige a los vendedores que envíen la mercadería a tiempo y ofrezcan rembolsar el dinero del consumidor. La FTC está a cargo de dar seguimiento a estas violaciones. Si tiene una pregunta sobre las leyes federales, puede encontrar mucha información en línea. Por ejemplo, encontré estos tres sitios web que mantienen una lista bastante actualizada de las leyes y los códigos federales de los Estados Unidos:

```
www4.law.cornell.edu/uscode
www.ftc.gov
www.fourmilab.ch/ustax/ustax.html
```

### Rumor #1:El comercio digital no debe pagar impuestos

Una historia afirma que "no habrá impuestos sobre las ventas por comercio digital (ventas realizadas en línea) por tres años". Nadie parece saber cuándo empiezan o terminan esos tres años.

Algunas personas confunden los asuntos relacionados con los impuestos de ventas estatales con asuntos relacionados con el impuesto sobre la renta. No se pagan impuestos de ventas por Internet, pero eso no es lo mismo que no reportar las ganancias de ventas por Internet o dentro de su mismo estado.

El Acta del Congreso sobre la Exención de Impuestos en Internet indicaba que, hasta octubre del 2001, la legislatura del Congreso y la estatal no podrían instituir *nuevos* impuestos sobre las transacciones en Internet. El presidente Bus firmó una ley aprobada unánimemente, la cual extendió una prohibición a los impuestos múltiples y discriminatorios de Internet y al acceso a Internet hasta el 1 de noviembre del 2003. (La moratoria no se aplica a los impuestos de ventas ni a los impuestos federales). La legislación también amplió la resolución del "Sentir del Congreso" de que no debería haber impuestos federales por el acceso a Internet o el comercio electrónico, y que los Estados Unidos deberían trabajar agresivamente en la UE (Unión Europea) y la OMC (Organización Mundial del Comercio) para mantener el comercio electrónico libre de aranceles e impuestos discriminatorios.

Aunque el 1 de noviembre del 2003 ya pasó, todavía hay debate sobre la ley. Algunas personas quieren eximir a los comerciantes en línea si ganan menos de $25 000 al año. Otros dicen que no deben imponerse impuestos a menos que el comerciante tenga ventas por $5 millones al año. Hasta el momento, las reglas están en el aire. Por favor continúe revisando mi sitio Web, www.coolebaytools.com, donde encontrará noticias sobre el impuesto de ventas en Internet cuando aplique.

### Rumor #2:  *Las ganancias de las ventas de garaje están libres de impuestos*

"eBay es como una venta de garaje, y no hay que pagar impuestos por las ventas de garaje."

(No. Y las calorías de los helados no cuentan si los come directamente del envase. ¿Quién inventa estas cosas?)

Este concepto es sólo una leyenda urbana (o debería decir *suburbana*), el deseo de alguien que se ha convertido en folclore. Si recauda dinero de una venta de garaje, debe declararlo como ingreso, igual que cualquier otra cosa con la cual gane dinero. La mayoría de las personas nunca recibe mucho de las ventas de garaje, porque generalmente venden cosas por menos de lo que las compran. Sin embargo, lo opuesto sucede frecuentemente con las transacciones en eBay.

Incluso si pierde dinero, tal vez deba probárselo al gobierno, especialmente si tiene un pequeño negocio. Definitivamente debería tener una charla franca y abierta con su contador o profesional en impuestos sobre cómo presentar sus impuestos. Recuerde que, si algo se veía mal en una auditoría por *no* declararlo, tómelo como una señal.

Para obtener información confiable, verifiqué con la oficina de comercio electrónico de la IRS. Los encargados me dijeron que, incluso si usted se gana tan poquito como un dólar en una venta en eBay después de todos sus gastos (el costo del artículo, las cuotas de eBay, los gastos de envío), todavía tiene que declararlo como ingreso en su formulario de impuestos federales.

Para la última y más actualizada información sobre impuestos y cómo aplican al comercio electrónico, visite `ecommercetax.com`.

Si tiene preguntas sobre las ventas en eBay y sus impuestos, consulte con su contador personal, llame a la línea de ayuda de la IRS al 800-829-1040, o visite el sitio web de la IRS en `www.irs.ustreas.gov`. Y sea amigable. (Sólo por si acaso.)

## Impuesto de ventas estatal

Si su estado cobra un impuesto de ventas, tener un *número de impuesto de ventas* es exigido antes de vender algo *oficialmente*. Si el impuesto de ventas aplica, tendrá que cobrar el impuesto de ventas correspondiente por cada venta hecha en el estado donde está su negocio. Una decisión Corte Suprema de los Estados Unidos, en 1992, afirma que los estados sólo pueden exigir a los vendedores con presencia física en el mismo estado que el consumidor a cobrar los llamados impuestos de uso.

Para averiguar las regulaciones de su estado, visite uno de los siguientes sitios, que proporcionan enlaces a todas las juntas de impuestos estatales. La junta de impuestos debería tener las respuestas a sus preguntas.

```
www.taxsites.com/agencies.html
www.aicpa.org/yellow/yptstax.htm
```

## Impuesto estatal sobre la renta

Sí, es cierto. No sólo se encuentra el Tío Sam en Washington, D.C. buscando su porción de las ganancias en eBay, sino que su gobierno estatal tal vez esté deseoso de unirse al festín también

Si tiene un buen contador, llame por teléfono a ese estimable individuo. Si no lo tiene, encuentre un profesional en impuestos en su área. Los profesionales en impuestos realmente hacen más que solamente procesar sus declaraciones de impuestos una vez al año; pueden ayudarle a evitar importantes caídas antes del 15 de abril

Esta es la manera de conocer cuáles son sus responsabilidades en su estado:

- ✔ Es probable que deba cobrar y pagar el impuesto estatal de ventas, pero sólo si le vende a alguien en su mismo estado.
- ✔ Puede obtener información en línea sobre impuestos en este sitio web:

```
www.taxadmin.org/fta/rate/tax_stru.html
```

  El sitio tiene enlaces hacia información tributaria para todos los 50 estados.
- ✔ También puede llamar a su oficina de tributación local y pedir a los encargados que le expliquen cuáles son los requisitos. La oficina de impuestos estatal debería aparecer anunciada en la sección gubernamental de su directorio telefónico.

# Capítulo 10

# Hora de Vender: Completar el Ciberpapeleo

- - - - - - - - - - - - - - - - - - - - - - - - - - - - - - - - - - - -

### En este capítulo

▶ Prepárese para montar su subasta

▶ Escoger la categoría de su artículo

▶ Escribir la descripción de su artículo

▶ Establecer sus opciones

▶ Cómo hacer cambios una vez empezada la subasta

- - - - - - - - - - - - - - - - - - - - - - - - - - - - - - - - - - - -

¿Está listo para ganar algún dinero? ¿Sí? (Adiviné gracias a mi intuición). Está en el umbral de agregar sus artículos a los cientos de miles que se subastan cada día en eBay. Algunas subastas son tan calientes que los vendedores cuadruplican sus inversiones. Desafortunadamente, otros artículos, son fríos como piedras, y ni siquiera reciben una sola oferta.

En este capítulo, le explico todas las facetas de la página Sell Your Item, la cual usted completa para iniciar su subasta en eBay. Le daré algunos consejos que pueden aumentar sus posibilidades de ganar dinero, y conocerá cuál es la mejor manera de posicionar su artículo para que los compradores puedan verlo y ofrecer por él. También le muestro cómo modificar, volver a colocar en lista o finalizar su subasta cuando lo necesite.

## Prepárese para Colocar su Artículo

Después de decidir qué quiere vender, averigüe tanto como pueda sobre él y realice una pequeña investigación de mercado. Así, tendrá una buena idea de la popularidad del artículo y su valor. Para obtener esta información, consulte el Capítulo 9.

Antes de colocar su artículo en una lista, cerciórese de que usted tiene estas bases cubiertas:

✔ **La categoría específica bajo la cual desea anunciar su artículo.** Pregunte a sus amigos o familiares dónde buscarían tal artículo y recuerde las categorías que vio con más frecuencia al llevar a cabo su investigación de mercado con la función de búsqueda de eBay.

Para saber cuál categoría pagaría mejor por su artículo, haga una búsqueda y luego revise las subastas terminadas. Vea cuántos artículos se están vendiendo ahora (y si las personas realmente están ofreciendo). Luego, deslícese hacia la izquierda de la página y haga clic en Completed Items. Organice sus resultados según el precio más alto primero, y después ojee las subastas para ver en cuáles categorías están colocadas. Para más información sobre cómo tomar la delantera con la ayuda de una búsqueda en eBay, visite el Capítulo 5.

✔ **Lo que desea decir en su descripción del artículo subastado.** Anote sus ideas. Estudie bien el artículo y haga una lista de palabras claves que lo describen. Éstas pueden incluir:

- Nombres de marcas
- Tamaño del artículo (cite las medidas si es apropiado)
- Edad o fecha de fabricación
- Condición
- Rareza
- Color
- Tamaño
- Material
  . . . y más

Conozco muy bien el bloqueo mental de los escritores. Si la página Sell Your Item lo intimida, involúcrese con ella de todos modos. Así, ya habrá hecho el trabajo difícil antes de empezar.

✔ **Si quiere agregar una foto (o fotos) a su descripción por medio de un Uniform Resource Locator (URL).** Las fotos ayudan a vender los artículos, pero no es obligatorio usarlas(Esta información no va a salir en el examen, pero si quiere saber más sobre cómo usar fotos en sus subastas, vea el Capítulo 14).

✔ **El precio en el cual piensa que puede vender el artículo.** Sea tan realista como pueda. (Ahí es donde ayuda la investigación de mercado).

# Examinar la Página Sell Your Item

El formulario Sell Your Item es donde nace su subasta. Completar el papeleo de su subasta requiere de un par de minutos haciendo clic, digitando y respondiendo a todo tipo de preguntas. La buena noticia es que, cuando usted termina, su subasta estará lista y en marcha y (esperamos) a punto de recaudar mucho dinero.

Antes de comenzar, usted debe ser un usuario inscrito de eBay. Si todavía tiene que inscribirse, vaya al Capítulo 2 y llene el papeleo preliminar en línea. Si ya se ha registrado pero no ha suministrado su información financiera a eBay (tarjeta de crédito o cuenta corriente), se le pedirán estos datos antes de continuar. Viértalos en el formulario seguro. Luego estará listo para montar su subasta.

Así como el abrumador menú en un restaurante chino, existen cuatro maneras de vender un artículo en eBay, como se muestra en la Figura 10-1. Cuatro maneras podrían no parecerle abrumadoras, a menos que esté tratando de decidir psíquicamente cuál formato es el más indicado para usted. Esto es lo que necesita saber sobre cada tipo:

- **Subasta en línea:** Este es el formato de ventas tradicional y comprobado de eBay. Es el que los novatos buscan y se puede combinar con una venta Buy It Now para aquellos que desean el artículo inmediatamente. A menudo, si está vendiendo un artículo de colección, dejarlo entrar en una subasta podría otorgarle mayores ganancias; recuerde investigar antes de añadirlo a una lista.

- **Precio Fijo** Igual que comprar en la tienda de la esquina, una venta a precio fijo es fácil para el comprador. El único problema es que muchos compradores potenciales prefieren una subasta, debido a la percepción de que *podrían* obtener un mejor trato.

- **Venta en su tienda eBay:** El Capítulo 11 habla sobre las tiendas eBay, un lugar conveniente para vender artículos relacionados con sus subastas o ventas a precio fijo.

- **Anuncio de Bienes Raíces:** Si no desea subastar su propiedad y le gustaría mantenerse en contacto con los compradores potenciales, esta es la opción para usted.

Digamos, por ejemplo, que desea llevar a cabo una buena subasta en eBay, a la antigua. Quiere vender su artículo a un precio fijo, pero está dispuesto a dejar que se subaste.

Para encontrar la página Sell Your Item de eBay desde la página inicial en eBay, puede usar cualquiera de estos métodos:

- Haga clic en el enlace Sell, en la barra de navegación, en la parte superior de la página e inmediatamente llegará allí. eBay le permite seleccionar su categoría y descargar la página Sell Your Item en segundos.

- También puede comenzar su subasta desde su página My eBay. Sólo haga clic en la pestaña Selling y desplácese hacia abajo en la página hasta Related Links. Haga clic en el enlace Sell Your Item y la página correspondiente aparece en forma mágica.

**Figura 10-1:**
Seleccione su formato de venta antes de colocar su artículo en lista.

Para colocar su artículo, esta es la información que le pedirán que complete (cada uno de estos artículos se discute en detalle más adelante en este capítulo):

- ✔ **Identificación de usuario y contraseña:** Si no se ha inscrito, debe hacerlo antes de poner un artículo a la venta.

- ✔ **Categoría:** La categoría donde ha decidido anunciar su artículo (requerida).

- ✔ **Título:** El nombre de su artículo (requerido).

- ✔ **Descripción:** Lo que quiere contarles a los compradores de eBay sobre su artículo (requerida).

- ✔ **Servicios eBay de fotografía o URL de una imagen:** La dirección Web de cualquier foto que desee agregar (opcional). Observe que recibe una vista previa de su foto gratis, en la parte superior de su subasta. El Capítulo 14 tiene más información sobre cómo usar imágenes en su subasta.

- ✔ **La Galería:** Puede agregar la foto de su artículo a la galería de fotos eBay (opcional). eBay cobra $0.25 extra para añadir el artículo a la Galería y $19.95 para colocarlo en una subasta especial en la Galería. (Puede encontrar más sobre la Galería más adelante en este capítulo).

- ✔ **URL de una imagen para la Galería:** La dirección Web de la imagen JPG que desea incluir en la Galería (opcional). (Si usa los servicios de fotografía de eBay (Picture Services), a la primera foto que cargue se le adaptará el tamaño para la Galería). Vea el Capítulo 14.

- ✔ **Ubicación del artículo:** La región, ciudad y país desde donde el artículo será enviado (requerido).

- ✔ **Cantidad:** El número de artículos que está ofreciendo en esta subasta siempre es uno, a menos que planee organizar una subasta (de múltiples artículos) holandesa (requerido).

- ✔ **Oferta mínima:** El precio base que usted fija (requerido).

- ✔ **Duración:** El número de días que desea mantener la subasta abierta (requerido).

- ✔ **Precio reservado:** El precio meta escondido que usted fija; el precio que debe alcanzarse antes de que el artículo pueda venderse (opcional). eBay le cobra una cuota por esta opción.

- ✔ **Subasta privada:** Puede mantener la identidad de todos los oferentes en secreto con esta opción (opcional). Este tipo de subasta se usa sólo en raras circunstancias.

- ✔ **Buy It Now:** Puede vender su artículo directamente al primer comprador que pague el precio (opcional).

- ✔ **Colocar el artículo en dos categorías:** Si desea doblar su exposición, puede anunciar su artículo en dos categorías diferentes. Note que la doble exposición significa el doble de la cuota por anunciarse (opcional).

- ✔ **Anuncio en la página inicial:** Puede incluir su subasta en una sección de vista privilegiada y tener la posibilidad de que su anuncio pase por los enlaces directos de la página inicial (opcional). eBay cobra $99.95 extra por esta alternativa.

- ✔ **Featured Plus!:** Puede hacer que su subasta aparezca al principio de la categoría en la cual está en lista (opcional). eBay cobra $19.95 extra por esta característica.

- ✔ **Resaltar:** El título de su artículo se resalta en los anuncios de subastas y búsquedas con una banda color lila, la cual puede atraer los ojos de los miembros de eBay a su subasta (opcional). eBay cobra $5 extra por esta alternativa.

- ✔ **Título en negrilla:** Una opción de venta para hacer que el anuncio de su artículo sobresalga. eBay cobra $1 extra por esta característica (opcional).

- ✔ **Contador Gratis:** Si desea utilizar los contadores de Andale.com, debe indicarlo aquí (opcional).

- ✔ **Lugares donde enviar:** Aquí puede señalar dónde está dispuesto a enviar su artículo. Si no desea la complicación de enviar fuera de los Estados Unidos, marque sólo esa opción. Puede seleccionar países diferentes individualmente también (opcional).

Es mejor que piense si *realmente* desea estar en el comercio de fletes internacionales. Los compradores generalmente pagan por los gastos, pero usted debe lidiar con los formularios de aduanas y los trámites del servicio postal. Si el tiempo es oro, tal vez usted prefiera evitar todo eso por completo o, por lo menos, tenga todos los formularios llenos antes de hacer fila en la oficina de correos. Pero recuerde que, si no hace envíos internacionales, está bloqueando un montón de posibles oferentes dadivosos. Dependiendo de lo que venda, hacer envíos al exterior puede no valer la inversión adicional de tiempo.

- ✔ **Quién paga por el flete:** Elija las opciones que apliquen sobre quién paga los cargos de transporte y manejo de su subasta.

- ✔ **Costos de transporte y manejo**: Si los compradores potenciales saben por adelantado cuáles son los costos de envío (suponiendo que es un precio realista), es más probable que hagan una oferta en ese preciso momento. Si necesitan hacerle preguntas por correo electrónico, tal vez encuentren otra subasta por el mismo artículo (con un flete razonable) y ofrezcan por él. Además, si usted incluye los cargos de transporte en la página, el ganador puede pagarlos instantáneamente mediante PayPal. Vea la información sobre la útil calculadora de costos de envío en eBay, más adelante en este capítulo.

- ✔ **Instrucciones de pago:** Aquí es donde usted pone la información para después de la venta. Si no desea que los compradores usen la opción Checkout, indíquelo aquí. Si desea que cancelen con un servicio de pago diferente, mencione eso también. Esta información aparece en la parte superior de su venta cuando ésta termine, en la parte inferior de la subasta mientras está activa y en el e-mail sobre el final de la subasta (opcional).

- ✔ **PayPal y pago inmediato:** Rellene esta área si desea solicitar al mayor postor que pague a través de PayPal inmediatamente cuando usa Buy It Now. Añada la opción Immediate Payment si conoce el monto del flete y le gustaría que el ganador pague con un clic de su mouse (opcional).

- ✔ **Servicio de depósito (Escrow):** Si usar un servicio de depósito es una opción que quisiera ofrecer al mejor postor (una buena idea para los artículos caros), seleccione la opción sobre quién debe pagar las cuotas (opcional).

# Completar los Espacios Requeridos

Sí, el formulario en la página Sell Your Item se ve intimidante, pero rellenar sus muchas secciones no toma tanto tiempo como parece. Algunas de las preguntas no son cosas sobre las cuales debe reflexionar; simplemente haga clic en una respuesta y siga adelante, a menos que se le haya olvidado su contraseña. Otras preguntas le piden que digite la información. No se estrese; todas las respuestas que necesita están aquí. Puede encontrar información sobre todas las cosas requeridas y, más adelante en este capítulo, hablo sobre los asuntos opcionales. Después de hacer clic en su categoría principal, aterriza en la página oficial Sell Your Item

## Seleccionar una categoría

Muchos vendedores en eBay le dirán que seleccionar la categoría exacta no es crucial para alcanzar el precio más alto por su artículo, y están en lo cierto. La mayoría de los compradores (que sabe lo que busca) sólo digita palabras claves en la casilla Search de eBay y busca sus artículos. Los compradores potenciales, sin embargo, seleccionarán una categoría y, así como cuando usted va al centro comercial, examinan los artículos y ven si alguno llama su atención.

En la primera página del formulario Sell Your Item, necesita seleccionar la categoría principal para su artículo.

Aquí es donde su creatividad entra en juego. Quién dice que una caja de tarjetas Blue Dog (el famoso icono del perrito pintado por el artista cajún George Rodrigue) pertenece a *Everything Else: Gifts & Occasions: Greeting Cards: Other Cards*. Si usa la herramienta Find Suggested Categories (en la caja sombreada amarilla) en la esquina superior derecha del área Select Category, encontrará algunos otros lugares creativos donde anunciar su artículo. Revise si alguien más está vendiendo el artículo (y en cuál categoría) o sencillamente deje que esta herramienta le ayude a escoger una buena categoría. La Figura 10-2 muestra cuán fácil es seleccionar una categoría principal.

**Select a Suggested Main Category**

Top 10 categories found for **note cards**

You can select a suggested main category below and click **Save**, or use different keywords to refine your search.

**Find Suggested Categories**

Enter descriptive **item keywords** to see categories sellers have chosen for similar items.

note cards | Find | Tips

Category suggestions are based on the keywords you specified. **% Items Found** is an estimate of all items listed by sellers in select eBay categories containing your keywords.

| Category | % Items Found |
|---|---|
| ⦿ Everything Else : Gifts & Occasions : Greeting Cards : Other Cards | (9%) |
| ○ Everything Else : Gifts & Occasions : Greeting Cards : Assortments | (7%) |
| ○ Collectibles : Animals : Dog : Other Dogs | (6%) |
| ○ Collectibles : Postcards & Paper : Greeting Cards : Other | (4%) |
| ○ Home : Pet Supplies : Dogs : Other | (4%) |
| ○ Specialty Services : Printing & Personalization : Stationery | (4%) |
| ○ Collectibles : Animals : Bird : Parrot | (3%) |
| ○ Art : Other Art | (2%) |
| ○ Collectibles : Animals : Dog : Scottish Terrier | (2%) |
| ○ Collectibles : Decorative Collectibles : Mary Engelbreit : Other Items | (2%) |

**Figura 10-2:** Deje que eBay haga parte del trabajo de encontrar la categoría adecuada para su artículo.

Después de seleccionar su categoría principal, debe escoger entre los miles de subcategorías. eBay le ofrece esta cantidad de opciones en forma útil: basta con señalar y hacer clic. Si no está familiarizado con el tipo de artículos que puede *encontrar* en esas categorías, sería bueno que eche un vistazo al Capítulo 3 antes de elegir una categoría para describir *su* artículo. La Figura 10-3 ilustra cómo delimitar las subcategorías en la página Sell Your Item.

Para elegir una categoría, este es el procedimiento:

1. **Haga clic en una de las categorías principales.**

   En la siguiente página, verá una lista de las subcategorías.

2. **Seleccione la subcategoría más apropiada.**

3. **Continúe seleccionando subcategorías hasta haber limitado la colocación de su artículo tanto como sea posible.**

Sabrá que ha llegado a la última subcategoría cuando no vea ninguna otra flecha apuntando hacia la derecha en la lista de categorías.

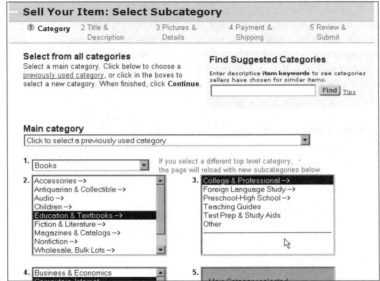

**Figura 10-3:**
Delimitar sus subcategorías.

La mayoría de los oferentes busca artículos específicos en las subcategorías. Por ejemplo, si está vendiendo un prendedor de baquelita con forma de frutas, no lo ponga solamente en Joyería; siga restringiendo sus opciones. En este caso, lo puede poner en una categoría de joyería especialmente para baquelita. Le garantizo que los coleccionistas de joyería de baquelita saben dónde buscar para encontrar las joyas que aman. eBay facilita delimitar la categoría de su artículo: sólo siga haciendo clic hasta que llegue al final de la línea.

Si ha escogido incluir un artículo, ofrecer por uno o incluso simplemente navegar por la categoría Everything Else: Mature Audiences, necesita seguir directrices separadas y específicas, pues esa categoría contiene desnudez gráfica o contenido sexual que podría ofender a algunos miembros de la comunidad. Usted debe

✔ Tener al menos 18 años de edad (pero usted ya sabe que todos los clientes de eBay deben tener 18 años o más).

✔ Tener una tarjeta de crédito válida.

✔ Completar una boleta de descargo de responsabilidades indicando que usted voluntariamente escogió acceder a materiales exclusivos para adultos. Para más sobre cómo hacerlo (y un útil informativo sobre asuntos de privacidad), vea el Capítulo 15.

Si tiene artículos para Adultos / Eróticos que le gustaría vender en una subasta privada, estudie la sección más adelante en este capítulo que describe esta opción.

## *Crear el título perfecto para su artículo*

Después de averiguar en cuál categoría desea anunciar su artículo, eBay desea entrar en detalles: cómo diablos llamar la cosa que está tratando de vender.

Piense en el título de su artículo como un excelente encabezado del periódico. La propiedad más valiosa en eBay es el título de su artículo, de 45 caracteres. La mayoría de los compradores hace búsquedas por título, y ¡ahí es donde su artículo debe aparecer para venderse! Dé la información más esencial inmediatamente para llamar la atención del lector que sólo está husmeando. Sea claro y lo suficientemente informativo para ser reconocido por el motor de búsqueda de eBay. La Figura 10-4 muestra ejemplos de buenos títulos.

**Figura 10-4:**
Estos títulos de artículos son eficaces porque son claros, concisos y fáciles de leer.

| NEW womens ADIDAS Tennis Shirt Skirt sz M $80 |
| --- |
| 1971 ROLLS ROYCE Corniche Sales BROCHURE |
| Pink 3 Plumerias Sterling Silver Pendant NEW |
| DICK TRACY RECALLED ADVANCE MOVIE POSTER + B |
| Alexander McQUEEN Kingdom 30ml Eau De Parfum |
| EASY French Normandy Original Classic Recipes |
| 2 Photography Photo Light NIB Lighting Kit |

Estas son algunas ideas para ayudarle a escribir el título de su artículo:

- Use el nombre más común para el artículo.

- Si el artículo es raro o difícil de encontrar, menciónelo.

- Indique la condición del artículo, y si es nuevo o viejo.

- Señale las cualidades especiales del artículo, como su estilo, modelo o edición.

- Evite puntuación sofisticada o caracteres poco comunes, tales como $, guiones y L@@K, porque sólo recargan el título, y los compradores rara vez los buscan.

No ponga ninguna terminación HTML es su título. (*HTML* quiere decir Hyper-Text Markup Language; en lenguaje común significa que ese es el código especial usado para crear páginas Web). De hecho, a pesar de lo que le hayan dicho, no hace falta mucho conocimiento de HTML para tener subastas exitosas y atractivas en eBay. En la Tabla 10-2, yo menciono algunos códigos HTML que puede usar en su descripción (algunos relacionados con fotos están en el Capítulo 14) y, en el Capítulo 20, le doy algunos consejos sobre dónde puede encontrar algunos programas fáciles para producir el mínimo código HTML que podría necesitar para hacer sus subastas más llamativas.

En general, yo no emito frases en francés por puro gusto. Pero, cuando se trata de obtener ganancias, definitivamente debo concordar con el francés en que escoger o no escoger *le mot juste* puede marcar la diferencia entre los oferentes potenciales que simplemente miran su subasta y aquellos que se enfrascan en una verdadera guerra de ofertas. Siga leyendo para obtener consejos sobre cómo elegir *las mejores palabras* para que su subasta brille.

### Busque una frase que valga oro

Este es un curso intensivo sobre la jerga de eBay que puede ayudarle a atraer más rápidamente a los compradores a su subasta. Las siguientes palabras se usan con frecuencia en las subastas de eBay, y hacen maravillas para que su título salte a la vista:

- Mint
- One of a kind (o OOAK vea la lista de abreviaturas en la Tabla 10-1)
- Vintage
- Collectible
- Rare
- Unique
- Primitive
- Well-loved

Hay toda una ciencia (llamada *calificar*) para averiguar el valor de un artículo de colección. Usted tendrá la ventaja en el juego si tiene una idea acertada de lo que la mayoría de los miembros en eBay quiere decir. Estudie e investigue antes de asignar un calificativo a su artículo. Si necesita más información sobre lo que estos calificativos significan realmente, el Capítulo 5 le suministra la traducción.

### La jerga de eBay en un vistazo

Los términos calificativos y las frases de la sección anterior no son los únicos estándares de mercadeo que tiene a su disposición en eBay. Conforme eBay ha ido creciendo, también lo ha hecho la jerga usada por sus miembros como atajos para describir su mercadería.

La Tabla 10-1 le brinda una útil lista de abreviaturas y frases comunes utilizadas para describir artículos. (*Atención*: Mint significa "prácticamente igual que nuevo" y no "relleno de delicioso chocolate").

| Tabla 10-1 | Lista rápida de abreviaturas en eBay | |
| --- | --- | --- |
| *Código en eBay* | *Lo que Abrebia* | *Lo que Significa* |
| MIB | Mint in Box | El artículo está en la caja original, en excelentes condiciones, y es justo como esperaría encontrarlo en una tienda. |
| MIMB | Mint in Mint Box | La caja nunca ha sido abierta y parece como si acabara de salir de la fábrica. |
| MOC | Mint on Card | El artículo está montado en su tarjeta de exhibición original, con sus prensas originales, igual que recién salido de la tienda. |
| NRFB | Never Removed from Box | Justamente lo que dice: "comprado, pero nunca abierto." |
| COA | Certificate of Authenticity | Documentación que garantiza la autenticidad de un artículo, tal como un autógrafo o una pintura. |
| MWBMT | Mint with Both Mint Tags | Se refiere a los animales de peluche, los cuales tienen una etiqueta colgando (generalmente un papel o una tarjeta) y la etiqueta trasera (o sea, la que viene cosida; se llama así) en perfectas condiciones, sin ningún doblez ni rotura. |
| OEM | Original Equipment Manufacture | Está vendiendo el artículo y todo el equipo que venía originalmente con él, pero no tiene la caja original ni el manual del usuario o las instrucciones. |
| OOAK | One of a Kind | ¡Usted está vendiendo el único que existe! |
| NR | No Reserve Price | Un precio reservado es aquel que usted puede fijar al empezar su subasta. Si las ofertas no alcanzan el precio reservado, usted no está obligado a vender. A muchos compradores no les gusta el precio reservado, pues no cree que pueden conseguir una ganga. (Para consejos sobre cómo apaciguar esos miedos y recibir ofertas en las subastas con precio reservado, vea "Escribir su descripción", más adelante en este capítulo). Si no incluye un precio reservado para su artículo, avise a los oferentes. |

*(continúa)*

### Tabla 10-1 *(continuación)*

| Codigo en eBay | Lo que Abrebia | Lo que Significa |
| --- | --- | --- |
| NWT | New with Tags | Un artículo, probablemente una prenda de vestir, nuevo y con las etiquetas del fabricante todavía pegadas |
| HTF, OOP | Hard to Find, Out of Print | Agotado, sólo unos cuantos se hicieron o las personas se apoderaron de todos los que existían. (HTF no significa que usted pasó una semana en el ático buscándolo). |

Normalmente, puede confiar en el lenguaje de eBay para transmitir su mensaje, pero asegúrese de decir la verdad y usarlo correctamente. No use el calificativo MIB (Mint in Box) cuando realmente pareciera magullado por un moledor de carne. Encontrará más abreviaturas en mi sitio Web, www.coolebaytools.com.

### No deje que su título arruine su subasta

Imagínese ir al supermercado y pedir a alguien que le muestre las tiritas para hervir en vez de preguntar dónde está el espagueti. Podría terminar con un montón de frijoles nacidos, deliciosos para algunos pero nada que ver con lo que usted tenía en mente. Por eso debe revisar y volver a revisar su ortografía. Los compradores listos usan el motor de búsqueda de eBay para encontrar mercadería; si el nombre de su artículo está mal escrito, el motor de búsqueda no lo encontrará. La mala ortografía y la gramática incomprensible también hablan mal de usted. Si está en competencia con otro vendedor, el comprador probablemente va a confiar en el vendedor que *conoska vien la ortografia*.

Si ya terminó de escribir el título de su artículo y le queda espacio, ***por favor*** resista el deseo de adornarlo con muchísimos signos de admiración y asteriscos. No importa si está súper emocionado con su artículo, el motor de búsqueda de eBay podría pasar por alto su artículo si el título está inundado de símbolos sin sentido, como **** y !!!!. Incluso si los oferentes ven su título, podrían molestarse por la estridencia virtual e ignorar los !!!!!!!! de todas maneras. (¿Entiende?)

Otro hábito que distrae es el abuso de las letras mayúsculas. Para los compradores, ver todo en mayúsculas es COMO VER UN VENDEDOR ENLOQUECIDO GRITÁNDOLES QUE COMPREN ¡YA! Esto se considera gritar, lo cual es grosero y descortés para los ojos. Use las mayúsculas PRUDENTEMENTE, y sólo para destacar un punto en particular.

### Refuerce su título con un subtítulo

Una nueva característica en eBay es la posibilidad de usar subtítulos. eBay le permite comprar 45 caracteres adicionales, los cuales aparecen bajo el título de su artículo en una búsqueda. La cuota para esta publicidad extra es de $0.50 y, en algunas circunstancias, definitivamente vale la pena. Cualquier texto que usted incluya realmente hará a su artículo sobresalir, pero (ya sabía que habría un *pero*, ¿verdad?) estos 45 caracteres adicionales no aparecerán en una búsqueda por título. Por eso, si tiene todas esas palabras en su descripción, de todos modos serán halladas en una búsqueda por título o descripción. Recuerde que un subtítulo esencialmente *duplica* la cuota por anunciarse.

## Escribir su descripción

Después de atraer a los oferentes potenciales con su título, atrápelos con una descripción fabulosa. No me refiero a escribir como Hemingway; piense más bien en un info-comercial (cuanto más elegante, mejor). La Figura 10-5 muestra una excelente descripción de unos dólares de plata. Usted también puede escribir una magnífica descripción; sólo debe hacer clic en la casilla y empezar a digitar.

**Figura 10-5:** Escribir una buena descripción puede ser la diferencia entre el éxito y el fracaso.

**UNCIRCULATED MS63+ 1896 Morgan Silver Dollar**

I recently purchased a group of MS63+ Morgan Silver Dollars from a long time collector to sell on ebay. The ones I've already sold have been very well received *(please look at my feedback)*. This is your chance to own a beautiful 1896 Morgan Silver Dollar in Premium Quality Brilliant Uncirculated Condition. Bright and well struck, it has very clean surfaces with very sharp features and details. The picture below doesn't do justice to this striking coin. It will make a lovely addition to any coin collection or a great start towards a new one.

Bid with confidence and bid whatever you feel this coin is worth to you as it is selling with NO RESERVE! Winning bidder to pay shipping & handling of $2.50, and must submit payment within a week of winning the auction. Credit cards are accepted through Paypal.com. Good luck!
*Click below to...*
*Win another of my auctions and Save on shipping!*

Esta es una lista de sugerencias para escribir la descripción de un artículo:

- **Acentúe lo positivo.** Dé al comprador una razón para comprar su artículo y sea entusiasta al enumerar las razones por las cuales todos deberían hacer una oferta. A diferencia del título, puede usar tanto espacio como desee. Incluso si tiene una foto, sea preciso en su descripción: cuál es el tamaño, el color, el tipo de tela, el diseño, etc. Refiérase a "Crear el título perfecto para su artículo", anteriormente en este capítulo, así como a la Tabla 10-1, para encontrar ideas sobre qué enfatizar y cómo redactar su descripción.

✔ **Incluya lo negativo.** No oculte la verdad sobre la condición de su artículo. Tratar de esconder los defectos sale caro a la larga: recibirá calificaciones negativas. Si el artículo tiene un rasguño, una muesca, una abolladura, una grieta, un golpe, una rasgadura, un hueco, partes faltantes, partas de repuesto, zonas desteñidas, manchas de suciedad o mal olor (especialmente si limpiarlo dañaría el artículo), menciónelo en la descripción. Si su artículo ha sido reparado, reconstruido, repintado o actualizado (digamos, una "computadora Pentium" que fue una 386 hasta que usted le puso una tarjeta madre nueva), dígalo. Usted no desearía que el comprador devuelva la mercadería porque no fue sincero sobre las imperfecciones o modificaciones del artículo. Este tipo de omisiones puede llevar a una investigación por fraude.

✔ **Sea preciso sobre todos los detalles logísticos de la transacción posventa.** Aunque no es exigido que incluya cualquier pago especial de S&H (transporte y manejo) u otros pagos en la descripción de su artículo, la mayoría de los usuarios de eBay lo hace. Trate de averiguar el costo de enviar el artículo en los Estados Unidos y añádalo a su descripción. Si ofrece seguro de transporte, indíquelo también allí.

✔ **Ya que está en esto, hágase publicidad usted mismo también.** Conforme acumula comentarios positivos, cuénteles a los oferentes potenciales sobre su magnifico historial. Añada oraciones como "Es bueno hacer negocios conmigo. Revise mi sección de calificaciones." Incluso puede llevarlo un paso más allá e invitar a los oferentes a su página About Me (donde puede incluir también un enlace a su sitio Web personal, si lo tiene). (El Capítulo 14 le da algunos consejos sobre cómo lograr que su subasta sea vista por un público más amplio.)

✔ **Deséeles suerte a sus oferentes potenciales.** La comunicación es la clave de una buena transacción, y usted puede establecer el tono de su subasta y de los intercambios posventa al incluir algunas simples frases que muestren su lado amable. Siempre acabe su descripción deseando a los oferentes buena suerte, invitándolos a enviarle sus preguntas por correo electrónico y brindando la opción de suministrar fotos adicionales del artículo si las tiene.

Al digitar su descripción, usted tiene la posibilidad de hacerla más llamativa utilizando códigos HTML, o puede usar el nuevo editor de texto HTML de eBay, mostrado en la Figura 10-6. Si sabe usar un procesador de palabras, no tendrá problemas para retocar su texto con esta herramienta. La Tabla 10-2 incluye algunos códigos adicionales para ayudarle a hacer las cosas más bonitas.

Puede cambiar entre el editor de texto HTML y la digitación común y agregar códigos aquí y allá haciendo clic en la casilla View/Edit HTML (cuando está en el editor de texto HTML). Yo preparo todas mis subastas con anticipación en un programa llamado CuteHTML y los guardo en mi computadora como archivos HTML simples; así, siempre puedo recuperarlas para usarlas (sólo copio y pego), sin importar qué programa o formulario estoy utilizando para anunciar mis subastas. Vea el Capítulo 20 para más sobre software que puede ayudarle con sus subastas.

**Figura 10-6:**
El editor de texto HTML le enseña el área de descripción con texto codificado en HTML.

| Tabla 10-2 | Una lista corta de códigos HTML | |
|---|---|---|
| **Código HTML** | **Cómo usarlo** | **Lo que hace** |
| `<b></b>` | `<b>cool collectible</b>` | **cool collectible** (negrilla) |
| `<I></I>` | `<I>cool collectible</I>` | *cool collectible* (cursiva) |
| `<b><I></I></b>` | `<b><i>cool collectible </b></i>` | ***cool collectible*** (negrilla y cursiva) |
| `<font color =red></font>` | `<font color=red>cool collectible</font>` | El texto sele-ccionado aparece en rojo. (Este libro es en blanco y negro por eso no lo puede ver) |
| `<font size= +1></font>` | `<font size=+3>cool</font> collectible` | COOl collectible (tamaño de fuente normal +1 hasta 4, aumenta el tamaño x veces) |
| `<br>` | `cool<br>collectible` | cool collectible (inserta salto de línea) |

*(continúa)*

**Tabla 10-2 (continuación)**

| Codigo HTML | Cómo usarlo | Lo que hace |
|---|---|---|
| `<p>` | `cool<p>collectible` | cool<br>collectible<br>(inserta espacio de párrafo) |
| `<hr>` | `cool collectible<hr>cheap` | cool collectible<br>───────<br>cheap<br>(inserta línea horizontal) |
| `<h1><h1>` | `<h1>cool collectible</h1>` | **cool collectible**<br>(convierte el texto al tamaño de un encabezado) |

Ocasionalmente, los vendedores ofrecen un artículo en preventa: todavía no está en existencia, pero esperan tenerlo. Si usted está ofreciendo este tipo de artículo, cerciórese de incluir todos los detalles en la descripción. La política de eBay indica que usted debe enviar un artículo de preventa dentro de los siguientes 30 días después del fin de la subasta; asegúrese de que contará con el artículo en el lapso de 30 días. No olvide incluir la fecha exacta de envío. Yo me he dado cuenta de que poner un artículo a la venta sin realmente tenerlo en las manos es una práctica plagada de riesgos. El artículo que usted espera podría no llegar a tiempo o estar dañado. He oído hablar de muchos vendedores que han debido salir a adquirir un artículo al detalle para un comprador con el fin de preservar su calificación, al verse atrapados en esta situación.

## Indique el número de artículos a la venta

A menos que esté planeando una subasta de múltiples artículos (Dutch Auction), el número de objetos siempre es 1; esto significa que usted está administrando una subasta tradicional. Si necesita cambiar la cantidad, sólo digite el número en la casilla.

Un juego de mancuernillas se considera un solo artículo, al igual que la colección completa de 37 volúmenes de *The Smith Family Ancestry and Genealogical History since 1270*. Si tiene más de un artículo igual, le sugiero que venda los artículos de uno en uno, pues probablemente recibirá ofertas más altas por sus artículos al entregarlos individualmente.

Ya sea que coloque sus artículos individualmente en subastas o juntos en una subasta de varios artículos, eBay no le permitirá anunciar el mismo artículo en más de diez subastas a la vez.

# Fijar una oferta mínima— ¿qué tan bajo puede llegar?

¿Qué tienen en común una bola de béisbol autografiada por JFK, un *walkie-talkie* usado y un auto deportivo Jaguar? Todos empezaron con una oferta mínima de $1. eBay requiere que usted fije una *oferta mínima*, la más baja permitida en una subasta. Usted se sorprenderá de ver cosas que valen miles de dólares empezando a sólo un dólar. Estos vendedores no han perdido la razón. Tampoco les preocupa que alguien pueda estar viajando por la autopista en un carro deportivo de $100 000 comprado por el precio de una hamburguesa..

Proponer un mínimo increíblemente bajo (simplemente digítelo en la casilla *sin* el signo de dólares pero *con* el punto decimal) es una estrategia sutil que le otorga mayores ganancias. Puede usar una oferta mínima baja para atraer a más oferentes quienes, por su parte, harán subir el precio del artículo a su valor real; especialmente si, después de hacer una investigación, usted sabe que el artículo es particularmente apetecido. Si está preocupado por el resultado de la oferta final, puede proteger su artículo usando un precio reservado (aquel que deben alcanzar las ofertas antes de que el artículo pueda venderse). Entonces, no se verá obligado a vender su artículo por el precio del sótano de las gangas porque su *precio reservado* protege su inversión. El mejor consejo es fijar un precio de reserva que equivalga a la cantidad más baja que usted aceptará por el artículo, y luego establecer una oferta mínima ridículamente baja. Use la reserva sólo cuando sea absolutamente necesario, pues algunos oferentes prefieren dejar pasar las subastas con precio reservado. (Para más información sobre cómo establecer un precio reservado, vea la sección "Su red de seguridad secreta: el precio reservado", más adelante en este capítulo).

Empezar con un mínimo bajo también es bueno para su bolsillo. eBay cobra al vendedor una cuota de inserción o colocación, basada en su oferta base. Si mantiene su oferta inicial baja y no fija una reserva, obtendrá más por su dinero. (Vea en el Capítulo 9 los detalles sobre las cuotas de eBay).

Cuantas más ofertas reciba, más personas querrán ofrecer por su artículo, pues lo perciben con un objeto caliente. Un objeto caliente con muchas ofertas llama la atención de más oferentes, así como los imanes atraen los clips.

Antes de fijar su oferta mínima, investigue y tome algunas decisiones de mercadeo sabias. Si su subasta no está saliendo como esperaba, *podría* terminar vendiendo el jarrón Ming de la abuela Ethel en un dólar. Estudie su estrategia. Vea la sección "Correcciones de medio período: Arreglar subastas actuales", más adelante en este capítulo, para saber cómo hacer cambios en su anuncio si ha cometido un enorme error.

Al ingresar su oferta mínima, digite sólo los números y el punto decimal. No use los signos de dólares ($) ni de céntimos (¢).

## Comprar Ya

La opción Buy It Now (BIN en jerga eBay) está disponible para subastas de un solo artículo. Esta característica permite a los compradores que desean adquirir un artículo *inmediatamente* hacerlo. ¿Alguna vez ha querido un artículo tanto que no pudo esperar al final de la subasta? Si el vendedor ofrece esta opción, puede comprar ese artículo instantáneamente. Solamente especifique el monto por el cual el artículo se podría vender en el área de precios Nuy It Now; el monto puede ser el que usted desee. Si escoge sacar provecho de, y vender, un artículo apetecido, por ejemplo durante la época de fin de año, puede subir el precio BIN hasta la cantidad que usted crea que la gente pagará. Si sólo desea circular el artículo, establezca su precio BIN en el promedio por el cual se vende el artículo en eBay.

Cuando su artículo recibe una oferta, la opción BIN desaparece, y el artículo pasa por el proceso normal de la subasta. Si tiene un precio reservado en su artículo, la característica BIN no desaparece hasta que alguien lo alcance por medio del proceso normal de ofertas. Para colocar un artículo con Buy It Now en lista, debe tener una calificación de 10 o su identidad verificada. (Vea el Capítulo 16 para más detalles sobre la verificación de identidad).

## Establecer la duración de su subasta

¿Por cuánto tiempo quiere correr su subasta? eBay le da alternativas: 1, 3, 5, 7 ó 10 días. Simplemente haga clic en el número deseado en la casilla. Si escoge una subasta de 10 días, debe agregar $0.10 a su cuota.

Mi estrategia para determinar la duración de una subasta depende de la época del año y del artículo que estoy vendiendo, y generalmente tengo mucho éxito. Si cuenta con un artículo que usted considera se venderá muy bien, escoja una subasta de 7 días (cerciórese de cubrir un fin de semana completo), de modo que los oferentes tengan tiempo de revisarla antes de decidirse a ofrecer. Sin embargo, si sabe que tiene un artículo muy caliente que saldrá volando de los estantes, como un juguete raro o un juego de video difícil de encontrar, elija una subasta de tres días. Los oferentes ansiosos tienden a ofrecer más alto y más a menudo para ganarle a su competencia si el artículo es apetecido y desaparece rápidamente. Tres días es suficiente para exponer artículos de moda y obtener ofertas.

No importa cuántos días escoja para su subasta, ésta termina exactamente a la misma hora del día en que empieza. Una subasta de siete días que comienza un jueves a las 9:03:02 a.m. acaba el jueves siguiente a las 9:03:02 a.m.

Aunque yo sé que los encargados de eBay son bastante relajados, sí funcionan en tiempo militar. Eso quiere decir que usan un reloj de 24 horas, configurado según la hora del Pacífico. Entonces, las 3:30 de la tarde son las 15:30, y un minuto después de la medianoche es 00:01. ¿Tiene preguntas sobre la conversión de horas? Consulte www.timezoneconverter.com o fíjese en la tabla de mi sitio Web, la cual tiene un cuadro imprimible de conversión de horas

## A la holandesa

Si tiene cinco muñecas de Dennis Rodman vestido de novia, 37 alcoholímetros o 2 000 prendedores conmemorativos, y desea venderlos todos al mismo tiempo a tantos oferentes y tan rápido como sea posible, véndalos como cantidades múltiples en una venta a precio fijo. (También puede vender todas las cosas en conjunto en la categoría Wholesale Lot). Si no está seguro de cuánto pedir por estos artículos, siempre puede probar con una subasta a la holandesa (múltiples artículos). Las subastas a la holandesa son usadas principalmente por los distribuidores y comerciantes que desean mover lotes de artículos rápido.

eBay tiene requisitos para iniciar una subasta a la holandesa. Debe ser miembro de eBay durante al menos 14 días, con una calificación de 30 o más, o pasar por una verificación de identificación. Haga clic en el enlace Dutch auction, en la página Sell Your Item, para más información sobre cómo llevar a cabo este tipo de subastas, y revise el Capítulo 1 para más datos sobre cómo funcionan estas subastas. Si está interesado en ofrecer en una subasta a la holandesa, fíjese en el Capítulo 6.

para eBay (`www.coolebaytools.com`). (Y, para que no tener que estar regresando a esta página, también incluyo estos enlaces útiles en la hoja de trucos al inicio de este libro).

Una vez por semana, eBay da mantenimiento a su base de datos; esto significa que algunas características (o a veces el sitio completo) se cierra los viernes entre la 1 a.m. y las 3 a.m., hora del Pacífico (o sea, de 4 a.m. a 6 a.m. hora del Este). Nunca anuncie una subasta inmediatamente después de este corte. Los visitantes regulares de eBay no estarán conectados para ofrecer. Además, las actualizaciones de búsqueda a menudo se hacen con 12 a 15 horas de retraso los viernes y sábados, después del mantenimiento programado.

Con subastas que corren durante las 24 horas del día, 7 días a la semana, usted debería saber cuándo la mayoría de los oferentes está presente para echar una ojeada a su mercancía. Estas son algunas horas sobre las cuales debería reflexionar:

✔ **Sábado/domingo:** Siempre dirija una subasta que cubra un fin de semana. Las personas se conectan y desconectan de eBay todo el día.

No empiece ni termine su subasta un sábado o un domingo, *a menos que* su investigación de las subastas completadas indique que lo contrario. A ciertos tipos de oferentes les encanta sentarse en sus computadoras esperando que las subastas terminen los fines de semana, pero muchos llevan vidas muy ocupadas, y sus horario son impredecibles. Algunos oferentes ávidos pueden conectarse y hacer una oferta máxima en su subasta, pero puede apostar que no van a estar sentados frente a una computadora participando en un tiroteo competitivo de último minuto si tienen algo mejor que hacer el sábado o el domingo.

✔ **Fines de semana feriados:** Si se acerca un fin de semana con feriado cuando usted está montando su subasta, deje que transcurra durante el fin de semana y termínela el día después del lunes "feriado". Esto les da la oportunidad a probables oferentes de ponerse al día con los artículos revisados durante el fin de semana y planear sus estrategias de ofrecimiento.

No termine una subasta en el último día de un feriado de tres días. Las personas de ánimo para comprar generalmente van a las tiendas de departamentos en busca de gangas. Si los miembros de eBay no están comprando, están afuera disfrutando de un día libre adicional.

✔ **Hora del día:** Las mejores horas del día para comenzar y acabar su subasta son durante las horas pico de operación en eBay, de 5 p.m. a 9 p.m., hora del Pacífico, justo después del trabajo en la Costa Oeste. Sin embargo, conduzca su búsqueda de subastas terminadas para asegurarse que esta estrategia se aplica a su artículo, pues este horario depende del objeto que está subastando y de si 5-9 hora del Pacífico se encuentra en la mitad de la noche donde usted vive.

A no ser que usted padezca de insomnio o sea un vampiro y desee venderles a los hombres lobo, no deje que sus subastas cierren en medio de la noche, ¿a las 02:30? No habrá suficientes oferentes para causar un frenesí de ofertas de último hora para subir el precio

## Su red de seguridad secreta: el precio reservado

He aquí un pequeño secreto: la razón por la cual los vendedores anuncian artículos caros como Ferraris, pianos y equipo de cómputo de alta tecnología con una oferta inicial de $1 es porque están protegidos contra pérdidas mediante un *precio reservado*. Éste es el menor precio que debe alcanzarse antes de poder vender el artículo. Si bien eBay no lo requiere, éste puede protegerlo. eBay cobra una cuota adicional por esta característica que varía dependiendo de cuán alto sea el precio de reserva.

Por ejemplo, digamos que usted coloca una primera edición del libro *Las uvas de la ira*, de John Steinbeck. Fija el precio base en $1 y el precio de reserva en $80. Eso significa que la gente puede empezar a ofrecer por $1 y, si al final de la subasta el libro no ha alcanzado el precio reservado de $80, usted no está obligado a venderlo.

Como con todo en la vida, usar un precio reservado para sus subastas tiene ventajas y desventajas. Muchos oferentes exigentes y cazadores de gangas se alejan volando de las subastas con precio reservado, pues lo consideran como una señal que indica: "¡Aquí no hay gangas!" Muchos oferentes piensan que pueden obtener un mejor trato por el mismo artículo con una subasta que orgullosamente declare *NR (de no reservado)* en su descripción. Como aliciente para esos oferentes, se ven muchos anuncios NR en los títulos de subastas.

Si necesita establecer un precio reservado para su artículo, ayude a los oferentes. Muchos se muestran recelosos ante una subasta con precio reservado pero, si están realmente interesados, leerán la descripción del artículo. Para disipar sus miedos de que el artículo sea demasiado caro o fuera del alcance de sus bolsillos, agregue una línea en su descripción que indique la cantidad de su precio reservado. "He puesto un precio reservado de $75 sobre este artículo para proteger mi inversión; la oferta más alta sobre $75 ganará el artículo." Una frase como esta eliminará la vaguedad de la subasta reservada y le permitirá colocar un precio reservado con una oferta inicial baja. (La idea es atraparlos, ¿recuerda?)

En artículos con precios menores, sugiero que fije una oferta mínima más alta y que no proponga un precio reservado. Por otro lado, si no está seguro del mercado, escoja una oferta mínima baja pero fije también un precio reservado para protegerse.

Si las ofertas no alcanzan el precio reservado, algunos vendedores envían un mensaje electrónico al mayor postor y le ofrecen el artículo a un precio que consideren justo. Dos advertencias:

✔ eBay puede suspender al vendedor y al comprador si el negocio al margen es reportado a SafeHarbor. Esta actividad es terminantemente prohibida.

✔ eBay no protegerá ni a los compradores ni a los vendedores si un negocio al margen sale mal.

No se puede usar un precio reservado en una subasta de múltiples artículos (holandesa).

## *Quiero estar solo: Las subastas privadas*

En una subasta privada, las identificaciones de usuario de los oferentes se mantienen en secreto. Los vendedores típicamente usan esta opción para proteger las identidades de los oferentes durante las subastas de artículos con precios muy altos (digamos, ese caza restaurado de la Segunda Guerra Mundial). Los usuarios adinerados de eBay no quieren que el mundo se entere de que cuentan con recursos para comprar artículos caros. Las subastas privadas también se realizan para artículos en la categoría Adult/Erotica. (Vaya, eso es una sorpresa.)

El famoso signo que apareció en prácticamente todas las piezas de promoción de Disney (durante aproximadamente los primeros 40 años de existencia de Disneyland) se puso a la venta en eBay en el 2000. Cuenta la leyenda que fue comprado por el actor John Stamos, cuya oferta alta fue de $30 700. Desafortunadamente para John, las subastas de Disney no usaron la característica de privada. Cuando el nombre del ganador llegó a los tabloides, el mundo entero conocía la identificación de usuario de John. Él debió cambiar su identificación de prisa para poner fin a la multitud de mensajes electrónicos de amor que recibió su computadora.

En las subastas privadas, la dirección electrónica del vendedor es accesible a los oferentes sólo en caso de que tengan preguntas. Las direcciones de los oferentes permanecen ocultas.

## *Póngame en la Galería*

La Galería es un área visualmente gráfica de subastas que le permite colocar fotos en una galería especial accesible desde las listas. También hace que una versión del tamaño de una estampilla postal de su imagen aparezca junto a su anuncio en la categoría o búsqueda. Muchos compradores disfrutan navegando por la Galería como si fuera un catálogo, y está abierta a todas las categorías. Si escoge transitar por esta ruta, su artículo aparecerá tanto en la Galería como en las listas de texto regulares. (Le explico cómo colocar sus fotos en el Capítulo 14.)

Lo mejor de usar fotos de la Galería en sus anuncios es que aumenta el espacio ocupado por el suyo en una página de búsqueda o categoría. Si no usa una foto de la Galería y sólo tiene una imagen en su subasta, todo lo que aparecerá junto a su anuncio es un pequeñísimo icono de una cámara.

## Completar la ubicación del artículo

eBay desea que indique el área general y el país donde usted vive. La idea detrás de esto es alertar al oferente sobre el tipo de costos de transporte que puede esperar. No sea esotérico (decir que vive *Aquí y Ahora* no es de mucha ayuda), pero no se obsesione con intersecciones, puntos de referencia o grados de latitud. Mencionar la ciudad y el estado donde vive es suficiente.

eBay también quiere que indique en cuál de sus regiones locales reside usted. Hacer esto permite que su subasta aparezca en las páginas regionales de eBay. También tiene la opción de no estar en esa lista. Le recomiendo que, si vive en una de las áreas metropolitanas incluidas, use los beneficios del comercio local y elija su área.

Si vive en un área grande, digamos, en los suburbios de Los Ángeles (¿Quién? ¿Yo?) que se extienden por millas, sería bueno que delimite su región un poco más. Podría encontrar a un oferente que vive cerca suyo, lo cual podría ayudar a su subasta. Si hace una transacción cara a cara, llevarla a cabo en un lugar público es una buena idea. (Yo prefiero cerrar mis tratos en Starbucks.)

## Una imagen vale más que mil palabras

¿Clichés de nuevo? Tal vez. Pero un artículo en eBay sin una foto es casi una pérdida de tiempo. Si no ha montado las suyas en otra parte, puede incluir una gratuitamente por medio del servicio de fotografía de eBay. Las fotografías adicionales le cuestan $0.15 cada una.

Como alternativa, puede poner todas las fotos que desee en la descripción de su subasta gratuitamente. Consulte el Capítulo 14 para obtener los códigos necesarios y las instrucciones.

## Diseñador de anuncios

¿Cuántas veces ha visto un artículo en eBay acomodado en forma agradable en una página con un borde muy elegante alrededor de la descripción? Si ese tipo de cosas le atrae, el diseñador de anuncios (Listing Designer) de eBay le suministrará bordes bonitos para casi cualquier tipo de artículo por $0.10. ¿Aumentarán los bonitos bordes el monto de las ofertas recibidas en su subasta? No lo creo. Una excelente descripción del artículo con un par de fotos claras es realmente lo único que usted necesita.

# Incluir los métodos de pago que aceptará

Sí, seguro, eBay es súper divertido pero, en el fondo, lo más importante al vender es la frase "¡Muéstreme el dinero!" Usted decide qué está dispuesto a aceptar como plata de parte del mejor postor en su subasta. eBay ofrece las siguientes opciones de pago; simplemente seleccione las que le agraden:

- **Orden de pago/cheque de gerencia:** Desde el punto de vista del vendedor, este es el método más seguro. Es lo más cercano a recibir dinero en efectivo. Como vendedor, usted quiere que le paguen con el menor riesgo posible. ¿El único problema? Debe esperar a que el comprador lo envíe por correo.

- **Tarjetas de crédito:** Si acepta tarjetas de crédito, usar PayPal es la manera más barata y conveniente de manejarlas. Si tiene una cuenta comercial por medio de una tienda detallista, cerciórese de seleccionar las pequeñas casillas junto a las tarjetas que acepta.

Ofrecer la opción de pago con tarjeta de crédito a menudo atrae ofertas más altas en sus subastas. Éstas generalmente cubren bien el pequeño porcentaje cobrado por el servicio de pago con tarjetas de crédito. Vea el Capítulo 8 para una descripción más completa sobre cómo usar estos servicios.

Algunos vendedores que usan los servicios de tarjetas de crédito tratan de agregar una cuota adicional (para cubrir sus cuotas de procesamiento del pago con tarjeta) al monto final. Sin embargo, eso es ilegal en California, sede de eBay y, por ende, atenta contra las reglas de eBay. Mejor olvídelo. eBay puede cancelar su subasta si lo atrapa.

- **C.O.D. (pago contra entrega):** Creo que esta opción es la menos atractiva tanto para los compradores como para los vendedores. El comprador debe estar en casa con el efectivo listo el día en que llegue el paquete. Es posible que, ese día, su comprador esté llevando a su pez mascota enfermo al veterinario para que le limpien las branquias. Entonces, el artículo llegará nuevamente a su puerta, y usted no habrá completado la venta. También toma usualmente hasta 30 días recibir el dinero de vuelta.

- **Vea la descripción del artículo:** Pienso que usted siempre debería indicar en la descripción de su artículo cómo quiere que le paguen. ¿Por qué? Porque no hay una buena razón para no hacerlo y eso elimina el misterio de comprarle a usted.

- **Cheque personal:** Esta es una opción extremadamente popular, pero tiene su riesgo: el cheque podría rebotar más alto que una pelota en Wimbledon. Si usted acepta cheques personales, explique en la descripción de su artículo cuánto está dispuesto a esperar para hacer efectivo el cheque antes de enviar la mercadería. El tiempo promedio de espera es de diez días hábiles. Algunos vendedores aguardan hasta dos semanas. Aceptar cheques electrónicos (eChecks) a través de PayPal le deja toda la contabilidad y espera a PayPal; usted no debe llamar al banco para confirmarlo.

Reduzca el riesgo de cheques sin fondos leyendo la calificación del oferente mientras la subasta está en marcha. Sea precavido y no acepte cheques de personas con comentarios negativos. (Le explico todo sobre las calificaciones en el Capítulo 4). Nunca envíe un artículo hasta estar seguro de que el cheque ha sido pagado por el banco del comprador.

eBay está tratando de eliminar parte del misterio y los malos augurios de los cheques personales con su programa de verificación de identidad, el cual permite a VeriSign, una enorme empresa de verificación de cheques, hacer una revisión crediticia y presentar a los miembros de eBay un identificación sanitaria limpia. (Para más sobre la verificación de identidad, vea el Capítulo 16.)

✔ **Servicio de depósito en línea (Escrow):** Un servicio de depósitos actúa como árbitro, una persona neutral y ajena al asunto. No obstante, a menos que esté vendiendo un artículo caro, ofrecer un servicio de depósito resulta exagerado. Generalmente, el comprador paga por este servicio. Las empresas de depósitos comúnmente cobran un 5% del precio de venta. En los artículos costosos, puede significar la diferencia entre una venta y pasar la subasta por alto. El servicio de depósito da a los oferentes una sensación de seguridad. Si usted ofrece este servicio, el ganador debería informarle inmediatamente después de la subasta si piensa usarlo. Puede encontrar más sobre el servicio de depósitos en el Capítulo 6.

✔ **Otros:** Si está ofreciendo opciones de pago que no están incluidas aquí, seleccione esta opción. A algunos compradores (especialmente los internacionales) les gusta pagar en efectivo, pero creo que esto es *demasiado* arriesgado y recomiendo que *nunca*, nunca haga tratos en efectivo. Si ocurre algún problema, para el comprador o el vendedor, nadie tiene evidencia de que el pago fue hecho o recibido. Evítelo.

La mayoría de los vendedores ofrece a los compradores varias formas de pago. Usted puede escoger tantas como desee. Cuando aparece la página de la subasta, sus selecciones aparecen en la parte superior del anuncio. Incluir varias opciones de pago le hace parecer un profesional flexible y fácil de tratar.

## *Fije los términos de envío*

¡Oiga, compañero! ¡Alce la oferta! Bueno, no tanto. Antes de colocarla en el mástil, seleccione sus opciones de transporte. Estas son sus alternativas:

✔ **Ship to the United States Only:** Esta opción es la predeterminada; significa que sólo hará envíos internamente.

✔ **Will Ship Worldwide:** El mundo es su escenario. Pero asegúrese de que lo puede costear.

✔ **Will Ship to United States and the Following Regions:** Si se siente cómodo haciendo envíos a ciertos países pero no a otros, haga su selección aquí, y aparecerán en su página de subasta.

Cuando indica que hará envíos al extranjero, su subasta aparece en los sitios internacionales de eBay, ¡una manera fantástica de atraer nuevos compradores! eBay tiene muchos usuarios internacionales buenos, así que considere la posibilidad de vender sus artículos en todo el mundo. Si lo hace, cerciórese de indicar claramente en la descripción todos los costos adicionales de transporte y aduanas. (Consulte el Capítulo 12 para más información sobre cómo enviar a clientes en el extranjero.)

Tradicionalmente, el comprador paga por el flete, y es ahora cuando debe decidir cuánto cobrar. También debe calcular cuánto le costará a usted enviar este artículo. Si es un objeto pequeño (que pesa menos de una libra), puede decidir cobrar una tarifa fija a todos los compradores. Para llevarlo a cabo, haga clic en la pestaña Flat Shipping Rates e ingrese el monto del flete. Antes de completar esta suman, asegúrese de incluir sus cargos por empacado (vea el Capítulo 12 para más información sobre cuánto añadir por esta tarea) y cuánto costará el seguro. Cuando un artículo pesa dos libras o más, mejor use la versátil calculadora de fletes de eBay. Como UPS y el Servicio Postal de los Estados Unidos ahora cobran tarifas variables para paquetes del mismo peso, basados en la distancia, usar la calculadora les simplifica las cosas a sus clientes (y a usted). Cerciórese de haber pesado el artículo y saber cuánto será el costo de manejo. La calculadora le permite ingresar una cantidad por el manejo y la agrega al total general del flete. Sin embargo, no desglosa la suma para el cliente. La calculadora también bién calcula convenientemente la suma adecuada de seguro para el artículo. La Figura 10-7 muestra lo simple que es el formulario.

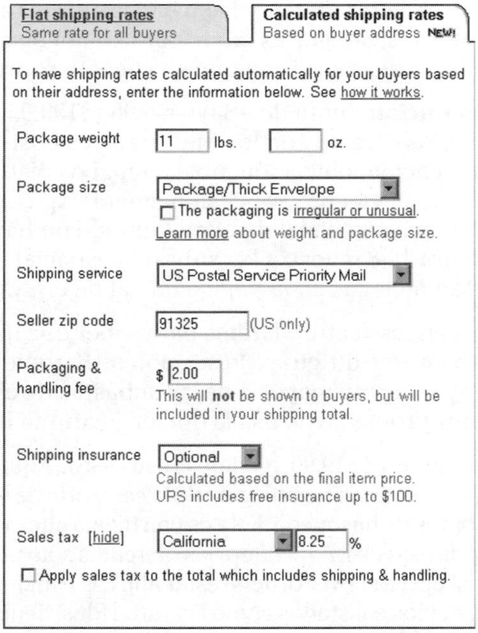

**Figura 10-7:**
Ingrese la información sobre el transporte de su artículo en la calculadora.

La calculadora aparece en la página del artículo para que los compradores potenciales puedan digitar su código postal e inmediatamente saber cuánto será el costo del transporte hasta su localidad.

Refiérase al Capítulo 12 para más información sobre las opciones de envío.

## Opciones en eBay: Anúnciese con bombos y platillos sin pagar caro

Aunque las opciones de exhibición de eBay no son tan eficaces como una señal de neón de tres pisos de alto en Times Square, sí atraen a todos los ojos hacia su subasta. Estas son sus alternativas:

- ✔ **Negrilla: Cuota de eBay:** $1. La negrilla llama la atención, pero no se moleste en utilizarla en artículos por los que ganará menos de $25. Úsela si está en una competencia reñida con artículos parecidos y desea que el suyo destaque.

- ✔ **Resaltado:** Cuota de eBay: $5. Yo uso un marcador amarillo para resaltar los puntos principales en los libros que leo. (¿Está usando uno ahora, verdad?). La característica de resaltado en eBay es lila, pero realmente hace que su artículo brille. Revise la categoría en la cual va a anunciarse antes de elegir esta opción. Algunas categorías están cargadas de vendedores que usan la opción de resaltado, y las páginas se ven totalmente sombreadas en lila. En estas categorías, *no* hacer uso del resaltador (y tal vez utilizar un título en negrilla) hace que su subasta sobresalga más.

- ✔ **Anuncio en la página inicial:** Cuota de eBay: $99.95 ($199.95 para anuncios de múltiples artículos). Como con los bienes raíces costosos, usted paga una prima por ubicación, ubicación, ubicación. Los $99.95 le dan el más alto nivel de visibilidad en eBay, y ocasionalmente aparece exactamente en el medio de la página inicial de eBay (aunque no hay garantía de que sea así). La Figura 10-8 muestra las subastas espaciales (Featured Items), que aparecen anunciadas en la página inicial de eBay.

  Los oferentes sí observan los Featured Items para saber qué hay ahí, así como usted probablemente se dirigiría a la sección de Estrenos en su tienda de video. Pero, porque la gran mayoría de las subastas de eBay son menores a $25, el vendedor promedio no usa la opción Featured Items.

- ✔ **Featured Plus!** La cuota de eBay: $19.95. ¿Quiere el estrellato? Aquí puede comprarlo. Esta opción lo pone en la primera página de la categoría de su artículo y en las páginas de resultados de búsqueda. Esta es una buena alternativa para hacer circular mercadería especial. A menudo, los oferentes sólo pueden miran los primeros artículos; si desea ser visto, debe estar ahí. Las estadísticas de eBay afirman que los artículos enlistados como Featured Plus! tienen un 58% más de probabilidades de venderse; pero realmente depende de lo que usted está vendiendo y cuándo lo hace. Pregúntese esto: ¿Vale la pena gastar $20 para que más personas vean mi artículo? Si es así, entonces, adelante. La Figura 10-9 ilustra cómo lucen los artículos en las listas Featured Plus!

Necesita una calificación de al menos 10 para que sus subastas puedan salir en subastas de Featured Items y Featured Plus!

**Figura 10-8:**
Si tiene
suerte, el
anuncio de
su subasta
en la página
inicial rotará
por la mis-
ma durante
un momento
estelar
del día.

**Figura 10-9:**
Los artícu-
los especia-
les apare-
cen en la
parte supe-
rior de una
página de
búsqueda o
de los anun-
cios de la
categoría,
como se
aprecia
aquí.

# *Revisar su Trabajo e Iniciar la Subasta*

Después de haber completado todos los espacios de la página Sell Your Item, y cuando usted cree estar listo para unirse al mundo del comercio digital, siga estos pasos:

**1. Haga clic en el botón Review, al final de la página Sell Your Item.**

Volará a la página Verification (mostrada en la Figura 10-10), donde pue-de encontrar errores antes de que su artículo sea colocado en lista. Esta página le enseña una versión condensada de toda la información y calcula cuánto le cobrará eBay por cuotas y opciones para dirigir esta subasta. También sale una vista previa de cómo se lucirán la descripción de su artículo y las fotos en el sitio.

Esta página también puede serle útil como última oportunidad para ubicarse. Si ha escogido una categoría muy general, eBay le pregunta si está seguro de que no existe una más adecuada. Puede regresar a cualquiera de las páginas que necesite corregir haciendo clic en la pestaña correspondiente en la parte superior de la página de verificación. Haga cambios de categorías o cualquier otra modificación y adición, y luego regrese a la página de verificación.

2. **Revise si hay errores.**

   Registre detalladamente para hallar equivocaciones comunes y descuidos; no se arrepentirá. He visto a miembros de eBay cometer faltas tan tontas como escoger una categoría equivocada, errores ortográficos o gramaticales e información incompleta sobre envío, manejo, seguro y métodos de pago.

3. **Cuando se encuentre seguro de que todo está en orden, y está contento con el anuncio de su artículo, haga clic en el botón Submit My Listing.**

   Aparecerá la página Auction Confirmation de eBay. En ese preciso momento, su subasta comenzará, aunque pueden pasar unas horas antes de que salga en una búsqueda en eBay y en la actualización de artículos en lista. Si desea ver su subasta de inmediato y chequear si hay ofertas, la página Auction Confirmation le brinda un enlace para ese propósito. Haga clic en él y estará allí. También puede rastrear sus subastas usando la página My eBay. (Para saber cómo, vea el Capítulo 4.)

Todas las páginas de subastas contienen esta amistosa advertencia:

```
El vendedor asume toda la responsabilidad por colocar este
articulo. Usted deberka contactar al vendedor para resolver
cualquier pregunta antes de ofrecer.
```

Algunos veteranos de eBay sólo se fijan en esta advertencia después de haber estado viajando y negociando por un tiempo, pero es una regla importante que recordar. Vea el Capítulo 9 para más detalles sobre las reglas que los vendedores deben seguir, y el Capítulo 12 para consejos sobre su papel al cerrar el trato y cómo recibir buena retroalimentación.

Durante las primeras 24 horas de comenzada su subasta, eBay marca su página del artículo subastado con un icono de un sol naciente junto al anuncio. Esto es un pequeño recordatorio para los compradores de que vengan a ver los últimos artículos que se han puesto a la venta.

**Figura 10-10:** La página Verification es el último lugar donde puede revisar cuidadosamente en busca de errores antes de que el anuncio empiece.

# Correcciones de Medio Período: Arreglar Subastas Actuales

No se preocupe si se equivoca al completar la página Sell Your Item y no lo nota hasta después de que la subasta esté andando. Los lápices tienen borradores; eBay permite hacer correcciones. Puede hacer cambios en dos etapas del juego: antes de recibir la primera oferta y después de que la guerra de ofertas se haya desatado. Las siguientes secciones explican lo que puede (y no puede) corregir, y cuándo debe aceptar las pequeñas imperfecciones de su página Auction Item.

## Cómo hacer cambios antes de que empiecen las ofertas

Esto es lo que puede modificar en su subasta antes de haber recibido ofertas (y si no acaba en las próximas 12 horas):

✔ El título o descripción de su subasta

✔ La categoría del artículo

✔ El precio de la oferta mínima del artículo

- ✔ El precio Buy It Now

- ✔ El precio de reserva (puede agregarlo, cambiarlo o quitarlo)

- ✔ La duración de su anuncio

- ✔ El URL de la foto incluida en su subasta

- ✔ La designación de subasta privada (puede añadirla o eliminarla)

- ✔ Los métodos de pago aceptados, la información de salida, la ubicación del artículo y los términos de envío

Al corregir su subasta, eBay pone una pequeña anotación en su página de la subasta que se lo recuerda, la cual dice: Description (revised). (Considérelo como una cortesía automática).

Para corregir una subasta antes de haber obtenido ofertas, siga estos pasos:

1. **Vaya a la página de la subasta y haga clic en el enlace Revise Your Item.**

   Este enlace sólo aparecerá si se ha inscrito en eBay. Si el artículo no cuenta con ofertas todavía, aparece un mensaje en su pantalla para indicarle que puede actualizarlo.

   Será llevado a la página Sign In, que señala las reglas para corregir su artículo. Al pie de la página aparece el número del artículo. Haga clic en Revise Item.

2. **Llegará a la página Revise Item, la cual luce como el formulario Sell Your Item.**

   Haga clic en el enlace correspondiente al área que desea cambiar.

3. **Haga cambios en la información del artículo y luego haga clic en el botón Save Changes, al pie de la página, cuando haya terminado.**

   Aparecerá un resumen de su página de subasta recién corregida en su pantalla.

4. **Si está contento con sus correcciones, haga clic en Submit Revisions.**

   De lo contrario, haga clic en el botón Back de su buscador y vuelva a rellenar la página Update Your Information.

   Será transportado a su recién corregida página de la subasta, donde verá un boletín de descargo de responsabilidad de eBay que indica la corrección de su subasta antes de la primera oferta.

# Cómo hacer cambios una vez comenzadas las ofertas

Si su subasta está activa y ya recibió ofertas, todavía le puede hacer algunas modificaciones ligeras. La información recién agregada aparece claramente separada del texto y las fotos originales. Además, eBay pone un sello con la hora en la información agregada, en caso de que haya preguntas de los primeros oferentes más adelante.

Después de que su artículo obtiene ofertas, eBay le permite añadir datos a la descripción de su artículo. Si siente que, al escribir la descripción de su artículo le hicieron falta palabras, o si muchos oferentes potenciales le están haciendo las mismas preguntas, anímese y haga todas las adiciones que desee. Pero cualquier cosa que escribió en la primera descripción permanecerá allí.

¿Descubrió que el frasco de galletas del Apolo 11 que usted creía era una reproducción es realmente un original? Será mejor que cambie esa descripción antes de venderlo. Cuando su artículo ha recibido ofertas, puede agregar cosas a la descripción.

Siga el mismo procedimiento usado para hacer cambios antes de que se hayan hecho ofertas. Cuando llegue a la página Revise Your Item, *únicamente* se le dará la opción de añadir cosas a su descripción, agregar características o información adicional sobre el pago. Su anuncio inicial no cambiará, sólo se adjuntarán datos.

Como alternativa, haga clic en Services en la barra de navegación, en la parte superior de la página, desplácese hacia abajo hasta Manage Your Active Listings y haga clic en el enlace Add to item description. Si utiliza esta ruta, deberá tener el número del artículo escrito, pues éste debe digitarse antes de hacer cualquier cambio.

No deje que un descuido se convierta en una falla de comunicación y no ignore la comunicación dudosa hasta que la subasta termine. Corrija cualquier imprecisión en los datos de su subasta ahora para evitar problemas después.

Siempre revise su correo electrónico para ver si los oferentes tienen preguntas sobre su artículo. Si un oferente desea saber sobre los defectos, sea honesto y cortés al contestar los mensajes. Conforme se familiarice más con eBay (y con la redacción de las descripciones de subastas), el número de mensajes electrónicos con preguntas disminuirá. Si usted disfruta del buen servicio al cliente en sus compras cotidianas, esta es su oportunidad de hacer lo mismo por otros.

# Capítulo 11

# Olvídese del Carro; Conduzca su Mouse hasta una Tienda eBay

● ● ● ● ● ● ● ● ● ● ● ● ● ● ● ● ● ● ● ● ● ● ● ● ● ● ● ● ● ● ● ● ● ● ● ● ● ● ● ● ● ● ●

## *En este capítulo*

▶ Comprar en la tiendas eBay

▶ Abrir su propia tienda eBay

▶ Buscar en las tiendas eBay

● ● ● ● ● ● ● ● ● ● ● ● ● ● ● ● ● ● ● ● ● ● ● ● ● ● ● ● ● ● ● ● ● ● ● ● ● ● ● ● ● ● ●

A veces, uno sencillamente no quiere comprar en una subasta. A veces quiere comprar un artículo ya, sin esperar a que una subasta termine. ¡*Ya*! El lugar más indicado para este tipo de transacción es el área de tiendas eBay, donde encontrará artículos a precio fijo con la característica Buy It Now.

Toda la mercadería fina, y la extraña, que usted puede hallar en eBay también la puede se encuentra en el área de tiendas eBay. Las tiendas eBay están localizadas en un área separada de las subastas regulares, y los vendedores regulares de eBay las administran. Las tiendas eBay son un lugar donde los vendedores pueden anunciar tantos artículos adicionales como quieran por una cuota de inserción reducida. Los compradores son atraídos a la tienda por medio del pequeño icono rojo de tiendas eBay que aparece junto a la identificación del usuario.

Cuando esté observando un artículo y se da cuenta de que el vendedor tiene una tienda, no olvide hacer clic en el icono respectivo. El vendedor podría tener la misma mercadería en su tienda eBay por un precio de compra menor.

Si un vendedor tiene una tienda eBay, puede colocar artículos individuales para diferentes tamaños de una misma prenda de vestir, diferentes variedades del objeto que vende en las subastas regulares, o cualquier cosa que quepa dentro de las políticas de inclusión de eBay. Los artículos de la tienda se anuncian por un período de al menos 30 días, así que los vendedores también pueden ofrecer artículos especiales que no se venden bien en una subasta de corta duración de uno a diez días.

Los requisitos para abrir una tienda eBay son bastante básicos. Le sugiero que haga negocios en el sitio durante algún tiempo antes de abrir una tienda. Es necesario entender a fondo el funcionamiento de eBay y saber cómo manejar todo tipo de transacciones. Estos son los requisitos de eBay:

✔ Debe estar inscrito como vendedor en eBay, con una tarjeta de crédito en archivo.

✔ Debe tener una calificación de 20 o más (o contar con la verificación de identidad).

✔ Debe aceptar pagos con tarjeta de crédito, ya sea a través de PayPal o de una cuenta comercial.

CONSEJO

El motor de búsqueda de eBay no busca directamente en el área de las tiendas eBay. Si está buscando un artículo en particular, registre eBay y luego, en la página de resultados, fíjese en la columna de enlaces a la izquierda. Deslícese hacia abajo y, si una tienda tiene su artículo en existencia, ésta aparecerá con un enlace donde puede hacer clic en una casilla llamada More on eBay, Shop eBay Stores. Esta casilla aparece debajo del cuadro Display.

Para ir al área principal de tiendas eBay, visite la página inicial de eBay, busque el enlace Specialty Sites en la parte superior izquierda (vea la Figura 11-1) y haga clic en el enlace eBay Stores. Como alternativa, puede digitar **www.ebaystores.com** en la casilla de la dirección en su buscador Web.

**Figura 11-1:**
Un rápido clic en la casilla Specialty Sites, en la página inicial de eBay, lo lleva a la central de tiendas eBay.

# Compras Ilimitadas desde la Página de Tiendas

Bueno, ¡ya llegó! Ha arribado a la central las compras poderosas en línea, la página inicial de las tiendas eBay (vea la Figura 11-2). Así como la página inicial de eBay, ésta es su portal de acceso a muchas increíbles gangas. Esta sección da un vistazo a lo que encontrará ahí, cómo navegar por las tiendas y cómo encontrar las ofertas.

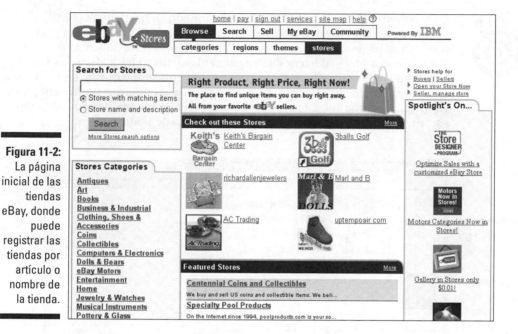

**Figura 11-2:**
La página inicial de las tiendas eBay, donde puede registrar las tiendas por artículo o nombre de la tienda.

# Búsqueda en eBay Stores

En la parte superior izquierda de la página inicial de las tiendas eBay se encuentra el motor de búsqueda para ellas. Usted puede realizar su búsqueda de tiendas en diferentes niveles. Puede buscar por artículos Buy It Now (me parece un poco obvio: ¿no es por eso que estamos aquí?) En todo caso, si digita su palabra clave en la casilla y usa la búsqueda predeterminada, encontrará todos los artículos Buy It Now en las tiendas que concuerden con su palabra clave.

Las tiendas eBay no sólo contienen artículos de compra inmediata. Si los vendedores cuentan con subastas actualmente en eBay, éstas aparecerán en sus tiendas también, pero las subastas regulares no surgen en una búsqueda de artículos en las tiendas eBay. Entonces, si encuentra una subasta que le interese en eBay, haga clic en el artículo para leer su descripción y condición. Si desea comprarlo, haga clic en el enlace Visit My eBay Store junto al nombre de la tienda, en la parte superior de la página del artículo, para ir a la tienda del vendedor en eBay. Tal vez encuentre algunos artículos relacionados que le apetezcan Y el vendedor probablemente combinará los costos de envío, ¡y así usted ahorrará algo de dinero!

Por cierto, antes de hacer clic en Buy It Now, usted debería (¡repitan conmigo!) revisar a conciencia la retroalimentación del vendedor.

Cuando obtenga los resultados de una búsqueda en las tiendas eBay, puede hacer clic en Find Related Auction Items en el enlace All eBay, en la parte inferior de la página, para buscar artículos similares en las subastas de eBay (vea la Figura 11-3). Al hacer clic en este enlace, usted irá a eBay (las subastas) para encontrar artículos que concuerden con su búsqueda. Le recomiendo seriamente hacer clic aquí antes de decidirse a comprar: podría encontrar su artículo en una subasta a un precio considerablemente inferior. El tiempo es oro y, si tiene tiempo, puede ahorrar un poco de plata.

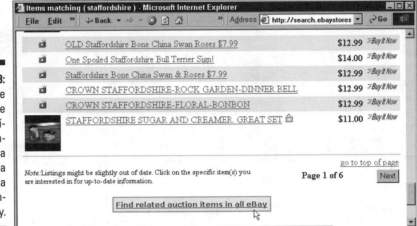

**Figura 11-3:** Este enlace lo conduce a más artículos cuando lleva a cabo una búsqueda en las tiendas eBay.

Si recuerda el nombre de la tienda de un vendedor específico (aunque sea incompleto), también puede registrar eBay Stores para hallarlo. Solamente hace falta digitar el nombre de la tienda (o una parte), como se muestra en la Figura 11-4, en la casilla Search Stores y seleccionar el botón Search Store Name and Description.

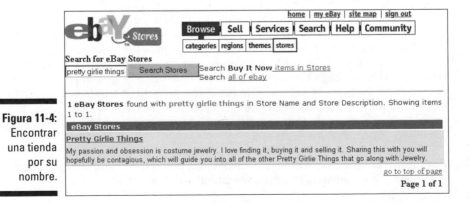

**Figura 11-4:** Encontrar una tienda por su nombre.

Si no recuerda el nombre de la tienda, pero sí lo que vende, digite las palabras claves en la casilla de búsqueda mientras selecciona la opción Search Store Name and Description. Por ejemplo, puede digitar *terrier t-shirts*. Si el vendedor ha usado estas palabras en la descripción o el título de su tienda, aparecerá en la lista de resultados de la búsqueda, como se aprecia en la Figura 11-5.

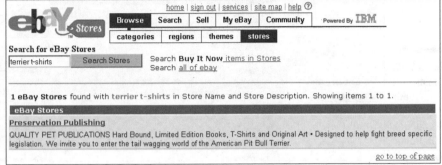

**Figura 11-5:** Buscar palabras claves en la descripción de la tienda.

# Registrar entre las categorías de tiendas

Registrar las categorías de las tiendas es una excelente idea cuando usted está buscando un especialista; ya sabe, alguien que maneja un tipo de artículo en particular que a usted le agrada. Tal vez tiene afinidad por la joyería, el arte, los libros de ediciones limitadas o el bordado. Sea cual sea su interés, muy probablemente encontrará una tienda aquí que se ajuste a sus necesidades.

Para rebuscar entre las tiendas eBay, sólo haga clic sobre Browse, en la barra de navegación, en cualquier página de eBay. En la casilla de subnavegación que aparece debajo de ella, haga clic en Stores y viajará a la central de las tiendas eBay. Busque la lista de categorías al lado izquierdo de la página; haga clic en la categoría que le llame la atención. Cuando lo haga, el lado izquierdo de la página (¡sorpresa!) mostrará las subcategorías dentro de esa categoría. Yo hice clic en Coins, y luego en US Coins, y obtuve la página central de la subcategoría, mostrada en la Figura 11-6.

Registrar las categorías de tiendas eBay es como pasear por un centro comercial lleno de sus artículos favoritos. Observe que las tiendas con los inventarios más completos en la categoría aparecerán al principio.

Igual que en el mundo de ladrillos y morteros, las tiendas más "generales" en eBay tienen una gama más amplia de mercadería. Al buscar en categorías individuales, podría perderse un artículo. Intente visitar la categoría Everything Else, y encontrará, bueno, todo lo demás.

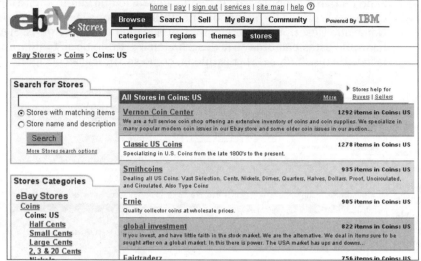

**Figura 11-6:**
Búsqueda
por
categoría en
las tiendas
US Coins.

# Vender desde su Propio Almacén Virtual

Después de haber comprado en las tiendas eBay, quizás esté pensando que es un buen lugar para abrir su propio negocio. Hay excelentes noticias en ese sentido, porque las tiendas eBay cuentan con el alquiler más razonable de la Internet. En un puesto de eBay, usted no está limitado por el formato de las subastas, de un máximo de uno a diez días. Puede colocar sus artículos a precio fijo en su tienda eBay con base en la política "válido hasta su cancelación".

## Pagarle al arrendador

La renta mensual por un puesto en eBay puede ser tan baja como $9.95 mensuales. Los negocios especiales tienen un alquiler de $49.95, y las "tiendas ancla" (como su tienda por departamentos local) pagan $499.95 al mes. A los anuncios de los negocios especiales se les garantiza que rotarán en la sección de especiales en la página inicial de las tiendas eBay. Estos anuncios también aparecerán en la parte superior de la página con el directorio de su categoría. Las tiendas ancla reciben publicidad extra, y sus logotipos se exhiben en las páginas del directorio de tiendas.

El precio razonable detrás de las tiendas eBay es una fenomenal ganga. Por tan poco como $9.95 al mes, ¡usted tiene la oportunidad de vender su mercadería a más de 73 millones de usuarios inscritos! Vea en la Tabla 11-1 las cuotas por colocarse en la lista de tiendas eBay.

| Tabla 11-1 | Cuotas por anunciarse en las tiendas eBay | | |
|---|---|---|---|
| *Duración del anuncio* | *Cuota básica* | *Recargo* | *Total* |
| 30 días | $0.05 | $0.00 | $0.05 |
| 60 días | 0.05 | 0.05 | 0.10 |
| 90 días | 0.05 | 0.10 | 0.15 |
| 120 días | 0.05 | 0.15 | 0.20 |
| Válido hasta su cancelación | 0.05 | 0.05 por cada día 30 días adicionales | Depende de la duración del anuncio |

Las cuotas por los anuncios y la "renta" mensual pueden ser sólo la punta del iceberg si usted prefiere ponerse sofisticado y usar todo tipo de opciones. ¿Mi recomendación? No gaste demasiado en ellas hasta que esté completamente establecido en un negocio eBay; para ese entonces, tendrá la experiencia como para saber qué agregar y cuándo hacerlo. Quédese con lo básico. Los mismos costos que en las subastas regulares de eBay aplican, con respecto a cuotas sobre el valor final y las opciones de colocación en lista. (Vea las cifras reales en el Capítulo 9).

La cuota por la opción de la Galería se reduce cuando se usa solamente en los anuncios de tiendas. Por ejemplo, la muy valiosa opción de tener una foto en la Galería sólo agrega $0.01 al costo de su anuncio. Eso hace que el costo total de su colocación individual, con una foto en la Galería, sea ¡solamente de $0.06!

## Abrir su tienda eBay

Puesto que este libro es su introducción a eBay, yo le daré únicamente unas pocas ideas sobre cómo abrir un puesto en eBay. En mi libro más avanzado, *Starting an eBay Business For Dummies* (Wiley Publishing, Inc.), lo guío paso a paso por el proceso básico de abrir su tienda.

La manera más fácil para que un principiante inaugure un puesto eBay es conseguir una gran cantidad de un solo artículo, como seis docenas de sombrillas, y luego anunciar estos artículos separadamente. Recuerde los costos de sus artículos antes de ponerles precio. Anuncie una subasta para uno de los artículos y, en su descripción, mencione que hay más en su tienda eBay. También ofrezca combinar los costos de envío en compras múltiples.

Darle un nombre a su tienda es su primer reto. Escoja uno que describa el tipo de artículos que se hallarán en su tienda o uno que incluya su identificación de usuario. No elija un nombre tan esotérico o demasiado creativo que no dé a los compradores potenciales ni una pista de lo que usted ofrece. En la Figura 11-7 se ilustran un nombre creativo de una tienda y un logotipo gráfico.

**Figura 11-7:**
La página
de tiendas
eBay con mi
puesto.

Como puede ven en la página de mi puesto, cada tiende puede tener sus propias categorías. Puede inventarlas usted mismo, lo cual permite que sus clientes encuentren artículos dentro de su tienda en forma organizada. Usted puede definir hasta 19 categorías personalizadas (con un máximo de 29 caracteres para cada nombre) en su negocio.

La página inicial de su tienda eBay tiene enlaces a la información de su tienda: Store Policies y la página About the Seller. La página About the Store es la misma que su página About Me (discutida en el Capítulo 14).

Pase algún tiempo en eBay antes de abrir su tienda. Estudie algunas de las más exitosas. ¡Es imprescindible contar con el conocimiento suficiente para que su negocio sea todo un éxito!

# Capítulo 12

# Cerrar el Trato y Hacer el Envío

- - - - - - - - - - - - - - - - - - - - - - - - - - - - - - - - - -

*En este capítulo*

▶ Mantenerse organizado

▶ Comunicarse con el comprador

▶ Cómo empacar y enviar el artículo

▶ Comprar estampillas y otros servicios en línea

- - - - - - - - - - - - - - - - - - - - - - - - - - - - - - - - - -

L a subasta terminó y hay un ganador, quien (espero) está deseoso de enviarle su dinero. Suena perfecto, ¿no? Lo es si usted se mueve con cautela, está al tanto de las cosas y se comunica como un profesional.

En este capítulo, le ayudo a averiguar cómo mantenerse organizado, y le muestro los documentos que necesita guardar y por cuánto tiempo. También incluyo consejos y etiqueta sobre la comunicación con el comprador, para que tenga mayores posibilidades de recibir comentarios positivos. Además, averiguará cómo empacar su artículo, evaluar los costos y asegurarse de que el objeto llegue al comprador cuando usted dice que lo hará (ah, sí... y en una sola pieza).

## Contabilidad y Organización

Aunque no recomiendo que conserve absolutamente todos los restos de todas las subastas que usted administra, puede guardar algunos documentos con seguridad, sin preocuparse por mutar en una gigante rata acumuladora. Hasta que se convierta en un experto de eBay y tenga otras formas de almacenar electrónicamente su información, debería imprimir y archivar estos documentos esenciales:

> ✔ **La página de la subasta como se veía al terminar la subasta:** Esta página le da un registro del nombre y número del artículo, el historial de las ofertas, las identificaciones de todos los oferentes, y mucha otra información útil. La página también incluye la descripción del artículo subastado (y cualquier corrección que haya hecho), lo cual resulta útil si el comprador argumenta que el artículo se está desintegrando ante sus ojos y usted honestamente cree que sólo es producto de excesivo cariño y uso.

Tal vez usted crea que no necesita esta información porque es fácil localizarla, pero aquí entra en juego la practicidad: eBay hace parecer que las subastas terminadas desaparecen después de 30 días. Sin embargo, si usted usa el enlace personalizado que aparece en su mensaje del fin de la subasta o EOA: End of Auction (vea la viñeta siguiente), puede tener acceso a la subasta en línea hasta por 90 días. Imprima la página de su subasta *antes* de que se le olvide, archívela donde la pueda encontrar y *luego* olvídela.

✔ **El correo electrónico sobre el fin de la subasta o EOA (End of Auction) que recibe de eBay notificándole sobre la finalización de su subasta:** Si pierde este mensaje, no puede conseguirlo nuevamente porque eBay no lo guarda.

Yo instalé una carpeta separada en mi programa de correo electrónico Microsoft Outlook para los mensajes EOA. Cuando entra uno, lo leo y luego lo arrastro hasta su carpeta especial. Así, siempre puedo revisar esta carpeta y encontrar la información que necesito.

✔ **Correspondencia electrónica entre usted y el comprador:** En el mundo virtual, el correo electrónico es lo más cercano a tener una conversación persona a persona para muchas personas. Su correspondencia electrónica es un registro viviente de todas las cosas que discute con el comprador para completar la transacción. Incluso si vende sólo unos cuantos artículos al mes en eBay, manténgase al tanto de quién pagó y quién le debe dinero. Y, más importante, si el comprador dice: "Le avisé que iba a salir de la ciudad," puede chequear sus mensajes electrónicos y responder, "No, no aparece aquí." O "¡Cierto! ¿Cómo le fue en Tombuctú? ¿Ya envió su pago?" O algo más cortés. Asegúrese de guardar los mensajes con los encabezados y las fechas en ellos, para no poder ser acusado de (digamos) redacción creativa.

✔ **Avisos de pago de PayPal:** Usted recibe un aviso de PayPal cuando el comprador paga por el artículo. Dicho aviso tiene la información de la subasta además de los datos de envío del comprador. (Cuando llega ese mensaje, el reloj empieza a correr para el transporte del artículo).

✔ **Cualquier estado bancario recibido que refleje un pago que no fue aceptado:** Guarde cualquier cosa relacionada con pagos, especialmente aquellos que no pudieron tramitarse. De ese modo, si un comprador afirma estar seguro de haberle enviado un cheque, usted le puede contestar: "Sí señor, don Fulano, me envió un cheque y estaba hecho del mejor hule". O algo más amable, especialmente si desea ese pago.

✔ **Todos los formularios de seguros o servicios de depósitos que tenga:** Hasta que el artículo haya llegado y usted esté seguro de que el cliente está satisfecho, cerciórese de guardar los recibos de flete y seguro, así como toda documentación que acompañe a una venta con servicio de depósito.

✔ **Solicitudes de reembolso que usted hace:** Si solicita a eBay un reembolso por una subasta que no se completó, guárdelo hasta que el proceso haya acabado.

✔ **Recibos por artículos comprados con el único propósito de venderlos en eBay:** Esto es útil como referencia para ver si usted está obteniendo ganancias. También puede ser de ayuda a la hora de llenar su declaración de impuestos.

## Cuentos de una antigua Tipo A

Hora de confesarme. Yo solía guardar todo mi papeleo: subastas, mensajes electrónicos, todo. Ahora conservo los correos electrónicos y los recibos que me envían hasta completar la transacción. Luego van a la papelera de reciclaje, y así yo todavía puedo encontrar un archivo en mi programa Outlook.

Actualmente, me mantengo al tanto de todas mis finanzas eBay con software para la admi-

nistración de subastas, el cual me ayuda a llevar un registro de quién me ha pagado y quién no. Estos programas también me ayudan a conocer mis gastos, ganancias y otros cálculos financieros, casi sin esfuerzo. (Vea el Capítulo 20 para más información sobre ellos). También ayudan a hacer mis subastas más llamativas. Viva el progreso.

Algún día, la Oficina de Tributación (o la agencia gubernamental en su área) podría tocar a su puerta. Atemorizante, pero cierto. Como los huracanes y los choques de asteroides, las auditorías sí ocurren. Cualquier contador confiable le dirá que la mejor forma de manejar la posibilidad de una auditoría es estar preparado para lo peor; incluso si toda transacción que realiza en eBay corre como un coche bien aceitado y usted ha mantenido su nariz bien limpia. Vea el Capítulo 9 para más sobre información tributaria.

Si acepta pagos en línea por medio de PayPal (PayPal Premier o Business members only), puede descargar el historial de su transacción para uso en Quick-Books, Quicken o Excel. Además, estos programas son excelentes fuentes para su documentación.

Una vez al mes, realice una búsqueda By Seller sobre sí mismo, para poder imprimir toda la información en el historial de ofertas de sus subastas más recientes. Yo lo hago aparte de mi software para subastas. Contar con las listas impresas en forma ordenada facilita ver qué se vendió, por cuánto y cuándo. El Capítulo 5 le da los pormenores sobre cómo conducir esta búsqueda.

En cuanto a copias impresas de sus correos electrónicos y los documentos sobre transacciones, tan pronto como el artículo llegue a su destino y usted reciba su calificación positiva, puede botarlos. Si recibe comentarios negativos, conserve su documentación un poco más (digamos, hasta que asegurarse de que el asunto se ha resuelto y todos están satisfechos). Si vender en eBay se convierte en una fuente de ingresos bastante regular, guarde todos los recibos de los artículos comprados para vender; para propósitos tributarios, eso es inventario.

Si vende artículos especializados, puede seguir el rastro a las tendencias y saber quiénes son los compradores frecuentes, si usted guarda sus papeles. Este hábito prudente se convierte en una excelente estrategia de mercadeo cuando descubre que un segmento de los usuarios de eBay fielmente hace ofertas en sus subastas. Un *público*. Imagínese.

# Hablar con los Compradores: el ABC de la Buena Comunicación

Lo ha escuchado innumerables veces: las palabras no valen nada. ¿Comparado con qué? Estoy de acuerdo: las promesas vacías abundan, pero una conversación abierta y honesta y mensajes electrónicos eficientes valen su peso en oro y consiguen buena calificación; especialmente en eBay. A veces, *no* hablar sale caro.

Un exitoso intercambio de dinero y mercadería realmente empieza con usted (el vendedor) y su actitud hacia la transacción. La descripción de su subasta, y luego su primer mensaje electrónico poco después del final de la subasta, ponen toda la transacción en movimiento y establecen el tono de la misma. Si todo sale bien, debe transcurrir *como máximo una semana* entre la recepción del pago y el envío del artículo.

Tome un enfoque preventivo y dé el primer paso. Le sugiero que contacte al comprador incluso *antes* de recibir el EOA de eBay. Así es como puede conseguir la dirección electrónica del comprador:

1. **Empiece en la página del artículo que vendió.**

   Haga clic en el enlace Contact the Buyer junto al nombre del ganador. Si usted se ha registrado en eBay, será llevado a la página User ID History.

2. **Haga clic en la dirección electrónica del ganador.**

   Se abrirá una ventana de correo electrónico, la cual presenta el historial de la identificación del usuario y la información sobre su dirección de correo. Esta página le brinda alguna información necesaria:

   - La dirección electrónica de la persona

   - La identificación de usuario de la persona (o varias de ellas, si la persona hizo algún cambio de nombre en el pasado)

   - La fecha en que la identificación del usuario entró en vigencia

   - La fecha final de uso de la identificación de usuario (si esta persona tuvo otras en el pasado)

Si se registra antes, se coloca un *cookie* temporal (un archivo de cómputo que facilita la navegación por un sitio Web) en su computadora, para que usted reciba automáticamente las direcciones electrónicas de los usuarios de eBay (y otras subastas que haya especificado en su página My eBay Preferences) sin tener que pasar por todo ese proceso nuevamente. Usted necesita fijar sus preferencias para hacerlo en la página My eBay. Si seleccionó la casilla Keep Me Signed In on This Computer Unless I Sign Out al registrarse en eBay, su contraseña se guarda incluso si corta su conexión a Internet. Su contraseña se guardará hasta que usted haga clic en el enlace Sign Out. Para más información jugosa sobre los *cookies*, vea el Capítulo 15.

Otra manera de tener acceso a la información del comprador es ir a su página My eBay, desplazarse hacia el área Items I've Sold y hacer clic en el nombre del comprador, en la fila de la subasta en cuestión.

## Gracias; de veras

¿Qué tienen en común todas las conocidas y exitosas tiendas por departamentos? Sí, excelentes precios, buena mercadería y bonitas exhibiciones. Pero, si todo lo demás es igual, el servicio al cliente siempre arrasa con el primer lugar. Una tienda por departamentos en Estados Unidos, Nordstrom, tiene una reputación tan intachable, que aceptó que un cliente devolviera una llantas para la nieve porque no estaba contento con ellas. No parece gran cosa, quizá; hasta que recuerde que Nordstrom ni siquiera *vende* llantas para nieve.

Un amigo mío es dueño de un restaurante, y llama a ese nivel de satisfacción al cliente el efecto *¡Vaya!* Si los clientes (sin importar lo que compran) dicen "¡Vaya!" durante o después de la transacción, con admiración o alegría, ha logrado complacer al cliente. Una buena regla a seguir: Dé a las personas el mismo nivel de servicio que espera recibir cuando usted es quien compra.

La mejor manera de empezar a satisfacer al cliente es con un e-mail introductorio. Felicite a la persona por haber ganado la subasta (hágala sentirse bien con la compra) y agradézcale por haber ofrecido por su artículo. Luego, bríndele estos importantes detalles:

- Nombre del artículo y número de la subasta.
- Monto de la oferta ganadora.
- Costo del envío y embalado, y cualquier restricción sobre el transporte o el seguro. (Le doy algunas ideas sobre cómo determinar los costos de envío y empaque más adelante en este capítulo.)
- Opciones de pago (cheque, orden de pago, tarjetas de crédito o PayPal)
- Cuánto tiempo conservará el artículo mientras espera que un cheque se haga efectivo (generalmente entre 7 y 14 días).
- Cronograma de envío.

También debe cuidar otros detalles vitales en su primer mensaje electrónico:

- Confirme la dirección (y el número telefónico diurno, en caso de que necesite llamar); pregunte si ahí es donde debe mandar el artículo. Si no, pida la dirección correcta para el envío.
- Incluya su nombre y la dirección a la cual desea que le envíen el pago.
- Recuerde a los compradores que escriban el nombre del artículo, el número de la subasta y la dirección de envío en cualquier forma de pago

que manden. Le sorprendería saber cuántos compradores olvidan darle el número del artículo. Además, solicíteles que impriman y envíen una copia de su mensaje con el pago.

✔ Si utiliza un servicio de pago en línea, como PayPal, asegúrese de dar a los compradores las instrucciones sobre cómo pueden cancelar la subasta en línea.

✔ Incluya su número telefónico si piensa que hará el proceso más rápido.

✔ Sugiera que, si todo sale bien, le complacerá dejar comentarios positivos para el comprador. (Vea el Capítulo 4 para más sobre retroalimentación).

También puede enviar un aviso desde su página My eBay, en el área Items I've Sold. Sólo haga clic en la barra gris Send Invoice, verifique toda la información y haga clic en Send Invoice. Si escoge la casilla Copy Me en esta factura, usted recibirá una copia. La copia del comprador tiene un enlace que le permite cancelar directamente a PayPal (si usted lo acepta como pago). La Figura 12-1 muestra cómo se ve la factura electrónica.

**Subject:** Please send payment for your eBay purchase - item #2955712856
**Here's the invoice for your item, super-shop-a-holic!**

Dear **super-shop-a-holic,**

Thank you for your purchase. The total for your item below is **$190.78.**

| **Please send payment for your eBay purchase** |
|---|
| You can pay me securely with any major credit card through PayPal. I accept the following payment methods: PayPal, Cashier's Check/Money Order. |

Pay Now

| Item # | Item Title | Qty. | Price |
|---|---|---|---|
| 2954836420 | CLOUD DOME w 7 inch Ext Digital Macro Photos | 1 | $168.99 |

**Payment Instructions**
All items are guaranteed to be exactly as stated in the description. THANK YOU for looking!

**Figura 12-1:**
Factura de eBay enviada al comprador.

# Mantengámonos en contacto

Si la transacción está saliendo bien (como casi todas), el comprador responderá su mensaje electrónico dentro de tres días hábiles. Generalmente, la mayoría responde al día siguiente. Si su comprador tiene preguntas sobre cualquier cosa que usted le pidió en su correo electrónico, usted recibirá esas consultas ahora. Gran parte del tiempo, lo único que le llegará es: "Gracias. El pago está en camino". Eso es suficiente para mí.

Si algún detalle de último hora debe resolverse, usualmente el comprador pide que se fije una hora para llamar o solicitar instrucciones adicionales sobre la transacción. Responda a esta comunicación tan pronto como sea posible. Si no puede manejarlo de momento, avise al comprador que está ocupándose de eso y le lanzará las respuestas muy pronto. *Nunca* deje un mensaje sin responder.

Una vez que aprenda el teje y maneje de enviar correos electrónicos, puede añadir un enlace eBay que conduzca al comprador directamente al foro de comentarios (Feedback Forum) con sólo un clic del mouse. Los compradores y vendedores también pueden conectarse a dicho foro desde la página final de la subasta, haciendo clic en el enlace Leave Feedback.

Si desea ver ejemplos de mensajes e información más detallada, consiga una copia de mi libro sobre ventas avanzadas en eBay, *Starting an eBay Business For Dummies* (publicado por Wiley Publishing, Inc.).

# Despachar sin Despedirse de su Cordura

Enviar un artículo puede ser la tarea que más tiempo consume, y también la más tediosa, para los vendedores en eBay. Incluso si la parte de la venta en su transacción funciona de maravilla, el artículo debe llegarle al comprador en una sola pieza. Si no es así, el trato podría arruinarse; y su reputación también.

Esta sección le comenta sobre la etiqueta de los envíos, le da detalles sobre las tres opciones más populares de envío (el Servicio Postal de Estados Unidos, UPS y FedEx Ground) y le ofrece consejos sobre cómo asegurarse de que su paquete está listo para viajar.

La mejor manera de evitar problemas con los fletes es prepararse con anterioridad, determinar cuál método probablemente funcione mejor y enunciar en la descripción de su artículo exactamente cómo piensa enviar el artículo. Yo siempre aclaro: "El comprador paga los gastos de envío, manejo y seguros", y eso es lo que cobro, aunque puedo hacer concesiones si el comprador desea un método específico de transporte que sea razonable. He aquí como yo manejo todo el proceso:

1. **Después de la subasta, aliste el paquete para su envío.**

   No hace falta sellar el paquete de inmediato, pero debería tenerlo listo para sellar, pues los dos factores críticos en un envío son el peso y el tiempo. Cuanto más pese un paquete y más rápido debe ser entregado, más alto será el cargo. (Más adelante en esta sección hablo sobre los materiales de embalado y algunos consejos al respecto.) El momento para pensar sobre el empaque y el envío es *antes* de colocar el artículo en una subasta; así, ¡es menos posible que surjan sorpresas de último minuto mientras el comprador espera impacientemente por el artículo!

2. **Conozca sus opciones de transporte.**

   En Estados Unidos, las tres alternativas principales para la mayoría de las transacciones en eBay son el Servicio Postal de los Estados Unidos, FedEx y UPS. Vea la sección "En busca de un transportista" para saber cómo obtener opciones de tasas para cada servicio, sin esfuerzo y en línea. Compare costos y servicios.

3. **Antes de citar la cuota por el flete, cerciórese de haber incluido todos los costos apropiados.**

Le recomiendo que cobre una cuota de manejo nominal (hasta $1.50 es aceptable) para cubrir los materiales de empaque, los cuales pueden acumularse rápidamente conforme usted empieza a hacer múltiples transacciones. También debería incluir los costos del seguro y los de la confirmación de entrega. Vea el cuadro "Adegurar su paz y tranquilidad (y su envío)" para más información.

Algunos estafadores en eBay inflan los costos de transporte y manejo para obtener una ganancias adicionales. *Malo, malo, malo, muy malo*. Cobrar de más, a propósito, refleja mal gusto, y es desagradable e inmaduro. Y el comprador a menudo se da cuenta después de echar un vistazo al franqueo en la caja.

Es mejor indicar los costos de envío (o usar la calculadora en línea para costos de envío de eBay; vea el Capítulo 10 para más sobre cómo usar esta herramienta) para dar a los compradores una idea de cuánto tendrán que pagar por el flete. Así, ellos pueden tomar en cuenta este monto al considerar sus estrategias para hacer ofertas. Calcule cuánto va a pesar el artículo empacado y luego dé una buena aproximación; las calculadoras en línea pueden ayudarle. Si el artículo es particularmente pesado y usted necesita usar un servicio de transporte que cobre por peso y distancia, asegúrese de indicar en su descripción de la subasta que sólo está dando una aproximación, y que el costo final se determinará después de terminada la subasta. Como alternativa, puede decir a los oferentes cuánto pesa el artículo, desde dónde va a mandarlo y cuáles son los cargos por manejo (a unos cuantos oferentes no les importa sumar los números por sí solos).

Ocasionalmente, los cálculos de transporte están equivocados, y usted puedo no darse cuenta hasta después de recibir el dinero del comprador. Si el error es a su favor y es considerable, notifique al comprador y ofrézcale un reembolso. Pero si el flete acaba costándole a usted un poco más, amárrese las mangas y páguelo. No importa si le deja saber al comprador lo sucedido y que usted se encargó del costo adicional. Quién sabe, podría aparecer en su calificación más adelante. (Incluso si no es así, sembrar buena voluntad no hace daño a nadie.)

4. **Envíe un correo electrónico al comprador y felicítelo por haber ganado; reitere cuál es su método de envío preferido y cuánto tiempo supone que tardará en llegar el paquete.**

Cerciórese de que ambos estén hablando del mismo período de tiempo. Si el comprador se opone al precio o al tiempo de envío, trate de hallar una opción que haga feliz al comprador.

5. **Mande el paquete.**

¿Cuándo debería enviar el paquete? La cortesía dice que debería salir tan pronto como los costos del artículo y su flete estén pagados. Si el comprador ha cumplido con su parte del trato, usted debería hacer lo mismo.

## Asegurar su paz y tranquilidad (y su envío)

Claro, "perdido en el correo" es una excusa que todos hemos escuchado cientos de veces pero, a pesar de los mejores esfuerzos de todos, a veces las cosas se dañan o se pierden durante el transporte. El universo es un lugar peligroso; para eso existe el seguro. Yo usualmente ofrezco pedir un seguro al transportista si el comprador desea pagar por él, y siempre lo uso para artículos costosos, únicos o muy frágiles. En mi descripción del artículo aclaro que el comprador debe pagar por el seguro.

Todos los transportistas principales ofrecen seguros, y su precio es bastante razonable, así que revise las tarifas en sus sitios Web. Pero no olvide leer los detalles. Por ejemplo, muchos artículos en eBay se venden MIMB (Mint in Mint Box). Cierto, la condición de la caja original a menudo tiene impacto en el valor final del artículo que contienen, pero el Servicio Postal de los Estados Unidos (USPS) sólo asegura lo que está dentro de la caja. Entonces, si vendió una Barbie Malibú *mint in a mint box*, USPS sólo asegura la muñeca y no la caja original. Empáquela con cuidado, de modo que el comprador reciba lo que ha pagado. Recuerde que los transportistas no aceptan reclamos si sospechan que usted causó el daño por empacar en forma negligente.

Como alternativa, si está vendiendo en eBay en serio, puede comprar su propia póliza de protección para paquetes a una compañía de seguros privada. (Vea el Apéndice B para más información). Cuando usa este tipo de seguro, combinado con franqueo electrónico preimpreso, ya no debe hacer fila en la oficina postal para que un empleado asegure su paquete.

Algunos vendedores también brindan su propio tipo de *auto-seguro*. No, no fingen ser de State Farm o Allstate (aunque sí son bastante confiables). Esto es lo que yo ofrezco a mis compradores, sin costo alguno para ellos:

- En los artículos de precios más bajos, estoy dispuesta a reembolsar el dinero del comprador si el artículo se pierde o daña.

- En algunos artículos que vendo, tengo una *reserva por riesgos*. Eso significa que tengo más de un ejemplar por objeto vendido. Si el artículo se pierde o destruye, puedo enviar el objeto de respaldo como reemplazo.

Mande ese paquete no más de una semana después del pago (o después de que el cheque se haga efectivo). Si no puede, inmediatamente envíe un mensaje al comprador y explíquele el retraso. Debería enviar un mensaje al comprador en el momento que despacha el paquete y pedirle un correo electrónico que confirme el arribo, una vez que el artículo llegue. (No olvide colocar un recordatorio de retroalimentación positiva).

Mande un mensaje de seguimiento para avisar al comprador que el artículo está en camino. En él, asegúrese de incluir cuándo envió el artículo, cuánto tiempo debería tardar en llegar, cualquier número de rastreo especial (si lo tiene) y una solicitud de un mensaje que confirme el arribo. Yo también incluyo una nota de agradecimiento (un recibo sería una adición más "de negocios") en cada paquete que despacho. Me agrada recibir uno en los paquetes de eBay, y siempre hace sonreír al receptor. Nunca está de más aprovechar cada oportunidad para promover la buena voluntad (y futuros negocios y comentarios positivos).

Más a menudo de lo que usted crea, usted recibirá un mensaje del comprador indicándole que el artículo llegó sin problemas. Si no es así, no estaría mal enviar otro mensaje (aproximadamente una semana después) para preguntar si el objeto llegó en buenas condiciones. Activará la memoria del comprador y demostrará su profesionalismo como vendedor. Use esta oportunidad para recordar gentilmente a los compradores que usted va a dejar retroalimentación positiva. Pregunte si están satisfechos y no sea tímido sobre sugerir que hagan lo mismo por usted. Deje la calificación positiva de inmediato para no olvidarla.

## En busca de un transportista

Si tan sólo fuera posible transportar su artículo como lo hacen en *Viaje a las Estrellas*: "Sube ese Beanie, Scotty" Desafortunadamente, no es así. El correo prioritario (Priority Mail) por medio del Servicio Postal de los Estados Unidos es el estándar en eBay para envíos dentro de los Estados Unidos y a Canadá. Muchos estadounidenses también confían en él para los fletes internacionales. FedEx y UPS son alternativas mundiales que funcionan bien también.

Ya sea que se encuentre en la oficina de correos, UPS, FedEx o el consultorio de su médico, esté preparado, dispuesto y mentalizado para esperar en fila. Definitivamente hay una "hora pico" en la oficina de mi vecindario: todos están apurados, y todo se mueve a la velocidad de un glaciar. Yo evito los períodos del mediodía y las horas después del trabajo (más tranquilo). Un buen momento para hacer envíos es aproximadamente a las 10:30 a.m., cuando todos están todavía de buen humor. Si tengo que ir en la tarde, lo hago aproximadamente a las 3:00 p.m., cuando los empleados han regresado de su almuerzo y las caras amigables (la mía también: ¡siempre sonrío!) pueden limar las asperezas de esos bruscos encuentros del mediodía. Y, sin importar cuál transportista use, complete los formularios antes de llegar al centro de despachos. Eso ahorra tiempo y frustración.

No olvide visitar mi sitio Web, `www.coolebaytools.com`, para obtener ofertas introductorias sobre el software y los servicios que menciono en este libro.

### Servicio Postal de los Estados Unidos

El Servicio Postal de los Estados Unidos (USPS) es víctima de muchos chistes injustos y críticas baratas pero, hablando muy en serio, creo que USPS sigue siendo la forma más eficaz y barata de enviar artículos, de eBay u otros. También suministra cajas gratuitas, etiquetas y cinta para los paquetes de correo prioritario y *express*. Estas son algunas maneras en que los miembros de eBay hacen transportan sus artículos de aquí hacia allá por medio de USPS:

✔ **Correo prioritario:** Como dije antes, este es el método estándar de envío de los usuarios de eBay. A mí me encantan las cajas gratuitas, y me gustan las tarifas. El tiempo de entrega prometido es de dos a tres días, aunque he experimentado raros retrasos de hasta una semana durante los períodos de feriados más agitados.

¿El costo? En este momento (las tarifas siempre están sujetas a cambios), el correo prioritario cuesta $3.85 por un paquete de 1 libra. Por más de una libra, el cargo se calcula de acuerdo con el peso y la distancia.

Además, existe un sobre para correo prioritario con la tasa fija de $3.85. Puede enviar tantas cosas como quiera, siempre y cuando quepan en el sobre de 9_ x 12_ . Puede reforzar el sobre con cinta de empacado para correo prioritario.

✔ **Correo express:** Si el artículo debe ser entregado al día siguiente, use el correo express. El Servicio Postal promete entregar el paquete no más tarde del mediodía del día siguiente (incluso en fines de semana y feriados). Y puede obtener cajas gratuitas.

¿El costo? El correo express cuesta $13.65 por paquetes de 8 onzas y menos, $17.85 por los de 8 onzas a 2 libras, y aproximadamente $3 adicionales por cada libra adicional a 2 (hasta 10 libras). El correo express también tiene un sobre con tarifa fija, del mismo tamaño que el de correo prioritario, y cuesta $13.85.

El Servicio Postal cuenta con una forma especial de recoger el correo prioritario y express. Es una tarifa fija, no importa cuántos paquetes separados se incluyan. Si usted tiene varios, esta es una opción excelente a tomar en cuenta, y el costo extra puede cubrirse con los cargos por manejo.

Hágase amigo de su cartero, y tenga los paquetes listos y ordenados para cuando éste haga su parada regular en su casa. El cartero generalmente llevará los paquetes a la oficina postal sin costo alguno. (¡Una botella de agua helada para él en un día caluroso ayudará mucho a su relación!)

✔ **Correo de primera clase:** Si su artículo pesa 13 onzas o menos, puede usar el correo de primera clase. Es un poco más barato que el prioritario (la primera onza cuesta $0.37, y cada onza adicional cuesta $0.23).

✔ **Correo para medios:** Esta es una opción popular entre los vendedores de libros en eBay. Es el nombre *nuevo* de dos viejos productos, la tarifa para libros y el correo estándar especial. Las tarifas del correo para medios comienzan en $1.42 para la primera libra, y aumentan en $0.42 por cada libra adicional.

✔ **Otras opciones:** El Servicio Postal ofrece todo tipo de alternativas para agregar. Yo siempre añado el servicio de confirmación de la entrega, el cual puede sumarse al correo prioritario así como a otros servicios postales. Tan sólo $0.45 ($0.55 para correo de primera clase, paquetes postales o correo para medios) le permitirán saber cuándo y dónde fue entregado su artículo. Con el número de rastreo del paquete, usted puede verificar si el paquete ha sido entregado (o si se hizo algún intento de entregarlo) llamando al 800-222-1811 en Estados Unidos. En línea, vaya a `www.usps.com/shipping/trackand-confirm.htm` para un informe completo.

**¿Confirmaciones de entrega gratuitas? ¡Sí!** Si envía más de 18 paquetes con confirmación de entrega al mes, puede ahorrarse bastante dinero si va a `www.shippertools.com`. Obtenga confirmaciones de entrega ilimitadas ¡por sólo $6.95 al mes! El sitio otorga a los pequeños transportistas acceso al mismo sistema electrónico de confirmación de entregas USPS que utilizan los grandes transportistas. Puede imprimir en su computadora confirmaciones de entrega prenumeradas, en papel corriente (¡no hace falta comprar etiquetas raras!). Además, use este sistema para rastrear el paquete y enviar al cliente mensajes de seguimiento después de despacharlo. ¡Este es un servicio conveniente y útil para los vendedores de eBay!

Si sólo hace envíos ocasionalmente (si *compra* más de lo que vende en eBay), puede imprimir etiquetas de envío con códigos de barras y confirmación de entrega gratuita (solamente para correo prioritario) en el sitio de USPS. No hay funciones para e-mail en línea, así que usted debe encargarse de todos los mensajes electrónicos y registros. Pero, vamos, el servicio es gratis. Únicamente diríjase a `www.usps.com/cgi-bin/api/shipping_label.htm`.

Las confirmaciones de entrega también son útiles si usted trata de cobrar el seguro de un artículo que nunca fue entregado, o si el comprador afirma que el objeto nunca fue entregado. Le da a usted la prueba del Servicio Postal de que el artículo fue despachado. (Le explico cómo asegurar los envíos más adelante en este capítulo). Pero entienda que usted no puede rastrear su paquete con exactitud. La confirmación de entrega es solamente prueba de que el paquete fue enviado y entregado. Si su paquete se pierde en el correo por unas cuantas semanas, este número no actúa como número de rastreo y no revelará la ubicación de su paquete hasta que sea entregado.

El sitio Web de USPS (`www.usps.com`) le da un panorama general de sus tarifas para que usted pueda ver todas sus opciones. ¡Definitivamente más provechoso que hacer esa interminable fila! Para una explicación completa de las tarifas locales, revise esta página en `www.usps.com/consumers/domestic.htm`.

Mejor aún, USPS tiene una página que le puede ayudar a determinar exactamente cuánto cuesta mandar su artículo por correo (después de haberlo empacado y pesado, por supuesto). Empiece con la página de la calculadora de tarifas locales (Domestic Rate Calculator) en `postcalc.usps.gov` y siga las instrucciones. Para encontrar las tarifas para despachar paquetes desde los Estados Unidos hacia el exterior, vaya a la calculadora de tarifas internacionales (International Rate Calculator) en `ircalc.usps.gov`.

### UPS

A los conductores de los camiones cafés les encanta eBay. Las opciones que ellos ofrecen varían, desde el servicio de entrega al día siguiente hasta el de transporte terrestre (UPS Ground). Yo uso UPS para artículos que son pesados (digamos, pesas antiguas) o extremadamente grandes (como un baúl de barco de 1920), porque UPS transporta cualquier cosa de hasta 150 libras en una sola caja: 80 libras más que el Servicio Postal de los Estados Unidos. UPS también acepta muchas de las cajas grandes con formas extrañas, como las que se usan para equipo de cómputo, que el Servicio Postal no acepta.

UPS recoge a domicilio, pero usted debe saber el peso exacto de su paquete para poder pagar cuando el chofer de UPS aparezca. El servicio es gratuito (mi precio favorito).

# Yes, oui, ja, ¡sí! Envíos internacionales

El dinero es bueno, no importa el país de donde venga. No sé por qué, pero muchas personas parecen tener miedo de hacer envíos al exterior y lo anuncian ("No hago envíos internacionales") en la página de la subasta. Por supuesto, enviar un artículo muy lejos puede ser tedioso si usted está vendiendo un auto o una barredora de calles (no caben muy bien en una caja), pero me he dado cuenta de que enviar un paquete al otro lado del Atlántico puede ser tan fácil como enviarlo a otro estado. El único inconveniente: Mi transportista preferido, el Servicio Postal de los Estados Unidos, no asegura los paquetes que van a ciertos países (verifique con su oficina postal cuáles son; la lista parece cambiar según los encabezados de las noticias). Por eso, yo sólo despacho hacia países donde sí puedo asegurar el artículo.

Aquí hay un par de notas adicionales sobre los envíos internacionales:

✔ Debe decir qué hay dentro del paquete. Sea veraz al declarar el valor en los formularios de aduana. Asegúrese de usar descripciones que los agentes de aduanas puedan entender sin conocer los términos abreviados de eBay. Por ejemplo, en lugar de declarar que el contenido está "MIB Furby," llámelo un "pequeño juguete de peluche que habla". Algunos países requieren que los compradores paguen aranceles especiales e impuestos, dependiendo del artículo y el valor. Pero ese dolor le cabeza le toca al comprador.

✔ Donde sea que envíe su paquete (especialmente si va a un país donde el inglés no es la lengua materna), asegúrese de escribir legiblemente. (Imagínese recibir un paquete de Rusia y tener que descifrar una etiqueta escrita en el alfabeto cirílico; ¿entiende?)

Las tarifas para el mismo envío en UPS pueden variar dependiendo de si usted tiene una cuenta corporativa con ellos, de la dirección de destino del paquete o si se recoge en una residencia y se usa el tipo de formulario correcto. Si va a usar UPS con regularidad, asegúrese de montar una cuenta directamente con ellos.

Puede encontrar la página inicial de UPS en `www.ups.com`. Para ver las tarifas, haga clic en la pestaña Shipping, y luego en Estimate Cost, al lado izquierdo de la página, que le da los precios con base en los códigos postales y el peso del paquete. (Observe el ominoso calificativo: tarifas "estimadas").

Los precios UPS.com Quick Cost Calculator se basan en lo que UPS cobra a los usuarios regulares y de alto volumen. Cuando usted llega al mostrador, el precio puede ser más alto del que averiguó en la Web.

Mi enlace favorito en el sitio UPS es el mapa de tránsito que muestra los Estados Unidos y cuánto tiempo tarda en llegar a cualquier lugar del país (con base en el código postal de origen). Si está pensando enviar esa refrigeradora compacta a Maine, puede consultar esta divertida e informativa página en `www.ups.com/using/services/servicemaps/servicemaps.html`.

## Yo envío, tú envías, todos enviamos

iShip (`www.iship.com`) es parte de UPS. Es un sitio Web de precios por envíos que le permite comparar los cargos de las cuatro compañías de transporte más importantes: USPS, el servicio aéreo de FedEx Express (no FedEx Ground), UPS y Airborne Express. Desafortunadamente (para nosotros; afortunadamente para UPS), iShip no cotiza tarifas para el servicio FedEx Ground, el cual tiende a ser más barato incluso que UPS. Para ver las tarifas de FedEx Ground y compararlas con las respuestas de iShip, vaya a `www.fedex.com/ratefinder/home/cc=US&language=en`. El útil sitio de iShip es fácil de usar, aunque a veces es un poquito impreciso:

1. **En la página Price It (haga clic en el enlace de la página inicial), digite su código postal (o el de la ciudad desde donde mandará el paquete), el código de área de la dirección de destino y el tamaño y peso del paquete.**

2. **Haga clic en el botón Continue.**

   En la siguiente página se le presentan varias opciones de envío. Deje el área que pregunta por su cuota de manejo en blanco, para tener una idea más clara de lo que cuesta el envío.

3. **Haga clic en el botón Continue nuevamente.**

   Será llevado a la página que contiene las tarifas y tiempos de entrega. Ésta muestra los costos de los cuatro servicios más importantes y cuántos días le tomará al paquete llegar a su destino final. Cada servicio está representado por un color específico: rojo para Airborne Express, morado para FedEx Air, café para UPS y azul para el Servicio Postal de los Estados Unidos. Haga clic en cualquiera de las tarifas codificadas por color para tener más información sobre ese servicio.

Yo comparé las tarifas de iShip con las de las calculadoras en línea de USPS, FedEx y UPS, y me di cuenta de que iShip a veces calcula mal. Aún así, iShip es un recurso útil para tener una mejor idea de los costos de envío de paquetes por todos los Estados Unidos.

Si tiene una cuenta con UPS, resulta útil comprar la opción de confirmación de entrega por $1.00. Tan pronto como el paquete alcanza su destino y se acepta con una firma, UPS le envía la confirmación para que usted cuente con la evidencia de que ha sido entregado. Pero lo que es verdaderamente llamativo es el rastreo en línea gratuito de UPS. Cada paquete tiene un código de barras, el cual se lee en todos los lugares donde la encomienda se detiene en su ruta de transporte. Puede darle seguimiento digitando el número del paquete en `www.ups.com/tracking/tracking.html`.

### FedEx

Yo uso FedEx Express aéreo todo el tiempo para negocios que deben tramitarse de prisa, pero Express parece bastante caro para mis envíos de eBay. Sin embargo, si el comprador desea recibir el artículo rápido y está dispuesto a pagar, lo envío por medio de FedEx overnight, sin duda. El nuevo servicio FedEx Ground Home Delivery tiene precios competitivos, y todas las mejores características de FedEx. Me gusta la opción de rastreo en línea para todos los paquetes, y FedEx Express acepta paquetes de más de 150 libras. Si usted tiene una cuenta con ellos, FedEx le recoge los paquetes por una tarifa de $3.

También me gustan las cajas de FedEx. Como uno de mis actores favoritos, Joe Pesci, de las películas *My Cousin Vinny y Lethal Weapon*, estas cajas son pequeñas pero fuertes. Pero si está pensando en volver a usar estas cajas para mandar algo mediante servicio, olvídelo. El logotipo de FedEx aparece estampado en cada pulgada de estos regalitos, y la compañía se podría enojar mucho si usted lo intenta. No puede usar esas bonitas cajas para el servicio de entrega a domicilio.

El servicio terrestre FedEx Ground Home Delivery es un importante competidor de UPS. Las tarifas son competitivas, y FedEx ofrece la garantía de devolución del dinero (si pierde la ventana de entrega) para los despachos terrestres residenciales. Un paquete de dos libras que va de Los Ángeles a un hogar en la ciudad de Nueva York tarda cinco días y cuesta $6.09. FedEx incluye el rastreo en línea de los paquetes y un seguro de hasta $100 en este precio. Es necesario ser una empresa para hacer uso de la entrega domiciliar, pero existen muchas empresas que operan desde un hogar.

El mismo paquete de dos libras con correo prioritario del Servicio Postal de los Estados Unidos, con un seguro de $100 y confirmación de entrega, le cuesta $6.20. (Pero recuerde: ¡ya sabe cómo obtener formularios de confirmación de entrega gratis!) Seguro, el paquete llegará dentro de dos o tres días, pero FedEx Ground garantiza una entrega en cinco días, y a mí me ha pasado que paquetes de correo prioritario tardaron hasta dos semanas en llegar. FedEx Groud no suministra cajas, así que deberá arreglárselas usted mismo. Cuando usted deja sus cajas en UPS, puede obtener un servicio de cinco días por $8.05.

Puede encontrar la página inicial de FedEx en `www.fedex.com/us`. El enlace para tarifas se ubica convenientemente en la parte superior de la página.

## Entender bien las cosas (de empaque)

Nunca es demasiado temprano para pensar en los materiales de empaque. Tal vez crea que está apurándose pero, según la ley de probabilidades, si usted espera hasta el último momento, no encontrará el tamaño correcto de caja, la cinta aprobada o las etiquetas necesarias. Empiece a pensar en el envío incluso antes de vender su primer artículo.

Antes de empacar, revise bien su artículo. Esta es una lista de lo que debe considerar sobre su artículo antes de dar el último paso:

✔ **¿Se encuentra el artículo tal como usted lo describió?** Si el artículo se ha golpeado o roto de algún modo, envíe un mensaje al ganador inmediatamente y diga la verdad. Si vende un artículo en su caja o envase original, no revise solamente el artículo; asegúrese de que la caja está en la misma buena condición que el artículo de adentro. Los coleccionistas valoran mucho las cajas originales, así que cerciórese de que la caja cumpla con lo descrito en su subasta. Prepare el empaque para protegerla también.

## Almacene esas bolsas de bolitas para empacar

Ya podrá haberse dado cuenta de que he arrebatado una gran porción de mi hogar para mi negocio de eBay, y podría pensar que vivo en un pantano gigante de materiales de empaque. En realidad, no. Aparte de la ducha "perdida" (vea el Apéndice B), debo almacenar grandes cantidades de bolitas de estereofón. No son pesadas, ¡pero sí muy voluminosas!

Si usted tiene una casa con garaje, ¡está listo! Escúcheme, mi plan no es tan loco como parece. Vaya a su tienda local y compre algunos ganchos grandes para atornillar. Luego compre las bolsas

plásticas con *amarres* más grandes que encuentre. (Yo soy fanática de las bolsas para jardín y hojas de 39 galones, marca Glad.)

Atornille los ganchos en lugares estratégicos en el cielorraso de su garaje. Después, llene las bolsas a su capacidad máxima con bolitas para empacar y cuélguelas. Cuando haya terminado, su garaje se verá como una exótica instalación de arte, pero eso elimina el material de empaque del suelo y de su cara. ¡Yo inclusive he colocado una barricada de bolitas para empacar para no chocar contra el final de mi garaje cuando parqueo!

✔ **¿El artículo está sucio o polvoriento, o huele a humo?** Algunos compradores podrían quejarse si el artículo que reciben está sucio o huele mal, especialmente si huele a cigarrillo. Asegúrese de que el artículo esté fresco y limpio, incluso si está usado o es antiguo. Si hay algo sucio, revíselo para cerciorarse de saber cómo limpiarlo adecuadamente (la idea es quitarle la suciedad, no la pintura), y luego déle una rociadita con el limpiador adecuado o sólo con agua y jabón. Si no puede eliminar el olor o la suciedad, indíquelo en la descripción. Deje que el comprador decida si el artículo resulta apetecible con aromas y todo.

Si el objeto tiene un leve olor a humo o está un poco mohoso, un producto llamado Febreze podría ayudar. Simplemente consiga una bolsa plástica, rocíe su artículo y guárdelo en al bolsa por un rato. ***Nota:*** Esto no se recomienda para la cartulina. Y, como con cualquier solvente o agente limpiador, lea la etiqueta antes de disparar. O, si está urgido por mandar el paquete, corte un pedazo de suavizante de telas de una pulgada por una pulgada, y colóquelo en una bolsa de plástico con el producto.

Cuando el artículo esté listo para despacharse, usted estará listo para empacarlo. Las siguientes secciones le dan sugerencias sobre qué materiales usar y dónde encontrar los apropiados.

### Material de empaque: Qué usar

Esto puede sonar obvio, pero usted podría sorprenderse: Cualquier lista de materiales para empacar debería empezar por una caja. Pero no cualquiera; usted necesita una de cartón resistente, más grande que el artículo. Si el artículo es extremadamente frágil, le sugiero que use dos cajas: la exterior debería ser unas 3 pulgadas más grande en cada lado que la interior (donde va el objeto) para dar espacio al relleno adicional de protección. Y, si todavía tiene el contenedor original de envío para cosas como equipo electrónico, piense en usarlo, especialmente si aún conserva los pedazos agregados de espuma (fueron diseñados con ese propósito, y así no contaminarán el ambiente por un rato más).

Con respecto al relleno de protección, la Tabla 12-1 compara los tipos más populares de material para atochar cajas.

| Tabla 12-1 | Materiales de Relleno | |
|---|---|---|
| *Tipo* | *Los pro y los contra* | *Sugerencias* |
| Envoltura de burbujas | **Pro:** liviana, limpia, cushions well. **Contra:** Costo. | No se sobrepase al pegar la envoltura deburbujas. Si el comprador debe batallar para quitar la cinta, el artículo podría salir volando y terminar dañado. Y, por favor, no haga estallar todas las burbujitas, ¿OK? |
| Papel periódico | **Pro:** barato, amortigua. **Contra:** sucio. | Selle muy bien. Ponga su artículo en una bolsa plástica para protegerlo de la tinta. A mí me gusta primero triturar el papel. Es más manejable y no mancha tanto como los bodoques de papel. Yo gasté unos $30 en una tienda de suministros para oficina en una trituradora. (O encuentre una en eBay por mucho menos.) |
| Cartón recortado | **Pro:** útil, barato **Contra:** transmite algunos de los golpes al artículo, difícil de cortar | Si tiene cajas viejas que no son suficientemente resistentes como para empaques, este es un buen uso para ellas. |
| Bolitas de estereofón | **Pro:** livianas, absorben los golpes bien, limpias. **Contra:** no son buenas para el ambiente, molestan. | Su artículo podría moverse si no pone suficientes bolitas en la caja, así que asegúrese de llenarla completamente Además, no las compre: recíclelas de cosas que haya recibido (las bolsas plásticas de basura son excelentes para guardarlas). Y nunca use bolitas de plástico para empacar equipo electrónico, porque crean electricidad estática. |
| Palomitas de maíz | **Pro:** livianas, no presentan peligros para el ambiente absorben los golpes bien limpias (siempre que no les, ponga sal y mantequilla, pero usted ya lo sabía), bajas en calorías **Contra:** costo, tiempo para que revienten | No debe enviarlo a ningún lugar donde haya bribones a quienes les guste El Servicio Postal de los Estados Unidos sugiere usar palomitas de maíz. Bueno, ¡al menos se podrá comer las sobras! |

No importa el material que use, cerciórese de haber empacado el artículo bien y de haber asegurado la caja. Muchos transportistas no aceptarán los reclamos de seguros si creen que usted hizo un trabajo mediocre de embalado. Encárguese de todos los pequeños detalles que le gustaría ver atendidos si usted fuera el comprador: usar dos cajas para los artículos realmente frágiles, envolver por separado las tapas de los envases, y rellenar las cosas huecas que se pueden quebrar con algún tipo de protección. Estos son algunos otros materiales que necesita:

- **Bolsas plásticas:** Las bolsas plásticas protegen su artículo de la humedad. Una vez yo mandé una muñeca MIB al Noreste, y el paquete quedó atrapado en una tormenta de nieve. El comprador me escribió un mensaje agradeciéndome por la bolsa plástica adicional, que había salvado al objeto de empaparse junto con la caja exterior. (Hablando de cajas, si envía un artículo en una caja original, guárdela en una bolsa.)

  Los artículos pequeños, tales como animales de peluche, deberían protegerse en una bolsita para meriendas. Para los que son un poco más grandes, use el tamaño de un cuarto de galón o de un galón. Asegúrese de envolver cualquier producto de papel o tela, como prendas de vestir ropa de cama, en plástico antes de enviarlos.

- **Sobres acolchados con burbujas:** El costo del transporte de un paquete que pesa menos de 13 onzas (correo de primera clase) es generalmente mucho más barato que el del correo prioritario. Muchos artículos pequeños, ropa, libros, etc. caben bien en sobres acolchados, disponibles en muchos tamaños diferentes. Puede encontrarlos hechos con papel para embalar o vinilo extra fuerte. Una ventaja adicional es que pesan bastante menos que las cajas, incluso cuando se usa relleno adicional. Vea en la Tabla 12-2 los tamaños estándar.

- **Etiquetas para direcciones:** Va a necesitar adicionales, porque siempre es una buena idea incluir una etiqueta más dentro de la caja, con la dirección de destino y la del remitente, en caso de que la exterior se caiga o se vuelva ilegible.

- **Cinta de embalaje de dos o tres pulgadas:** Cerciórese de usar una cinta de embalaje fuerte para el exterior de la caja. Use una reforzada de nylon o cinta para paquetes sensible a la presión. Recuerde no cubrir cada pulgada de la caja con cinta; deje espacio para los sellos de hule que digan *Frágil y Asegurado*.

- **Dispensadores manuales de cinta de embalaje:** Es mucho más fácil cortar la cinta de un dispensador que despegarla y cortarla con sus dientes. Tenga un dispensador para su cinta de embalaje y otro para la cinta transparente.

- **Cinta transparente de dos pulgadas:** Para pegar el relleno alrededor de los artículos que están adentro. Yo también uso tiras de cinta clara sobre la dirección en la parte exterior de la caja, para que no desaparezca con la lluvia.

- **Tijeras:** Un par de tijeras grandes y filosas. Tener un cuchillo para cortar las cajas o hacer tiras los periódicos también es una buena idea.

- **Líquidos útiles:** Tres que me gustan a mí son GOO GONE (se encuentra en la sección de productos para el hogar en la mayoría de tiendas al detalle y es una maravilla para remover calcomanías y etiquetas de precio no deseadas); WD-40 (el despégalo-todo que funciona de maravilla para eliminar calcomanías de las cosas plásticas); y Un-Du (el mejor líquido que he encontrado para quitar etiquetas en productos de cartón). Si no puede encontrar Un-Du en tiendas, visite mi sitio Web, `www.coolebay-tools.com`, para encontrar lugares donde lo venden. El líquido para encendedor también funciona, pero tenga cuidado al manejarlo y cerciórese de limpiarlo completamente para quitar cualquier residuo.

✔ **Sellos de hule:** Usar sellos de hule personalizados le ahorra mucho tiempo al preparar sus paquetes. Yo compré algunos con dirección, con la tinta incorporada (a un precio increíblemente bajo) en eBay de la empresa Melrose Stamp Company (identificación de usuario de eBay `melrose_stamp`). Yo los uso para sellar todo tipo de cosas que requieren de mi identificación.

✔ **Impresora térmica para etiquetas:** Una vez creía que esto era un insolente desperdicio de dinero, pero ahora no podría vivir sin ella. Cuando empiece a mandar varios paquetes por semana, se dará cuenta de que resulta mucho más conveniente usar una impresora de etiquetas separada para poner las direcciones e imprimir las confirmaciones de entrega. Dymo ofrece una de las mejores gangas en impresoras de calidad. Su nuevo modelo 330 es una de los más rápidos que se puede conseguir, y se puede comprar en eBay por aproximadamente $100. Si quiere una tipo industrial, use una de las impresora térmicas Zebra (Yo uso la LP2844). Éstas pueden imprimir etiquetas para FedEx, UPS y USPS.

✔ **Marcador negro permanente:** Son útiles para escribir la información ("Por favor dejar en el zaguán, detrás de la planta") y el muy importante "Frágil" por toda la caja o "No Doblar" en los sobres. A mí me gustan los marcadores grandes, marca Sharpie.

| Tabla 12-2 | | Tamaños Estándar de los Sobres Acolchados |
|---|---|---|
| **Tamaño** | **Medidas** | ***Artículos sugeridos*** |
| #000 | 4" x 8" | Tarjetas de intercambio para coleccionistas, joyería, disquetes de computadora, monedas |
| #00 | 5" x 10" | Tarjetas postales, impresiones en papel |
| #0 | 6" x 10" | CDs, DVDs, juegos de Xbox o PS2 |
| #1 | 7¼" x 12" | Cintas de video en sobres de cartón, CDs y DVDs en cajas |
| #2 | 8½" x 12" | Cintas de VHS en cajas |
| #3 | 8½" x 14½" | Juguetes, ropa, animales de peluche |
| #4 | 9½" x 14½" | Libros pequeños, libros de bolsillo para intercambiar |
| #5 | 10½" x 16" | Libros de pasta dura |
| #6 | 12½" x 19" | Ropa, artículos en cajas suaves |
| #7 | 14¼" x 20" | Artículos más grandes empacados, objetos enmarcados y placas |

¿No está seguro de cómo empacar su artículo? No hay problema; sólo llame a una tienda en su área que trabaje con ese tipo de artículo y pregúnteles cómo lo empacan para transportarlo. Seguramente les agradará ofrecerle algunas ideas. O plantee la pregunta a los veteranos de eBay en la sala de chat de la categoría de su subasta. (Le presento las salas de chat en el Capítulo 17.)

Si planea vender seriamente en eBay, considere agregar una pesa de 10 libras (para pesar los paquetes) a su departamento de envíos. Yo uso una súper pequeña, para 13 libras máximo, fabricada por Escali; la compsré en eBay a sólo $29.95.

Cuando se trata de artículos frágiles, platos, cerámica, porcelana, vajillas (cualquier cosa que se pueda mellar, agrietar o romper en mil pedazos) use *dos cajas*. Las cajas deberían tener una diferencia de 3 pulgadas a cada lado. Cerciórese de usar suficiente relleno para que la caja interior esté apretada. Sólo déle una gran sacudida. Si no suena nada, ¡mándela!

### Material para empacar: Dónde encontrarlo

El lugar para empezar a buscar material para empacar es el mismo donde debería empezar a buscar cosas para vender en eBay: su casa. Aquí entre nos, yo he hecho más de mil transacciones en eBay y nunca he pagado por cartón. Puesto que compro la mayoría de mis cosas por catálogo y de empresas en línea (me encanta el comercio digital), guardo todas las cajas, la envoltura de burbujas, el relleno y las bolitas de estereofón que recibo por correo. Sólo vacíe sus bolitas para empacar en bolsas plásticas grandes; así, no necesitará mucho espacio para almacenarlas. Si recientemente recibió una caja de un envío por correo que había sido usada solamente una vez, y está en buenas condiciones, es resistente, no está doblada ni tiene hendiduras, no hay nada malo en volver a usarla. Sólo asegúrese de cubrir completamente las etiquetas viejas para que la compañía de entregas no se confunda.

Además de su hogar, estas son otras sugerencias sobre lugares donde puede conseguir material para empacar:

- **El supermercado, la tienda por departamentos o la farmacia local:** No va a ser la primera persona que pida al gerente de la tienda cajas. (Ah, los gratos recuerdos de antiguas mudanzas…). A las tiendas en realidad les gusta regalarlas, porque les ahorra el trabajo adicional de compactarlas y botarlas.

  Me he dado cuenta de que las farmacias y las tiendas de artículos de belleza tienen una mejor variedad de cajas pequeñas. Pero asegúrese de no recibir cajas sucias que huelen mal.

- **El interior del supermercado, la tienda por departamentos o la farmacia local:** Lugares como Kmart, Wal-Mart, Target y las tiendas de suministros de oficina a menudo tienen una buena selección de objetos para embalaje.

- **Los transportistas como UPS, FedEx y el Servicio Postal:** Ofrecen todo tipo de suministros gratis, siempre y cuando usted los use para mandar cosas con su servicio.

El Servicio Postal también envía cajas, cinta para empacar, etiquetas y formularios de envío gratis para correo express, correo prioritario y correo prioritario global a su casa. En Estados Unidos, puede pedirlos por teléfono (800-222-1811) o en línea (`supplies.usps.gov`). Estas son algunas reglas para los pedidos a USPS:

- Especifique el servicio (correo prioritario, correo express o correo prioritario global) que va a usar, pues la cinta, las cajas y las etiquetas vienen con el nombre del servicio impreso en todos lados, y sólo pueden usarse para ése específicamente.

- Pida en cantidades. Por ejemplo, las etiquetas de direcciones vienen en rollos de 500 y las cajas en paquetes de 25.

- Las cajas vienen aplastadas; se deben armar. Oiga, no examine los dientes de una caja regalada: ¡son gratis!

✔ **Los vendedores de eBay**: Muchos geniales vendedores de eBay le pueden ofrecer tratos realmente buenos. (No se les puede ganar en cuanto a la calidad de sus productos, precios bajos y excelente servicio). Le recomiendo las siguientes tiendas eBay, operadas por familias:

- **Grasup** (GraMur Supply Co), con sede en Texas, es donde yo compro mis sobres acolchados de vinilo para mis ventas en eBay. También tienen una súper selección de bolsas Ziplock de todos los tamaños para artículos pequeños.

- **Bubblefast**, un vendedor de eBay del área de Chicago, ofrece toneladas de envolturas de burbujas a muy buen precio, sobres listos para enviar, y más en eBay.

- **Gatorpack Shipping Supplies** tiene su sede en Tampa, Florida, y cuenta con muchos clientes a largo plazo en los flancos de vendedores en eBay. Vende de todo, ¡desde cinta hasta bolitas!

- **ShippingSupply.com** (es su identificación de usuario en eBay y la dirección de su sitio Web), ubicado en Indiana, provee a la comunidad vendedora con un amplia gama de suministros de embalaje.

Observe que mencioné dónde están ubicados estos vendedores. Al pedir un gran cargamento, ¡la distancia que debe viajar desde el lugar del vendedor hasta el suyo puede agregar bastante efectivo (y tiempo) a sus gastos de flete!

# Comprar Franqueo en Línea

¿No es maravillosa la tecnología? Ya no hace falta ir a la oficina de correos cada vez que necesita estampillas. Mejor aún, con el nuevo franqueo imprímalo-usted-mismo, puede darle todos sus paquetes directamente a su cartero. Cuando instala su software para franqueo de Internet, usted solicita una licencia postal a USPS que le permite imprimir su propia *Information Based Indicia* (IBI) para su franqueo. IBI es un código de barras impreso en las etiquetas o directamente en los sobres, y tiene información que pueden leer tanto los humanos como las máquinas sobre dónde fue impreso y otros elementos relacionados con la seguridad. IBI le brinda a usted, y a la oficina postal, una forma mucho más segura de enviar sus valiosos paquetes por correo.

Puede imprimir el franqueo para correo de primera clase, prioritario, express y paquetes postales, y franqueo adicional para las confirmaciones de entrega y el seguro. Si su impresora enreda una hoja de etiquetas o un sobre, puede enviar la pieza mal impresa a su proveedor de franqueo por Internet para que le den un reembolso. Hay varios vendedores de franqueo basados en Internet, pero Endicia Internet Postage y Stamps.com son los más populares.

## Endicia Internet Postage

A principios de los 90, un par de jóvenes inventaron un nuevo software para permitir a las personas diseñar piezas de correo directo desde su escritorio. ¡VAYA! Qué gran innovación. Con este software barato, usted también puede producir su propio código de barras para el Servicio Postal. Usé este software antes, ahora uso DAZzle.

DAZzle, combinado con el patentado Dial-A-Zip, se convirtió en la base para el software que viene gratis con el servicio Endicia Internet Postage. No hay ningún programa de correo en el mercado tan robusto como este.

Endicia tiene todas las características básicas y más:

- **Imprime franqueo para toda clase de correo, incluyendo el internacional.** Desde Anniston, Alabama, hasta Bulawayo, Zimbabwe, el software DAZzle no sólo imprime franqueo, sino también incluye sus opciones de envío y tarifas aplicables.

  Para los envíos internacionales, Endicia le aconseja sobre prohibiciones (no se pueden enviar cosas hechas en prisión a Botswana), restricciones, formularios de aduanas necesarios y áreas de servicio dentro del país.

- **Provee confirmaciones de entrega gratuitas para el correo prioritario.** Usted puede imprimir confirmaciones de entrega electrónicas para correo de primera clase, paquetes postales y correo para medios por sólo $0.13 cada uno (un ahorro de $0.42 por compras del Servicio Postal).

- **Le permite diseñar piezas de correo.** El software le permite diseñar sobres, tarjetas y etiquetas con gráficos a colores, logotipos y mensajes de texto. Puede imprimir sus etiquetas con franqueo y confirmación de entrega en cualquier cosa desde papel corriente (péguelo con cinta transparente) hasta etiquetas de 4 x 6 en una impresora de etiquetas.

- **Integra seguro U-PIC:** Si está ahorrando tiempo y dinero usando un asegurador privado de paquetes (vea el Apéndice A), puede enviar sus registros de seguro mensuales electrónicamente a U-PIC a fin de mes.

Endicia ofrece dos niveles de servicio. Todas las características anteriores se incluyen en el plan estándar de $9.99 al mes (si paga por año, $99.95). El plan *premium* añade características especiales, correo electrónico personalizado, informes mejorados de transacciones en línea y estadísticas, correo con respuesta comercial, etiquetas de devolución de envíos (prepagadas para que su cliente no deba hacerlo) y franqueo oculto por $15.95 al mes o $174.94 por año.

El franqueo oculto (también conocido como franqueo pagado) es una alucinante herramienta para un vendedor de eBay. Al usarla, sus clientes no puede ver el monto exacto que usted pagó por el paquete. Esto le permite añadir costos razonables por transporte y manejo sin enojar a los compradores cuando ven la etiqueta final.

## *Stamps.com*

Stamps.com es realmente un sistema de franqueo en línea; es necesario estar conectado para usarlo e imprimir su franqueo. Después de aceptar el paquete de oferta de la semana por inscribirse en el sitio web `www.stamps.com` (actualmente $20 en franqueo gratis), usted puede descargar instantáneamente el software o solicitar que le envíen un CD. Es simple y conveniente, y no hace falta comprar un juego de inicio.

Stamps.com se hace cargo de todo lo que usted necesita hacer en línea. Sus direcciones se confirman en línea, y el código postal completo se recoge directamente de los servidores de Stamps.com. Las confirmaciones de entrega son gratuitas, como la mayoría de los beneficios que usted esperaría de un servicio de franqueo en línea. El software de Stamps.com se integra con muchos paquetes populares de software que yo uso todos los días. También existe la opción de imprimir en sobres o etiquetas para franqueo especiales directamente desde su propia impresora.

Los servicios de `Stamps.com` son parecidos a otros, en el sentido que se cobra una cuota mensual. Tiene dos niveles de servicio:

- ✔ **Plan simple:** Le cobra una cuota mensual del 10% del franqueo impreso, con un mínimo mensual de $4.49. Si usted manda 20 paquetes de correo prioritario, cada uno con confirmación de entrega, su franqueo total sería de $71 y, su cuota para Stamps.com, de $7.10. Aunque en algún mes no imprima franqueo, todavía debe pagar los $4.49 para mantener el servicio.

- ✔ **Plan Poderoso:** Cobra una cuota fija de $15.99 por mes (más sus compras de franqueo), sin importar cuánto franqueo imprima. También obtiene una pesa digital de 5 libras gratuita, para pesar sus paquetes. Este plan es perfecto si usted gasta más de $200 en franqueo al mes.

Si se va de vacaciones o no corre ninguna subasta, todavía se le cobra el mínimo mensual por su plan.

# Capítulo 13

# Resolución de Conflictos en su Subasta

No hay forma de evitarlo. Mientras más transacciones realice en eBay, más probablemente deberá enfrentar algunas posibles complicaciones. En este capítulo, hago acotaciones sobre cómo tratar a un comprador repugnante como si fuera su nuevo mejor amigo (al menos por un tiempo). Además, le explico cómo evitar que un simple malentendido estalle en una guerra electrónica de astronómicas proporciones. Averiguará cómo manejar una venta que se dirige (cómo decirlo) a la nada, cómo conseguir algo de atención y, si todo sale mal, cómo vender al siguiente mejor postor en forma legal, volver a colocar el artículo en lista y recuperar la cuota sobre el valor final que usted le canceló a eBay. Es imposible que todo lo que he mencionado aquí le suceda a usted pero, cuanto más sepa, mejor preparado estará.

## Cómo Lidiar con un Comprador que no Responde

La mayoría de las veces, la transacción posventa entre compradores y vendedores avanza sin contratiempos. Sin embargo, si tiene dificultades para comunicarse con el ganador de su subasta o la venta de su tienda, debería conocer la mejor manera de enfrentar la situación.

Ha venido al lugar indicado si desea ayuda sobre cómo tratar a los compradores que no quieren pagar (más conocidos como *oferentes miserables*, como yo prefiero llamarlos). Por supuesto, usted debería empezar con una buena comunicación inicial después de la subasta; vea el Capítulo 12 para más detalles. (Para más información sobre cómo tratar con un vendedor fraudulento, vea el Capítulo 16).

# *Entrar a la modalidad del empujoncito*

A pesar de mis mejores esfuerzos, a veces las cosas se me van de las manos. Los compradores (que quieren pagar por su artículo mediante un servicio en línea) deberían cancelar el artículo sin tardanza a través de PayPal o, en caso de los pagos por correo, los compradores y vendedores deberían ponerse en contacto dentro de tres días hábiles después del cierre de la venta. En ocasiones, los ganadores contactan a los vendedores de inmediato, y algunos usan la opción Checkout para pagar por el artículo instantáneamente, lo cual le ahorra cualquier inconveniente a usted. Sin embargo, si no recibe noticias de un vendedor durante los tres días hábiles después su contacto inicial, mi consejo es *no entre en pánico.*

Las personas están ocupadas; viajan; se enferman; las computadoras fallan; o a veces una subasta simplemente se les escapa de la mente. Después de cuatro días sin comunicación, puede ir a su página My eBay y enviar un recordatorio de pago. Encontrará el icono Payment Reminder en el área Items I've Sold, como se aprecia en la Figura 13-1.

**Figura 13-1:** Icono de recordatorio de pago (Payment Reminder), en el área Items I've Sold.

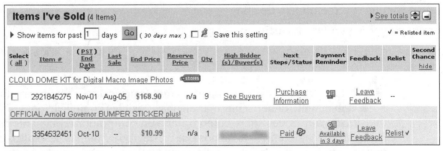

Para enviar un recordatorio de pago, siga estos pasos:

1. **Haga clic sobre My eBay, en la barra de navegación de la parte superior de todas las páginas de eBay.**

2. **Desplácese hacia abajo, hasta el área Items I've Sold, y encuentre el artículo en cuestión.**

3. **Haga clic en el icono de la columna Payment Reminder del artículo.**

   Observe que, si no han pasado tres días desde el cierre de la subasta, no puede enviar un recordatorio.

   Ahora se encuentra en la página de toma de decisiones.

4. **Haga clic en la casilla junto a cada artículo que desea incluir en el mensaje electrónico.**

   Además, agregue el monto del envío en el área correspondiente, y decida si desea que su dirección postal aparezca en el correo electrónico.

5. **Haga clic en el botón Preview para revisar el mensaje que eBay enviará a su nombre.**

La Figura 13-2 muestra una vista preliminar de un mensaje con recordatorio de pago.

**Preview Payment Reminder**

From: aw-confirm@ebay.com
To:
Subject: Starting an eBay Business for Dummies SIGNED (Item# 2944149042)
Date: Oct-11-03 12:14:42 PDT

Dear arley

Congratulations, you are the winning bidder/buyer on the following listing:

Title: Starting an eBay Business for Dummies SIGNED (Item# 2944149042)
Final listing price for each item: $22.50
Listing end: Nov-01-03 12:35:36 PST
Seller User ID: marsha_c
Seller E-mail:

Thank you for your winning bid/purchase. Please contact the seller for
payment information as soon as possible. Remember: your winning
bid/purchase is a binding contract to purchase this item.

This item's results, including email addresses of the seller, are available for 30 days in My eBay and at:
http://cgi.ebay.com/ws/eBayISAPI.dll?ViewItem&item=2944149042

Congratulations!

**Figura 13-2:**
Vista
prelimi-
nar de
un men-
saje con
recordatorio
de pago.

6. **Si está contento con la apariencia de la información, haga clic en Go para enviar el mensaje ahora. Si desea editar el mensaje, haga clic en el botón Edit E-Mail, y luego en Go, para devolverse y hacer los cambios pertinentes.**

Si pasa una semana y no sabe nada del ganador, debe pasar al *modo empujón-empujón*; por ejemplo: "Sr. Sutano, ¿se acuerda de mí y su obligación de comprar la lámpara Tiffany que ganó la semana pasada en eBay?"

Envíe un mensaje amigable pero firme para informarle al Sr. Sutano que, cuando él ofreció y ganó su subasta, adquirió la obligación de pagar y completar la transacción. Si el Sr. Sutano no tiene la intención de comprar su artículo por alguna razón, necesita avisarle a usted de inmediato.

No amenace a su comprador. Lo que usted menos desea es empeorar una mala situación, si el comprador esté enfrentando un problema real. Además, si el mayor postor se siente muy insultado o herido, usted *nunca* verá su dinero.

Esto es lo que debe incluir en su mensaje del *empujón-empujón*:

✔ Una reprimenda sutil, como: "Tal vez se le haya olvidado..." o "Usted probablemente pasó por alto mi correo electrónico..." o "Estoy seguro que su intención no era ignorar mi primer mensaje..."

✔ Un recordatorio gentil de que la política de eBay afirma que cada oferta es un contrato vinculante. Usted inclusive puede referir al comprador a las reglas y reglamentos de eBay, si lo desea.

    ✔ Una declaración que explique firmemente (y en forma amable) que, hasta ahora, usted ha cumplido con su parte del trato y agradecería que él hiciera lo mismo.

    ✔ La fecha en la que espera recibir su pago. Aclare con gentileza que, si no cumple con la fecha límite, usted no tendrá más alternativa que considerar el trato inválido.

Técnicamente, usted puede anular la transacción si no sabe nada del comprador en tres días hábiles. Sin embargo, los miembros de eBay suelen perdonarlo si se dan las circunstancias correctas. Creo que usted debería dar al comprador un período de gracia de una semana después de terminada la subasta para que se ponga en contacto con usted, y así establecer un plan de pago. Si, al final del período de gracia, usted no percibe ningún avance real hacia el cierre del trato, despídase. Considere el trato como un caso perdido y vaya directamente a la sección "¿Salió mal la subasta? Reduzca sus pérdidas" (más adelante en este capítulo) para averiguar qué recursos tiene a su disposición.

Asegúrese de no haber sido usted quien erró. ¿Digitó correctamente la dirección electrónica del ganador? Si no lo hizo, ¡esa persona podría no haber recibido su mensaje!

## Conviértase en agente secreto

Me gustaría decir que la historia se repite, pero eso sonaría como un cliché. (Bueno, me pescaron, pero los clichés no se olvidan porque a menudo son ciertos.) Después de enviar su mensaje cortés y amable del empujón-empujón, y antes de decidir que la subasta es una causa perdida, fíjese en el historial de calificación del comprador. La Figura 13-3 le muestra el perfil de retroalimentación de un usuario de eBay con varios comentarios negativos en el último mes. Cuídese.

Para revisar la calificación de un oferente (empezando en la página de su artículo), haga lo siguiente:

1. **Haga clic en el número entre paréntesis junto a la identificación de usuario del ganador.**

   Esto lo llevará a la página de su perfil de retroalimentación.

2. **Desplácese hacia abajo en la página del perfil y lea los comentarios.**

   Verifique si el oferente ha recibido comentarios negativos de vendedores anteriores. Tome nota de esto en caso de que necesite algún apoyo e información para respaldarse (si fuere castigado posteriormente por cancelar una oferta no deseada).

3. **Realice una búsqueda de oferentes.**

   Haga clic en Search, en la barra principal de navegación, y realice una búsqueda de oferentes (Bidder search) para analizar la conducta del comprador en subastas anteriores. ¿Cuántas veces ha ganado? Haga clic en el número del artículo para ver el historial de la subasta. Para más información sobre cómo hacer una búsqueda por oferente, consulte el Capítulo 5.

Si está administrando una subasta para un artículo costoso, tal vez quiera precalificar a sus oferentes. Como mínimo, asegúrese de evaluarlos conforme progresa la subasta. eBay le ayuda con eso al permitirle preseleccionar a los oferentes de sus subastas. Si éstos no han sido preaprobados por usted, no pueden participar; eBay les indica que deben ponerse en contacto con usted por correo electrónico antes de que sus ofertas sean aceptadas. Puede añadir o eliminar oferentes de su lista hasta el fin de la subasta. Encontrará un enlace para bloquear o preaprobar a los oferentes en su página My eBay Selling, en los enlaces relacionados con ventas. O puede ir directamente al área Bidder Management: `pages.ebay.com/services/buyandsell/biddermanagement.html`.

Si no le queda otra opción, sería bueno que chequeara con algunos de los vendedores anteriores del oferente. No importa usar el sistema de correo electrónico de eBay para contactar a los vendedores anteriores que han tratado con el oferente. Generalmente les complace darle detalles de lo bien (o mal) que salió la transacción.

Si el perfil de retroalimentación del comprador brinda alguna indicación de que ha sido AWOL en el pasado, empiece a pensar sobre cómo salirse de la transacción antes de que sea demasiado tarde. Si parece estar a nivel, continúe dándole el beneficio de la duda.

Cerciórese de hacer a los vendedores que han tratado anteriormente con el comprador las siguientes preguntas (cortésmente):

✔ ¿Pagó el Sr. Fulano a tiempo?

✔ ¿Se pudo hacer efectivo su cheque?

✔ ¿Se comunicaba bien?

**Figura 13-3:** Usted puede darse una idea sobre la intención de un oferente de completar la venta al revisar su perfil de retroalimentación.

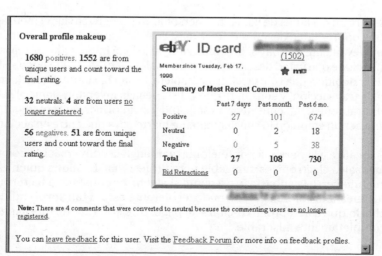

Cuando se comunique con un tercero sobre algún comentario negativo que él haya hecho, escoja sus palabras con cuidado. No hay garantía de que, si usted habla mal del oferente, esta otra persona mantenga su mensaje en privado. Asegúrese de apegarse a los hechos. Escribir declaraciones falsas o maliciosas lo puede poner en peligro de ser demandado.

## Darle más fuerza a su empujoncito

Si no recibe noticias del ganador después de una semana, su próximo paso a seguir es contactar al ganador por teléfono. A continuación, se le indica cómo obtener la información de contacto de un miembro de eBay (para tratar temas relacionados con la transacción exclusivamente):

1. **Haga clic en el enlace Search, en la barra de navegación de la parte superior de la mayoría de las páginas de eBay.**

   Aparece una barra de subnavegación debajo de la barra de navegación principal.

2. **Haga clic en el enlace Find Members.**

3. **En la casilla Contact Info, digite la identificación de usuario de la persona con la cual desea ponerse en contacto, y el número de articulo de la transacción en cuestión.**

4. **Digite su identificación de usuario (o dirección electrónica) y su contraseña si se la piden.**

5. **Haga clic en el botón Submit.**

   eBay le enviará un mensaje con la información de contacto de la persona con quien desea ponerse en contacto y *también mandará su información de contacto* a esa persona.

Espere un día antes de llamar a la persona. Yo prefiero enviar el mensaje de la última oportunidad después de diez días; en él aclaro mi deseo de colocar el artículo nuevamente en eBay si el comprador ya no está interesado. Además, mencione que usted desea aplicar para cualquier crédito que pueda obtener de eBay debido a una transacción incompleta. Si hay bastante dinero involucrado en la transacción, y considera que vale la pena la inversión, llame al ganador. eBay automáticamente envía su solicitud y su información al oferente, y eso podría ser un empujón lo suficientemente fuerte para que entre en acción.

Si localiza a la persona por teléfono, mantenga la conversación como sus mensajes electrónicos: amigable pero profesional. Explique quién es usted y cuándo cerró la subasta, y pregunte si alguna circunstancia ha retrazado la respuesta del oferente. A menudo, el oferente estará tan sorprendido de escucharlo que usted pronto recibirá su pago, o se enterará de que la persona es completamente miserable.

## Haga un último esfuerzo de emergencia para salir de la zanja

Si los correos electrónicos y las llamadas al ganador no funcionan, y usted realmente quiere dar al comprador una última oportunidad para completar a la transacción, consulte el foro de contacto de emergencia (Emergency Contact Board) de eBay. (Se encuentra en el área Chat de la página principal Community.) Allí es donde los miembros que están teniendo problemas para contactar a los compradores y a los vendedores dejan un aviso. No se preocupe pensando que el comprador tal vez no reciba su mensaje. Un grupo consciente de profesionales de eBay se encarga de esta área y trata de ayudar al hacer llegar los mensajes al otro involucrado. Salte al Capítulo 17 para más información sobre este foro y su grupo de regulares. La Figura 13-4 le muestra cómo se ve este salón de contacto de emergencia.

**Figura 13-4:** Puede poner un aviso en el foro de contacto de emergencia en espera de que alguien vea su anuncio y le ayude a contactar al comprador.

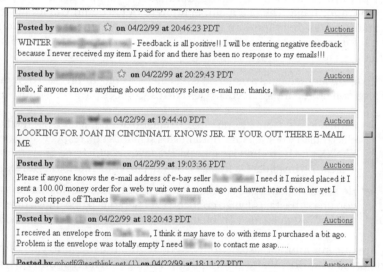

Para colocar un mensaje en el foro de contacto de emergencia, haga lo siguiente:

1. **Haga clic en el enlace Community de la barra de navegación principal, en la parte superior de la mayoría de las páginas de eBay.**

   Será llevado a la página central Community.

2. **Haga clic en el enlace Chat, en al área Talk de la página.**

   Será transportado a la página Talk Chat, que tiene una lista de todos los foros de chateo de eBay.

3. **En la categoría General Chat Rooms, haga clic en el enlace Emergency Contact.**

Llegará al foro de contacto de emergencia.

Antes de poner un aviso, desplácese por los mensajes y busque declaraciones de su comprador AWOL. Tal vez esta persona ha estado tratando de comunicarse con usted también.

4. **Si aún no se ha registrado, digite su identificación de usuario y su contraseña en las casillas apropiadas. Luego, digite su mensaje donde desea colocarlo.**

Aunque crea que la transacción es una causa perdida cuando llega hasta el punto de colocar un mensaje en el foro de contacto de emergencia, mantenga su anuncio neutral y no haga acusaciones.

5. **Revise su mensaje por si tiene errores y haga clic en el botón Save My Message.**

Su mensaje será colocado instantáneamente.

¿No está seguro de qué colocar en el foro de contacto de emergencia? Empiece por apegarse a los hechos de la transacción e indique lo que desea que el comprador haga. Tenga a mano el número del artículo y la identificación del usuario antes de empezar a hacer su anuncio. Asegúrese de no poner ninguna información personal sobre el comprador, como su verdadero nombre y su dirección. Esa es una violación de las reglas de eBay.

Puede enviar mensajes a usuarios específicos o colocar un grito de ayuda general. Estos son dos ejemplos de mensajes cortos y dulces para transmitir su sentir:

- Estimado señor Sutano, he estado tratando de contactarlo por medio del correo electrónico y por teléfono durante dos semanas con respecto al artículo número XXXXX y no he recibido respuesta. Por favor, contácteme a más tardar el (*escriba la fecha*), o invalidaré la transacción y dejaré comentarios negativos.

- He estado tratando de contactar al Sr. Sutano durante dos semanas en relación con una subasta. ¿Alguien conoce a esta persona o una nueva dirección electrónica? ¿Alguien tuvo problemas con este comprador en el pasado? Gracias.

Para que sus anuncios sean útiles, debe regresar a menudo y leer los mensajes de otros usuarios. Visite el foro para ver si alguien ha respondido a su mensaje. Además, manténgase alerta al desplazarse por ella. No hable mal de nadie aquí (es de mala educación), aunque mucha gente usa el foro de contacto de emergencia para publicar un boletín detallado sobre los miembros malos de eBay.

# Algunos Otros Problemas con las Subastas

No estoy muy segura por qué, pero cuando hay dinero de por medio, a veces las personas actúan en formas algo extrañas. Los compradores podrían decidir repentinamente que no pueden comprar un artículo después de haberse comprometido a hacerlo, o puede haber complicaciones con los pagos o los envíos. Cualquiera que sea el problema, no tiene que ir más allá de esta sección para averiguar cómo arreglar las cosas.

# *El comprador se retira de la transacción*

Cada vez que los miembros de eBay hacen una oferta o hacen clic en Buy It Now, se comprometen a comprar el artículo en cuestión(al menos en teoría). En el mundo real, las personas cambian de parecer, a pesar de las reglas. Usted tiene derecho a enojarse por estar perdiendo dinero y tiempo. Recuerde al comprador que hacer una oferta es un contrato vinculante. Pero, desafortunadamente, si el ganador se rehúsa a pagar, no hay mucho que usted pueda hacer, excepto cobrárselo con comentarios negativos. Salte al Capítulo 6 para averiguar más sobre el remordimiento del comprador

## *Mantener la calma*

Por favor, en toda circunstancia, si el ganador de su subasta le dice que no puede completar la transacción, sin importar el motivo, permanezca tranquilo y sea profesional, a pesar de su enojo. Para empezar, al menos este comprador arrepentido tuvo el coraje de avisarle en lugar de ignorar sus mensajes y sus llamadas telefónicas.

## *Cuando el Plan A falla, trate con el Plan B, o incluso el C: Oferta de Segunda Oportunidad*

Hay varias opciones si el comprador se retracta:

- ✔ **Puede hacer una oferta de segunda oportunidad (Second Chance Offer): Ofrezca el artículo a otro participante de la subasta.** eBay cuenta con una característica poco conocida llamada Second Chance Offer, que protege a los compradores como si fueran el ganador de la subasta. Esta es una gran característica que convirtió la antigua práctica ilegal en eBay de hacer negocios al margen en tratos justos y aprobados. Puede hacer una Second Chance Offer a cualquier oferente no ganador de una subasta que no fue pagada (por el monto de su oferta más alta) hasta 60 días después del fin de la subasta. Los pasos después de esta lista detallan cómo hacer una oferta de este tipo.

- ✔ **Puede solicitar crédito total o parcial por la cuota sobre el valor final, volver a anunciar el artículo y esperar que se venda.** (Le doy más información sobre cómo solicitar crédito por la cuota sobre el valor final y volver a anunciar su artículo más adelante en este capítulo.) ¿Quién sabe? Este oferente podría finalmente lograr que usted *gane* dinero a la larga si vuelve a colocar el artículo y obtiene una oferta ganadora más alta.

Para hacer una oferta de segunda oportunidad, siga estos pasos:

1. **Vaya a la página de subastas terminadas.**

2. **Desplácese hasta el final del área sombreada de azul llamada Seller Status, en la parte superior de la página, y haga clic en el enlace Second Chance.**

Debe estar registrado para ver el área Seller Status.

Será transportado a la página Second Chance Offer, con el número de la subasta ya incluido.

3. **Haga clic en Continue.**

   Aparecerá la página mostrada en la Figura 13-5.

4. **Elija a un participante no ganador para ofrecerle el artículo y luego haga clic en el enlace Review Second Chance Offer.**

   Cuando hace una oferta de segunda oportunidad, puede darle al receptor uno, tres, cinco o siete días para aceptarla. No se le cobrará una cuota por anunciar el artículo, pero usted sí debe hacerse responsable de la cuota sobre el valor final, si la transacción se completa.

5. **Revise la oferta y luego haga clic en Submit para enviarla al oferente.**

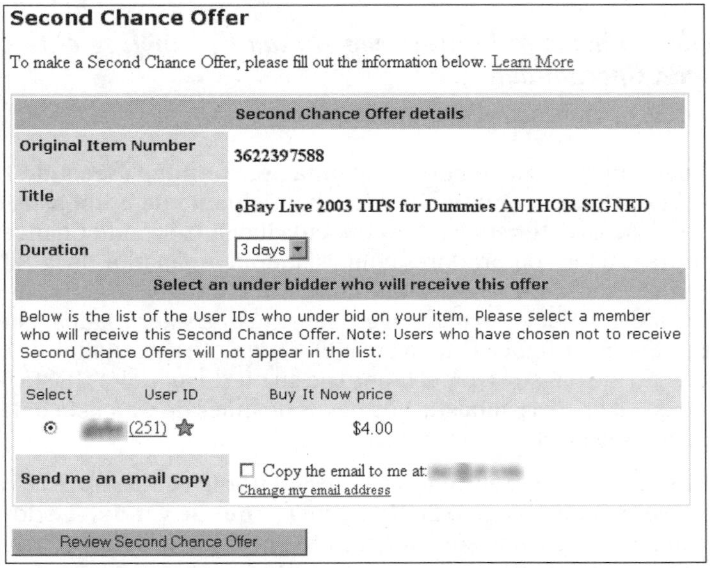

---

**Figura 13-5:**
Aquí es donde podría salirse de una situación difícil al ofrecer el artículo a uno de los oferentes no ganadores de la subasta fracasada.

**Second Chance Offer**

To make a Second Chance Offer, please fill out the information below. <u>Learn More</u>

| Second Chance Offer details | |
| --- | --- |
| **Original Item Number** | 3622397588 |
| **Title** | eBay Live 2003 TIPS for Dummies AUTHOR SIGNED |
| **Duration** | 3 days ⌄ |

**Select an under bidder who will receive this offer**

Below is the list of the User IDs who under bid on your item. Please select a member who will receive this Second Chance Offer. Note: Users who have chosen not to receive Second Chance Offers will not appear in the list.

| Select | User ID | Buy It Now price |
| --- | --- | --- |
| ⊙ | (251) ☆ | $4.00 |

**Send me an email copy** ☐ Copy the email to me at: 
<u>Change my email address</u>

Review Second Chance Offer

---

## Houston, tenemos un problema con el pago

Muchas cosas pueden salir mal en lo que respecta al dinero. Tal vez usted nunca recibe el dinero o quizá el cheque rebota. Si esto sucede, póngase en contacto con el vendedor inmediatamente. Los ganadores honrados se sentirán totalmente avergonzados y responderán, mientras que los inescrupulosos le ofrecerán excusas tontas. De cualquier modo, insista en una forma de pago más segura, como una orden de pago o cancelar con tarjeta de crédito mediante PayPal. Yo también pido a quienes enviaron un cheque sin fondos que incluyan un pago extra de $20. Esto cubre los cargos que hace mi banco por los cheques rebotados y algo más por el mal rato.

Si el comprador paga con cheque, asegúrese de conservar el artículo hasta que esté totalmente seguro de que el cheque ha sido cambiado por el banco; después envíelo. Llame a su banco para cerciorarse de que no ha recibido una colilla de devolución por el monto del cheque.

## El artículo que envió está quebrado: y usted también

¡Oh, no! ¿Será cierto? ¿Podría haber enviado el artículo equivocado? ¿O será posible que el florero de cristal que creía haber empacado tan bien es un triste montón de fragmentos en el fondo de una caja rota? Si es así, lea el Capítulo 12 tan pronto como se ocupe de esta catástrofe, para encontrar algunos consejos sobre el empacado y el seguro.

Es hora de dedicarse seriamente a solucionar el problema. Si el comprador cumplió con su parte del trato, usted debe hacer su mejor esfuerzo para arreglar el conflicto. Su habilidad para comunicarse es su principal virtud en esta situación, así que póngase a trabajar.

### Recoger los pedazos

No importa con cuánto cuidado empaque un artículo, a veces llega a la puerta del comprador aplastado, roto o despedazado. Las noticias sobre este desafortunado acontecimiento le llegarán a usted rapidísimo. El comprador le avisará en aproximadamente 30 segundos lo descontento que está en un mensaje electrónico. Dígale que localice el sello del seguro o la etiqueta de papel pegada al paquete como prueba del seguro, y que luego lleve todo el desastrado conjunto a la oficina de correos.

Esto es lo que sucederá en la oficina postal:

✔ Si el artículo está asegurado por menos de $50, el comprador inmediatamente recibirá una orden de pago del Servicio Postal por el valor del artículo.

✔ Si el artículo está asegurado por más de $50, el comprador completa un formulario de reclamo, y usted es contactado para llenar formularios adicionales. Necesita mostrar su recibo del seguro a las buenas personas de la oficina de correos. Debe esperar entre 60 y 90 días para que el papeleo sea procesado antes de recibir el pago.

✔ Por supuesto, la oficina de correos no reembolsará el franqueo. Después de todo entregaron el artículo, ¿no?

Si el paquete se pierde, usted se enterará porque la confirmación de entrega nunca llega, y el comprador le dirá que el paquete no aparece. Usted necesita ir a la oficina postal desde donde envió el artículo para solicitar el pago del seguro. Luego el Servicio Postal investigará el asunto. Si su artículo no es localizado en 30 días, se declara perdido y habrá otra ronda de papeleo que procesar antes de recibir su dinero. Y no, tampoco le devolverán el franqueo.

Si tiene una aseguradora privada de paquetes (se discute en el Apéndice B), el proceso es mucho más simple. No hace falta contactar al transportista; usted simplemente debe contactar a la compañía de seguros y presentar un reclamo.

### Reclamo rechazado

En mi experiencia, ni UPS ni el Servicio Postal de los Estados Unidos pagarán un reclamo de seguro si creen que usted hizo un trabajo mediocre de embalaje. Por eso, no se sorprenda si su reclamo es rechazado. Siempre use productos buenos para empacar, envuelva con cuidado y alístese para defender su caso.

Cada empresa de transportes tiene su propio procedimiento para los reclamos. Pero hay algo que todas tienen en común: Ningún procedimiento está libre de enredos. Llame a su transportista tan pronto como surja un problema.

## Usted está arrepentido: remordimiento del vendedor

Sin duda alguna, usted ha oído hablar sobre el remordimiento del comprador. Le tengo algo nuevo: el *remordimiento del vendedor*. Si está vendiendo su esca-

---

### Dejar comentarios después de una experiencia de subasta imperfecta

Si el comprador nunca se materializa, se retira, su cheque rebota o se mueve más lento que una tortuga para mandarle un pago (pero quiere que le envíe el artículo de un día para otro, desde Boston hasta Khartoum, y que usted pague el transporte), usted necesita pensar en cómo desea redactar su retroalimentación. Tiene todo le derecho de dejar comentarios negativos, pero eso no significa que puede abusar. Recuerde apegarse a los hechos y no personalizar las cosas.

Estos son algunos consejos sobre la retroalimentación:

- Si la transacción se tambaleó pero al final todo salió bien, no se moleste y deje una calificación neutral.

- Si una tormenta de nieve no permitió la salida de aviones de Chicago por tres días, y esa es la razón por la cual su cheque tardó mucho tiempo en llegar, respire profundamente, échele la culpa al destino y deje retroalimentación positiva.

- Si el comprador fue una pesadilla viviente, tómese un largo descanso antes de dejar comentarios negativos; y pida a un ser amado en quien confía que lo lea antes de enviar algo al mundo virtual de lo que no podrá retractarse.

Para más información sobre cómo dejar retroalimentación, lea los Capítulos 4 y 6.

ñuelo de terciopelo de Elvis porque su cónyuge dijo: "¡Soy yo o ese banquillo!" y luego usted decidió que su pareja debería haber sabido cuánto venera usted al Rey si fueron a Graceland en su luna de miel, puede acabar con la subasta. Lea "Trate de cancelar las ofertas primero" y "Si nada funciona, acabe con su subasta antes de tiempo", más adelante en este capítulo.

# ¿Salió Mal la Subasta? Reduzca sus Pérdidas

Su subasta parece ir bien por un par de días cuando nota que el mismo usuario de eBay que no le pagó en una subasta anterior es actualmente el mayor postor. No quiere quemarse nuevamente, ¿verdad? Por supuesto que no; *cancele* la oferta de este miserable antes de que sea demasiado tarde. Aunque cancelar ofertas y, en ese sentido, subastas enteras, no es fácil (necesita hacer muchísimas explicaciones, amigo), eBay sí lo permite.

Si cree que debe lavarse las manos de una subasta que solamente le ha aportado molestias, no significa que debe perder dinero en ese trato. Continúe leyendo para conocer el protocolo para echar a oferentes no confiables o (como último recurso) dejar que una mala subasta descanse en paz y empezar nuevamente.

Muchas de estas funciones también están disponibles en el área Selling-Related Links, al pie de su página My eBay Selling.

## Trate de cancelar las ofertas primero

Enfrente los hechos: Esta subasta rápidamente se está convirtiendo en una gigantesca pérdida. Usted hizo lo que pudo, y las cosas no funcionaron. Antes de matar una subasta completamente, vea si puede mejorarla cancelando algunas ofertas primero. Hacerlo elimina a un oferente de su subasta, la cual sigue adelante.

Al cancelar una oferta, usted necesita presentar una explicación que irá a su historial, donde todos la verán. Puede tener un millón de razones para pensar que su subasta es un fracaso, pero eBay exige que su explicación sea muy buena. Estas son algunas razones aprobadas por eBay para cancelar una oferta (o incluso una subasta entera):

- El mayor postor le informa que va a retirar su oferta.

- A pesar de sus mejores esfuerzos por determinar quién es el mejor postor, no ha podido hacerlo; y no ha obtenido respuestas a sus mensajes o llamadas telefónicas.

- El oferente cometió un error en el monto en dólares de la oferta. (Ofrece $100 en vez de $10.)

- A mitad de la subasta, usted decide que no puede vender su artículo.

No puedo subrayar este punto lo suficiente: *Explique por qué está cancelando una oferta, y su explicación tiene que ser buena.* Puede cancelar cualquier oferta por cualquier causa que desee, pero si no puede dar una buena explicación del porqué, lo va a sentir. Alegar problemas en transacciones anteriores con el mayor postor actual está bien, pero cancelar a un oferente que vive en Japón porque usted no tiene ganas de hacer el envío al extranjero después de haber dicho que sí lo haría podría dar a su historial de retroalimentación un olor a sushi podrido.

Para cancelar una oferta (empezando en la mayoría de las páginas de eBay), haga lo siguiente:

1. **Haga clic en el enlace Services de la barra de navegación.**

2. **En el área Manage Your Active Listings, haga clic en el enlace Cancel Bids.**

   Será conducido a la página Cancelling Bids Placed in Your Auction, mostrada en la Figura 13-6.

3. **Lea toda la letra menuda y, si no se ha registrado, digite su identificación de usuario y contraseña, el número de su artículo y una explicación de por qué está cancelando una oferta, así como la identificación de usuario de la persona cuya oferta está cancelando.**

4. **Haga clic en el botón Cancel Bid.**

   Cerciórese de querer cancelar realmente una oferta antes de hacer clic en el botón Cancel Bid. Las ofertas canceladas nunca pueden volver a incorporarse.

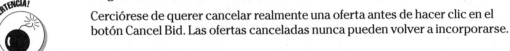

**Cancelling Bids Placed in Your Auction**

You should only cancel bids if you have a good reason to. Also, please remember that bids cannot be reinstated once they've been canceled. Here are a few **examples of a legitimate cancellation**:

- Bidder contacts you to back out of the bid.
- You cannot verify the identity of the bidder, after trying all reasonable means of contact.
- You want to end your auction early because you no longer want to sell your item. **In this case you must cancel all bids on your auction before ending the auction.**

Because your cancellation will be put in the bidding history for this auction, bidders may ask you to explain your cancellation. So, **please include a one-line explanation of your cancellation for the official record.**

Item number of auction

User ID of the bid you are cancelling

Your explanation of the cancellation:

(80 characters or less)

Press this button to cancel this bid.

[ cancel bid ]     [ clear form ]

**Figura 13-6:** Use este formulario para eliminar un oferente de una de sus subastas.

Cancelar una oferta significa que eliminó a un oferente individual (o a varios) de su subasta, pero la subasta en sí continúa. Si desea finalizar una subasta completamente, siga leyendo.

## Cómo bloquear oferentes

Si se topa con un oferente que simplemente no entiende y continuamente hace ofertas en sus subastas, a pesar de que usted le envió un mensaje indicándole lo contrario, puede bloquearlo para que no forme parte de sus subastas del todo. Puede crear una lista de oferentes a quienes prohibir la participación temporal o permanentemente, y editarla en cualquier momento.

Puede encontrar la página en la misma área Manage Your Active Listings, tal como se describió en la sección anterior. Sólo que esta vez haga clic en Bidder Management y luego cree su lista. O, si prefiere, puede ir directamente a esta dirección:

```
pages.ebay.com/services/buyandsell/biddermanagement.html
```

eBay afirma que no se pueden recibir comentarios sobre una transacción que no se completó. Por eso, si su instinto le dice que no negocie con un oferente en particular, no lo haga.

## Si todo lo demás falla, acabe con su subasta antes de tiempo

Si escoge una subasta que dure una semana, y al día siguiente su jefe le dice que debe ir a China por un mes o su arrendatario le dice que debe salir de inmediato para poder fumigar, puede finalizar su subasta antes de tiempo. Pero esta decisión no debe tomarse a la ligera. Se pierde toda la acción de última hora.

eBay aclara que acabar con su subasta antes de tiempo no lo libera de la obligación de vender el artículo al mejor postor. Para lograrlo, antes debe cancelar todas las ofertas y después finalizar la subasta. Por supuesto, si nadie ha hecho ninguna oferta, no hay nada de qué preocuparse.

Cuando cancela una subasta, debe escribir una corta explicación (no más de 80 caracteres) que aparece en la sección del historial de ofertas en su página de subasta. Cualquier persona que ofrezca por el artículo podría escribirle para pedirle una explicación. Si los oferentes piensan que su explicación no resulta creíble, no se sorprenda si recibe mensajes desagradables.

Ofrecer por su propio artículo atenta contra las reglas. Había una vez en que se podía cancelar una subasta al ganarles a todos los demás haciendo ofertas más altas por un artículo propio, y luego finalizar la subasta. Pero algunos usuarios de eBay abusaron de este privilegio al ofrecer por sus propios artículos simplemente para hacer subir el precio de ventas. Qué vergüenza.

Para acabar con una subasta antes de tiempo, vaya al área Manage Your Active Listings (como se describió anteriormente en la sección "Trate de cancelar las ofertas primero") y haga clic en el enlace End Your Listing Early. Luego, siga estos pasos:

1. **Por su propia seguridad, debe registrarse nuevamente.**

   Irá al formulario Ending Your Auction.

2. **Digite el número del artículo y luego haga clic en Continue.**

3. **En la siguiente página, mostrada en la Figura 13-7, seleccione una razón para finalizar su subasta.**

4. **Haga clic en el botón End Your Listing.**

   Aparece la página Ended Auction.

   eBay les envía un e-mail para confirmar la finalización de la subasta (End of Auction Confirmation) a usted y al mayor postor.

Si, al colocar un artículo en lista, sabe que estará fuera de la ciudad cuando la subasta termine, avise a los oferentes potenciales cuándo planea ponerse en contacto con ellos en la descripción de su artículo. Los oferentes que estén dispuestos a esperar aún estarán dispuestos a ofrecer. Alertarlos sobre su ausencia puede evitar que usted pierda dinero si debe frenar la subasta.

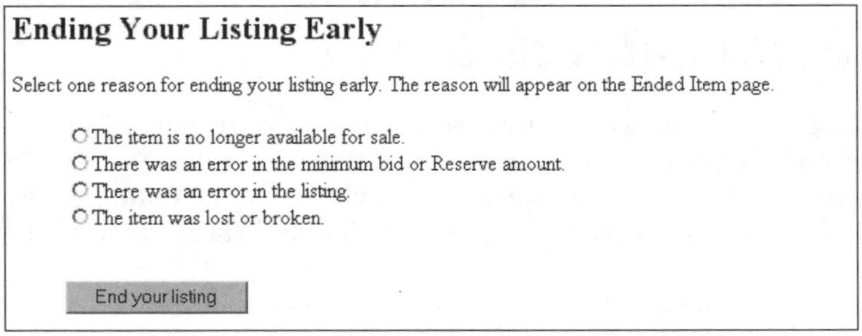

**Figura 13-7:**
Seleccione el motivo para finalizar su subasta antes de tiempo.

> ### Ending Your Listing Early
>
> Select one reason for ending your listing early. The reason will appear on the Ended Item page.
>
> ○ The item is no longer available for sale.
> ○ There was an error in the minimum bid or Reserve amount.
> ○ There was an error in the listing.
> ○ The item was lost or broken.
>
> [ End your listing ]

## ¿Prorrogar su subasta? (No)

¿Está su subasta que arde? ¿Las ofertas entran rápidas y furiosas? ¿Desearía tener más tiempo? Bueno, la respuesta es que no puede. eBay no prorroga las subastas bajo circunstancias normales.

Sin embargo, ocasionalmente eBay experimenta *fuertes apagones*. Es decir, cuando el sistema está caído y nadie puede hacer ofertas. (Por supuesto, de acuerdo con la Ley de Murphy, el próximo apagón fuerte será justo en medio de una furiosa guerra de ofertas en los minutos finales de *su* subasta. O al menos eso pareciera.) Los apagones pueden durar entre cinco minutos y unas cuantas horas. Como tantos participantes esperan hasta el último momento para ofrecer, esto puede ser desastroso. Para disculparse, eBay prorroga las subastas 24 horas si cualquiera de estas tres cosas sucede:

- ✓ El apagón no estaba programado y dura dos horas o más.
- ✓ La subasta estaba programada para terminar durante el apagón.
- ✓ La subasta estaba programada para terminar una hora después del apagón.

Si su subasta estaba programada para terminar el jueves a las 20:10:09 (recuerde que eBay usa la hora militar, basada en la hora del Pacífico; o sea, las 8:10 p.m.), la nueva hora para su final sería el viernes a las 20:10:09. A la misma batihora, por el mismo baticanal, pero en un día diferente.

eBay también reembolsará todas sus cuotas de subasta si el apagón dura más de dos horas. En otras palabras: la cuota de inserción, la cuota sobre el valor final y las opcionales. No necesita hacer ninguna solicitud. eBay automáticamente reembolsa las cuotas correspondientes.

Puede leer sobre los fuertes apagones en el foro de anuncios sobre la condición del sistema (System Status Announcement Board) de eBay. Para obtener el informe de un apagón, revise la parte inferior de la mayoría de las páginas de eBay; verá el enlace Announcements, que lo llevará a General Announcements Board. De ahí, haga clic en el enlace eBay System Announcements Board.

Si el enlace Announcements no aparece, empiece en la barra de navegación (en la parte superior de la mayoría de las páginas de eBay) y haga lo siguiente:

1. **Haga clic en Community, en la barra de navegación principal.**

   Irá a la página Community Overview.

2. **En el área News, haga clic en el enlace System Announcements.**

   Pasará al foro de anuncios sobre la condición del sistema.

Al correr subastas, acostúmbrese a incorporar a su rutina de operación el chequeo del foro general de anuncios y la de anuncios sobre el sistema. Revisarlas es como revisar los obituarios en la mañana para asegurarse de que su nombre no aparece. Puede averiguar más sobre los foros de anuncios en el Capítulo 17.

## *Solicitar crédito por la cuota sobre el valor final*

Los fuertes apagones no son la única razón por la cual puede obtener un reembolso. Si completar una subasta con éxito representa la emoción de la victoria, averiguar que su comprador es un oferente que no paga o un miserable representa la agonía de la derrota. Para colmo de males, eBay le cobra la cuota sobre el valor final incluso si el mejor postor nunca le envía ni un centavo. Pero usted puede hacer algo al respecto. Puede solicitar un reembolso por la cuota sobre el valor final.

Para calificar para un crédito por la cuota sobre el valor final, debe probarle a eBay que uno de los siguientes tres acontecimientos ocurrió:

- ✔ El oferente ganador nunca respondió, después de enviarle varios mensajes electrónicos.

- ✔ El oferente ganador se retiró de la transacción.

- ✔ El pago del oferente ganador no se pudo cobrar o no se recibió nunca.

- ✔ El oferente ganador le devolvió el artículo, y usted le reembolsó el pago.

¿Entonces, qué pasa si la venta se completa pero por algún motivo le pagan menos del precio final de venta registrado? eBay también lo cubre aquí. Pero tal vez usted se pregunte antes: "Un momento, ¿cómo puede suceder eso?" Permítame decirle cómo. Estos son algunos de los casos:

- ✔ eBay calcula mal el precio final. (No sucede a menudo, pero mejor revise siempre.)

- ✔ Usted renegocia un precio final de venta más bajo para calmar a un cliente insatisfecho, pero eBay le cobra con base en la oferta más alta registrada.

- ✔ Los oferentes de una subasta (holandesa)de múltiples artículos se retiran.

Si tanto usted como el comprador deciden que está bien no seguir adelante con la transacción, eBay estará de acuerdo también. eBay le permitirá recuperar la cuota sobre el valor final al cumplir con el proceso de reembolso. Encontrará una opción en el área Reason for Refund, la cual absolverá al comprador de cualquier infracción ante la policía de pagos de eBay.

Si han transcurrido al menos siete días y no más de 45 días desde el final de la subasta, puede solicitar un crédito completo o parcial. Primero, debe colocar una alerta por falta de pago (Non-Paying Bidder Alert):

1. **Haga clic en el enlace Services de la barra de navegación, en la parte superior de la mayoría de las páginas de eBay.**

2. **En el área Manage Your Ended Listings, haga clic en el enlace Request a Final Value Fee Credit.**

   Será transportado a la página Non-Paying-Bidder / Final Value Fee Credit Request Program.

3. **Lea las pautas para solicitar un crédito por la cuota sobre el valor final y haga clic en el enlace Non-Paying Bidder Alert.**

   Será llevado a la página de información sobre el formulario Non-Paying Bidder Alert.

4. **Lea los términos actuales.**

5. **Digite el número del articulo de la subasta en cuestión y luego haga clic en el botón Send Request.**

   Aparecerá el formulario de alerta sobre falta de pago, que se observa en la Figura 13-8.

6. **En el menú desplegable Reason for Non-Paying Bidder Alert, escoja el motivo de su solicitud. Luego haga clic en el botón Submit.**

**Non-Paying Bidder Alert Form**

**"TEST AUCTION - Please DO NOT BID"**

Item #2955712856

**Date Auction Ended:** *10/04/03*
**Final Bid Price:** *$0.01*

Please complete all fields that provided below.

| Reason for Non-Paying Bidder Alert | Both parties mutually agreed not to complete the transaction ▼ |
|---|---|

High bidder didn't contact you
High bidder refused the item
High bidder didn't send payment
High bidder sent payment but check bounced or payment was stopped
High bidder paid for item and returned it. You issued a refund to bidder
High bidder didn't comply with seller's terms & conditions stated in listing
Both parties mutually agreed not to complete the transaction
Partial Credit - Sale price to high bidder was actually lower than the final high bid
Partial Credit - One or more of your Dutch auction bidders backed out of sale
Partial Credit - High bidder in Dutch auction did not complete the transaction. You sold the item to another bidder.

**Bidders userid**

Please mak
who are not

**Filing false Non-Paying Bidder Alerts is a form of harassment. Sellers found to be guilty of this offense will be suspended.**

Click Submit to enter your Non-Paying Bidder Alert.

**Figura 13-8:** Seleccionar su razón para presentar una alerta por falta de pago.

Si su explicación incluye una solicitud de crédito parcial, o si usted y el comprador de mutuo acuerdo decidieron no completar la transacción, al hacer clic en Submit será llevado inmediatamente a la página de solicitud de crédito por la cuota sobre el valor final. En estos casos, no hace falta esperar.

En el instante en que usted solicita un crédito de alerta por falta de pago, eBay lanza un mensaje electrónico al ganador de su subasta (con copia para usted) y le advierte sobre su condición de oferente que no paga (non-paying bidder).

Después de tres advertencias por no pagar, eBay puede expulsar a un miserable del sitio.

Usted y el oferente que no le ha pagado tienen diez días para solucionar los problemas. Si no consigue ningún avance después de diez días, puede solicitar el crédito por la cuota sobre el valor final.

Necesita esperar *por lo menos* siete días después de la finalización de la subasta para utilizar la alerta por falta de pago, y luego diez días antes de poder solicitar el crédito por la cuota sobre el valor final. Creo que es muy apresurado catalogar a alguien de oferente que no paga después de sólo siete días; trate de contactarse con esa persona nuevamente, a menos que ésta le envíe un mensaje anunciando su retiro (o si usted cuenta con buenas pistas para pensar que se trata de un miserable). Si todavía desea solicitar crédito por la cuota sobre el valor final, haga lo siguiente:

1. **Siga los Pasos 1 y 2 de la lista anterior.**

   Será conducido a la página Non-Paying-Bidder / Final Value Fee Credit Request Program.

2. **Bajo el encabezado Seller Accounts, haga clic en el enlace Request Your Final Value Fee Credit.**

Aparecerá la página Final Value Fee Credit Request Form.

3. **Revise las pautas y digite el número del artículo en la casilla. Luego haga clic en Send Request.**

4. **Responda las siguientes preguntas:**

   • **¿Recibió dinero del oferente?** Si la respuesta es positiva, digite el monto en la casilla; use números con el punto decimal. Si le envió un reembolso total al oferente, responda esta pregunta en forma negativa.

   • **Causa del reembolso.** Escoja un motivo para el reembolso en el menú desplegable.

5. **Haga clic en el botón Submit al pie de la página.**

Llegará a la página Credit Request Process Completed, la cual confirma que eBay está procesando su reembolso, como se aprecia en la Figura 13-9.

Cuando su subasta termina, tiene hasta 60 días después del cierre de la misma para solicitar un crédito total o parcial. Después de 60 días, despídase de su reembolso; eBay no lo procesará.

Cualquier persona que sea atrapada solicitando un reembolso total o parcial por una transacción exitosa puede ser suspendida o le podría suceder algo peor; después de todo, este es un caso clarísimo de fraude.

Si quiere verificar la contabilidad de eBay, busque su calculadora y use la Tabla 9-2 del Capítulo 9 para revisar los números. (¿Por qué no tuve una de esas en mi clase de álgebra del colegio?)

Siempre imprima una copia de toda solicitud de reembolso y crédito que haga. Este rastro de papel puede ayudarle posteriormente si eBay le pide documentación.

## Pero, ¿es una rubia natural?

Este es un ejemplo de un artículo que hubiera recaudado muchísimo dinero a la vendedora si ella hubiera tenido una mejor estrategia desde el principio:

**Platinum Mackie Barbie**: Hermosa Barbie Platino Bob Mackie. MIB (sacada de la caja solamente una vez para ojearla). La muñeca viene con zapatos, soporte, folleto y dibujo de Mackie. El plástico original protege su pelo y sus aretes. El comprador debe agregar $10 para el envío y el seguro. El pago debe hacerse dentro de 10 después de terminada la subasta por MO (orden de pago) o cheque de gerencia solamente.

El precio inicial fue $9.99 y, aunque la oferta subió hasta $256, no se alcanzó el precio reservado de venta de la vendedora, y el artículo no se vendió.

Al volver a anunciar el artículo, la vendedora debería bajar el precio de reserva y agregar mucho más a la descripción sobre la importancia y rareza de la muñeca (a menos, por supuesto, que $256 estuviera muy por debajo de lo que ella quería por la muñeca). Ofrecer aceptar tarjetas de crédito por medio de PayPal también hubiera ayudado a hacer la venta.

**Figura 13-9:**
eBay procesa su crédito por la cuota sobre el valor final y éste aparece en su cuenta casi inmediatamente.

▸ Check out <u>Modern and Contemporary Art</u> on eBay Great Collections.

Search   <u>tips</u>
☐ Search titles **and** descriptions

### Credit request process completed!

Your final value fee credit has been posted to your account for item #35123360

Your may review your account status at:
<u>http://cgi3.ebay.com/aw-cgi/eBayISAPI.dll?ViewAccountStatus</u>

## *Déjà vu: volver a anunciar su artículo*

A pesar de sus incansables esfuerzos, a veces su subasta termina sin ofertas o con ofertas que ni siquiera se acercan a su precio reservado. O tal vez un comprador ganó su subasta, pero la transacción no se completó. eBay se apiada de usted y le ofrece la oportunidad de que se levante, se sacuda el polvo y empiece otra vez desde cero.

La mejor manera de mejorar sus posibilidades de vender un artículo que se volvió a colocar en lista es hacer algunos cambios a la subasta. eBay afirma que la mayoría de los artículos en subastas se venden. Si vende su artículo la segunda vez (en la mayoría de los casos), eBay lo recompensa con el reembolso de su cuota de inserción. Lo recibirá después de al menos un ciclo de facturación. Acéptelo como recompensa por haber aprendido la movida.

Para ser elegible para un reembolso de la cuota de inserción, este es el procedimiento:

✔ Debe volver a colocarse en lista no más de 30 días después de haber cerrado la subasta original.

✔ Sólo recibirá crédito si no hubo ofertas en su subasta original, o si las ofertas que recibió no alcanzaron el precio de reserva en su subasta con precio reservado.

✔ Puede cambiar cualquier cosa en la descripción de la subasta, el precio, la duración y el precio mínimo, pero no puede vender un artículo diferente.

✔ Si fija un precio reservado en su subasta original, debe establecer el mismo, bajarlo o eliminarlo del todo. Si fija un precio reservado más alto, no será elegible para el crédito por repetir la subasta.

La generosidad de eBay tiene excepciones. No da reembolsos por cualquier opción para anunciarse por la cual usted ya haya pagado, como **letras en negrilla** o el uso de Featured Plus! Esta característica tampoco cubre las subastas de múltiples artículos (holandesas). Y, si se está enfrentando con un miserable, puede volver a anunciarse, pero no le reembolsarán la cuota de inserción. Más malas noticias: si no vende el artículo la segunda vez, habrá pagado *dos* cuotas de inserción. Por eso, ponga más de su parte esta vez y ¡haga su mejor esfuerzo!

Para tratar de vender algo por segunda vez, haga lo siguiente (desde la sección Items I'm Selling, en su página My eBay Selling):

1. **Haga clic en el anuncio del artículo subastado que desea volver a anunciar.**

   Irá a la página principal de la subasta de ese artículo.

2. **Haga clic en el enlace Relist Your Item.**

   Será llevado al formulario Relist Your Item; básicamente, el formulario Sell Your Item con la información ya completada.

3. **Haga los cambios a su subasta, láncela y ¡rece!**

Ser lo más específico posible con el título de su artículo mejora sus probabilidades de obtener ganancias. Si está vendiendo un viejo juego de Monopoly, no lo llame simplemente **Viejo juego de mesa Monopoly**; llámelo **Raro Juego Monopoly de 1959 Completo en su Caja**. Para más información sobre cómo anunciar los artículos, vea el Capítulo 10.

Esta es una lista de ideas que puede usar para mejorar las posibilidades de éxito para su subasta:

- ✔ **Cambie la categoría de su artículo.** Vea si el artículo se vendería mejor en otra categoría (vea el Capítulo 3).

- ✔ **Agregue una foto.** Si hay dos artículos idénticos subastándose al mismo tiempo, el que tenga una foto atraerá más ofertas, y éstas serán más altas. Vea el Capítulo 14.

- ✔ **Dé más vida al título y a la descripción.** Hágalos atractivos y atrape los motores de búsqueda. Diríjase al Capítulo 10.

- ✔ **Establezca una oferta mínima más baja.** Los primeros oferentes creerán que van a obtener una ganga, y los demás desearán tener ese artículo caliente. Repase el Capítulo 10.

- ✔ **Fije un precio reservado más bajo o elimínelo.** . Un precio de reserva a menudo asusta a los oferentes que temen que sea muy alto. Vea (¡sí!) el Capítulo 10 para aprender cómo hacer su precio reservado más apetecible a los oferentes potenciales.

- ✔ **Ofrezca más opciones de pago.** Las personas podrían sucumbir ante una compra impulsiva si pueden cargarla a su tarjeta de crédito y pagarla después.

- ✔ **Cambie la duración de la subasta.** Tal vez necesita más tiempo. Vaya (¡adivinó de nuevo!) al Capítulo 10

Los veteranos de eBay dicen que reducir o cancelar su precio de reserva hace que su subasta sea muy atractiva a los compradores.

# Capítulo 14

# Usar Fotos y Estrategias para Aumentar sus Ganancias

· · · · · · · · · · · · · · · · · · · · · · · · · · · · · · · · · · · · · · · · · · · · · · · · ·

*En este capítulo*

▶ Adjuntar fotos a su subasta

▶ Preparar imágenes perfectas

▶ Usar fotografías hermosas

▶ Jugar con los enlaces

▶ Conocerlo todo sobre About Me

· · · · · · · · · · · · · · · · · · · · · · · · · · · · · · · · · · · · · · · · · · · · · · · · ·

*Q*uizás usted esté disfrutando de todo lo que eBay tiene a su disposición, y probablemente esté teniendo unas interesantes aventuras de compras. Si está vendiendo, estará experimentando la emoción de ganar dinero. Pero hay más. Bienvenido a la case avanzada de eBay.

En este capítulo, usted se adelantará al descubrir algunos consejos expertos sobre cómo lograr que sus subastas brillen, con imágenes y texto arrebatador. Los vendedores exitosos saben que las fotos (también llamadas imágenes) realmente ayudan a vender los artículos. Este capítulo le enseña los elementos básicos sobre cómo crear grandiosas imágenes. También le doy consejos sobre cómo enlazar las fotos a sus subastas para que los compradores alrededor del mundo las puedan ver.

## *Usar Imágenes en sus Subastas*

¿Compraría usted un artículo que no puede ver? La mayoría de las personas no lo haría, especialmente si están interesadas en comprar artículos de colección que quieren exhibir, o ropa que van a usar. Sin una foto, no hay manera de comprobar si la idea que tiene un vendedor de buena calidad es parecida a la suya o si el artículo es exactamente lo que usted está buscando.

Bienvenido al cibermundo de las *imágenes*, donde las fotos no se llaman fotos sino *imágenes*. Con una cámara digital o un escáner y software, puede manipular sus imágenes: recortarlas, corregirles el color y agregar efectos especiales, para que atrapen de la solapa a quienes las miran. Mejor aún: Cuando esté contento con su creación, puede agregarla a su subasta en eBay para que otros la vean.

Vendedores, pongan atención y lean estas otras razones por las cuales debería usar imágenes digitales bien hechas en sus páginas de subastas:

- ✔ Si no tiene una foto, los oferentes potenciales podrían preguntarse si usted está ocultando el artículo deliberadamente porque sabe que hay algo malo con él. ¿Paranoia? Tal vez. ¿Práctico? Por supuesto.

- ✔ Los oferentes caprichosos ni siquiera se molestan en leer la descripción de un artículo si no lo pueden ver. Tal vez fueron traumatizados durante sus lecciones de español.

- ✔ Tomar sus propias fotografías demuestra que tiene el artículo en su poder. Muchos estafadores toman imágenes de sitios Web de los fabricantes para ilustrar sus ventas falsas en eBay. ¿Por qué arriesgarse a que sospechen de usted? ¡Tome una foto rápida!

- ✔ Todo el mundo lo hace. No me gusta presionarlo, pero las imágenes digitales son extremadamente comunes en eBay; si no las usa, no está alcanzando el número más amplio de personas que podrían ofrecer por su artículo. Desde de ese punto de vista, no está haciendo lo mejor para satisfacer las necesidades de sus clientes potenciales. Oiga, las modas son *impulsadas* por la conformidad. Es mejor que les saque provecho.

Entonces, ¿qué es mejor para capturar imágenes: las cámaras digitales o los escáneres digitales? Como con todos los aparatos, esta es la respuesta clásica: depende. En mi opinión, es difícil superar a una cámara digital. Pero antes de correr a pescar una, decida qué clase de inversión (y qué tan grande) planea hacer en sus subastas de eBay. Si está cómodo con su equipo fotográfico de 35mm, no lo descarte: ¡escanee sus fotos (o encuentre un SLR digital)! Los detalles de estas alternativas vienen a continuación.

Ya sea que compre equipo digital nuevo o usado en eBay, asegúrese de que tenga garantía. Si *no* la consigue, la Ley de Murphy prácticamente garantiza que su equipo digital dejará de funcionar en el instante en que empieza a usarlo.

## Cómo escoger una cámara digital

Si el precio no importa, debería comprar la cámara digital de mejor calidad que pueda costear, especialmente si piensa usar imágenes con muchas de sus subastas en eBay y los artículos que planea vender varían de tamaño y forma.

Sony, Olympus y Nikon hacen buenas cámaras digitales básicas, que empiezan en aproximadamente $300 (se encuentran fácilmente en eBay por alrededor de $100 o menos). Las cámaras digitales usadas, de calidad media, se venden entre $150 y $250. Compare precios en las tiendas de computadoras y en catálogos.

Una de las cámaras más populares usadas por los vendedores de eBay es la Sony Mavica. Viene en dos estilos: la serie FD que usa un disquete común de 3 pulgadas como memoria y la serie CD que quema las imágenes directamente en un mini CD regrabable.

Usar la Mavica con disquete es simple. Sólo tome sus fotos y luego saque el disco con las imágenes e insértelo en su computadora. Las ilustraciones son ahora accesibles desde la unidad de disquete. Sin enredos, sin confusiones: ninguna tarjeta que introducir, ningún software que instalar. El CD es parecido; pero se inserta el CD en la unidad para CDs. Los archivos se pueden leer de los discos desde la cámara, como es la norma.

Los modelos de las populares cámaras Sony varían en cuanto a calidad de imagen. Es interesante que un modelo descontinuado, el FD-73, es el más popular entre los vendedores de eBay. La FD-73 es una de las pocas que tienen zoom de 10x, lo cual ayuda con los acercamientos complicados. Esta cámara sólo tiene resolución VGA, y esto la hace bastante inútil para hacer impresiones grandes, pero perfecta para sus imágenes en línea. Muchas cámaras digitales nuevas requieren de la corrección y el ajuste del color de su computadora con programas como Photoshop. La FD-73 toma fotos bien definidas y limpias sin tener que hacer ajustes con software. Sólo necesita recortar las imágenes para acomodarlas. Puede encontrar esta cámara reconstruida o usada en eBay por menos de $200. Yo tuve una FD-73, y luego compré una FD-92 (un modelo más actualizado con una tarjeta de memoria); es una ganga.

Un excelente lugar para comprar cámaras digitales es (¡sorpresa!) eBay. Sólo busque algunos de los fabricantes populares, como Olympus, Sony y Nikon, y encontrará páginas de anuncios, tanto de cámaras digitales nuevas como usadas, sobre las cuales puede ofrecer, y si gana, puede comprarlas.

Al comprar una cámara digital, fíjese las siguientes características:

- **Resolución:** Busque una cámara que tenga una resolución de al menos 640 x 480 píxeles. No es difícil de encontrar, porque las nuevas cámaras miden su fuerza en megapíxeles (millones de píxeles). No necesita una resolución tan alta para eBay, porque sus fotos finalmente van a ser mostradas en un monitor y no serán impresas en papel. Un *píxel* es un pequeñísimo punto de información que, al agruparse con otros píxeles, forma una imagen. Cuantos más píxeles tenga una imagen, más clara y nítida será; cuanta más memoria la imagen consuma, más lentamente aparecerá en la pantalla. Una resolución de 640 x 480 píxeles podría parecer insignificante junto a los 6 millones de píxeles de una cámara digital muy costosa, pero confíe en mí: Nadie que ofrezca en su subasta notará la diferencia.

- **Tipo de almacenamiento:** ¿Tarjeta inteligente? ¿Tarjeta CompactFlash? ¿Tarjeta de memoria? ¿Disquete? Las instrucciones que vienen con su cámara explican cómo transferir imágenes de su tipo de medio a su computadora. (¿No tiene las instrucciones? Consulte el sitio Web del fabricante.)

✔ **Características adicionales:** Asegúrese de que la cámara sea capaz de tomar acercamientos; necesita estar cerca del artículo que fotografía para una subasta, entre unas tres pulgadas y 1 pie (7.74 cm x 0.91 m) de distancia. Un flash también es útil..

Si planea vender artículos pequeños o detallados que requieren acercamientos extremos (tal como joyería, estampillas, monedas o cuentas tibetanas), tal vez prefiera una cámara digital que le permita cambiar de lentes.

Un modo más versátil de obtener mejores imágenes de estos artículos es usar una súper nueva invención llamada Cloud Dome. Al fotografiar artículos complejos, no importa lo buena que sea su cámara, le será difícil capturar el artículo limpia y certeramente (especialmente los colores y la brillantez de las gemas y metales). Su cámara se conecta en la parte superior de este Cloud Dome, y las fotos se toman dentro de un domo de plástico traslúcido. El domo reparte la luz sobre toda la superficie del objeto para revelar sus intricados detalles. Puede comprar el Cloud Dome en eBay o en el sitio Web del fabricante en `www.clouddome.com`. Incluso en blanco y negro, se nota la diferencia que representa el uso de Cloud Dome al tomar fotos de joyas, como se aprecia en la Figura 14-1.

**Figura 14-1:**
Ilustraciones de artículos fotografiados con un Cloud Dome, antes y después.

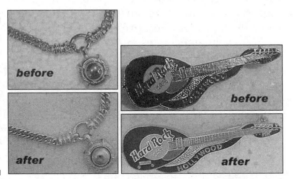

## *Cómo escoger un escáner*

Si planea vender artículos planos como autógrafos, estampillas, libros o documentos, o si necesita un buen aparato de equipo comercial que funcione también como fotocopiadora, considere un escáner digital. Puede conseguir uno completamente nuevo por menos de $100; también puede encontrar escáneres en eBay.

Esto es lo que debe tener en cuenta al comprar un escáner:

✔ **Resolución:** Al igual que con las impresoras y fotocopiadoras, la resolución del equipo digital de escaneo se mide en puntos por pulgada (*dots per inch o dpi*). Mientras más dpi, mejor será la resolución.

Algunos escáneres pueden proveer resoluciones tan altas como 12 800 dpi, que luce impresionante al imprimir la imagen, pero para maquillar sus subastas de eBay, sólo hace falta (¿está listo?) ¡72 dpi (puntos o píxeles por pulgada)! Así es. Sus imágenes se verán grandiosas y no tomará mucho espacio de almacenaje en el disco duro de su computadora. Los escáneres básicos pueden escanear imágenes de hasta 1 200 dpi, así que son más poderosas de lo que necesita para sus imágenes de eBay.

✔ **Pantalla plana** Si está pensando en usar su escáner para escanear fotos de documentos (o incluso artículos en cajas), un escáner con pantalla plana es su mejor opción. Las pantallas planas funcionan igual que las fotocopiadoras. Simplemente coloque su artículo o caja sobre el vidrio, y adelante.

# Embellezca sus Fotos

La idea detrás de usar imágenes en sus subastas es atraer toneladas de compradores potenciales. Con esa meta en mente, debería tratar de crear las imágenes más atractivas posibles, sin importar el tipo de tecnología que use para capturarlas.

## Captúrelo con su cámara

Apuntar y disparar está bien para una foto grupal en un monumento histórico, pero ilustrar su subasta es una idea totalmente diferente. Ya sea que esté usando una cámara tradicional de rollo (para escanear sus fotos reveladas posteriormente) o una cámara digital para capturar su artículo, algunas directrices fotográficos básicas pueden otorgarle mejores resultados.

Para más sobre cómo usar cámaras de 35mm y escáneres, acérquese a la sección siguiente "¿Usar fotos tradicionales? Sí, con un escáner". Luego regrese a

---

## ¡No se le olvide su videograbadora!

La mayoría de usuarios de eBay utiliza su cámara digital o escáner para maquillar sus subastas con imágenes, pero otros sólo usan algo que ya tienen: sus muy versátiles videograbadoras. Así es, después de grabar su día en la playa, apunte el lente hacia la muñeca Victoriana y dispare. Con la ayuda de un dispositivo para capturar videos, puede crear una imagen digital desde la cámara.

Aunque varias compañías ofrecen estos dispositivos, uno que me ha impresionado mucho es el Dazzle Digital Video Creator (de Pinnacle Systems). Se vende por menos de $100 e incluye todo lo necesario para transferir y guardar fotos de su videograbadora (o VCR) a su computadora. Visite el sitio web del fabricante (www.pinnaclesys.com) para más detalles sobre cómo funciona el producto y encuentre en eBay (por supuesto) los mejores precios.

esta lista de cosas que debe y no debe hacer para cerciorarse de que su cámara digital represente un verdadero enriquecimiento para su subasta:

- ✔ **Tome** la foto de su artículo afuera, a la luz del día, siempre que pueda. De ese modo, la cámara puede capturar todos los detalles y colores posibles.

- ✔ **Olvídese** de los fondos sofisticados; distraen al espectador. Ponga los artículos pequeños en una toalla o trapo de color neutro que no refleje; ponga los artículos más grandes delante de una pared o cortina de color neutro. Eliminará casi todo el fondo al preparar la foto en su computadora. (Este capítulo le explica cómo hacerlo.)

- ✔ **Use** luz adicional. Puede hacerlo con el modo de flash de su cámara o con luces adicionales para fotos en soportes. Use luz adicional incluso si toma la foto afuera. Ésta actúa como *luz de relleno*: añade más luz al artículo, rellenando algunas de las áreas sombreadas.

- ✔ **No** se acerque tanto al artículo como para permitir que el flash lave (sobreexponga) la imagen. La manera más fácil de hallar la distancia más adecuada es mediante prueba y error. Empiece cerca y aléjese poco a poco, hasta obtener el resultado deseado. Este método resulta caro si usa un rollo de película, pero ahí es donde las cámaras digitales realmente se distinguen: puede ver la foto segundos después de tomarla, guardarla y modificarla, o borrarla y empezar de nuevo.

- ✔ **Tome** dos o tres versiones aceptables de su imagen; puede escoger la mejor posteriormente en su computadora.

- ✔ Si su artículo depende de los detalles (por ejemplo, una firma grabada o un adorno detallado en oro), **tome** una foto amplia de todo el artículo y luego uno o dos acercamientos de las áreas detalladas que desea que los compradores vean.

- ✔ **Asegúrese** de enfocar la cámara; no hay nada peor que una foto borrosa. Si su cámara es un modelo con enfoque fijo (no puede ajustarse), acérquese solamente hasta la distancia recomendada por el fabricante. Si va más allá, el artículo se verá desenfocado. (Las cámaras con enfoque automático miden la distancia y cambian el ajuste del lente según sea necesario.)

Tomar fotos de su artículo desde diferentes ángulos le da al comprador potencial más información. Cuando tiene varias imágenes, use su programa para editar fotografías para colocarlas en una imagen compuesta, como se muestra en la Figura 14-2.

Algunos tipos indeseables en eBay, ya sea por pereza o para engañar, roban las imágenes de otros miembros de eBay. (Simplemente hacen una copia digital de la imagen y la usan en sus propias subastas. Esto es mezquino, porque la imagen copiada no representa al artículo real.) Yo he sido víctima de esta pillería en varias ocasiones. Para prevenir el hurto de fotografías, usted puede agregar su identificación de usuario a todas sus fotos. La próxima vez que alguien sustraiga alguna de sus fotos, tendrá su nombre en ella. Si está familiarizado con la opción de agregar códigos HTML a sus subastas, le ofrezco un código Java simple en mi sitio web, www.coolebaytools.com, que usted puede insertar en las descripciones de sus subastas para evitar que usuarios inescrupulosos roben sus imágenes.

**Figura 14-2:**
Una imagen compuesta por fotos tomadas desde varios ángulos convierte una subasta en extremadamente atractiva.

## ¿Usar fotos tradicionales? Sí, con un escáner

Si usa un escáner y una cámara de 35mm para crear las imágenes de su subasta en eBay, ha venido al lugar indicado. (También consulte los consejos de la sección anterior). Esto es lo que debe hacer:

✔ Pida a quien revele sus fotos que las imprima en papel brillante; es mejor para escanearlas.

✔ Evite usar luz incandescente o fluorescente para iluminar las fotos que planea escanear. La luz incandescente tiende a hacer que el artículo se vea amarillo, y la luz fluorescente le da un tono azulado a sus fotos. Una excepción son los bombillos de luz incandescente marca *GE Reveal*; brindan buena luz natural, por lo que muchos vendedores de eBay los usan.

✔ Cuando tome fotos tradicionales para escanearlas, acérquese tanto a su artículo como lo permita su cámara. Agrandar las fotos en el escáner sólo hará que las imágenes se vean borrosas (o peor, irregulares).

✔ Escanee la caja en la cual venía el artículo o, si hay una foto del artículo en la caja, escanee esa parte de la caja.

✔ Si escanea un artículo tridimensional (como una muñeca, joyería o una caja) y no puede cerrar la tapa del escáner, ponga una camiseta negra o blanca sobre el artículo, para tener un fondo limpio y buen reflejo de la luz en su escáner.

✔ Si desea escanear un artículo que es demasiado grande para colocarlo de una sola vez en su escáner, escanéelo por secciones y monte las piezas digitales con software para editar imágenes. Las instrucciones que vienen con su software le deberían explicar cómo hacerlo.

## Software que añade ese toque artístico

Después de tomar la foto (o escanearla) y transferirla a su computadora de acuerdo con las instrucciones del fabricante, el siguiente paso es editarla. Así como un editor de libros o revistas, usted debe cortar, arreglar y cambiar el tamaño y la forma de su foto hasta que considere que es lo suficientemente buena para ser vista en público. Si usted no es uno de los amantes de la tecnología, no se ponga nervioso. Muchos de los programas hacen correcciones mágicas con sólo apretar un botón, las cuales harán que sus fotos se vean estupendas.

El programa de software que viene con su cámara digital o escáner pone a su disposición un arsenal de herramientas de edición que le ayudarán a convertir una imagen básica de su artículo en algo especial. Aunque cada programa tiene su propia colección de características, unas cuantas herramientas y técnicas básicas son comunes a todos:

- **Calidad de la imagen:** Le permite realzar o corregir los colores, hacer las imágenes más nítidas, eliminar puntos de polvo y aumentar o reducir el brillo o el contraste.

- **Tamaño:** Reduce o aumenta el tamaño o la forma de la imagen.

- **Orientación:** Rota la imagen hacia la izquierda o la derecha; la coloca horizontal o verticalmente.

- **Cortar:** Recorta su foto para mostrar el artículo, y no el fondo menos relevante.

- **Crear un formato de imagen:** Después de editar la imagen, puede guardarla en un formato específico, tal como .JPG, .GIF u otros. El mejor formato para poner fotos en la Web (y, por ende, el formato preferido en eBay y el que yo más recomiendo) es .JPG (que se conoce como "JAY-peg" en inglés).

Todo programa de software para editar imágenes tiene sus propios requisitos de sistema y capacidades. Estudie el software que viene con su cámara o escáner. Si cree que el programa es demasiado complicado (o no le da las herramientas de edición que necesita), investigue algunos de estos otros programas populares. Puede obtener excelente shareware (software que puede probar antes de comprarlo) en www.tucows.com y www.tucows.com y www.shareware.com.

Si usted tiene Microsoft Office, verifique si cuenta con Photo Editor en su menú de Start, bajo Microsoft Office Tools. (A veces incluso está atado a Windows.) Tal vez tenga que buscar en su disco duro el archivo photoed.exe. Si no lo ve en su computadora, saque su CD de Microsoft Office. Photo Editor está incluido en el CD, pero no se instala automáticamente. Esta es la forma de instalarlo desde Microsoft Office 2000:

1. **Inserte el CD de Office.**

2. **Haga clic en Add or Remove Features.**

   Verá una pantalla con los programas de Office. Haga clic en el signo más junto a Office Tools, y verá una pantalla parecida a la Figura 14-3.

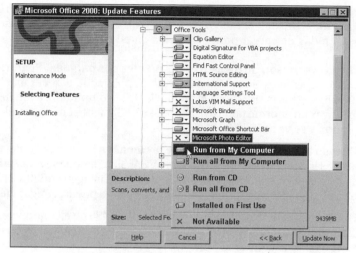

**Figura 14-3:**
Cómo
encontrar el
evasivo
Photo Editor
en el CD de
Microsoft
Office.

3. **Desplácese hacia abajo en la lista de Office Tools hasta que vea Microsoft Photo Editor.**

4. **Haga clic en la casilla junto a Photo Editor (tendrá una X adentro) y, del menú desplegable que aparece, elija la opción Run from My Computer.**

5. **Haga clic en Update Now en la esquina inferior derecha.**

   Microsoft Photo Editor se instalará en su computadora.

Si su cámara no traía software, puede comprar software comercial para editar fotos. El más usado es el muy complejo Photoshop y el reducido (pero más fácil de usar) Photoshop Elements; ambos son fabricados por Adobe. Otra excelente opción es PhotoImpact by Ulead. Este es un software para editar de alta calidad, que usted puede comprar fácilmente en eBay por menos de $50.

Copiar el texto o las imágenes de la subasta de otra persona sin permiso puede constituir una violación a los derechos de autor, cosa que acabaría con su subasta y haría que lo suspendan de eBay.

# Hacer sus Imágenes Compatibles con la Web

Debido a que las imágenes digitales están hechas de píxeles, y cada píxel tiene un conjunto de instrucciones que debe almacenarse en alguna parte, usted debe enfrentar dos dificultades justo después de tomar la foto:

✔ Las imágenes digitales contienen instrucciones informáticas, así que las fotos más grandes ocupan más memoria.

✔ Las imágenes digitales muy grandes toman más tiempo para *construirse* (aparecer) en la pantalla del comprador, y el tiempo puede ser precioso en una subasta.

Para resolver estos dos problemas, piense en pequeño. He aquí una lista de técnicas comprobadas para la preparación de imágenes elegantemente delicadas y rápidas de cargar para exhibirlas en eBay:

- **Fije la resolución de imagen en 72 píxeles por pulgada.** Puede hacer esto con los ajustes de su escáner. Aunque 72 ppi puede parecer una baja resolución, apenas mordisquea la memoria de la computadora (en lugar de arrancar un enorme pedazo), aparece rápidamente en la pantalla del comprador, y se ve genial en eBay.

- **Cuando use una cámara digital, fije la cámara a no más del formato de 640 x 480.** Es lo apropiado para un monitor VGA. Siempre puede recortar la foto si es demasiado grande. Incluso puede guardar la imagen en 320 x 240, y se exhibirá bien en eBay; ocupa menos espacio y ¡usted puede agregar más fotos!

- **Que la imagen terminada no sea más grande de 480 píxeles de ancho.** Al escoger el tamaño de su imagen con el software, es mejor que no sobrepase los 300 x 300 píxeles o 4 pulgadas cuadradas, incluso si es una instantánea de un clásico camión gigante 4 x 4. Estas dimensiones son lo suficientemente grandes para que las personas la vean sin fruncir el seño, y los detalles de su artículo se aprecian bien.

- **Recorte cualquier área innecesaria de su foto.** Debe enseñar únicamente el artículo; todo lo demás es un desperdicio.

- **Use su software para oscurecer o cambiar el contraste de la foto.** Cuando la imagen se ve bien en la pantalla de su computadora, se ve bien en su página de subasta en eBay.

- **Guarde su imagen como un archivo .JPG.** Cuando termine de editar su foto, guárdela como .JPG. (Para hacerlo, siga las instrucciones que vienen con su software). .JPG es el mejor formato para eBay; comprime la información en un archivo pequeño que se construye rápidamente y se reproduce muy bien en la Internet.

- **Verifique el tamaño total de su imagen.** Después de guardar la imagen, verifique su tamaño total. Si oscila los 40K (kilobytes) o menos, los usuarios de eBay no tendrán problemas para ver la imagen en un período de tiempo razonable.

- **Reduzca el tamaño de su imagen si es mayor a 50K.** Lo pequeño es rápido, eficiente y hermoso. Lo grande es lento, perezoso y peligroso. Los usuarios impacientes de eBay avanzarán al siguiente anuncio si deben esperar para ver su imagen.

# La Imagen está Perfecta; y Ahora, ¿Qué?

Ahora que su obra maestra está completa, usted quiere plasmarla en su subasta para que todo el mundo la vea. Cuando la mayoría de las personas siente la urgencia de deslumbrar a compradores potenciales con una foto por primera vez, husmean por todo el sitio de eBay para hallar un lugar donde ponerla. Un secreto del negocio: En realidad no se ponen fotos en eBay; se le indica a los servidores de eBay dónde *encontrar* sus fotos para que, como un buen perro de caza, su subasta *dirija* a los buscadores de los compradores a la esquina exacta del universo virtual donde está su foto. Por eso la foto necesita cargarse rápidamente: proviene de una ubicación diferente. (Así es; eso me confundió a mí al principio también, pero ahora tiene mucho sentido. Sí, claro.)

Para ayudar a eBay a dar con su foto, solamente debe digitar la dirección de ésta en la casilla Picture URL del formulario Sell Your Item, así que no olvide escribir la dirección web (URL) de su imagen.

Si usa eBay Picture Services, su foto estará en los servidores de eBay y se cargará una vez directamente desde su computadora. Hablaré más sobre esto en un minuto.

Puede marcar el URL de su imagen con su cursor, hacer clic derecho con su mouse, y copiarlo directamente al portapapeles (clipboard) de su computadora. Luego, vaya a la página de la subasta que usted está llenando en eBay, ponga su cursor en la ventana Picture URL, y pegue la dirección en la casilla.

Una dirección típica (para alguien que usa AOL) se va más o menos así: `members.aol.com/ebay4dummy/rolexwatch.jpg`.

Como su imagen necesita una dirección, usted debe proveerle un buen hogar en línea. Tiene varias opciones:

- ✔ **Su ISP (Proveedor de Servicios de Internet):** Todos los ISPs grandes: AOL, AT&T, Road Runner y Earthlink, le dan espacio para almacenar sus cosas de Internet. Ya está pagando por un ISP, así que puede parquear sus fotos ahí sin costo adicional.

- ✔ **Un sitio Web para alojar imágenes:** Los sitios Web que se especializan en alojar imágenes están surgiendo por todos lados en la Internet. Algunos cobran una pequeña cuota; otros son gratuitos. La ventaja aquí es que son fáciles de usar.

- ✔ **Su servidor:** Si tiene su propio servidor (aquellos de ustedes que saben quiénes son), puede guardar esas imágenes directamente en su propio hogar.

- ✔ **Servicio de foto de eBay:** Puede averiguar cómo usar el servicio para guardar fotos de eBay más adelante en este capítulo.

## Usar un ISP para almacenar sus imágenes

Cada ISP tiene sus propias reglas y procedimientos. Vaya al área de ayuda de su ISP para ver las instrucciones sobre cómo *tener acceso a su área personal y cómo cargar sus imágenes*. (No, no me estoy convirtiendo en chica mala mala; estas son frases auténticas de la jerga informática).

Una vez que haya cargado sus imágenes en su ISP, busque la dirección web de la ubicación de su artículo y digítela en la casilla Picture URL de la página Sell Your Item de eBay. Ahora, cada vez que alguien vea la página de su subasta, la foto aparecerá dentro de la descripción del artículo. La Figura 14-4 le muestra la descripción de una subasta con foto.

**Figura 14-4:**
Incluir fotos en sus subastas requiere de práctica, pero los resultados valen la pena.

**Elegant Frosted & Clear**
*Floral Stopper Perfume Bottle*

This charming and very Lalique style perfume bottle stands approx. 4" tall. The base features alternating swirls of frosted and clear cut glass and has no markings of any kind. The ground frosted stopper has two lovely flowers at the top. A great item for your vanity table, or a wonderful gift.

Bid with confidence and bid whatever you feel this bottle is worth to you as he is selling with **NO RESERVE!** *(Feel free to check my feedback!)* I pack all my items carefully. Winning bidder to pay shipping & handling of $4.55 and must submit payment within a week of winning the auction. I will accept credit cards through paypal.com (see below). Good luck on winning!

*GOOD LUCK, HAPPY BIDDING!*

*Click below to...*
*View my other auctions - Win more than one and $AVE on shipping!*

# Use un sitio Web de alojamiento de fotos para almacenar sus imágenes

Bueno, en realidad muchas personas están registrando el ciberespacio en busca de la próxima gran cosa. El éxito de eBay tiene a empresarios de todo el mundo inventando diferentes tipos de negocios para dar apoyo a las subastas. Como siempre, mucha basura brota en la Internet como consecuencia de estas tendencias, pero un desarrollo bastante prometedor llamó mi atención recientemente: los sitios Web para alojar imágenes (*image-hosting* Web sites).

Estos sitios Web han evolucionado de tiendas de una parada a mega-mercados cargados con toneladas de servicios para sus subastas. Algunos de estos sitios lo dejan guardar sus fotos sin obligarlo a utilizar su software para administrar subastas, aunque yo no creo que el software para administrar subastas es algo malo; ¡es fantástico! (Vaya al Capítulo 20 para encontrar más información sobre el software para administrar subastas).

Estos son algunos sitios convenientes para alojar imágenes que le permiten colocar unas cuantas ilustraciones gratuitamente:

- ✔ FreePictureHosting.com (www.freepicturehosting.com)
- ✔ Picturetrail (www.picturetrail.com)
- ✔ PennyThings.com (www.pennythings.com)

# Usar eBay Picture Services

eBay alberga una imagen por subasta, gratis. Si quiere más imágenes, agregar fotos adicionales le cuesta nada más $0.15. (Puede tener un máximo de seis imágenes por artículo subastado.)

## MSN TV—la forma más fácil de cargar fotos

Usted puede cargar imágenes a MSN TV tan rápida y fácilmente que podría considerar utilizarlo para cargar imágenes a la Web, incluso si tiene su propia computadora. ¿Las restricciones? Debe poseer (o pedir prestada) una videograbadora y, por supuesto, MSN TV.

Cargar imágenes a MSN TV es simple. Mis sugerencias poco tecnológicas le deberían ayudar en el proceso:

1. **Coloque todos sus artículos en un mostrador de su cocina o en otra superficie plana y neutra, y empiece a filmar.**

   Considere poner todos los artículos sobre una sábana o toalla blanca para ayudar a crearles un fondo.

2. **Mueva su videograbadora de un artículo al otro, acérquese y aléjese de ellos, y deténgase un poco ante lo más valioso de su colección.**

   El autoenfoque de su videograbadora graba imágenes de calidad.

No oriente su videograbadora verticalmente; sus fotos acabarán giradas de lado en eBay. Siempre me pregunté de dónde venían las fotos inclinadas.

Para cargar sus imágenes en sus páginas de subasta, necesita inscribirse en una sitio web de alojamiento de imágenes compatible con MSN TV; todos los sitios citados en este capítulo lo son. Después de conectarse y registrarse, simplemente conecte su cámara a la casilla MSN TV y siga las instrucciones suministradas por el servicio para alojar imágenes.

Si usa este servicio, sus fotos aparecerán en su subasta en una plantilla prediseñada. Si coloca más de una, la primera foto aparece en un formato de 400 x 300 píxeles. Una miniatura de la primera imagen aparece a la izquierda de la imagen más grande. El oferente potencial hace clic en la foto pequeña y mágicamente aparece en el área de la foto más grande.

Cuando usted prepare un artículo para ponerlo en subasta, aparece una página, y se le pregunta si le gustaría usar el servicio de fotos. Si no desea usarlo, haga clic en la pestaña Your Own Web Hosting y digite el URL de su foto. Si desea usar el servicio, siga las instrucciones en la pantalla.

Para colocar su foto, haga clic en la casilla, y sale el recuadro de diálogo Open File. Encuentre su imagen en su computadora y haga clic en Open, y la imagen se asomará, como por arte de magia, en la casilla correspondiente. Añada más fotos si lo desea, y haga clic en Submit Pictures y Continue. La Figura 14-5 le muestra la página para cargar. eBay mantiene una imagen en línea durante toda el transcurso de la subasta. Terminada ésta, la imagen desaparece (a menos que usted vuelva a anunciar la subasta). Siempre puede volver a colocar la imagen si la necesita más adelante. (Por eso, asegúrese de dejar una copia de la imagen en su computadora). ***Nota***: Esta característica no soporta la plataforma de MSN TV.

## La Galería de eBay

Cualquier discusión de imágenes en eBay estaría incompleta sin una breve presentación sobre la Galería de eBay. La Galería consiste en pequeñas fotos

**Figura 14-5:**
Servicios de
fotografía
Full
Featured de
eBay. Aquí
es donde
usted carga
su imagen
desde la
página Sell
Your Item. Si
su cargador
(en la
página Sell
Your Item)
no se ve así,
haga clic en
el enlace de
la derecha
para ir a Full
Featured.

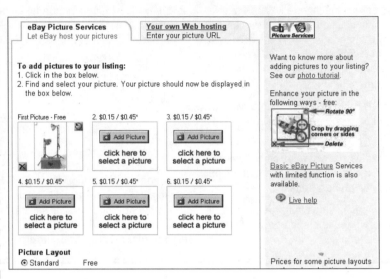

que se observan junto a los artículos en los anuncios de las categorías o en
sus búsquedas. (Si busca sólo entre los artículos de la Galería, verá algo parecido a la Figura 14-6.) Es obvio que usar la opción de la Galería atrae más atención a sus ventas, pero ¿ha notado que no todas las imágenes de la Galería se
ven nítidas y claras? ¿Y que unas son más pequeñas que otras? No es por accidente; eBay reduce la misma imagen que usted cargó para la Galería.

La tecnología que permite a eBay Picture Services hacer su magia cambia el tamaño de la foto del vendedor para que calce en el espacio asignado. En el caso de la
Galería, se aplica una considerable cantidad de compresión a su imagen. Cuanta
más se aplique, más borrosa y distorsionada se mostrará su ilustración.

Cuando usa su propio servicio para alojar fotos en eBay, puede escoger una foto
diferente para su imagen de la Galería. Use una foto diferente o reduzca la foto
principal hasta el pequeñísimo tamaño de 110 x 120 píxeles. Si usted mismo reduce la foto, notará una gran mejora en la forma en que luce en la Galería.

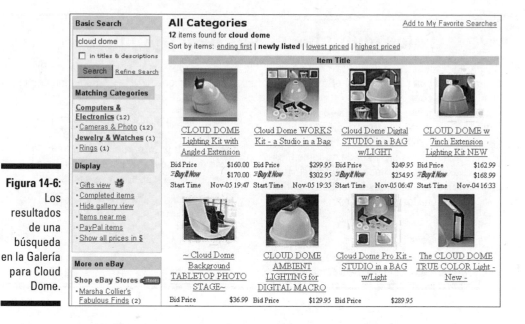

**Figura 14-6:**
Los
resultados
de una
búsqueda
en la Galería
para Cloud
Dome.

# Lograr que su Artículo Sobresalga

Bien, tiene una excelente subasta en eBay y hermosas imágenes para acompañarla. Ahora sólo le queda rastrear el número de usuarios que se asoman a ver sus artículos y atraer más gente a su subasta. Lea las secciones siguientes para averiguar cómo hacer que su subasta sea aún mejor.

## Contar los accesos

Su subasta está vivita y coleando en eBay, y usted se está muriendo por saber cuántas personas se han detenido a echar un vistazo. Para controlar fácilmente los *accesos o hits* (el número de veces en que los visitantes se detienen a mirar los bienes) de su subasta, puede usar un programa *contador* de alguna fuente en línea. Un contador es una útil herramienta de mercadeo; por ejemplo, usted puede revisar el número de veces en que la gente ha visto su subasta sin hacer una oferta. Si tiene más mirones que ofertas, tal vez haya un problema con su subasta.

Si su contador indica que no tiene muchos *hits*, considere los siguientes problemas potenciales, para así poder resucitar su subasta:

- ¿La foto toma mucho tiempo en cargarse?

- ¿Es la oferta base demasiado alta?

- ¿Serán esos pantalones campana de color naranja y lima neón demasiado llamativos para venderse?

---

# Fotos múltiples en sus descripciones

He aquí la respuesta a la pregunta más frecuente cuando doy una clase sobre eBay. Muchos vendedores tienen más de una foto dentro del área de descripción de la subasta. Al poner imágenes adicionales en la descripción, no deben pagar extra por los servicios de alojamiento de eBay. Esto no es magia; y puede hacerse fácilmente. Sólo agregue un poco de código HTML en la descripción de su subasta. Este es el código para insertar una foto en su subasta:

```
<img src=http://www.yourserver.com/
         imagename.jpg>
```

Asegúrese de usar corchetes para abrir y cerrar su código (se encuentran sobre la coma y el pun-

to en su teclado). Este código refleja el URL de su foto y el código `img src=` para indicarle al servidor de eBay que inserte una foto.

Cuando quiere insertar dos fotos, sólo inserte códigos para cada foto, uno después del otro. Si desea que una foto aparezca debajo de la otra, use el código HTML para insertar un salto de línea, `<BR>`. Así es como se escribe:

```
<img src=http://www.yourserver.com/
         imagenumber1.jpg> <BR>
<img src=http://www.yourserver.com/
         imagenumber2.jpg>
```

---

Los contadores están disponibles en muchos sitios web de subastas. Puede escoger el contador gratuito Andale.com en la página Sell Your Item de eBay, o visite algunos otros sitios que los suministran. Unos ampliamente usados son Vendio (`www.vendio.com`) por sus contadores "inteligentes" y ManageAuctions.com (`www.manageauctions.com`) por sus contadores privados, detallados por hora.

# Jugar con los enlaces para divertirse y ganar

Al enlazar sus subastas de eBay con su página Web personal o comercial, puede atraer a más personas aún, para que vean lo que usted está vendiendo. Para enlazar sus subastas desde su página web (partiendo desde la barra de navegación en la parte superior de la mayoría de páginas de eBay), haga lo siguiente:

1. **Haga clic en el enlace Services.**

   Pasará a la página Services Overview.

2. **Desplácese por la página hasta Manage Your Active Listings y haga clic en el enlace Promote Your Listings Add Link Buttons.**

   Puede escoger enlazar su artículo a la página inicial de eBay, pero ¿por qué lo haría? ¡Todos los que visitan su subasta ya saben cómo llegar ahí! O puede crear un enlace personalizado que vaya directamente a una lista de artículos que usted tiene a la venta.

3. **Sea osado; seleccione la casilla que le permite crear un enlace personalizado.**

4. **Digite el URL del sitio web al que desea vincular su subasta.**

5. **Lea el acuerdo de eBay sobre los enlaces y haga clic en el botón I Agree. Es mucho más civilizado de ese modo.**

6. **Lea la página Instructions for Installing Buttons on Your Site.**

   eBay genera una parte de un código HTML y lo muestra en su pantalla.

7. **Copie el útil código HTML que eBay genera para usted; luego, use el portapapeles (Clipboard) de su computadora para pegarlo en su sitio web o su editor de texto.**

   Aparece un enlace con un icono de eBay en su página web personal o comercial. Cualquier persona que haga clic en él desde su página será transportado automáticamente a sus subastas.

En el instante en que usted u otro usuario de eBay se conecte a un enlace que no le pertenece a, ni sea mantenido por eBay, usted ya no estará protegido por las reglas y reglamentos de eBay. eBay cancela cualquier subasta que contenga enlaces a sitios web que exhiban el mismo artículo de una subasta y ofrezcan venderlo por menos dinero; o que ofrezcan vender artículos prohibidos en eBay.

Va en contra de la política de eBay usar un enlace desde su página de subasta hacia su sitio Web, aunque sí puede crear un vínculo desde su página About Me (vea la sección siguiente). Para agregar un enlace a su página About Me que conduzca a los usuarios de eBay hacia su sitio Web, digite el siguiente código HTML al final de la descripción de su artículo:

```
Click below...<br>
<A HREF=http://www.YourOwnISP.com/~yourUserID/sale.htm>
Visit my Web site</A>
```

# ¡Todo Conduce Hasta Mí!

¿Quiere saber más sobre las personas detrás de las identificaciones de usuario? Miles de miembros de eBay han creado sus propias páginas Web personales en eBay, llamadas About Me. Son fáciles de crear y tan singulares como cada miembro de eBay. Los usuarios de eBay con páginas About Me activas tienen el icono ME junto a su identificación de usuario.

Tómese tiempo para crear su página About Me. Una página About Me bien hecha mejora sus ventas, porque la gente que se topa con sus subastas y revisa su página About Me puede entender mejor quién es usted y cuán seriamente aborda sus actividades en eBay. Instantáneamente ven que usted no es un vendedor de un día.

Antes de crear su página About Me, le sugiero que observe lo que otros usuarios han hecho. Los miembros de eBay a menudo incluyen fotos, enlaces a otros sitios Web (incluyendo sus páginas de inicio personales o comerciales) y vínculos a casi cualquier sitio que refleje su personalidad; por eso son tan entretenidas. Si su propósito es generar más negocio, le recomiendo que mantenga su página About Me enfocada en los anuncios de sus subastas, con un enlace a su sitio Web.

Los vendedores con muchas subastas activas al mismo tiempo a menudo añaden un mensaje a sus páginas About Me que indica que están dispuestos a reducir los cargos de envío si los participantes también ofrecen en sus otras subastas. Esta táctica directa quizás no sea muy sutil, pero aumenta el número de personas que miran (y ofrecen en) sus subastas.

Para crear su página About Me (partiendo de la barra de navegación principal en la mayoría de las páginas de eBay), haga lo siguiente:

1. **Haga clic en el enlace Services y luego, en la página Services Overview, haga clic en el enlace Create My About Me Page.**

   Será llevado a About Me: Create Your Own eBay Personal Page.

2. **Si no se ha registrado, digite su identificación de usuario y su contraseña en las casillas respectivas.**

3. **Haga clic en el botón Create and Edit Your Page.**

   Pasará a la página del diseño de About Me. Tiene tres opciones de diseño, que eBay gentilmente le muestra:

   • Montaje en dos columnas

   • Montaje tipo periódico

   • Montaje centrado

4. **Haga clic en el botón que corresponde a la opción de montaje que desea.**

   Será transportado a una segunda página de creación About Me.

5. **Introduzca la siguiente información:**

   • **Page Title:** Digite el título de su página About Me (por ejemplo, **Las Loncheras de Larry**).

   • **Welcome Message:** Digite un encabezado personal que llame la atención, como **Bienvenido al Hogar de las loncheras de Larry**.

   • **Text:** Digite un corto párrafo para saludar a sus visitantes (algo como **Hola, me encantan las loncheras**; pero más emocionante).

   • **Another Paragraph:** Digite otro encabezado para el segundo párrafo de la página, como **Clásicas, Modernas, Antiguas o Colecciono todo tipo de loncheras.**

   • **Text:** Digite otro párrafo sobre usted o su colección (tal como, **Acostumbraba permanecer estupefacto viendo las loncheras en la cafetería de la escuela**. . . pero un poco más, ya sabe, normal).

- **Picture:** Si añade una foto, incluya una oración que la describa; por ejemplo: **Esta es mi esposa Loretta con nuestra colección de loncheras.**

- **URL:** Digite la dirección del sitio Web (URL) donde las personas pueden encontrar su foto. Vea la sección anterior en este capítulo que le enseña cómo cargar imágenes digitales.

- **Feedback:** Seleccione cuántos de sus comentarios de calificación quiere que aparezcan en su página About Me. (Puede optar por no mostrar ninguno, pero yo creo que debería incluir unos mensajes, especialmente si son cumplidos, como: "Larry me envió mi lonchera pronto, ¡y ha hecho de mi hora de almuerzo un éxito! Todos la miran . . . .")

- **Items for Sale:** Seleccione cuántas de sus subastas actuales desea que aparezcan en su página About Me. Si no tiene ninguna subasta activa por el momento, puede elegir la opción Show No Items.

- **Caption:** Digite una leyenda para introducir sus subastas, por ejemplo: **Loncheras a la venta actualmente.**

- **Favorite Links:** Digite los nombres y URLs de cualquier enlace Web que desee que sus visitantes vean, por ejemplo, un sitio web que avalúe loncheras ("Está en excelentes condiciones excepto por ese sándwich petrificado. . . .").

- **Favorite eBay Items:** Digite los números de los artículos, y seleccione un comentario de las opciones provistas, para citar los artículos de subastas en eBay que usted cree que sus visitantes deberían revisar.

Estas áreas de texto se muestran en la Figura 14-7.

6. **Haga clic en el botón Preview Your Page o, si no le gusta el diseño actual, haga clic en el botón Choose New Layout para regresar al Paso 1.**

Ahora tiene ante sus ojos su página About Me acabada.

7. **Desplácese hacia abajo hasta el final de la página. Verá un grupo de botones:**

- **Edit Some More:** Lo devuelve al Paso 2.

- **Save My Page:** Guarda su página About Me para estar un paso más cerca de publicarla en eBay.

- **Edit Using HTML:** Si conoce el código HTML, puede personalizar su página About Me. (Puede insertar fotos con el código que le di en el cuadro "Fotos múltiples en sus descripciones", anteriormente en este capítulo).

- **Start Over:** Lo lleva a una página de enlace donde puede borrar lo que ha creado y empezar de nuevo.

8. **Cuando está contento con su obra maestra, haga clic en el botón Save My Page.**

Sí, lo logró; ahora cualquier persona en el mundo con acceso a la Internet puede encontrar su página personal About Me en eBay.

**Figura 14-7:**
Convierta su
página
About Me
en su hogar
de eBay.

No olvide actualizar su página About Me a menudo. Una buena página About Me hace que los oferentes quieran saber más sobre sus subastas. Una no actualizada ahuyentará a los oferentes potenciales. Si escoge ponerla al día, necesita editarla usando HTML. Si no usa HTML, debe crear una página completamente nueva.

Puede crear un enlace hacia su página About Me desde su sitio Web o desde su correo electrónico, porque todas las páginas About Me tienen su propio URL personal. La dirección termina con su identificación de usuario. Este es el URL para mi página:

```
members.eBay.com/aboutme/marsha_c
```

# Parte IV

# Vaya, Vaya, ¡Más eBay! Características Especiales

La 5a Ola                                    Por Rich Tennant

@RICHTENNANT

"Él vio tu laptop y quiere saber si puede revisar su calificación de retroalimentación".

## En esta parte . . .

¿ Así que quiere protegerse de las malas semillas, no sólo en eBay sino en toda la Internet? No está solo. Yo también quiero estar segura, y por eso le doy consejos sobre esa información en esta parte.

Este es el lugar donde acudir si desea saber exactamente lo que eBay sabe de usted y qué está dispuesto a compartir con otros miembros de eBay. También lo introduzco a Rules & Safety (SafeHarbor), lo más parecido a un superhéroe en cuanto a protegerlo de las personas que no califican para el Premio al Usuario del año en eBay.

eBay es una comunidad, así que debe familiarizarse con algunas de las formas en las cuales puede intimidar con otros coleccionistas e involucrarse en la escena social. En esta parte, averiguará sobre las características especiales que hacen de eBay un ambiente único. ¿Dónde más puede comprar un artículo que realmente desea y también ayudar a una institución de caridad, todo con un clic de su mouse?

# Capítulo 15

# Privacidad: Para Proteger y Servir

- - - - - - - - - - - - - - - - - - - - - - - - - - - - - - - - - - - - - - - - -

*En este capítulo*

▶ Profundizar en lo que eBay sabe sobre usted

▶ Determinar cuán segura está su información en eBay

▶ Averiguar lo que eBay hace con su información

▶ Proteger su privacidad

- - - - - - - - - - - - - - - - - - - - - - - - - - - - - - - - - - - - - - - - -

*E*n la Internet, como en la vida real, nunca debería asumir que su privacidad está asegurada. Claro, usted está encantado de poder comprar y vender en eBay desde la privacidad de su hogar, pero recuerde: Sólo porque la puerta principal está cerrada no significa que su privacidad está siendo protegida. Si es nuevo en la Internet, se sorprenderá de averiguar qué revela de usted mismo al mundo, sin importar cuántas precauciones tome. (Sí, todos sabemos que usa una máscara exfoliante de azul neón al hacer sus ofertas… no, son bromas …de veras).

En este capítulo, conocerá cuánto sabe eBay sobre usted y con quién eBay comparte su información. Le explico lo que puede hacer para proteger su privacidad y menciono algunos pasos simples que puede tomar para aumentar no sólo su privacidad en Internet, sino también su seguridad.

## Qué (y Cómo) Sabe eBay Sobre Usted

La ironía de la Internet es que, aunque usted piense que está sentado en su casa trabajando anónimamente, hay grupos ajenos, como publicistas y compañías de mercadeo que lo están conociendo secretamente. (Repiten conmigo: Co-no-cien-do to-do sobre uuuusted...)

Mientras usted está ocupado coleccionando recuerdos de la Feria Mundial y tostadores antiguos, eBay está ocupado recopilando pedazos de información sobre usted. eBay obtiene una parte de esa información de usted y otra parte de su computadora. Todos los datos que eBay recibe se almacenan en el súper gigantesco banco de memoria de eBay.

## Qué le cuenta usted a eBay

eBay consigue mucho de lo que sabe sobre usted de usted. Cuando usted se inscribe, voluntariamente le transmite a eBay información personal importante sobre sí mismo. Así sin pensarlo, le brinda a eBay estas jugosas porciones:

- Nombre
- Dirección electrónica
- Dirección postal
- Número telefónico
- Contraseña

"Bueno, eso no es nada", dirá usted, pero si está usando su tarjeta de crédito para cancelar sus cuotas en eBay, también le está dando la siguiente información financiera personal:

- Número de la tarjeta de crédito
- Fecha de expiración
- Dirección para cobrar la tarjeta de crédito
- Historial de su tarjeta de crédito

Si hace un sólo pago con un cheque personal, se inscribe para pagar con cheque mediante PayPal o solicita una verificación de identidad (vea el Capítulo 16 para más información sobre ésta), le da a eBay incluso más información sobre usted. eBay instantáneamente sabe el nombre de su banco y el número de su cuenta corriente. El punto es que cada vez que paga con un cheque, regala información personal sobre sí mismo. eBay encierra cuidadosamente esta información (en algo así como un Alcatraz de alta tecnología), pero otras compañías o individuos podrían no ser tan protectores. Antes de poner un cheque en el correo, asegúrese de sentirse cómodo con el destino al que se dirige.

Si completa las preguntas opcionales al inscribirse, eBay también conoce los siguientes datos sobre usted:

- Sexo
- Fecha de nacimiento
- Ingreso familiar anual

## Qué recopilan las cookies

Los sitios Web recopilan información sobre usted por medio de cookies. No, no lo sobornan con galletitas de chocolate. Las cookies son simplemente pequeños archivos que las compañías (tales como eBay) ponen en su disco duro para almacenar datos sobre sus hábitos de navegación.

La mayoría de los diseñadores de sitios Web instala cookies para ayudarle a navegar por sus sitios. A veces las cookies se convierten en un "tiquete de admisión", para que usted no se vea obligado a registrarse cada vez que se conecta.

eBay tiene sociedades con empresas que proveen tecnología para ver páginas y rastrear datos, y con publicistas que muestran sus banderines publicitarios en las páginas de eBay, así lo quiera usted o no. Si hace clic en un banderín, una cookie de ese publicista en particular podría ir a su computadora, por lo general para que usted no se vea obligado a verlo nuevamente.

Las cookies no pueden robar información de otros archivos en su computadora. Sólo tienen acceso a la información que usted le brinda a su sitio web.

DoubleClick, un importante jugador en el campo del seguimiento de cookies, dice que usa su información para limitar el número de veces que usted ve el mismo anuncio. DoubleClick también mide el tipo de anuncios a los que usted responde y rastrea cuáles sitios web afiliados visita y con qué frecuencia. Básicamente, DoubleClick sólo está tratando de venderle cosas a través de anuncios basados en sus intereses personales. La ventaja es que verá cosas que tal vez le gusten.

Puede averiguar más sobre cookies en `www.cookiecentral.com/faq`. Este sitio le da instrucciones simples sobre cómo manejar las cookies en su computadora.

Si desea mantener su información en privado, puede retirarse del sistema de cookies DoubleClick usted mismo visitando el sitio Web:

```
www.doubleclick.net/us/corporate/privacy/privacy/ad-cookie/
          default.asp?asp_object_1=&
```

## La cookie de inscripción en eBay

Al visitar eBay e inscribirse, eBay le da un tipo especial de cookie (no una torta dulce con pacanas) sino una cookie de fin de sesión o permanente:

- ✔ **Fin de sesión:** Este tipo de cookie permanece en su computadora mientras usted permanezca en el sitio de eBay. También desaparece si no ha estado activo en el sitio durante los últimos 40 minutos.

- ✔ **Permanente:** Este sabor es perfecto si usted no comparte su computadora con nadie más; le permite a su computadora quedar registrada permanentemente en eBay.

La cookie de inscripción de eBay es algo bueno. Evita la antigua tarea repetitiva de digitar su identificación de usuario y contraseña en cada turno. Simplifica su participación en las salas de chateo, las ofertas, la observación de artículos y direcciones electrónicas, etc. Como usted no debe registrarse cada vez que hace negocios en eBay, realmente ahorra tiempo.

## Web beacons

Los Web beacons son imágenes claras de 1 píxel x 1 píxel que se colocan en el HTML (o código de páginas de Internet) en páginas individuales. Los Web beacons, como las cookies, se usan principalmente para recolectar información de mercadeo. Rastrean los patrones de tráfico de los usuarios de una página a la siguiente.

Los Web beacons son escurridizos. Son invisibles como las cookies, pero están incorporados en las páginas Web sin que usted lo sepa. Desactivar las cookies no deshabilita a los Web beacons. Sin embargo, éstos no son tan ominosos como pareciera, pues la información que recopilan no se puede identificar personalmente.

## Qué recopilan los servidores Web

Cada vez que usted se conecta a la Internet, igual que Hansel y Gretel, deja un rastro electrónico de información. eBay, como muchísimos otros sitios Web, usa servidores, los cuales son programas inmensos que no hacen otra cosa más que recopilar y transferir bits (y bytes) de información, noche y día. Su conexión de Internet tiene una dirección especial que lo identifica en todos los servidores cuando pasea por la Net. Se llama dirección IP (Internet Protocol) y a menudo se usa para rastrear a aquellos cuyas jugarretas causan estragos en los sitios web o dañan a otros usuarios.

Los servidores Web en toda la Internet rastrean una parte o toda esta información:

- Desde cuál sitio Web ingresó usted
- El ISP (proveedor de servicios de Internet) que usted usa
- Las subastas que tiene activas
- Los sitios Web a los cuales enlazó sus subastas
- Sus sitios Web favoritos (si los enlaza a su página About Me)

eBay recopila la siguiente información mientras usted vista su sitio. Después desconectarse, el servidor descarta los datos:

- Lo que hace mientras está conectado al sitio
- A qué hora se conecta y desconecta

Como archivistas increíbles de la Internet, los servidores de eBay mantienen un registro de todos los artículos sobre los cuales usted hace una oferta, los que gana y los que vende: excelente noticia si tiene un problema con alguna transacción y necesita que eBay investigue. Además, eBay no podría mostrar su calificación y la de otros usuarios si sus servidores no almacenaran todos los comentarios que usted escribe y recibe. ¿Ha enviado alguna vez un correo electrónico a eBay? Los servidores de eBay lo registran y lo conservan en algún oscuro escondite de la memoria recesiva de eBay. Recuerde, vivimos en la era del comercio electrónico, y la gente en eBay dirige un negocio serio que depende del comercio electrónico. Necesitan guardar todo en caso de que lo necesiten más adelante.

## ¿Acaso los sellos muerden?

Como eBay paga para mostrar la marca de TRUSTe, algunos críticos afirman que el sello no es más que un disfraz de escaparate. Estos críticos se preguntan si no sería mejor para los intereses financieros del vigilante de la Web morder la mano que lo alimenta con todas esas cuotas de exhibición. Los críticos se quejan de que el sello ofrece un falso sentimiento de seguridad, y sugieren que usted piense en ese sello como un simple aviso para ser cuidadoso con sus transacciones en Internet.

Técnicamente, TRUSTe puede quitar su sello cuando un sitio Web se vuelve descuidado en su manejo de los asuntos de privacidad. Sin embargo, los críticos tienen un buen punto: Siempre sea cuidadoso con sus negocios en Internet, sin importar cuánta protección tenga el sitio.

Para ver un cuadro sobre la información personal que es accesible a terceros, vaya a esta dirección:

```
pages.ebay.com/help/policies/privacy-appendix.html
```

Para un ejemplo del tipo de información que puede recolectarse de su computadora cuando usted navega por la Internet, visite este sitio web:

```
www.anonymizer.com/docs/resources/links.shtml
```

## Software para remover las cookies

El otro día, mi hija se quejaba de que su computadora se estaba volviendo más y más lenta. Yo también noté que estaba abriendo ventanas adicionales y haciendo entradas en falso a Internet. Después de revisarla para ver si tenía un virus (no tenía ninguno), entré a Internet para revisar su software para eliminar spyware. Tal vez su problema era que demasiadas personas habían insertado cookies para recopilar información de su computadora.

Ciertamente, eso era lo que sucedía. Después de instalar y correr el software, averigüé que tenía más de 350 cookies extrayendo información de su computadora mientras navegaba. Una vez borradas, su computadora empezó a correr mucho más rápidamente.

Por supuesto que ella no les había dado permiso a esas personas para espiar su idas y venidas en la Internet. Estas cookies fueron colocadas en su computadora sin que ella lo supiera. Si desea purgar estos espías no invitados de su computadora, descargue alguno de los programas de software gratuitos, spyware o malware, de Internet. Dos buenos y gratuitos son Ad-aware de www.lavasoftusa.com/software/adaware y Spybot Search and Destroy, disponible en www.security.kolla.de.

Si está receloso debido a toda la información que los servidores web coleccionan sobre usted mientras inocentemente viaja por la Internet, lo entiendo. Pero antes de empezar a preocuparse por tener a Big Brother observando sus movimientos, tome esto en cuenta: En la Web, todos reúnen información.

Las probabilidades son excelentes de que toda la información que eBay conoce sobre usted ya está en manos de muchas otras personas, también: su banco, el encargado del supermercado, el personal de cualquier revista a la que se suscriba, los clubes a los que pertenece, las aerolíneas en las que ha volado y cualquier asegurador que utilice. Así es la vida en estas épocas. Y si está pensando: "Sólo porque todos saben todo eso sobre mí, no significa que esté bien", todo lo que puedo decirle es: "Tiene razón". Pero tal vez duerma mejor sabiendo que eBay es uno de los lugares donde los encargados se toman el asunto de la privacidad en serio. Vea la siguiente sección para más detalles.

## La política de privacidad de eBay

eBay ya tenía una política de privacidad para todos sus usuarios incluso antes de que las políticas de privacidad estuvieran de moda. Ahora eBay mantiene los estándares de seguridad establecidos por el pionero de la seguridad en línea: TRUSTe.

TRUSTe (`www.truste.org`) establece una lista de estándares que sus sitios Web afiliados deben seguir para ganar un "sello de aprobación". Los cientos de sitios Web suscritos a este grupo de vigilantes deben adherirse a sus directrices y deben fijar políticas para proteger la privacidad de sus usuarios. eBay ha sido miembro de TRUSTe desde que este grupo de vigilancia de la privacidad se fundó.

Para revisar la política que ha otorgado a eBay el sello de aprobación de TRUSTe, haga clic en el enlace Privacy Policy que aparece en la parte inferior de toda página en eBay.

Aparte de establecer y exhibir una política de privacidad, eBay cumple con estas pautas también:

- eBay debe hacer que los enlaces de TRUSTe sean fácilmente accesibles a los usuarios. Usted puede encontrar el logotipo en la página inicial de eBay. Haga clic en el enlace de TRUSTe, y será llevado al sitio para más información. Aproveche esta oportunidad para averiguar cómo está siendo protegida su privacidad.

- eBay debe revelar cuál información personal recopila y cómo está usando la información.

- Los usuarios deben tener una forma fácil para revisar la información personal que eBay tiene sobre ellos.

- Los usuarios deben tener una opción (llamada opting out) que les permita rehusarse a compartir información.

- eBay debe seguir los estándares de la industria para hacer que su sitio Web y su base de datos sean seguros, de modo que los hackers y quienes no son miembros no tengan acceso a la información. eBay usa Secure Sockets Layer (SSL), un programa de codificación que revuelve los datos hasta que llegan a eBay. Desafortunadamente, ningún sitio Web, incluyendo el de la CIA, está completamente seguro, así que siempre necesita estar en guardia al estar en línea.

## Jarra para galletas del grupo Grateful Dead

En 1999, la descripción de una subasta decía: "Esta es una de las jarras más atractivas que he visto, un verdadero tesoro para el fanático de los Grateful Dead o para los coleccionistas de jarras de galletas que lo tienen todo. Hecha por Vandor, esta jarra con forma de bus del grupo Grateful Dead parece algo que los Dead manejarían. Tiene hermosos detalles en los signos de paz; las rosas son luces. Tiene las ventanas pintadas. Usted necesita ver esta pieza. Sólo se hicieron 10.000 y yo solamente he visto otra igual. Viene en una caja que tiene el logotipo de Grateful Dead. El comprador paga el envío y el seguro."

La jarra de galletas empezó en $1 y se vendió en eBay por $102.50. Cuando actualicé este libro en el 2002, se vendió en eBay por $125. La jarra de galletas en forma de bus de los Grateful Dead es aún más valiosa actualmente; una subasta acaba de cerrar con una oferta final de $150.

Vaya, amigo, esa es una jarra de galletas muy especial. (Entra la banda: Keep truck-in'....)

Si alguna vez tiene preguntas sobre la seguridad en eBay, envíe un mensaje a privacy@ebay.com. También puede encontrar enlaces importantes para correo electrónico en eBay en la siguiente dirección:

pages.ebay.com/help/community/help-support-more.html

# ¿Y Qué Hace eBay con Información Sobre Mí?

A pesar de que eBay conoce bastante información sobre usted, la usa para una buena causa. El hecho de que sepa tanto sobre usted realmente es beneficioso para usted a la larga.

Así es como eBay usa la información personal:

- **Para actualizar eBay:** Como la mayoría de las empresas de comercio electrónico, eBay rastrea el uso y los hábitos de sus miembros para mejorar el sitio Web. Por ejemplo, si un artículo en particular genera mucha actividad, eBay puede agregar una categoría o subcategoría.

- **Allanar el camino para las transacciones:** Si eBay no recopilara información personal como su dirección electrónica, su dirección postal y su número telefónico, después de que una subasta terminara, usted no podría completar la transacción que empezó.

- **Facturación:** Usted piensa que es importante mantener un registro de su mercancía y su dinero, ¿verdad? eBay también. Usa su información personal para estar al tanto de su cuenta y sus hábitos de pago, y los de los demás. (Llámelo un sutil estímulo a los hábitos comerciales honestos).

> ✔ **Vigilar el sitio:** Nunca olvide que eBay trata de ser estricto contra el crimen y que, si usted viola las reglas o reglamentos, eBay lo perseguirá y lo expulsará. La información personal se utiliza para encontrar a los delincuentes en eBay; eBay deja muy claro que coopera con las autoridades y con terceros cuya mercancía podría estar vendiéndose ilegalmente. Para más sobre este tema, lea sobre el programa VeRO en el Capítulo 9.

Periódicamente, eBay realiza encuestas en las que hace preguntas específicas sobre el sitio. Usa sus respuestas para actualizar eBay. Además, eBay pregunta si puede enviarle su información a una firma de mercadeo. eBay dice que no reenviará ninguna información que lo pueda identificar personalmente, y esto significa que cualquier información que usted brinde se traspasa a otros como datos crudos. Sin embargo, si está nervioso sobre su privacidad, le sugiero que aclare su deseo de no permitir que sus comentarios salgan de eBay en caso de que decida participar en las encuestas de eBay. Si no participa en las encuestas, no tendrá ninguna participación en la creación de características nuevas en eBay, por lo que no podrá quejarse si no le gusta cómo luce el sitio. No obstante, a veces, eBay anuncia encuestas en las cuales los usuarios pueden participar en la página inicial de eBay.

# ¿Qué Saben Otros Miembros de eBay Sobre Mí?

eBay funciona bajo la premisa de que sus miembros están comprando, vendiendo, trabajando y jugando en forma abierta y honesta. Eso quiere decir que cualquier navegante puede averiguar inmediatamente alguna información limitada sobre usted:

✔ Su identificación de usuario e historial

✔ Su historial de retroalimentación

✔ Todas las subastas y ventas en tiendas eBay que usted está administrando

✔ Sus ofertas actuales y cualquier oferta que haya hecho en los últimos 30 días

✔ Su dirección electrónica (sólo si la otra parte ha completado una transacción con usted)

eBay claramente señala en sus políticas y directrices que las direcciones electrónicas deberían usarse sólo con propósitos de hacer negocios en eBay. Si usted abusa de esta política, puede ser suspendido e incluso expulsado para siempre.

eBay proporciona información de inscripción limitada de otros miembros a sus usuarios. Si otro miembro que participa en una transacción con usted desea saber los siguientes datos sobre usted, éstos se encuentran a su disposición:

✔ Su nombre (y nombre comercial si ha brindado esa información)

✔ La ciudad, el estado y el país que usted dio a eBay

✔ El número telefónico que le proporcionó a eBay

Después de la transacción, los compradores y vendedores intercambian alguna información del mundo real. Como expliqué en los Capítulos 6 y 12, los miembros inician el intercambio de mercadería y dinero a través de correo electrónico, y entregan sus direcciones personales tanto para los pagos como para los envíos. Asegúrese de sentirse cómodo dando la dirección de su casa. Si no lo está, le explico algunas alternativas en este capítulo.

# Spam: No es Sólo un Apetitoso Bocadillo

Aunque puede encontrar muchos lugares para socializar y divertirse en eBay, cuando se trata de negocios, eBay es... bueno, muy serio.

La política de eBay dicta que las solicitudes de información de inscripción sólo pueden ser hechas por personas con las cuales usted está haciendo un negocio en eBay. El formulario de solicitud de información de contacto requiere que usted digite el número del artículo de la transacción en la cual participa, así como la identificación de usuario de la persona cuya información de contacto desea. Si no está involucrado en una transacción, como oferente o vendedor en un número de artículo específico, no tendrá acceso a la información del usuario.

En lo que respecta a direcciones electrónicas, su secreto está seguro hasta que gane una subasta o compre un artículo en eBay. El aviso EOA contiene su dirección electrónica para que la persona al otro lado de la transacción pueda contactarlo. Una vez que el otro usuario tenga su dirección electrónica, las reglas de eBay indican que sólo puede usarla para negociar en eBay.

Esta es una lista de razones "de negocios" para la comunicación electrónica, generalmente aceptadas por todos en eBay:

- ✔ Responder a calificaciones que usted dejó
- ✔ Responder a calificaciones que usted recibió
- ✔ Comunicarse con vendedores o compradores durante y después de la transacción
- ✔ Sugerir a otros miembros de eBay artículos en que los compradores podrían estar interesados mediante la característica Mail This Auction to a Friend
- ✔ Dejar comentarios en las salas de chateo
- ✔ Discutir intereses comunes con otros miembros, como provenir del mismo pueblo natal, colecciones interesantes y subastas viejas o actuales

## Enviar spam versus comérselo

Enviar un mensje a otros miembros es una gran forma de hacer negocios y amigos. Pero no cruce la línea hacia el correo no deseado. El Spam, un producto de carne enlatada de Hormel (he dedicado al Spam su propio cuadro), ahora tiene un significado alterno. Al escribirlo en minúscula, spam significa correo electrónico no deseado (generalmente, publicidad) enviado a múltiples direcciones electrónicas recogidas de listas de mercadeo. Eventualmente, colmará su casillero de entrada del mismo modo en que el "Spam, Spam, Spam, y Spam" llenaba el menú en la vieja escena del restaurante de *Monty Python*.

Considere el spam como la versión electrónica del correo basura que recibe a través del correo postal. El Spam está bien para comer (si a usted le gustan esas cosas), pero enviarlo puede hacer que lo echen de eBay.

Si envía un mensaje electrónico que anuncia un producto o un servicio a personas que usted no conoce, será acusado de spamming.

## *Botar su correo basura*

A veces el spam puede venir en forma de un mensaje de personas que usted conoce y de quienes espera recibir correo. La computadora de su mejor amigo puede haber sido secuestrada por algún raro virus de Internet, el cual se replicó y fue enviado a todos en su libreta de direcciones. Obviamente, esto no es algo bueno para quienes reciben y abren el correo.

No abra ningún mensaje electrónico de gente que no conoce, especialmente si tiene un archivo adjunto. A veces, si un spammer es realmente astuto, es difícil adivinar si ha recibido spam. Si recibe un mensaje sin asunto, sin embargo (o si el mensaje tiene el nombre de un destinatario que no es el suyo o viene de alguien a quien no conoce) bórrelo. Nunca se sabe; podría ser sólo spam molesto; o peor, podría contener un virus de computadora en forma de anexo, esperando a ser abierto y activado.

Hablando de correo electrónico, si usted es nuevo en la tecnología, le recomiendo conseguir un buen programa antivirus que pueda escanear lo anexos

---

### Yo soy Spam

Spam, el correo electrónico chatarra no deseado, recibe su nombre del Spam, el producto de carne enlatada. (Los artículos de colección Spam en eBay son otra cosa totalmente diferente.) De acuerdo con el sitio Web Spam (www.spam.com), más de 5 mil millones de latas de Spam se han consumido en todo el mundo. (Por cierto, los hawaianos comen más Spam que cualquier otro estado en la unión). El Spam está hecho con una receta secreta de lomo de cerdo, jamón y especias especiales. Se produjo por primera vez en 1937 y recibió su nombre de las letras SP de spice (especias, en inglés) y AM de ham (jamón, en inglés).

Se cree que el spam (correo electrónico chatarra) recibió su nombre de la escena de la vieja escena de Monty Python, puesto que la frase "Spam-Spam-Spam-Spam" ahogaba el resto de la conversación y uno de los participantes repetía sin cesar "No quiero Spam. No me gusta el Spam." Otros dicen que lo inventó un grupo de sabihondos de la computación en USC, quienes creían que el correo chatarra era tan agradable como un sándwich de Spam. Tal vez nunca han disfrutado de un luau con Spam en Hawai bajo la luz de la luna: ¡aloha!

del correo electrónico y liberar su sistema de los molestos, y cada vez más peligrosos, virus de computadoras.

Para algunos consejos generales interesantes anti-spam, visite spam.abuse.net. Este sitioyo Web ofrece ideas útiles para luchar contra los artistas del spam. Además, he estado usando un útil programa de software llamado MailWasher, el cual me permite revisar mi correo electrónico antes de bajarlo a mi computadora. Incluso rechaza el spam y lo devuelve a quien lo envió si yo se lo pido, como si mi dirección electrónica no existiera. Lo mejor de todo, este programa es gratis y se encuentra en www.mailwasher.net.

## Engaños electrónicos

El engaño electrónico o spoofing se ha convertido en la llaga de la comunidad en línea y realmente puede causar estragos. El engaño electrónico se logra cuando diestros tecno-sabios envían mensajes electrónicos y hacen parecer como si vinieran de alguien más y no de ellos: alguien a quien usted conoce y de quien espera mensajes. Generalmente, este tipo de correo está programado para invadir su privacidad o, aún peor, arrebatarle información confidencial.

Una oleada de mensajes electrónicos han sido enviados supuestamente por eBay, PayPayl y otros sitios importantes de comercio electrónico indicando que su membresía ha sido suspendida, o que debe actualizar sus inscripciones. El mensaje oportunista luego le pide hacer clic en un enlace a la página del sitio, la cual luego le pide que digite su información personal. ¡No lo haga!

La mayoría de los sitios nunca le pedirán que revele información sensible por medio de un mensaje electrónico, así que no lo haga. Si recibe un mensaje que diga "su cuenta ha sido suspendida", ciérrelo y vaya directamente al sitio en cuestión, sin usar el enlace que le suministran en el mensaje. Pronto sabrá si hay algún problema con su cuenta.

Si recibe este tipo de mensajes de eBay y desea confirmar si realmente proviene de allí, visite esta página de seguridad de eBay:

```
pages.ebay.com/help/confidence/isgw-account-theft-spoof.html
```

Para ayudar a eBay en la investigación de estos ladrones de información, mande una copia del mensaje (junto con todos los encabezados de identificación) a spoof@ebay.com. Cuando reenvíe el mensaje, no lo altere de ninguna forma.

# Quiero Estar Solo (y qué puede hacer para permanecer solo)

La Internet tiene un gran alcance. No se sorprenda si suministró su información personal libremente en un sitio Web, y ésta acaba en otro lado. Si no le importa que la gente sepa cosas de usted (su nombre, sus pasatiempos, dónde vide y su número telefónico, por ejemplo), ¡adelante, comparta! Pero creo que usted sólo debería suministrar el mínimo de información necesaria para hacer negocios.

La privacidad no es lo mismo que el silencio. No se sienta obligado a revelar nada sobre usted que no sea absolutamente necesario. (Algunos datos personales están en la misma línea que el peso: privado, pero difícilmente un secreto.)

Aunque no se pueden evitar las fugas de privacidad completamente, usted puede tomar algunas precauciones para protegerse. Estos son algunos consejos para mantener su información en línea lo más segura posible:

✔ **Identificación de usuario:** Cuando eBay recién empezó, los miembros usaban sus direcciones electrónicas para comprar y vender; actualmente, los usuarios aparecen en el sitio con un nom de plume (de acuerdo, identificación de usuario, pero nom de plume suena tan chic). Su primera línea de defensa contra todos los que navegan por el sitio de eBay es escoger una identificación de usuario que no revele demasiado sobre usted. El Capítulo 2 le da algunas ideas sobre cómo escoger su identificación de usuario.

✔ **Contraseñas:** Cuide su contraseña como si fuera la llave de su casa. No le dé a ningún comprador o vendedor su contraseña. Si una ventana que solicita su contraseña se abre en una subasta, ignórela: es alguien que no tiene buenas intenciones. Use su contraseña sólo en las pantallas oficiales de eBay. (Vea en el Capítulo 2 algunos consejos sobre cómo escoger contraseñas.)

Si le preocupa que alguien pueda tener su contraseña, cámbiela de inmediato:

1. **Vaya al área My eBay y haga clic en la pestaña Preferences.**

2. **En el área Personal Information, haga clic en el enlace Change My Password y siga las instrucciones.**

Su contraseña se cambiará inmediatamente.

✔ **Información de su tarjeta de crédito:** Siempre que use su tarjeta de crédito en eBay, puede cerciorarse de que su información privada está segura. Busque un enlace o casilla SSL (SSL quiere decir Security Sockets Layer). A veces, verá un enlace que dice You may also sign in securely. Este es un programa de codificación que revuelve la información para que los hackers no tengan casi ninguna oportunidad de conseguir su información. (Le explico más sobre los SSL en el Capítulo 2.)

Cuando compre de una subasta que acepta tarjetas de crédito, revise las calificaciones del vendedor y cuidadosamente sopese los riesgos de dar el número de su tarjeta de crédito a alguien que usted no conoce con el tiempo extra que le tomará cancelar con orden de pago o un cheque personal. Una forma de pago aún más segura es mediante PayPal, pues el número de su tarjeta de crédito no será revelado.

Nunca le dé a nadie su número de seguro social en línea. Cuídelo como si fuera el número de su cuenta bancaria.

✔ **Información de inscripción:** Cuando usted se inscribe, eBay le solicita un número telefónico y una dirección para facturar sus servicios y contactarlo. Yo nunca he tenido problemas con que alguien solicite mi información de inscripción y luego la use en formas no apropiadas. No obstante, muchas personas desean una medida adicional de anonimato. Usted le puede dar a eBay la información que desea de varias maneras sin comprometer su privacidad:

- En lugar del número telefónico de su casa, dé a eBay el de un teléfono celular, el de su trabajo o el número telefónico conectado a su computadora. Controle sus llamadas con una contestadota. También puede usar su número de localizador.

- Use un apartado postal en vez de la dirección de su casa.

- Abra una cuenta bancaria únicamente para usarla en sus transacciones en eBay. Use una cuenta TA (Trade As) de modo que pueda usar otro nombre. Su banco le puede ayudar con esto.

✔ **Salas de chateo:** eBay tiene muchas salas de chateo donde los miembros intercambian información y a veces acaloradas discusiones. (Las salas de chateo se discuten en el Capítulo 17.) Pero siga este consejo: Sea precavido al revelar algo sobre sí mismo en una de estas salas. No espere que "sólo entre nos" realmente signifique eso. Las salas de chateo pueden ser vistas por cualquier persona que visita el sitio eBay, no sólo por los miembros de eBay.

Nunca diga nada en línea que no se sentiría cómodo diciendo a la siguiente persona que pase a su lado en la calle. Básicamente, esa es la persona con quien está hablando. Puede encontrar historias de romances que surgen en eBay (y me alegro por las felices parejas, lo juro) pero, vamos, eso no significa que debería perder la cabeza. No dé información personal a extraños; muy a menudo, eso es buscar problemas. Diviértase en eBay pero no se desprenda de su sentido común.

Revise algunas de las salas de chateo de las categorías, especialmente la sala Discuss eBay's Newest Features, donde encontrará advertencias sobre problemas de seguridad en las salas y foros de chateo, y cómo evitarlos. Muchos usuarios y personal de eBay frecuentan esos foros, y con seguridad le darán buena información.

## Defiéndase

Robbin estaba ocupada en sus cosas, vendiendo software en eBay, cuando se topó a uno de los peores delincuentes de eBay del mundo. Era un manojo de mañas que quebrantaba todas las reglas. Primero, arruinó sus subastas ofreciendo cantidades ridículamente altas y luego retirando sus ofertas en el último minuto permitido. Le envió mensajes a los oferentes de Robbin y les ofrecía el mismo artículo, pero a un precio más barato. Contactó a los ganadores de sus subastas para decirles que estaba aceptando los pagos a su nombre. Luego empezó a dejar mensajes en su contestadota. Cuando Robbin finalmente se hartó, contactó a Rules & Safety (SafeHarbor), y lo suspendieron.

Pero como un almuerzo malo, él se devolvió, con un nombre nuevo. Así que Robbin luchó contra él sola. Obtuvo su información de inscripción y le envió una carta. También avisó al área de soporte de su ISP lo que él estaba haciendo y, como el abusador usaba la dirección electrónica de su trabajo, Robbin también contactó a su jefe.

Sus esfuerzos deben de haber sido exitosos. El abusador finalmente se escapó de eBay y se esfumó de la vida de Robbin. La lección: No dependa completamente de eBay para recoger los pedazos. ¡Si es víctima de abuso, defienda sus derechos y use los canales apropiados para hacerlo!

✔ **Revise la retroalimentación:** Así es, sueno como un disco rayado (en caso de que no lo recuerde, los discos eran grandes, negros, se rayaban con facilidad y los usaban las personas para escuchar música antes de que se inventaran los casetes y los CDs), pero lo voy a decir de nuevo: Revise la retroalimentación. eBay funciona porque sus participantes se mantienen alerta. La mejor manera de aprender sobre las personas con quienes está tratando es ver lo que otros piensan sobre ellos. Si aprende tan sólo una cosa de este libro, ¡es el hábito de revisar los comentarios antes de ofrecer!

En el mundo virtual, como en el mundo real, el ciber-acoso es atemorizante e ilegal. Si usted cree que alguien está usando información de eBay para acosarlo, contacte a eBay de inmediato, además de la policía local. El Capítulo 16 le da los detalles sobre cómo contactar el equipo de seguridad de eBay.

# Capítulo 16

# Programa de Reglamento y Seguridad de eBay

Millones de personas hacen transacciones diariamente en eBay. Sin embargo, si usted es nuevo en Internet, podría necesitar ubicarse. Con casi diez millones de artículos en venta diariamente, la ley de las probabilidades dicta que usted está destinado a toparse con aguas turbulentas. Si eso le sucediera, sepa que puede obtener las respuestas que necesite en SafeHarbor de eBay. En este capítulo, lo guiaré a través de los recursos de SafeHarbor, desde cómo reportar abusos hasta cómo resolver asuntos de seguros. Este capítulo le explica cómo eBay hace cumplir sus reglas y regulaciones, le muestra cómo puede usar un servicios de depósitos y mediación de terceros e incluso le señala cómo recurrir por ayuda fuera de eBay si se enfrenta a problemas realmente graves.

## Mantener a eBay Seguro con Reglamentos & Seguridad

SafeHarbor es el lugar donde eBay se concentra en proteger al sitio Web de miembros que estén jugando sucio. Por medio de este departamento, eBay emite advertencias y cambios de políticas y, en algunos casos, les da a los malos un "hasta la vista".

El SafeHarbor de eBay se puede encontrar con sólo hacer clic en el enlace Services de la barra de navegación. La página Services es más que un enlace hacia las políticas y la información. También lo conecta con un grupo de empleados de eBay que se encargan de atender las quejas, responder a las pistas que se reciben acerca de posibles infracciones y expedir advertencias y suspensiones. Los muchachos investigan las infracciones y envían correos electrónicos como respuesta a las pistas. Los empleados de eBay analizan las quejas caso por caso, en el orden en que las reciben. La mayoría de ellas se refieren a estos problemas:

- ✔ Oferentes con cómplices (vea la sección "Abusos al vender" en este capítulo)
- ✔ Asuntos y abusos relacionados con la calificación (vea la sección sobre "Abusos al calificar" en este capítulo)

Recuerde que eBay es una comunidad de gente, y la mayoría no se conoce. No importa lo que compre o venda en eBay, no espere que las transacciones en eBay sean más seguras que comprar o vender a un completo desconocido. Si entra con esta actitud, no se desilusionará.

Si ha estado leyendo los capítulos anteriores de este libro, probablemente sabe acerca de las reglas y regulaciones de eBay. Para una mirada más cercana en línea, haga clic en el enlace Policies, al pie de la mayoría de páginas en eBay, y luego revise el acuerdo del usuario o User Agreement. (Este convenio se revisa con regularidad, así que consúltelo a menudo.)

Otro enlace útil es FAQ (preguntas más frecuentes) del acuerdo del usuario, el cual explica la palabrería legal en un forma clara. Para encontrarlo, vaya a

```
pages.ebay.com/help/policies/user-agreement-faqs.html
```

Si planea ser un miembro activo de eBay, tal vez le convenga escoger recibir el correos electrónicos de eBay con actualizaciones a dicho acuerdo. Vaya a la página My eBay y haga clic en la pestaña Preferences. Desplácese hasta el área Personal Information y haga clic en Change My Notificacion Preferences. En este punto, se le solicitará que digite su contraseña; esto es para proteger su seguridad mientras está en eBay. Luego llega a la página mágica, donde puede cambiar _todas_ sus preferencias de eBay, así como la actualización del acuerdo del usuario.

Para ir al Security Center de eBay (vea la Figura 16-1) en busca de consejos sobre temas actuales de seguridad en eBay, haga clic en el enlace Safe Trading Tips, el cual se encuentra al final de la mayoría de páginas de eBay.

# Abusos que Debería Reportar a Reglamento y Seguridad

Antes de siquiera considerar acusar a la persona que (¡horror!) le ha dado calificaciones negativas y reportarla a Rules & Safety, cerciórese de que realmente está ante un mal uso de eBay. Algunos comportamientos no son agradables (sin discusión), aunque no son _también_ una violación a las reglas de eBay; en esos casos,

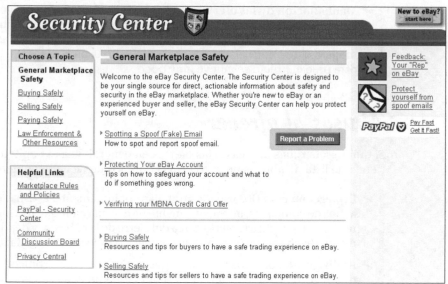

**Figura 16-1:**
El Centro de
seguridad.

eBay no puede hacer mucho al respecto. Las siguientes secciones enumeran las razones principales por las cuales podría solicitar investigaciones en SafeHarbor.

## Abusos al vender

Si usted permanece suficiente tiempo en eBay, es probable que se encuentre con un abuso del servicio. Podría suceder en alguna de las subastas en las cuales ha hecho una oferta, o podría tratarse de uno de los vendedores que compite con sus subastas. Sea un buen miembro de la comunidad y esté alerta por si alguno de los siguientes casos se da:

✔ **Oferentes con cómplices:** Un vendedor utiliza múltiples identificaciones de usuario al ofrecer o tiene cómplices que colocan ofertas para subir el precio de los artículos que él está subastando. Los investigadores de eBay buscan seis signos delatores, entre los cuales están: un único participante hace una oferta muy alta, un postor con calificación baja y un número realmente alto de ofertas, un oferente con bajas calificaciones que ha sido miembro de eBay por algún tiempo y nunca ha ganado una subasta u ofertas excesivas entre dos usuarios.

✔ **Interceptación de subastas:** Un usuario inescrupuloso, quien finge ser el verdadero vendedor, contacta al ganador para establecer los términos de pago y envío en un esfuerzo por obtener el pago del comprador. Esta violación puede evitarse fácilmente pagando con PayPal directamente a través del sitio eBay.

✔ **Evadir cuotas:** Un usuario reporta un precio más bajo que el precio final real y/o ilegalmente envía un crédito por la cuota sobre el valor final. Estos últimos se explican en el Capítulo 13.

✔ **Manipulación de las ofertas candentes:** Un usuario, con la ayuda de cómplices, ingresa docenas de ofertas falsas para aparentar que en la subasta hay mucha acción. Deje que los expertos en eBay decidan sobre esto; pero usted podría sospechar si muchísimas ofertas vienen una tras otra pero el precio se mueve muy poco.

## Abusos al ofrecer

Si quiere saber más acerca de las ofertas en general, vea el Capítulo 6. Aquí tiene una lista de abusos en las ofertas sobre los cuales eBay quiere saber:

✔ **Proteger ofertas:** Dos usuarios trabajan conjuntamente: El usuario A, con la ayuda de cómplices, intencionalmente ofrece una cantidad irrazonablemente alta y luego retira la oferta cerca del cierre de la subasta; y deja una oferta menor (hecha por el ofensor o su cómplice) como la oferta ganadora.

✔ **Redirigir ofertas:** Los usuarios envían mensajes electrónicos a los oferentes de una subasta actual para ofrecer la misma mercancía a un precio menor, en algún otro lugar.

✔ **Interferencia en la subasta:** Los usuarios advierten a otros oferentes por correo electrónico que se alejen de un vendedor durante una subasta actual, presumiblemente para disminuir la cantidad de ofertas y mantener los precios bajos.

✔ **Manipulación de ofertas (o retiro inválido de ofertas):** Un usuario ofrece una cantidad ridículamente alta, obligando al siguiente mayor postor a colocar su oferta máxima. El manipulador luego retira su oferta y hace una nueva ligeramente más alta que la máxima del mayor postor anterior.

✔ **Oferente que no paga:** Yo los llamo miserables; el punto es que esta gente gana subastas pero nunca paga.

✔ **Oferente indeseable:** Un usuario hace ofertas en una subasta específica de un vendedor, a pesar de que el vendedor ha advertido que no aceptará ofertas de ese usuario. (Como en el caso de no querer vender internacionalmente y recibir ofertas internacionales.) Esta práctica es descortés y odiosa. Si usted quiere correr a oferentes específicos de sus subastas, los puede excluir. Vea en el Capítulo 13 los detalles sobre cómo bloquear oferentes.

## Abusos al calificar

Lo único que usted tiene en eBay es su reputación, y ésta se basa en el historial de sus calificaciones. eBay toma cualquier violación a su sistema de retroalimentación muy en serio. Debido a que la retroalimentación en eBay ahora se relaciona con las transacciones, los miembros inescrupulosos en eBay tienen menos oportunidad de aprovecharse de este sistema. Aquí le doy una lista de abusos en la retroalimentación que debería reportar a Rules & Safety:

- **Comentarios extorsivos:** Un miembro amenaza con dar calificaciones negativas si otro miembro de eBay no cumple con sus descabelladas demandas.

- **Exposición personal:** Un miembro deja retroalimentación para un usuario donde expone información personal no relacionada con transacciones en eBay.

- **Calificación -4:** Cualquier usuario que alcance un puntaje neto de retroalimentación de -4 puede ser suspendido.

## Abusos de identidad

Quién usted es en eBay es tan importante como lo que vende (o compra). eBay controla las identidades de sus miembros muy de cerca, y le pide que reporte a cualquiera que finja ser otra persona al área Rules & Safety. He aquí una lista de abusos de identidad:

- **Representación fraudulenta:** Un usuario afirma ser empleado de eBay u otro usuario de eBay, o se registra bajo el nombre de otro usuario.

- **Información de contacto falsa o incompleta:** Un usuario se registra deliberadamente con información falsa de contacto o una dirección electrónica inválida.

- **Menor de edad:** Un usuario afirma, falsamente, tener 18 años o más. (Es necesario tener al menos 18 años para participar en un contrato legalmente vinculante.)

- **Dirección electrónica inválida o inactiva:** Cuando los mensajes rebotan repetidamente de la dirección registrada de un usuario, es muy posible que esté inactiva, Jim; y esto no le hace bien a nadie. Generalmente se recibe un mensaje que indica que la dirección es desconocida.

- **Información del contacto:** Un usuario publica la información de contacto de otro usuario en el sitio eBay.

## Abusos operacionales

Si usted ve a alguien tratando de interferir con la operación de eBay, los empleados de eBay desean ser informados. Estos son dos maliciosos abusos operacionales:

- **Hacking:** Un usuario interfiere a propósito con las operaciones computacionales de eBay (por ejemplo, metiéndose en archivos no autorizados).

- **Spamming:** El usuario envía mensajes electrónicos no solicitados a los usuarios de eBay.

## *Otros abusos*

Los siguientes son problemas adicionales ante los cuales usted debería alertar a eBay:

- ✔ Un usuario amenaza con provocar daños físicos a otro miembro de eBay.

- ✔ Una persona usa lenguaje racista, obsceno o acosador en un área pública de eBay.

Si desea una lista completa de ofensas y cómo eBay lleva a cabo cada investigación, vaya a las siguientes direcciones:
`pages.eBay.com/help/community/investigates.html` o
`pages.ebay.com/help/confidence/programs-investigations.html`.

# *Reporte los Abusos a Reglamento y Seguridad*

Si sospecha que alguien está abusando de las reglas y regulaciones de eBay, vaya al Security Center y haga clic en el botón verde: Report a Problem. Si se topa con cualquiera de los abusos descritos en este capítulo, vaya al Security Center (hay un enlace en la parte inferior de cada página en eBay), haga clic en Report a Problem y entonces se le presentará el formulario mostrado en la Figura 16-2. Desde esta página, haga clic en el enlace apropiado según su problema.

La página Security Center and Policies le puede dar una buena cantidad de información general para ayudarle a evitar que algo le salga mal en una futura subasta. Siéntase en libertad de usar estas páginas como un recurso para la prevención de problemas.

Si tiene una subasta conflictiva y necesita presentar un reporte, siga estos pasos:

1. **Lea toda la información de la página Investigations antes de presentar una nueva queja.**

2. **Haga clic en cualquiera de los muchos enlaces Report.**

   Sin importar en cuál enlace haga clic, será llevado a un área que le dará instrucciones adicionales y le proveerá información acerca de cuáles ofensas puede investigar eBay y cuáles no.

3. **Si halla que tiene un caso legítimo que debería ser investigado, haga clic en el enlace Contact Rules & Safety.**

   Llega al útil formulario que le muestro en la Figura 16-2.

   Después de hacer clic en los puntos relacionados con su situación, haga clic en Continue. eBay le presentará una página llena de enlaces para enseñarle acerca de sus políticas y algunas posibles soluciones a su conflicto. Después de revisarlas, desplácese hacia la parte inferior de la página y haga clic en Contact Support.

**4. Ahora está en el formulario Rules & Safety Support Send Message. (Uff.)**

La Figura 16-3 ilustra el formulario. Sólo digite el número del artículo (o números, si todos están relacionados con el mismo problema) y dé una descripción detallada de lo sucedido.

Antes de mandar el mensaje a Support, asegúrese de revisar lo que ha escrito para confirmar que su reporte es preciso.

**5. Envíe el reporte haciendo clic en Submit.**

Asegúrese de enviar sólo un reporte por caso, y un caso por reporte.

Si presenta un reclamo, haga su mensaje claro y conciso e incluya todo lo sucedido, pero no editorialice. (Llamar a alguien "cretino arrastrado y despreciable" no brinda ninguna información valiosa a nadie que le pueda ayudar, y no habla bien de usted tampoco.) Manténgalo profesional: sólo los hechos, señora. Incluya toda la documentación pertinente, tal como mensajes electrónicos, recibos, cheques cancelados; y (por supuesto) el número de la subasta.

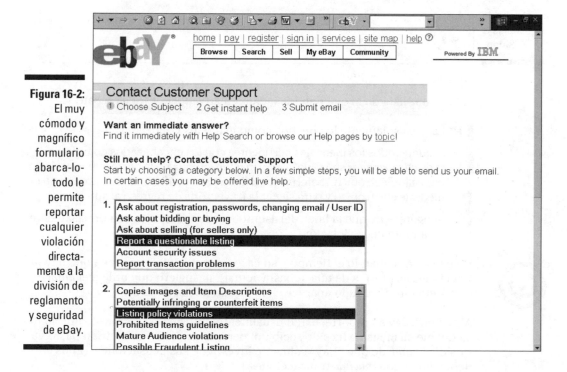

**Figura 16-2:**
El muy cómodo y magnífico formulario abarca-lo-todo le permite reportar cualquier violación directa-mente a la división de reglamento y seguridad de eBay.

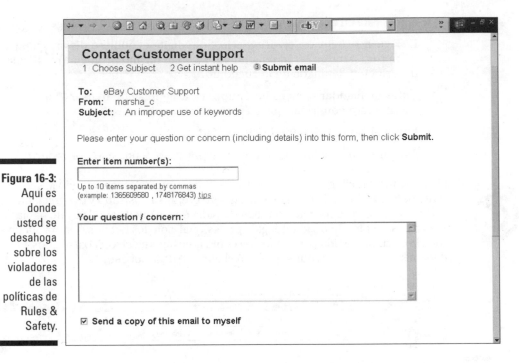

Esta es una lista de lo que debería incluir en su reporte a Rules & Safety:

✔ Escriba solamente los hechos como usted los conoce.

✔ Adjunte todos los mensajes pertinentes con los encabezados completos.
(Los *encabezados* son toda la información situada en la parte superior de un
mensaje electrónico.) SafeHarbor los usa para verificar cómo fue enviado el
mensaje electrónico y para seguir la trayectoria de regreso al autor.

✔ Asegúrese de que la línea del asunto en su reporte cite con precisamente
el nombre de la violación.

Si se le está acabando el tiempo a su caso (por ejemplo, sospecha que hay infracciones en ofertas de una subasta actual), le sugiero que utilice el enlace
Live Help que a menudo aparece en la página inicial de eBay.

Al recibir eBay su reporte, usted usualmente obtiene una respuesta automática de que su mensaje ha sido recibido; pero, en la práctica, podrían pasar varios días antes de que eBay realmente investigue sus acusaciones. (Ellos
deben lidiar con *muchas* transacciones.)

Dependiendo del resultado de la prueba, eBay podría contactarlo con los resultados. Si su problema llega a convertirse en un asunto legal, quizás eBay no le diga
qué está sucediendo. La única indicación que usted podría recibir de que se está
haciendo algo es que el miembro de eBay que usted reportó es suspendido, o se
convierta en un NARU: usuario no registrado (*Not A Registered User*).

Si su queja no amerita una investigación de parte de los encargados de Rules & Safety, la hacen llegar a uno más del sobrecargado equipo de funcionarios de Apoyo al cliente (Customer Support), que luego lo contactará a usted. (No vocifere contra esa persona si la atención recibida es tardía.)

Desdichadamente, los miembros NARU pueden reaparecer en el sitio de eBay. Las personas típicamente nefastas como estas sólo usan un nombre diferente. De hecho, esta práctica es bastante común, así que ¡cuídese! Si sospecha que alguien que quebrantó las reglas una vez ha regresado con otra identificación de usuario, alerte a Rules & Safety. Si usted es vendedor, puede rehusarse a aceptar ofertas de esa persona. Si la persona insiste, avise a Customer Support por correo electrónico.

A medida que eBay ha ido creciendo, también lo ha hecho el número de reclamos por la lenta respuesta de parte de Customer Support. No dudo que los empleados de eBay estén haciendo su mejor esfuerzo. Si bien una respuesta lenta puede ser frustrante, evite la tentación de iniciar una acalorada guerra de reportes al mandar mensajes una y otra vez hasta que eBay no pueda ignorarlo más. Esta práctica es riesgosa y desconsiderada, y sólo retarda el proceso para todo el mundo, y el bombardeo de correos electrónicos no le simpatizará a los muchachos que podrían ayudarlo. Es mejor sonreír y soportarlo.

Si está desesperadamente necesitado de ayuda, y no puede encontrar un enlace Live Help, puede poner un mensaje con su problema en una de las salas de chateo de eBay. Los miembros de eBay que participan en ellas a menudo comparten los nombres de funcionarios hacendosos. Frecuentemente puede encontrar algunos miembros de eBay que han enfrentado el mismo problema (a veces con el mismo usuario) y pueden ofrecerle consejo; o, como mínimo, compasión y un oído virtual. (Vaya al Capítulo 17 para más información sobre los foros y salas de chateo.)

Si es un PowerSeller, puede contactar el servicio de apoyo a PowerSellers con su problema inmediato.

Asegúrese de no violar ninguna de las reglas de eBay al compartir la información de contacto de algún miembro para contar su historia en una sala de chateo. Además, cerciórese de no amenazar o difamar (o sea, decir cosas que no son ciertas o esparcir rumores sobre) la persona que está denunciando.

Si tiene unas cuantas horas que gastar, eBay tiene un formulario de respuesta electrónica a Customer Support que le contestará dentro de 12 a 36 horas. Puede encontrar la página Customer Support escondida creativamente en la siguiente dirección

```
pages.ebay.com/help/contact_inline/index.html
```

# Cosas Sobre las Cuales eBay No Hará Nada

La gente es imperfecta en todas partes, aún en línea. (¿Qué creía?) Usted probablemente no estará de acuerdo con algunos de los comportamientos a los cuales se enfrente en eBay (que van desde apenas molestos a totalmente podridos). Aunque muchas de esas conductas son detestables, pueden continuar (y de hecho lo hacen) en tanto no traspasen las reglas de eBay.

En algunos casos, tendrá que morderse la lengua y achacar el fastidioso comportamiento de alguien a su ignorancia de las reglas eBay de etiqueta no escritas. Sólo porque la gente tiene computadoras y algunas cosas para vender o comprar, no significa que posea las habilidades sociales de personas maduras. (Pero usted ya lo sabía.)

Este es un grupo de asuntos enojosos que se dan muy regularmente pero *no* son ofensas contra las reglas y regulaciones de eBay:

- **Usted recibe comentarios injustificados o vengativos:** El temor más grande que persigue a los miembros al considerar dejar comentarios negativos es que el receptor se desquite con más calificaciones negativas. Recuerde que puede responder a los mensajes negativos. Recuerde, sin embargo, que eBay no eliminará ningún comentario negativo, no importa cuán injustificado usted piense que es. No obstante, eBay ha acordado que las dos partes pueden trabajar por medio de SquareTrade para eliminar retroalimentación, si llegan al acuerdo de que los comentarios eran injustificados. Vea "¡Los comentarios negativos se pueden eliminar!", más adelante en este capítulo.

  A menudo, la gente que deja calificaciones vengativas está también transgrediendo algunas de las reglas más serias de eBay y (tarde o temprano) desaparecerá del sitio, para nunca volver a encabritarse.

- **Un vendedor establece costos de envío astronómicos:** La política de eBay dice que los costos de envío deben ser razonables. Básicamente, eBay está meneando su dedo y diciendo: "No embauque a sus compradores". Algunos vendedores tratan de evitar las cuotas o pueden estar desilusionados porque una venta no recaudó suficiente dinero y, por eso, elevan los costos de flete para aumentar su ganancia.

  Bajo sus reglas, eBay realmente no puede evitar que alguien cargue demasiado por transporte. Los oferentes siempre deberían revisar los términos de envío en la descripción del artículo subastado. Los oferentes deben decidir si están de acuerdo con esos términos antes de hacer sus ofertas. La mejor manera de protegerse de una estafa es acordar por escrito con el vendedor los costos y términos del flete, *antes* de hacer una oferta.

- **Un vendedor o comprador se rehúsa a cumplir con los términos mutuamente establecidos:** eBay sólo tiene la potestad para advertir o suspender a sus miembros. No puede obligar a nadie a que haga algo, ni siquiera a alguien que está violando una política. Si usted quiere que alguien cumpla con una transacción, debe jugárselas solo.

  Yo escuché una historia sobre un vendedor que se rehusó a enviar un producto después de haber recibido el pago. El vendedor dijo: "Venga y lléveselo". El comprador casualmente se encontraba cerca ¡e hizo justamente eso!

  Con frecuencia, los usuarios renuentes en eBay sólo necesitan un empujoncito discreto en forma de advertencia de eBay para que cumplan. Entonces, anímese y presente una solicitud de crédito por la cuota sobre el

valor final (le explico cómo en el Capítulo 13) y, si es necesario, un reporte de fraude (abajo hay más sobre reportes de fraude).

- **Spam en el correo electrónico:** Un miembro de eBay puede enviar correo no
  deseado a través del formulario Contact a Member, simplemente al hacer clic
  en la identificación de usuario. eBay considera esto como spam; usted necesita reportar a cualquier miembro que abuse de este sistema. Aunque los artículos que estos spammers estén vendiendo sean excelentes, eBay no le
  ofrece ninguna protección si participa en estos negocios "fuera-de-sitio". Le
  sugiero que ignore a estos chicos y evite hacer negocios con ellos en el futuro.

Los usuarios nuevos en eBay muchas veces son quienes cometen estos actos
molestos sin saberlo, pero ahora usted estará adelantado, pues ya sabe qué
cosas *no* hacer. Ahora puede darse el lujo de ser flexible con otros novatos y
ayudarles a ubicarse antes de reportarlos.

# Utilizar los Servicios de Mediación y Resolución de Disputas

Aún los mejores amigos algunas veces tienen malentendidos que pueden estallar en
una guerra si no se resuelven los problemas lo antes posible. Si las cosas se ponen
difíciles, necesita llamar a la artillería pesada: a un *mediador*. Al igual que el boxeo
profesional tiene árbitros, las subastas podrían necesitar a alguien con la cabeza
centrada para intervenir en cualquier trifulca. eBay es socio de SquareTrade, un servicio de resolución de conflictos en línea, disponible a través del sitio web de eBay
(o directamente en la dirección www.squaretrade.com). Actuando como una tercera parte sin interés en el asunto, un mediador tal como Square Trade puede dar forma a un acuerdo o actuar como juez para resolver disputas.

Para encontrar SquareTrade en eBay, haga clic en el enlace Dispute Resolution, en
el área SafeHarbor de la página Services. Después de hacer clic en Services, en la
barra de navegación, desplácese hasta el final y haga clic en Dispute Resolution.

SquareTrade ofrece a los vendedores en línea la oportunidad de obtener el sello
SquareTrade (una versión en línea de Better Business Bureau) para exhibirlo junto con sus subastas. El sello SquareTrade refleja que el vendedor se compromete
a participar en la resolución de conflictos en línea, está dedicado a brindar un óp-
timo servicio al cliente, cumple con las normas de SquareTrade y ha sido verificado por SquareTrade. Averigüe más sobre cómo obtener el sello SquareTrade en la
siguiente dirección www.squaretrade.com.

## Cómo resolver una disputa sobre una transacción

Si envía una queja a través del enlace SquareTrade, el servicio le pide que su-
ministre información con respecto a la transacción considerada ofensiva en

un formulario en línea. SquareTrade luego envía un mensaje electrónico a la parte infractora, en el cual delinea la situación. Tanto el reclamo como la respuesta de la otra parte aparecerán en una página segura de la Web a la cual sólo el ofensor, el mediador y usted pueden tienen acceso.

SquareTrade usa una tecnología en proceso de patentarse para ayudarle a aliviar el proceso de mediación. El mediador escucha ambos puntos de vista y, si las partes no pueden llegar a un acuerdo, sugiere una solución basada en las reglas del juego limpio y la buena conducta. El uso de un mediador no excluye, sin embargo, el uso de un abogado si las cosas verdaderamente llegan a una dificultad insuperable.

## ¡Los comentarios negativos se pueden eliminar!

Tal vez usted se encuentre en una situación como esta: ha recibido retroalimentación injustificada (como en el caso de la nerviosa Nellie, quien dejó un comentario negativo porque el artículo no había llegado y resultó que sólo estaba atrasado en el correo). Si el problema puede resolverse entre las dos partes, hay una manera de eliminar el mensaje. eBay ha acordado que, si las dos partes se someten a una mediación con SquareTrade y usan un mediador en persona, y ambas partes acuerdan que la retroalimentación era injustificada, ésta será borrada de su historial.

Usted necesita presentar una resolución de disputa en línea ante SquareTrade y solicitar un mediador. Hay un cargo extra de $15 si se requiere de un mediador en persona (eBay paga el saldo de la cuota de SquareTrade). El proceso puede tomar de dos a seis semanas, dependiendo de la rapidez de la otra parte en responder a los mensajes de SquareTrade. Si los dos se ponen de acuerdo antes de tiempo sobre el proceso, se aligerará bastante.

# Andar al Borde: Suspensiones

Respetar las reglas de eBay lo mantiene alejado de la pantalla del radar de Rules & Safety. Si empieza a violar las políticas de eBay, la compañía va a estarlo observando. Dependiendo de la infracción, eBay estará tan cerca suyo como la jalea a la mantequilla de maní. O podría acechar seguro entre las sombras hasta que su calificación de retroalimentación sea más baja que la temperatura registrada en Alaska en noviembre.

Aquí tiene un resumen de acciones mal vistas en eBay, las cuales podrían ocasionar que los miembros sean arrastrados y golpeados; bueno, al menos *suspendidos*:

- Calificación de -4
- Tres oportunidades de ofertas no cumplidas
- Advertencias repetidas por la misma infracción

- Comentarios extorsivos

- Ofertas protegidas

- Ofertas no deseadas después de haber recibido una advertencia del vendedor

- Oferente con cómplices

- Interceptación de subastas

- Evadir cuotas

- Ventas fraudulentas

- Representación fraudulenta de identidad

- Colocar ofertas siendo menor de 18 años de edad

- Hacking

- Amenazas físicas

Si lo suspenden, pero usted se considera inocente, responda directamente a la persona que lo suspendió para abogar por su caso. Las reversiones ocurren. No divulgue sus sospechas en las salas de chateo. Si está equivocado, podría arrepentirse. Incluso si está en lo correcto, es una conducta tan poco delicada.

Tenga cuidado de acusar a algún miembro de mentir. A menos que esté involucrado en una transacción, usted no conocerá todos los hechos. Los momentos de tensión tipo Perry Mason son geniales en la televisión, pero son ficticios por una razón. En la vida real, no tiene sentido el entrometerse en una posible confrontación. Empiece el proceso de presentar la queja, pero hágalo de manera profesional, y deje que el equipo de eBay se dedique a averiguar lo que está pasando.

# Lánceles un Salvavidas: Asegúrelos

Una cosa es segura en esta vida: Nada es seguro. Y esta es la razón por la cual existen las compañías de seguros. Hay varios tipos de seguros disponibles para los usuarios de eBay:

- Seguros que los compradores compran para cubrir los envíos (vea el Capítulo 12)

- Protección contra fraude en eBay, la cual discuto aquí

- Garantía limitada de eBay Motors

- Garantías sobre equipo electrónico

- Protección del comprador en PayPal

Para cubrir pérdidas por fraude, eBay tiene su propio programa de protección contra fraudes. El seguro cubre el dinero que usted paga por un artículo que nunca recibe (como resultado de un fraude, no de problemas de transporte) o si lo recibe pero resulta ser materialmente diferente de la descripción del artículo en la subasta. El seguro de eBay paga hasta $175 (una cobertura máxima de $200 menos un deducible de $25) para un solo reclamo. Entonces, si usted presenta un reclamo por $50, recibe $25. Si lo hace por $5 000, sólo recibe $175. (Bueno, es mejor que no recibir nada.)

He aquí la lista para calificar para un pago de seguro en eBay:

- El comprador y el vendedor deben tener buena reputación (sin puntos negativos de retroalimentación).
- El comprador debe tener prueba de que el artículo cuesta más de $25.
- El comprador debe probar que se ha enviado el pago.
- El comprador debe probar que el vendedor no envío el artículo.

    **O**

- El comprador debe probar que el artículo enviado es substancialmente diferente del de la descripción de la subasta.

Para ser elegible para el seguro, usted debe registrar una queja con el sistema de reporte de fraude no antes de 30 días (y no más de 60 días) después del cierre de la subasta. Luego eBay le envía un correo electrónico al vendedor que mencione la presentación de una queja en su contra. eBay espera que, para cuando hayan transcurrido los 60 días, las diferencias se hayan resuelto y usted retire su reclamo.

## Garantía extendida para equipo electrónico

eBay se ha puesto de acuerdo con N.E.W. Customer Service Companies, un proveedor líder de planes de servicio extendidos, para ofrecer en eBay a los compradores de electrodomésticos nuevos, restaurados o usados una garantía del 100 por ciento, de un año. Si usted compra esta garantía extendida y su producto falla durante el período de garantía, N.E.W. lo reparará; y las partes y la mano de obra estarán cubiertas en un 100 por ciento. Si un artículo requiere más de tres reparaciones, la garantía de "no bueno" lo reemplazará gratuitamente.

Para más información sobre cómo trabaja este plan, y cómo comprar la póliza, vaya a `pages.ebay.com/help/warranty/buyer_overview.html`.

## Garantía limitada de eBay Motors

Otro beneficiosa alianza de eBay es su asociación con 1Source Auto Warranty para ofrecer una garantía limitada *gratis* a cualquiera que compre un carro en eBay. Para calificar (ésta es la parte fácil), el carro que compre debe tener menos de diez años, menos de 125 000 millas recorridas, y no debe tener modificaciones mecánicas. Los carros que califican están identificados en la descripción del anuncio, en la casilla Item Specifics, con las palabras *Free Limited Warranty*.

La garantía cubre hasta $10.000 en reparaciones con un deducible de $500 por cada visita. Usted debe redimir la garantía durante el proceso de salida. Puede encontrar más información en eBay Motors:

```
pages.ebay.com/ebaymotors/services/warranty.html
```

## Protección para el comprador en PayPal

Además de la seguridad, ningún PayPal le ofrece una mejor razón para pagar mediante su servicio. Si ha comprado un artículo a través de un vendedor verificado por PayPal, está cubierto con un seguro adicional de $300 por su compra. (Combinado con el seguro de eBay, ¡su cobertura total alcanza los $500!)

Esta protección lo cubre sólo por la no entrega de artículos tangibles y artículos tangibles recibidos que sean significativamente diferentes a los descritos, y no si usted está decepcionado con el artículo. Este seguro entra en vigor después de que usted haya solicitado eBay Fraud Protection y si su artículo exceda el tope de $200.

Si usted ha pagado con una tarjeta de crédito a través PayPal, asegúrese de presentar primero el reclamo ante eBay y *luego* ante PayPal. *No* ponga la queja ante la compañía de tarjetas de crédito. La protección de PayPal es para las compras hechas mediante PayPal, y usted no está cubierto si ha hecho el reclamo ante la compañía de su tarjeta de crédito.

Para la información más actualizada sobre este programa, vaya a

```
pages.ebay.com/paypal/pbp.html or www.paypal.com/cgi-bin/
            webscr?cmd=p/gen/protections-buyer-outside
```

# Cómo emitir un reporte de fraude

En el instante en que usted se queja de un vendedor que tomó su dinero pero no ha entregado la mercancía, automáticamente empieza una investigación de SafeHarbor. Para presentar una alerta de fraude por tergiversación o por no entregar artículos antes del período de 30 días de espera en eBay, vaya a

```
pages.ebay.com/help/confidence/programs-fraud.html
```

y haga clic en el enlace Buyer Protection Program. Desplácese hacia la parte inferior del área Report Suspicious Activity y haga clic al enlace apropiado para alojar su queja.

Para presentar un reclamo de seguro en eBay, debe reportar el fraude no antes de 30 días, y no después de 60 días, del cierre de la subasta. Tenga cuidado de no apresurarse y registrar una queja antes de tiempo. Le sugiero que espere de dos a tres semanas antes de hacerlo; revise bien antes, para asegurarse de que su correo electrónico funciona y de que usted tiene la dirección correcta de la persona con la cual está teniendo dificultades. Después de todo, ni eBay ni su ISP son infalibles.

Aún si su reclamo de seguro no vale un cinco después de 30 días, todavía puede reportar un fraude y ayudar a investigar a un desagradable, terrible, _supuestamente_ estafador usuario de eBay. Eso será pago suficiente, ¿no?

Después de reportar una queja, eBay le informa a la otra parte de que usted ha presentado un reclamo por fraude. eBay dice que tratará de contactar a ambas partes y ayudará a hallar una solución. _Registrar_ la queja no es lo mismo que _presentar_ una queja por seguro. El hecho de registrarla inicia el proceso; pero el solicitar el seguro viene después de un período de gracia de un mes, si la situación no se ha resuelto para ese entonces.

Si usted claramente ha sido estafado, use el programa Fraud Reporting de eBay para colocar su queja. Sólo siga estos pasos:

1. **En su página My eBay, vaya al área Buying-Related Links y haga clic en el enlace Filing a Fraud Complaint.**

   Si no puede encontrar el enlace, vaya directamente al formulario en `crs.ebay.com/aw-cgi/ebayisapi.dll?crsstartpage`.

   Ahora se encuentra en la página Fraud Protection Program.

2. **Desplácese hacia abajo hasta el enlace Online Fraud Complaint y haga clic sobre él.**

   Va a la página Online Fraud Reporting and Insurance Claim Form.

3. **Lea las direcciones paso a paso y haga clic en el enlace Online Fraud Complaint Reporting Form.**

   Se le preguntará si desea presentar una queja y un reclamo de seguro. La página le ofrece algunas ideas sobre cómo resolver el problema.

4. **Haga clic ya sea en el botón File a New Complaint o en el botón View a Complaint in Progress.**

   Será enviado a una siniestra página que le pregunta si usted considera que otro miembro lo ha engañado (`Do you feel another eBay member has defrauded you?`) Si ha llegado hasta aquí, asumo que así lo cree, así que haga clic en Yes.

5. **Cuando se lo soliciten, digite su identificación de usuario y contraseña y haga clic en Sign In, para ir a la próxima página.**

   Aún si usted está permanentemente registrado en eBay, debe digitar su contraseña en este momento: para su propia protección.

6. **Verifique su nombre, dirección e información de contacto.**

Si está equivocada, haga clic en el botón apropiado para corregirla.

7. **En este punto, digite el número de artículo y haga clic sobre el botón I Was Bidder.**

8. **Después de terminar, imprima la página final con el número de reclamo provisto.**

Si la acusación que está registrando se refiere a una clara violación, eBay le da información sobre el tipo de apoyo de terceros que usted puede obtener para ayudarle a resolver el problema. Si eBay estima que el problema es una violación a la ley, reporta el crimen a las autoridades apropiadas.

## Arribar con Depósito (Escrow)

Un servicio de depósito o *escrow* es un concepto relativamente nuevo para el comercio en línea. Los servicios de depósito actúan como intermediarios entre el vendedor y el comprador. Los detalles sobre cómo usar este servicio se describen en el Capítulo 6.

eBay tiene un enlace directo hacia el servicio de depósito en línea. Desde la pestaña Services de la barra de navegación, desplácese hacia abajo y haga clic en el enlace Escrow Services. Esta acción lo conduce a la página Escrow Overview. En ella, haga clic en el enlace How Escrow Works y siga las instrucciones en la página que aparecerá después.

## Engaños en las Ventas: Autenticación y Avalúo

A pesar de los intentos de eBay por mantener honesta a la comunidad de compradores y vendedores, algunas personas se rehúsan a jugar limpio. Después de que el Departamento de Asuntos del Consumidor de la Ciudad de Nueva York lanzara una investigación sobre los recuerdos falsos de deportes vendidos en el sitio Web, los forajidos errantes de eBay experimentaron algunos momentos de ansiedad. Yo siempre espero que enmienden su camino, pero al mismo tiempo le advierto: *no cuente con ello*. Afortunadamente, eBay está ofreciendo un enfoque agresivo para evitar que tales cosas ocurran de nuevo.

Entre las principales medidas contrarrestantes más notorias está el fácil acceso de los miembros a varios servicios para autenticar tipos específicos de mercadería. Lo bueno es que usted sabe qué clase de artículo está adquiriendo; lo malo es que, como todas las otras cosas en la vida, le cuesta dinero.

Cuente con suficientes conocimientos prácticos sobre lo que está comprando o vendiendo. Antes de hacer su oferta, haga algunos estudios y obtenga más información. Y revise la calificación del vendedor o del oferente. (¿No le suena familiar este consejo?) Vea los Capítulos 5 y 9 para más información acerca de cómo llevar a cabo una investigación.

Antes de gastar dinero para que su artículo sea valorado y autenticado, hágase usted mismo algunas preguntas prácticas (sin importar si está comprando o vendiendo):

- **¿Es este artículo mercadería de calidad?** ¿Estoy vendiendo/comprando mercancía cuya condición es subjetiva pero importante para su valor? Como en: *¿Ha sido realmente apreciada o sólo está arruinada?* ¿Se califica este artículo con alguna norma aceptada profesionalmente que yo necesito conocer?

- **¿Es este artículo auténtico?** ¿Estoy seguro de estar comprando/vendiendo un artículo genuino? ¿Necesito un experto que me diga si realmente es verdadero?

- **¿Conozco el valor de la mercancía?** ¿Tengo un buen conocimiento de lo que vale este artículo en el mercado en este momento, considerando su condición?

- **¿Vale la pena pagar el precio por la mercadería?** ¿Acaso el riesgo de vender/comprar una falsificación, imitación o un artículo que no entiendo completamente vale el costo de un avalúo?

Si contesto "sí" a cualquiera de estas preguntas, considere el hecho de llamar a un tasador profesional.

Si le piden *vender* una imitación (conocida también como un artículo sospechoso, falso, o de descuento de cinco dedos), muy sencillo: de ninguna manera. No lo haga.

Si necesita valorar artículos, considere el usar una agencia de avalúos. La mayoría de agencias a las cuales se tiene acceso desde el enlace Authentication Services, en la página introductoria de Rules & Safety, ofrece sus servicios a un precio de descuento a los miembros de eBay. eBay ofrece enlaces a varias agencias tasadoras:

- **PCGS** (Professional Coin Grading Service) y **NGC** (Numismatic Guaranty Corporation) sirven al coleccionista de monedas:

  www.pcgs.com

- **PSA/DNA** ( Professional Sports Authenticators) y **Online Authentics.com** autentican sus autógrafos. Ambos mantienen bases de datos en línea de miles de autógrafos certificados contra los cuales comparar su compra. Sus respectivas direcciones electrónicas son

  www.psadna.com

  y

  www.onlineauthentics.com

- **PSE** (Professional Stamp Experts) autentica sus estampillas postales:

  `www.psestamp.com`

- **CGC** (Comics Guaranty) valora y restaura revistas de tiras cómicas:

  `www.cgccomics.com/ebay_comic_book_grading.cfm`

- **IGI** (International Gemological Institute) valora, autentica e identifica piedras preciosas sueltas y joyería:

  `www.e-igi.com/ebay`

- **PSA** (Professional Sports Authenticators) y **SGC** (Sportscard Guaranty) le ayudan a protegerse de falsificaciones y fraudes con recuerdos deportivos y tarjetas de intercambio. Sus respectivas direcciones son

  `www.psacard.com`

  y

  `www.sgccard.com/ebay/ebay.html`

eBay se ha unido con estos servicios para evaluar y autenticar las tarjetas de colección..

Aún cuando usa un servicio de tasación o autenticación, haga un poco de investigación usted mismo. A menudo, dos expertos pueden darle opiniones escandalosamente diferentes sobre el mismo artículo. Cuanto más sepa, mejores preguntas podrá hacer.

Si un vendedor no duda de la autenticidad del artículo que está subastando, usted podría encontrar un comentario apropiado (como *No puedo verificar su autenticidad*) en la descripción del artículo. A los gurús en eBay siempre les gusta compartir lo que saben. Estoy segura de que alguien en la sala de chateo correspondiente le podría proveer mucha información útil. Pero tenga cuidado: algunos artistas zalameros (nace uno de *esos* a cada minuto) podrían tratar de hacerle quedar como un tonto.

# Verificación de identidad (ID Verify)

Durante los últimos años de la Guerra Fría, Ronald Reagan dijo, "Confíen pero verifiquen". El consejo del Presidente tenía sentido al tratar con la vieja Unión Soviética, y tiene mucho sentido para sus tratos en eBay también. (Incluso si no está comprando cabezas de bombas nucleares.)

Para mostrar a los otros miembros de eBay que usted es honesto, y para obtener privilegios especiales cuando se es novato en eBay, puede comprar una opción "confíe pero verifique", conocida como *ID Verify*, en eBay por cinco dólares. El gigantesco servicio de verificación de crédito, VeriSign, verifica su identidad al solicitar información de su billetera, que incluye lo siguiente:

- Nombre
- Dirección
- Número telefónico
- Número del seguro social
- Información de su licencia para conducir
- Fecha de nacimiento

VeriSign compara la información que usted brinda con lo que está en su base de datos, y le presenta una lista de preguntas de su archivo de crédito que sólo usted debería poder responder. VeriSign podría preguntarle acerca de cualquier préstamo que tenga (por ejemplo) o qué tipo de tarjetas de crédito posee (y cuántas).

Convertirse en *ID-Verified*, puede ser un extra para los usuarios nuevos. Le permite eludir algunos de los más rigurosos requisitos de eBay para participar en negocios de mayor nivel. Al asegurarle a la comunidad que usted es realmente quien dice ser, usted puede obtener la luz verde para algunas de las actividades del más alto nivel:

- **Organizar subastas con la opción Buy It Now.** Por lo general, usted necesita una retroalimentación de 10 para organizar una subasta con la opción de compra inmediata. Este privilegio bien podría valer el precio de la verificación pero, honestamente, ¿qué tan difícil es realmente obtener sus primeros diez puntos comentarios? Además, la experiencia será invaluable.

- **Abrir una tienda eBay.** Aunque eBay requiere de una calificación de sólo 20 para abrir una tienda, le sugiero que tenga mucho más. Una tienda eBay (vea el Capítulo 11 para obtener más información) requiere de un poco más de conocimiento de eBay que la que el comprador novato podría reunir.

- **Organizar subastas de precio fijo con múltiples artículos (y subastas holandesas).** Usualmente, un vendedor de eBay debe tener más de 30 puntos de retroalimentación para llevar a cabo este tipo de venta. He hablado con varios vendedores veteranos de eBay y rara vez participan en este tipo de ventas.

- **Hacer ofertas en artículos que superan los $15.000.** ¡Algún tipo de verificación generalmente es obligatoria, aún para los más viejos en eBay, al ofrecer sumas tan elevadas!

- **Vender artículos en la categoría Mature Audiences.**

VeriSign envía sólo los resultados del examen de identidad a eBay (si usted pasa, o no, el examen) y no las respuestas a las preguntas financieras de carácter privado que le fueron hechas. VeriSign no modifica ni agrega la información que usted proporciona a ninguna de sus bases de datos.

Las preguntas de VeriSign se hacen para protegerlo contra cualquiera que pueda venir y tratar de robarle esta información para asumir su identidad. Las preguntas no son una verificación de crédito y nunca se cuestiona su capacidad de pago. Esta información simplemente verifica que usted sea quien dice ser.

Si pasa el examen y VeriSign puede verificar que usted es quien dice ser (y no un gemelo diabólico), obtiene un bonito icono al lado de su nombre por un año. Si, después de un año, le gusta la validación que viene con tal verificación, puede pagar otra cuota y renovar su sello.

Aunque usted se sienta seguro de saber que un usuario verificado es realmente quien dice ser, todavía no hay garantía de que esa persona no vaya a resultar ser un malhechor (o, por otro lado, un bien intencionado incapaz para las finanzas) durante las transacciones de subastas.

Aún si un miembro de eBay obtiene la verificación VeriSign, este programa es controversial por dos razones:

- ✔ Muchos miembros se oponen a dar sus números de seguro social. Lo ven como una invasión injustificada de su privacidad.

- ✔ Algunos usuarios también temen que este sistema cree un sistema de dos niveles en eBay; los usuarios verificados ocuparían algún tipo de clase alta y cualquiera no verificado quedaría atascado en la clase baja. Tienen miedo de que los vendedores puedan rehusar a negociar con los usuarios no verificados.

Usted debería considerar todos los programas actuales y futuros de eBay para protegerlo de personas y transacciones problemáticas, pero yo pienso que "el campeón imbatible de los pesos completos" para conocer *realmente* a otra persona (y para mantenerlo alejado de conflictos) es el primer programa creado por eBay. Así es, amigos, *la calificación* les puede mostrar los registros e historias de otros miembros y darles la mejor información para decidir si quiere hacer negocios con ella o prefiere pasar por alto esa oportunidad. La retroalimentación es especialmente efectiva si usted la analiza en conjunto con otros programas de protección de eBay. Le sugiero que se tome el tiempo para leer todo acerca de la retroalimentación en el Capítulo 4.

# Si es Claramente un Fraude

Después de presentar un reporte de fraude o una solicitud de crédito por la cuota sobre el valor final, usted puede hacer algo más por sí solo. Si el trato involucra a la oficina postal de algún modo (si ha enviado por correo un cheque o el vendedor le envía mercancía que es completamente errónea y se rehúsa a hacer lo correcto) presente una queja por fraude en el correo ante el inspector postal.

En Estados Unidos, puede llamar a la oficina de correo postal local o marcar 800-275-8777 para solicitar un formulario. Después de completarlo, el USPS envía un aviso al chico malo de eBay sobre la queja por fraude que usted presentó contra él. Tal vez esto *sí* le llame la atención.

Si está interesado en aprender más acerca de las leyes sobre correo fraudulento, vaya al siguiente sitio Web:

`www.usps.com/websites/depart/inspect/usc18`

Además de la oficina postal, puede recurrir a algunas otras agencias en busca de ayuda:

- **The National Fraud Information Center.** NFIC tiene un sitio en línea dedicado a combatir el fraude en la Internet. NFIC trabaja muy de cerca con las autoridades legales. Envíe un reclamo a `www.fraud.org/info/repoform.htm` o call toll free at 800-876-7060.

- **Autoridades.** Contacte el fiscal del distrito local (o la Oficina del Fiscal General del Estado) y el departamento local o estatal de Asuntos del Consumidor en el estado y la ciudad donde vive la otra persona. (Busque la información de contacto en línea o pida los números en las agencias.)

- **Federal Trade Commission.** El FTC acepta quejas e investiga repetidos casos repetidos de fraude. Envíe una queja a

  `https://rn.ftc.gov/dod/wsolcq$.startup?Z_ORG_CODE=PU01`

- **Proveedor del Servicio de Internet.** Contacte al ISP de esa persona. Puede obtener este dato de la dirección de correo electrónico de la persona, justo después del símbolo @ . (¿Ve? El fácil acceso a la información tiene sus ventajas.) Aclare al ISP contra quién ha presentado una queja, la naturaleza del problema y las agencias que ha contactado.

Cada vez que contacte a otra agencia en busca de ayuda, mantenga a Rules & Safety al día con el avance escribiéndoles a la usanza antigua a eBay ATTN: Fraud Prevention, 2145 Hamilton Ave., San Jose, CA 95125.

Una línea muy delgada separa el alertar a otros miembros del mal comportamiento de una persona en particular y el quebrantar la regla cardinal de eBay de interferir en una subasta. No haga acusaciones sin fundamento y/o llenas de odio, especialmente si está contando con que nunca vayan a alcanzar a la persona de la cual esta hablando (o, por otro lado, si espera que *ojalá* le lleguen). Aplaste el veneno de la ira antes de expresar sus sentimientos. Le recomiendo que busque hechos; no señale con el dedo en los foros de mensajes públicos o salas de chateo. Si resulta que usted está equivocado, podría ser demandado por difamación.

La comunicación y el compromiso son las claves para las transacciones exitosas. Si tiene una opinión diferente, escriba un correo electrónico cortés que indique sus expectativas y ofrezca solucionar cualquier disputa por teléfono. Vea los Capítulos 7, 12 y 13 para consejos sobre cómo comunicarse después de que la subasta haya acabado; y cómo resolver disputas antes de que se tornen maliciosas, agresivas o incluso imposibles de imprimir.

# Capítulo 17

# La Comunidad eBay: Llevarse Bien con Otros Miembros

*e*Bay es más que una localidad en Internet para comprar y vender objetos increíbles. eBay quiere que el mundo sepa que ha creado (y trabaja duro para mantener) una comunidad. De hecho, no es un mal negocio: ¡las propiedades de primera clase en *esta* comunidad cuestan sólo centavos! Como en las comunidades de la vida real, usted participa en el grado que le plazca. Puede involucrarse en todo tipo de actividades comunitarias, o simplemente sentarse cómodamente, ocuparse de lo suyo y ver el tiempo pasar. eBay funciona exactamente de la misma forma.

Como probablemente ya habrá escuchado, una de las principales formas de participar en la comunidad eBay es a través de la retroalimentación (la cual explico en detalle en el Capítulo 6). En este capítulo, le muestro algunas otras maneras de formar parte de la comunidad. Puede socializar, aprender sobre otros miembros, dejar mensajes o simplemente leer lo que todos hablan en los foros de mensajes, de chateo y el corporativo Announcements Board. Incluyo ideas sobre cómo usar todos estos lugares para su propio beneficio, y luego le ofrezco un cambio de paisaje al navegar a través de algunas foros de mensajes fuera del sitio que le puedan ayudar a vender y comprar.

En la barra de navegación se puede hacer clic en un enlace hacia la comunidad. Es un enlace práctico que lo conecta con los eventos en eBay; yo lo uso con regularidad para revisar los cambios propuestos para el sitio en los anuncios generales. Sin embargo, hay mucho más en la Comunidad. Tómese un tiempito para explorarla.

# Noticias y Chateo, Esto y Aquello

No es exactamente el *New York Times* ("Todas las noticias dignas de imprimirse"), pero puede encontrar todas las noticias, foros de conversación y enlaces a las foros de mensajes en la página Community Overview. La Figura 17-1 le muestra cómo luce.

He aquí una lista de todos los encabezados principales de la página principal Community. Cada encabezado le ofrece enlaces a las siguientes áreas específicas de eBay:

- **News:** Esta área contiene enlaces a la página General Announcements, la cual cubre noticias generales, cambios en la política, actualizaciones tecnológicas, anuncios sobre el sistema y el boletín "Chatter" de eBay.

- **Talk:** Un clic en estos enlaces lo lanza a los foros de discusión, las salas de chateo y el centro de respuestas de eBay.

- **Events:** Haga clic aquí para averiguar lo que pasa en eBay.

- **People:** Aquí es donde usted realmente puede socializar, unirse a grupos, aprender sobre los valores de la comunidad y escuchar a los miembros de eBay contar sobre aventuras al hacer ofertas.

**Figura 17-1:**
La página principal de la comunidad destaca enlaces a una variedad de lugares informativos en eBay, incluyendo áreas para conversar o colocar mensajes.

# ¡Escuchad, escuchad!: Las Foros de Anuncios de eBay

Si estuviéramos en el Siglo XVIII, vería a un tipo vestido en forma extraña con un sombrero divertido, quien sonaba una campana mientras gritaba: "¡Escuchad, escuchad!" cada vez que usted abriera los foros de anuncios en eBay. (En realidad, si estuviéramos en esa época, usted no tendría electricidad, computadoras, comidas rápidas ni ninguna otra cosa que quizás considere divertida.) En todo caso, los Announcement Boards de eBay son el sitio más importante para indagar sobre lo que está sucediendo (directamente desde el cuartel general) en el sitio Web. Y no hace falta sonar ninguna campana.

Puede escoger entre dos foros. Primero, General Announcements, donde eBay incluye cualquier característica nueva o cambios en las políticas. Visitar esta página es como leer su periódico matutino, pues eBay agrega comentarios a esta página casi todos los días. Averiguará sobre cambios futuros en las categorías, promociones nuevas y sucesos en eBay. Puede llegar a esta página por medio de www2.ebay.com/aw/marketing.shtml. La Figura 17-2 le muestra el foro General Announcments de eBay, con información que podría afectar sus subastas.

eBay también le cuenta sobre el estatus del sistema (en caso de que se pregunte si el fallo técnico está en su computadora o en el sistema de eBay). El foro System Announcements, en www2.ebay.com/aw/announce.shtml es donde eBay reporta interrupciones en el suministro de energía, así como cambios críticos en las políticas y procedimientos. eBay también utiliza este foro para actualizar a los usuarios sobre las fallas en el sistema y el momento en que se podrían rectificar.

Acostúmbrese a detenerse brevemente en los foros de anuncios como parte normal de su rutina en eBay.

**Figura 17-2:** Manténgase al día con las novedades en eBay visitando el foro General Announcements.

Mantenga los ojos abiertos por anuncios de apagones en los foros de anuncios para saber si podrían afectar sus subastas. En los foros también puede descubrir cualquier procedimiento o regla nuevos que podrían afectar sus ventas.

Cada vez que eBay introduce nuevas características, explicaciones o enlaces, éstos aparecen en General Announcements, en el área News de la página Community Overview.

eBay tiene casi 80 millones de miembros, una población más grande que la de algunos estados, pero todavía tiene ese toque de pueblo pequeño gracias a los grupos, los foros de chateo y los de discusión. Empiece en la página principal Talk, haciendo clic en Community de la barra de navegación principal, y luego haga clic en Talk en la barra de subnavegación. Ahora tendrá acceso a más de tres docenas de foros de conversación y discusión especificados por categorías, una gran cantidad de foros de conversación y discusión generales y también a foros de ayuda.

Cuando llega a la página Community Overview y se desplaza hacia abajo para encontrar el enlace para artículos calientes "Hot", no se emocione demasiado. No ha encontrado el tesoro secreto de información adicional. Haga clic ahí y encontrará los reportes de eBay para las categorías de mayor venta dentro de cada categoría. No, ese no es un dedazo; las categorías se subdividen, aparentemente de acuerdo con el rango de ofertas. eBay tiene una lista de categorías en las cuales "el crecimiento de ofertas ha sobrepasado el de nuevos anuncios y la proporción oferta-por-artículo es más alta que para otros productos en la misma categoría madre". Estoy segura de que ésa es una medida de las ventas pero, como los vendedores de eBay saben, lo que se vende hoy probablemente será el sobrante de mañana.

# ¡Ayuda! Necesito a Alguien

Si alguna vez tiene preguntas específicas sobre eBay, hay varios foros de ayuda en la comunidad: La página Chat le puede ayudar. También puede ir directamente a las salas de chateo para hacer su pregunta a los miembros de eBay actualmente residentes ahí.

Las foros funcionan en forma diferente a las salas de chateo. Estas últimas se encuentran atiborradas de gente que está pasando el rato con otros, hablando todos al mismo tiempo, mientras que los usuarios de los foros de discusión tienden a entrar, dejar un mensaje o hacer una pregunta, y luego salir. Además, en un foro de mensajes, usted necesita empezar una cadena al hacer una pregunta. Titule su cadena con su pregunta, y sin duda obtendrá una respuesta a la consulta muy rápidamente. Fíjese en el foro Technical Issues, en la Figura 17-3.

La mayoría de las preguntas pueden responderse en el centro de respuestas de eBay, al cual puede llegar haciendo clic en la pestaña Answer Center del área Talk. Entonces verá foros que cubren casi cualquier tema imaginable relacionado con las subastas en eBay. Sólo haga su pregunta y, ojalá, algún miembro eBay le sugerirá una respuesta (pero recuerde tomar ese consejo con cautela, tal como lo hace al recibir consejos de alguien con credenciales desconocidas).

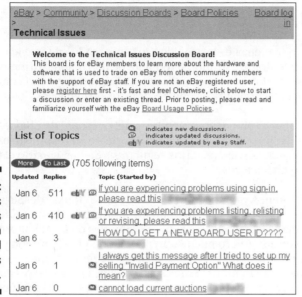

eBay > Community > Discussion Boards > Board Policies          Board log in
>
**Technical Issues**

**Welcome to the Technical Issues Discussion Board!**
This board is for eBay members to learn more about the hardware and
software that is used to trade on eBay from other community members
with the support of eBay staff. If you are not an eBay registered user,
please register here first - it's fast and free! Otherwise, click below to start
a discussion or enter an existing thread. Prior to posting, please read and
familiarize yourself with the eBay Board Usage Policies.

List of Topics          ☺ indicates new discussions.
                        ☺ indicates updated discussions.
                        eb☺ indicates updated by eBay Staff.

( More )( To Last ) (705 following items)

| Updated | Replies | Topic (Started by) |
|---|---|---|
| Jan 6 | 511 | ebY ☺ If you are experiencing problems using sign-in, please read this |
| Jan 6 | 410 | ebY ☺ If you are experiencing problems listing, relisting or revising, please read this |
| Jan 6 | 3 | ☺ HOW DO I GET A NEW BOARD USER ID???? |
| Jan 6 | 1 | ☺ I always get this message after I tried to set up my selling "Invalid Payment Option" What does it mean? |
| Jan 6 | 0 | ☺ cannot load current auctions |

**Figura 17-3:**
Una de los
útiles foros
de discusión
en eBay, el
de Asuntos
Técnicos.

Los novatos de eBay a menudo encuentran que los foros son lugares apropiados para aumentar su conocimiento sobre Bay. A medida que baja el cursor, lea las preguntas y respuestas pasadas; su pregunta puede ya haber sido contestada anteriormente. Incluso puede pedirle a alguien en este foro que vea el anuncio de sus subastas y le brinde una opinión sobre sus descripciones o fotografías.

# Evalúe las salas de chateo y los foros de miembros

Usted sabe que necesita ayuda, pero no sabe cuál área es la mejor para usted. Ésta es mi posición con respecto a cuáles foros son los más útiles.

✔ **Auction Listings:** Este foro de discusión sirve para muchos propósitos. Si no ve un foro específico para su pregunta (o si hizo su pregunta en otro foro y no obtuvo respuesta) pruebe este: siempre tiene muchos mirones.

✔ **Photos/HTML Board and Images/HTML Chat:** Excelente ayuda de otros miembros de eBay para quienes tienen preguntas específicas acerca del uso de HTML y cómo poner fotos en sus subastas.

✔ **Discuss eBay's Newest Features Chat:** Este foro (conocido como DNF) es donde encuentra a muchas personas dedicadas a protestar contra las políticas de eBay o las nuevas características. Afiáncese un tanto: la conversación en este foro puede volverse mordaz a veces. Sin embargo, recuerde que muchos de los que usan este foro saben mucho sobre eBay.

Puede entrar en un nuevo foro desde cualquier otro desplazándose por la lista desplegable en la parte superior de cada página de foros.

# Salas Comunitarias para Chatear

Puesto que enviar un mensaje electrónico a los encargados de Servicio al cliente de eBay puede ser lento y frustrante, si requiere de una respuesta inmediata (se les bombardea con trillones de preguntas por día), quizá le gustaría intentar obtenerla al colocar su pregunta en uno de las foros de mensajes Community.

Siempre puede saber si uno de los miembros del personal de eBay está respondiendo en un foro, porque la línea divisoria de su respuesta es rosada (no gris, como sucede con los usuarios regulares). Se han ganado el mote de "Pinks" (rosados) en los foros.

Los miembros veteranos y conocedores de eBay o los "Pinks" del Servicio al cliente (si es que andan por ahí) generalmente contestan a las preguntas hechas como mejor puedan. Las respuestas son las opiniones de los miembros y no son la última palabra de eBay. Pero puede obtener una respuesta rápida y sincera; a menudo obtiene más de una. La mayoría de las preguntas recibe una respuesta en aproximadamente 15 minutos. Si no es así, vuelva a poner su pregunta. Asegúrese de hacer su pregunta en el foro apropiado, porque cada uno tiene un tema específico de discusión.

Los miembros que ponen preguntas en estos foros a veces comparten consejos útiles y sitios en la red, y además alertan a otros miembros sobre estafas. Los novatos pueden hallar que leer estas foros sin poner preguntas (*lurking*) resulta útil para aprender más acerca de cómo funciona eBay. Ocasionalmente, un miembro del personal de eBay aparece, lo que es algo así como invitar a Bill Gates a una reunión de nuevos usuarios de Windows XP. Los miembros del personal de eBay a menudo son acorralados con preguntas.

Si hay una nueva política o algún tipo de cambio significativo, los foros posiblemente se saturen rápidamente con discusiones al respecto. En días lentos, sin embargo, tal vez necesite nadar entre mensajes personales y "conversación" sin conexión a eBay. Muchas de las personas que ponen preguntas en estos foros son miembros antiguos con historias (y peleas) que pueden rivalizar con cualquier telenovela. En raras ocasiones, las preguntas pueden llegar a ser un tanto abusivas. Involucrarse con choques de personalidad o guerras verbales no conduce a nada.

No importa cuán fastidiosos se pongan los usuarios de una sala de chateo o foro de mensajes, y no importa cuán sucio o vulgar sea su lenguaje, nadie en eBay lo nota. eBay usa un "detector de vulgaridad" que borra cualquier palabra o frase que considere ofensiva u obscena (bueno, de acuerdo, *todas las que pueda*).

Una regla fundamental para las salas de chateo o foros de mensajes es: no se puede hacer negocios. ¡Nada de promover artículos para la venta! Ni ahora ni nunca. eBay prohíbe la participación en estas discusiones a quienes repetidas veces quebranten esta regla.

Recuerde que está visitando eBay y usted es un miembro. No es Speakers' Corner, ese lugar en un parque de Londres donde los que protestan tienen la libertad de tomar la palabra sobre una caja de jabones y vociferar contra las ratas del gobierno. Si siente la necesidad de quejarse de eBay en forma feroz, váyase afuera, como dicen los tipos de la entrada en los bares.

# Foros de Discusión Usuario a Usuario

eBay tiene otros foros que le dan un toque diferente a las cosas. Son los foros de *discusión*, diferentes de los foros de *chateo*; básicamente, significa que los temas son deliberadamente abiertos, al igual que los temas de discusión en las cafeterías tienden a variar dependiendo de los participantes en un momento dado. Examine estas áreas y lea acerca de las discusiones en curso sobre los últimos rumores en eBay. Es muy divertido y resulta buena lectura. Ponga sus opiniones en la categoría que más le atraiga. Cada foro de discusión acepta tantos temas como usted se pueda imaginar. He aquí algunos de mis favoritos:

- **The eBay Town Square** es un popurrí de diferentes temas y materias. Ω

- **The Soapbox** es el lugar para expresar sus puntos de vista y sugerencias para ayudar a construir un mejor eBay.

- **NightOwls Nest** es un lugar divertido para las criaturas de la noche y sus contribuciones únicas. (Mientras escribo esto, por ejemplo, sigo el hilo de una con consejos animados a un Miembro de la Comunidad que necesita ayuda con su gato flatulento.)

- **The Park** es un lugar interesante donde los Miembros de la Comunidad se reúnen para oír ideas y conversaciones divertidos.

# Otras Salas de Chateo (Foros de Mensajes)

Aproximadamente una docena de salas de conversación en eBay se especializan en todo, desde la mera palabrería a las obras de caridad. Las secciones a continuación describen algunos de estas foros.

## Café society

El Café eBay (el primer foro de mensajes de eBay, que data del tiempo cuando vendían máquinas con confites Pez) y los foros de mensajes AOL Café atraen principalmente a clientes regulares, quienes conversan sobre chismes en eBay. Las intervenciones comunes incluyen compartir sucesos importantes a nivel personal y cualquier cosa que se la gente tenga en mente. Usted también puede encontrar información útil acerca de eBay, así como advertencias acerca de estafas.

## Holiday Board

Aunque eBay sugiere que este es el lugar para compartir sus pensamientos y recuerdos de días festivos, es realmente un lugar amistoso donde la gente se reúne para hablar sobre el hogar y la familia. Visítela la próxima vez que tenga unos minutos y desee visitar a sus colegas adictos a las subastas.

## Giving Board

eBay no sólo tiene que ver con ganar dinero. En este foro, también se trata de hacer una diferencia. Los miembros necesitados colocan sus relatos y solicitudes de ayuda. Otros miembros con artículos para donar ofrecen de todo en este foro, desde artículos escolares hasta ropa.

Si tiene ganas de hacer una buena obra, lleve a cabo una subasta a beneficio para un miembro o haga donaciones directamente a los necesitados. Para información sobre cómo participar, visite Giving Board en `www.givingboard.com`.

## Emergency Contact Board

No es *Rescate 911*, pero si su computadora colapsa y usted pierde toda la información, este foro es el lugar para exhibir un boletín con todos los puntos de ayuda. Si su Proveedor de Servicios de Internet (ISP) se va de vacaciones, su línea telefónica no funciona o si es secuestrado por extraterrestres y no puede conectarse con sus vendedores o compradores, use la computadora de un amigo para poner un mensaje en este foro. Existe un grupo de dedicados usuarios de eBay que lo frecuenta. Ellos tratarán de ayudarle al pasar sus mensajes electrónicos a quienes usted intentaba enviarlos. ¡Estamos hablando aquí de un montón de *dadivosos*!

Recientemente, una oferente puso un anuncio que decía que su computadora había colapsado y *además* estaba en el proceso de mudarse a otro lugar. Solicitó a sus vendedores ser pacientes y les dijo que los contactaría nuevamente tan pronto como pudiera. Los usuarios frecuentes del Foro de Contacto de Emergencia buscaron su historial de ofertas y enviaron mensajes electrónicos a los vendedores cuyas subastas ella había ganado la semana anterior. Luego le reenviaron los mensajes que habían enviado a su nombre. Los vendedores entendieron la situación y no dejaron comentarios negativos a la usuaria debido a la falta de comunicación.

Si tiene problemas para contactar a otro miembro de eBay, ponga un anuncio que solicite la ayuda de otros miembros para rastrearlo. Esto a menudo resuelve la situación.

Si piensa que ha sido víctima de una estafa, contacte a este foro. Puede que el comprador o el vendedor le hayan dejado un recado sobre un problema con el correo electrónico. Por otro lado, podría descubrir que no está sólo al intentar seguirle la pista a un delincuente de eBay que parece haberse escabullido. Poner información acerca de individuos *potencialmente* peligrosos en eBay es (al menos) una descortesía en la mayoría de los foros. Si la presenta disfrazada como un contacto de emergencia, sin embargo, puede poner al tanto a otros miembros sobre un problema potencial. Apéguese a los hechos y haga su anuncio en una forma tan franca y útil como le sea posible.

Para entrar al Foro de Contacto de Emergencia, siga estos tres pasos:

1. **Desde la barra de navegación de eBay, haga clic en el enlace Community.**

   Aparece una barra de subnavegación.

2. **Haga clic en el enlace Chat del área Talk.**

   Ahora está en la página principal de Chat.

3. **Desplácese hacia abajo por la página Chat y haga clic en Emergency Contact.**

   Verá una foro de mensajes lleno de comentarios de todos los vendedores y compradores desesperados que están tratando de encontrarse unos con otros.

# eBay International Chat Boards

Personas de todo el mundo disfrutan de eBay. Si usted está considerando comprar o vender a nivel mundial, visite los Foros Internacionales. Son un excelente lugar para hacer preguntas sobre envíos y pagos por transacciones hechas en el exterior. Junto con la charla sobre eBay, las Foros Internacionales discuten sobre temas de actualidad y política internacional.

¿Tiene un vendedor o un oferente en Italia? ¿España? ¿Francia? Traduzca sus mensajes en inglés al idioma apropiado por medio del sitio Web:

```
babelfish.altavista.digital.com
```

Si usted se aventura en idiomas extranjeros que no le son familiares, le sugiero ser simple. No trate de presumir con su verborrea; use frases estándar que se puedan traducir literalmente con un mínimo de dificultad.

# Foros de Chateo sobre Categorías Específicas

¿Quiere hablar sobre Elvis, Luis XV, Sammy Sosa o El Pato Howard? Actualmente, más de 20 foros de chateo sobre categorías específicas le dan la oportunidad de contarles a los miembros eBay lo que tiene en mente con respecto a mercancía y subastas. Se llega a estas foros haciendo clic en Community, en la barra de navegación principal y, luego, sobre Chat en el área Talk.

Por supuesto, puede comprar y vender sin necesidad de ir a una foro de chateo, pero puede aprender mucho en uno de ellos. Las discusiones se enfocan principalmente en el teje y maneje de las transacciones. Los foros de chateo de categorías específicas son increíbles para poner preguntas sobre artículos sobre los cuales usted no sabe mucho.

En eBay, usted obtiene todo tipo de respuestas de todo tipo de gente. Procese toda la ayuda que obtiene con cautela, porque algunos de los individuos que le ayudan podrían ser compradores o competidores.

Estos foros son también geniales para averiguar dónde ir para investigar más y encontrar más información sobre artículos específicos. También puede encontrar fuentes útiles sobre información relacionada con envíos de artículos en esa categoría (por ejemplo, muebles grandes en la sección de antigüedades o artículos que se pueden quebrar en el foro de chateo sobre cristales).

No sea tímido. Como decía su maestra de segundo grado: "No hay preguntas tontas". A la mayoría de los miembros de eBay le encanta compartir su conocimiento sobre los artículos.

# eBay Groups

Si usted es una persona amistosa, y le gustaría tener un grupo instantáneo de nuevos amigos, le sugiero hacer clic en el enlace correspondiente del área Talk que lo conducirá a eBay Groups. Ahí puede encontrar miles de grupos de usuarios, patrocinados por eBay, aunque administrados por miembros de la comunidad. Estos grupos pueden consistir de gente en la misma área geográfica, con pasatiempos similares o interesados en comprar o vender en categorías particulares.

Los grupos eBay pueden ser públicos (abiertos a todos) o clubes privados (¡sólo miembros invitados!) con sus propios foros privados. Solamente los miembros de los grupos pueden entrar a estos foros.

Unirse a un grupo es fácil: Solamente haga clic en cualquiera de los enlaces de la página principal Groups, donde encontrará una abrumadora variedad de grupos a los cuales unirse. Su mejor opción, sin embargo, es participar en Chat o Discussions, y encontrar a otros miembros con quienes le gustaría formar un grupo.

# Capítulo 18

# Cosas y Características Divertidas

:::::::::::::::::::::::::::::::::::::::::::::::::::::::::::::::::::

### En este capítulo

▶ Hacer una oferta por una buena causa

▶ Usar los especiales para miembros de eBay

▶ Comprar souvenirs en la tienda eBay

▶ Conseguir un ciber-comprador personal

:::::::::::::::::::::::::::::::::::::::::::::::::::::::::::::::::::

*¡* Nadie puede decir que eBay no es divertido! El personal de eBay siempre intenta trabajar con la comunidad al satisfacer necesidades y encontrar cosas divertidas para mantenernos felices. En este capítulo, le muestro cómo los miembros de eBay pueden obtener grandes ofertas directamente de los fabricantes y abro la puerta de la tienda eBay-o-rama, donde puede comprar camisetas y tazas de café con el logotipo oficial de eBay. También le enseño cómo puede ayudar a su institución de caridad favorita a ganar un bien merecido dinero en las subastas a beneficio en eBay.

Una y otra vez, los miembros de eBay muestran cuán grande es su corazón. Sí, en realidad se pueden obtener ganancias sustanciales al vender en el sitio Web de eBay, pero (al igual que en la vida real) la gente se toma tiempo para devolver un poquito a causas valiosas. Pero, dado que estamos hablando de eBay, dar significa obtener algo fabuloso como recompensa.

## *Cosas Verdaderamente Virtuosas para la Caridad*

La mayoría de nosotros ha donado cosas para caridad de una forma u otra. Pero aquí en eBay, la caridad impacta. ¿Necesita un casco de *Parque Jurásico* firmado por Steven Spielberg para completar su colección (y dejar de lado el viejo diente de dinosaurio)? Ponga una oferta en una de las subastas a beneficio. ¿Qué le parece una fotografía original de la revista *People* firmada por Jerry Seinfeld? Sí, también puede conseguirla. Todas estas cosas y más se han subastado para la caridad. En resumen, tener un gran corazón para la caridad se ha hecho mucho más fácil gracias a eBay.

### Auction for America

A finales de diciembre del 2001, eBay se encargó de manejar uno de los intentos más ambiciosos para recaudar fondos: Auction for America. En respuesta a solicitudes del gobernador de Nueva York, George E. Pataki, y del alcalde Rudolph Giuliani, eBay hizo un llamado a la comunidad para recoger $100 millones en 100 días. eBay y Billpoint (el servicio de pago de eBay de ese entonces) suspendieron todos las cuotas, y los miembros de la comunidad lo dieron todo, donando y comprando todo tipo de artículos para beneficiar al New York State World Trade Center Relief Fund, el Twin Towers Fund, la Cruz Roja estadounidense y el September 11 Fund.

Jay Leno, miembro de la Comunidad, vendió su célebre Harley Davidson autografiada por más de US$360 260; Tim Allen vendió su Chevrolet Nomad 1956 en $46 000; e incontables patrocinadores corporativos se unieron a la comunidad de persona a persona para recolectar fondos. Más de 100 000 vendedores participaron, y más de 230 000 artículos se anunciaron.

La subasta finalizó el 25 de diciembre, y recaudó $10 millones. Este es un tributo increíble a los miembros de eBay y su espíritu comunitario.

## eBay Giving Works

Noviembre del 2003 fue una afortunada ocasión para la caridad en este país. Ese fue el mes en que eBay lanzó el área eBay Giving Works para hacer subastas de caridad. Inteligentemente, los encargados de eBay se unieron con uno de los más finos sitios caritativos en Internet, MissionFish. Éste es un servicio de Points of Light Foundation; ha existido más o menos desde principios del 2000, y ha permitido que las instituciones de caridad recolecten cientos de miles de dólares al convertir las donaciones en especies en dinero en efectivo.

Si usted está involucrado en una institución de caridad, puede registrarla para formar parte de la lista de beneficiarios. ¡También puede organizar sus propios eventos para recaudar fondos en eBay! Simplemente vaya a www.ebay.com/givingworks o haga clic en el enlace Charity al lado izquierdo de la página inicial de eBay.

La mejor parte de este nuevo sistema es que *usted* puede organizar una subasta para beneficiar a su institución de caridad favorita. Los vendedores de eBay colocar artículos en venta y designar aquellos que beneficiarán a una institución de caridad de las miles incluidas en el directorio de MissionFish. El vendedor puede también especificar qué porcentaje (desde tan poco como un 10 por ciento hasta un 100 por ciento) de las ganancias de la subasta se destina a la caridad. Al final de la venta, MissionFish envía por correo electrónico un recibo al vendedor para descontar de sus impuestos. La página para seleccionar la institución de caridad de su elección y el porcentaje a compartir es

```
www.missionfish.org/Sell/SellerController?ACTION=
        BrowseAction&SUB_ACTION=GetSearchForNP
```

A medida que visita las diferentes áreas de eBay, puede reconocer las subastas a beneficio gracias el icono de una pequeña cinta junto a ellas en las búsquedas y los anuncios de categorías.

## Subastas de caridad creativas

Nuevas instituciones de caridad aparecen en eBay a cada rato. Para ver las subastas que administran, vaya a la página Charity. Para llegar ahí, empiece por la página inicial de eBay y haga clic en el enlace Charity. Estas son unas de las subastas a beneficio más creativas que se han llevado a cabo en eBay:

✔ ¡Oprah Winfrey irrumpió en eBay con mucho ruido! Para obtener fondos para su institución de caridad, Angel Network, Oprah subastó dos sillas de su plató. Éstas no eran simples sillas. Además de ser lujosos asientos de cuero diseñados por Ralph Lauren, habían alojado los traseros de nombres famosos como John F. Kennedy, Jr., Halle Berry, Tom Hanks, Jim Carrey y Michael Jordan, para nombrar apenas unos cuantos. La subasta de siete días recaudó la sorprendente suma de $64.100 para esta institución de caridad.

✔ En honor del lanzamiento de la más reciente fragancia de Avon, Little Black Dress, la compañía celebró una subasta eBay de pequeños vestidos negros que pertenecían a, o fueron donados por, celebridades. Todas las ganancias de la subasta se destinaron a Avon Breast Cancer Crusade, para encontrar una cura para el cáncer de seno. Entre las celebridades que donaron vestidos para la subasta estaban Elizabeth Taylor, Gillian Anderson, Christina Aguilera y Sharon Stone.

✔ Una subasta de la revista *People* ofreció una edición limitada de fotografías autografiadas de celebridades. Las ganancias se entregaron a Until There's a Cure Foundation. El objetivo de esta fundación es ayudar a recolectar millones de dólares para financiar programas educativos sobre VIH/sida para jóvenes, investigación científica y servicios para el cuidado de los enfermos y portadores de esta enfermedad.

✔ Para celebrar el 200 aniversario de Chivas Regal, la compañía seleccionó a eBay para CHIVAS 200, la subasta de caridad en línea más grande del mundo. A partir del 6 de setiembre y hasta el 31 de octubre del 2001, los empleados de Chivas subastaron más de 200 de los artículos y experiencias más deseados en el mundo, todo en beneficio de instituciones de caridad asociadas en el mundo. Subastaron artículos como la oportunidad de convertirse en astronauta de la estación espacial rusa.

✔ Cuando yo aparecí en *The View* con Barbara Walters y Star Jones, las cuatro estrellas del programa autografiaron una taza de café que subastamos en eBay a beneficio de UNICEF. ¡Recaudamos más de $1,000 por una sola taza de café!

Si usted va a la página About Me (haciendo clic en el enlace de la página Giving Works) de cualquiera de las instituciones de caridad de la página Charity Fundraising, puede saber exactamente adónde va el dinero que ofrecen los usuarios de eBay. También puede llegar a las subastas de caridad a través de `pages.ebay.com/givingworks`.

# Y Ahora, Nuestra Presentación Estelar

Como miembro de eBay, usted tiene derecho a ciertas características ofrecidas en el sitio Web. Los réditos no son tan altos como los que podría recibir, digamos, con una membresía a un club campestre pero,vaya, ¡sus cuotas no existentes de membresía son mucho menores! Con alrededor de 73 millones de usuarios registrados, eBay puede hacer que compañías externas y fabricantes la escuchen. ¿Conoce usted el viejo proverbio acerca del poder de los números? En eBay, usted encuentra "ahorros en números" en artículos o servicios que puede comprar fuera del sitio Web.

Las siguientes secciones explican algunos de los ahorros y servicios que puede encontrar en eBay.

## Especiales para los miembros

Conforme eBay gana popularidad, más y más compañías externas ofrecen tratos especiales exclusivamente para sus miembros. Estas ofertas no son subastas, sino transacciones convencionales del tipo "pague el precio y obtenga el artículo o servicio".

Para encontrar los especiales para los miembros, vaya al puro final de la página inicial de eBay y haga clic en los logotipos o enlaces de los afiliados. eBay tiene la costumbre de mover características como esta alrededor del sitio; tal vez usted encuentre estos enlaces en la barra de navegación bajo Services: Buying & Selling. eBay también tiene una página con la mayoría de los especiales Power Trading en:
`pages.ebay.com/services/buyandsell/member-specials.html`.

Las ofertas especiales cambian a cada rato, pero aquí hay una pequeña muestra de los beneficios disponibles para usted como miembro.

✔ **eBay Anything Points:** Un programa de viajero frecuente de eBay, casi. Puede obtener puntos eBay al comprar en empresas asociadas o utilizar sus servicios. Los puntos se aplican a su cuenta PayPal, con un valor de $0.01 cada uno. De acuerdo, esta no es una maravillosa tasa de cambio pero, si quiere hacer tratos con estas compañías, bien puede aprovechar también el extra de eBay. Puede encontrar más información en `pages.ebay.com/anything/points`.

✔ **Certificados de regalo eBay:** ¡VAYA! Esto es lo máximo. Ahora no tengo que arrastrarme por toda la ciudad en busca de un regalo. Usted puede comprar estos certificados a cualquier precio entre $5.00 y $200.00. Puede imprimir el certificado y darlo con un regalo (creo que mi libro *eBay Bargain Shopping For Dummies*, sería un excelente acompañante para un certificado de regalo eBay), o lo puede enviar por correo electrónico al receptor. También puede encontrar información en el sitio seguro `https://certificates.ebay.com/`.

✔ **PayPal:** Los pagos en línea integrados directamente a sus subastas en eBay.

✔ **Servicios de autenticación:** Obtenga un descuento especial (usualmente un 10 por ciento) si autentica monedas por medio de Professional Coin Grading Service (PCGS) o tarjetas para intercambiar mediante Professional Sports Authenticator (PSA). Vea el Capítulo 16 para consejos sobre cómo autenticar sus artículos.

A medida que el tiempo pasa, puede ver beneficios y programas adicionales que eBay crea para la comunidad. Los encargados de eBay constantemente salen a la caza de nuevas y útiles afiliaciones para ayudarle a cuidar su negocio de subastas. Pero no le deje a eBay toda la tarea de mantener sus subastas: propóngase encontrar nuevas formas para hacer que sus subastas sean más fáciles de administrar.

Un vendedor exitoso aprovecha cada programa y servicio que tenga a su alcance. Cuanto menos tiempo pase pegado a su computadora, más tiempo tendrá para planear nuevas subastas y encontrar nuevos artículos para vender. Investigue estos programas y pruébelos usted mismo.

## ¿Quién se encarga de la tienda eBay?

eBay cuida de la tienda eBay, por supuesto (y renueva su vitrina de vez en cuando). Si usted no puede encontrar el artículo perfecto para su miembro eBay favorito con más de 11 millones de subastas (o algo así) corriendo en cualquier momento, vaya y dé un vistazo a la tienda general de eBay, eBay Gear. No encontrará subastas aquí, solo artículos con el logotipo de eBay: camisetas, bolsos, jarras de café. ¡Incluso una máquina de gomas de mascar eBay!

Para llegar a la tienda en línea de eBay, empiece en la página inicial. Desplácese hasta el final y haga clic en el enlace eBay-o-rama. Simplemente seleccione lo que guste, agréguelo a su carrito de compras y pase a la caja cuando haya terminado. La tienda le pedirá información específica para la factura, así que tenga a mano su tarjeta de crédito.

## Servicio de correo electrónico de eBay: Favorite Searches

Si está demasiado ocupado como para explorar en todos los rincones de eBay todos los días (o es el tipo de persona que quiere ir al grano) inscríbase al comprador personal de eBay a través de su página My eBay Favorites. Este servicio es una de las mejores ideas de eBay. Le permite encontrar lo que busca y también vivir su vida, pues examina cuidadosamente los nuevos anuncios 24 horas al día, en busca de artículos que encajen con su descripción personalizada. eBay los olfatea y los encuentra, como si fuera un sabueso. Luego le envía un mensaje electrónico con una lista de los artículos por los cuales tal vez le gustaría hacer una oferta, incluyendo los enlaces que lo llevarán directamente hasta ellos. Oiga, y lo mejor de todo: ¡el servicio es gratis!

Para registrarse en el servicio de correo electrónico del comprador personal, empiece en la barra de navegación, en la parte superior de la mayoría de las páginas de eBay, y siga estos pasos:

1. **Haga clic en Search, en la barra de navegación.**

   Aparecerá la barra de subnavegación.

2. **Haga clic en el enlace Favorite Searches.**

   Llega a la sección Favorites de su página My eBay.

3. **Desplácese hasta la casilla Favorite Searches y haga clic en el enlace Add New Search.**

   Esta acción lo conduce a la página Search.

4. **Complete la siguiente información y luego haga clic en el botón Search:**

   - **Search:** Digite el título del artículo que le interesa y seleccione la opción Search Item Title and Description. Buscar en las descripciones de los artículos agrega la posibilidad de encontrar exactamente lo que está buscando.

   - **Price Range:** Digite la cantidad en dólares (rango) que está dispuesto a gastar. Si deja esto en blanco, eBay busca todos los rangos de precios.

5. **Después de completar la búsqueda, justo arriba de los anuncios, verá el enlace Add to My Favorite Searches. Haga clic en él para transferir ese anuncio a su página Favorite Searches.**

   Verá una lista de sus búsquedas actuales. Tiene la opción de simplemente agregar la búsqueda o eliminar una y añadir esta nueva en su lugar. Debajo de la lista de búsquedas, puede seleccionar el período de tiempo (de 7 días a 12 meses) durante el cual le gustaría recibir mensajes electrónicos cuando se anuncien artículos. Cuando esté contento con los resultados, haga clic en el enlace. La búsqueda aparece en su página Favorite Searches.

   Puede guardar hasta 100 búsquedas para ser notificado por correo electrónico. Ojo, ¡pero no llegue a 100! ¡Lo único que va a recibir es correo electrónico de eBay!

# Parte V
# Los Diez Más

## La 5a Ola
### Por Rich Tennant

"Vamos, Walt; necesitamos una foto del producto
en acción para atraer más ofertas".

## En esta parte . . .

Siguiendo una larga tradición, esta parte le da una versión condensada, algo así como la versión de CliffsNotes. Revise aquí las reglas de oro que todo usuario de eBay necesita conocer, sea comprador o vendedor (o, como muchos miembros de eBay, ambos).

También le doy información sobre algunos programas de software disponibles para ayudarle a simplificar su experiencia con las subastas: desde crear una atractiva página de subasta para su artículo hasta ayudarlo a disparar una oferta final mientras usted duerme, pasea a Fido, se lava el pelo o está ocupado en alguna otra cosa. Lo mejor sobre algunos de estos programas es que el precio es cómodo: puede empezar con ellos gratuitamente.

Después de los capítulos de los Diez, hay dos apéndices. El Apéndice A le da a los fanáticos de eBay exactamente lo que han estado buscando: consejos para adquirir existencias y llevar su pasatiempo de participar en subastas al próximo nivel al pensar estratégicamente. Y, si decide que realmente desea entrar al mundo del comercio y vender en eBay, el Apéndice B le da algunas ideas grandiosas.

# Capítulo 19

# Diez (o Más) Reglas de Oro para los Compradores y Vendedores de eBay

- - - - - - - - - - - - - - - - - - - - - - - - - - - - - - - - - - - - - - - - - - - - - -

## En este capítulo

▶ Investigar su tesoro

▶ Revisar la calificación

▶ Entender los cargos y métodos de pago

▶ Indagar sobre el valor de un artículo

▶ Proteger sus bienes

▶ Ser el sueño de un comprador

▶ Mantenerse actualizado, mantenerse tranquilo

- - - - - - - - - - - - - - - - - - - - - - - - - - - - - - - - - - - - - - - - - - - - - -

*N*o importa cuánta experiencia tenga un piloto de aviación, siempre tiene una lista de cotejo que revisar. Esto también se aplica a eBay (aunque el único accidente del cual usted debe preocuparse es el de su propia computadora). No importa cuántas veces compre, los consejos en este capítulo pueden ayudarle a sobrevivir y a realizarse en eBay.

Aunque hacer negocios en eBay es relativamente fácil, toda aventura está sujeta a encontrar algunos obstáculos por aquí y por allá. Aquí hay diez (o más) reglas de oro para eBay. Indico cuáles consejos se dirigen a los compradores y cuáles a los vendedores. ¡Feliz caza y cosecha!

Procure que estas reglas de oro para el comprador y el vendedor estén en el corazón de todas sus transacciones en eBay. Después de un rato, anunciar subastas y ofertas se torna rutina. Resulta demasiado fácil olvidar lo básico, así que consulte este capítulo de vez en cuando y recuerde que, como miembro eBay, es parte de una comunidad persona a persona muy especial.

# Comprador: Investigue su Tesoro Antes de Comprar

En medio de la emoción de encontrar justo lo que quiere, puede desarrollar la tendencia a apresurarse a comprar. Aún si la subasta está por cerrar, lea cuidadosamente su descripción. ¿El artículo tiene algunos defectos? ¿Puede vivir con ellos? ¿Falta algo en la descripción que debería estar ahí? ¿Leyó los términos de pago y envío?

También puede comunicarse con el vendedor del artículo que añora. No sea demasiado tímido ni se sienta avergonzado. Si tiene preguntas, ¡mande un correo electrónico! Es mejor cubrir todas las bases antes de hacer una oferta que sentirse desilusionado después de la compra. Recuerde que, al hacer clic en el botón para ofrecer o comprar, está legal y moralmente obligado a terminar la transacción si gana. Asegúrese de que las partes sean originales y verifique si hay garantía o política de devoluciones. Aclare todo abiertamente. Si el vendedor no le contesta, considere eso como una *advertencia temprana* de que ¡hacer tratos con esta persona podría ser un error!

# Comprador: Revise la Calificación del Vendedor

*Nunca* haga una oferta sin revisar la retroalimentación del vendedor. Usted necesita ser capaz de confiar en la persona a quien le compra. No evalúe solamente el porcentaje de calificación: investigue los mensajes del vendedor haciendo clic en el número junto a su nombre. Procure leer los comentarios dejados por otros usuarios. Revisar algunas de las otras subastas del vendedor, pasadas y presentes, para darse una idea de su historial, también puede resultar beneficioso. No importa con cuánto fervor desee obtener algo, enviar dinero a alguien con una calificación alta que recientemente obtuvo una gran cantidad de comentarios negativos podría ser peligroso.

# Comprador: Entienda los Cargos Pos-subasta y los Métodos de Pago

Antes de hacer una oferta por un artículo, cerciórese de que usted y el vendedor están de acuerdo en las cuotas de envío y manejo, seguro y depósito (si aplican; vea el Capítulo 6). Comprar un artículo de $10 y darse cuenta de que el transporte y el manejo van a costar más que su oferta ganadora es realmente desastroso. No olvide peguntar por los "cargo por manejo". Muchos vendedores no quieren la molestia adicional de un servicio de depósito; asegúrese de que estén de acuerdo con usarlo si usted quiere usar esa opción.

Además, cerciórese de que usted y el vendedor estén de acuerdo en la forma de pago antes de cerrar el trato. ¿Está el vendedor dispuesto a aceptar un cheque personal? ¿Está usted dispuesto a esperar para recibir su compra hasta que el cheque se haga efectivo? ¿Se puede pagar con una tarjeta de crédito? ¿Usa el vendedor un método seguro para aceptar tarjetas de crédito, como PayPal?

# Comprador: Revise el Precio del Artículo y Ofrezca Sabiamente

Antes de hacer una oferta, procure tener algún conocimiento sobre el artículo, aun si limita su búsqueda a subastas ya finalizadas para tener una idea de cuánto costó el artículo en el pasado. Si un trato suena demasiado bueno para ser verdadero, puede que lo sea.

Me encanta eBay, pero no por todo lo que compro. Asegúrese de no poder encontrar el artículo más barato en una tienda o de un vendedor en línea.

Cuídese de no quedar atrapado en el frenesí de ofertas de última hora: es fácil que suceda. Ya sea que escoja hacer ofertas automáticas o al estilo francotirador (vea en el Capítulo 7 mi explicación sobre este último), decida cuánto está dispuesto a pagar antes de hacer la oferta. Si establece un límite, no tendrá la urgencia de querer gastar más de lo que vale el artículo o, peor aún, más de lo que usted tiene en su cuenta bancaria.

Aunque eBay es muy divertido, también es un negocio serio. Hacer ofertas es un contrato tanto legal como vinculante. No se haga de una mala reputación al retirar ofertas o al convertirse en un miserable.

# Comprador: Sea una Buena Abeja Compradora

Siempre deje comentarios después de finalizar una transacción. Hacerlo, con lo cual, de paso, ayuda a otros miembros, es su responsabilidad.

Recuerde también sus buenos modales al enviar su pago. A usted le gusta que le paguen a tiempo, ¿verdad? Y, hablando en forma práctica, cuanto más pronto mande el dinero, más rápido le llegarán sus cosas.

# Comprador: Proteja sus Bienes

Recuerde que sólo porque está realizando sus transacciones desde la privacidad de su hogar no significa que está haciendo todo lo que pueda por proteger su privacidad. Los compradores y vendedores legítimos *nunca* necesitan saber su contraseña o número del seguro social. No responda a este tipo de mensajes electrónicos. Vea el Capítulo 15 para saber cómo manejarlos.

Para combatir los virus de computadoras, los cuales pueden esparcirse mediante anexos en los mensajes electrónicos y arruinarle el día, su subasta y quizás hasta su computadora, compre un buen programa de software antivirus y actualícelo a menudo. McAfee VirusScan (en `www.mcafee.com`) y Norton AntiVirus de Symantec (en `www.nortonutilities.com`) son excelentes.

# Vendedor: Conozca su Material

Haga la tarea. Conozca el valor de su artículo. Cuando mínimo, averigüe el valor de su artículo buscando subastas ya finalizadas de artículos similares. Conocer el producto también significa que puede describirlo con exactitud y nunca, bajo ninguna circunstancia, deje que una imitación pase por el original. Asegúrese de que su artículo no esté prohibido, que no sea ilegal, cuestionable o violatorio. ¡Es su responsabilidad!

Antes de anunciar una subasta, debe seguir estos pasos:

- Establezca qué métodos de pago está dispuesto a aceptar.
- Establezca su política de retención de cheques (usualmente de siete a diez días).
- Explique con lujo de detalles los cargos por envío y manejo.

Agregue cada una de las anteriores piezas de información a la descripción de su artículo para evitar disputas innecesarias posteriormente.

# Vendedor: Pula y Haga Brillar

Procure que su título sea lo suficientemente descriptivo para llamar la atención de quien observa una categoría, y lo suficientemente detallado para que el motor de búsqueda de eBay lo identifique. No escriba simplemente Juego de Mesa de los Años 60. En cambio, proporcione detalles: *Clásico Juego de Mesa Tiny Tim de los Años 60 MIB*. Eso los hace entrar de puntillas a su subasta.

Haga el papel de editor y revise cuidadosamente su texto para ver si hay errores de gramática o de ortografía. Ya sea en su título o en su descripción, estos errores le pueden costar mucho dinero. Por ejemplo, un motor de búsqueda continuará ignorando su *Jara de Galetas de Mikky Mouce*. La ortografía cuenta; y tiene ventajas. ¡Revise su trabajo muy bien!

# Vendedor: La Foto Perfecta

Las fotos pueden ser un beneficio o un obstáculo en eBay. Revise bien la foto de su artículo antes de exhibirla. ¿Tiene la iluminación correcta? ¿Muestra la foto una imagen idónea de su artículo? Recorte cualquier fondo innecesario. ¿Compraría *usted* este artículo?

Cerciórese de que su imagen realmente aparezca en la página de su subasta (y no esté perdida en el ciberespacio) y que no tarda demasiado tiempo en descargarse. Además, añadir una imagen no significa que puede dejar de escribir una descripción bien detallada del artículo.

Sea concreto y franco. En eBay usted sólo tiene su reputación, así que no la ponga en peligro al mentir sobre el artículo o los términos. Avise a los compradores potenciales sobre cualquier defecto. Dé una descripción tan completa como pueda, con todos los detalles acerca del artículo que pueda incluir .

# Vendedor: La Comunicación es Clave

Responda rápida y honestamente a todas las preguntas enviadas por correo electrónico y use ese contacto para establecer una buena relación. No deje pasar más de 24 horas para mandar una respuesta. Si un oferente le hace una solicitud razonable acerca del pago o el transporte, aceptar esa solicitud generalmente vale la pena para hacer una venta. ***Recuerde***: ¡El cliente siempre tiene la razón! (Bueno, a veces).

Sea sincero y justo al cobrar por el envío de la mercancía a su comprador. No hará una fortuna si cobra de más por flete y manejo. Una vez que el artículo arribe, el comprador verá cuánto costó enviarlo. Los cargos irracionales conducen inevitablemente a sentimientos hostiles y retroalimentación negativa.

# Vendedor: Sea el Sueño de un Comprador

Sólo porque está haciendo transacciones a través de la computadora no significa que puede olvidarse de sus buenos modales. Viva bajo la regla de oro: No hagas a los demás lo que no quieres que te hagan a ti. Contacte al comprador en un lapso de tres días hábiles; en 24 horas es aún mejor. Y mantenga toda su correspondencia amable.

Envíe la mercancía tan pronto como pueda (de acuerdo con los términos de envío incluidos en la descripción del artículo, por supuesto). Un mensaje que avise que el artículo va en camino también es un bonito detalle. De esta forma, los compradores pueden anticipar ansiosamente la llegada de su mercancía.

Al enviar sus artículos, use buenos materiales de empaque y cajas resistentes para prevenir desastres. Los artículos quebrados o dañados pueden llevar a comentarios negativos, lo cual dañará su reputación. Empaque como si alguien estuviera por ahí esperando a destruir su paquete (o como si *usted* hubiera hecho esta compra). Con toda seguridad, sus compradores agradecerán su esfuerzo.

# Vendedor: Escuche la Música

Como le indico en las reglas de oro para los compradores, no subestime el poder de las calificaciones positivas. Su reputación está en juego. Distribuya siempre la retroalimentación en forma generosa al completar una transacción. Sus compradores se lo agradecerán y le devolverán el favor.

¿Qué debería hacer si lo inundan injustamente con comentarios negativos? ¡No pierda la cordura! No devuelva el golpe. Pero sí responda a la retroalimentación. Use el enlace Respond to Feedback en su página My eBay. Quienes lean su información a menudo ignorarán un único mensaje de descontento.

# Compradores y Vendedores: Manténganse al Día, Manténganse Tranquilos

Le sorprendería la cantidad de usuarios que son suspendidos aún cuando tienen pago automático a través de tarjetas de crédito. A veces se mudan. O a veces cambian de proveedor de servicios de Internet. Por eso, si no pone al día su información de contacto y de sus tarjetas de crédito, y otros usuarios de eBay no se pueden poner en contacto con usted, podría ser suspendido.

Si hace algún cambio importante (la dirección de su residencia, su dirección de pagos, su ISP) hágale saber a eBay la nueva información de contacto. Tan pronto como sepa su nuevo número de tarjeta de crédito, su dirección de pagos, su dirección electrónica o el número telefónico donde se le puede encontrar, haga clic en Services en la barra de navegación principal. Desplácese hasta My Preferentes y actualice la información pertinente.

**Capítulo 20**

# Diez (o más) Programas y Servicios para Facilitarle el Camino en eBay

. . . . . . . . . . . . . . . . . . . . . . . . . . . . . . . . . . . . . . .

*En este capítulo*

▶ Auction Hack

▶ Auctionworks

▶ BidRobot

▶ ManageAuctions

▶ Auction Wizard 2000

▶ Cricket Software

▶ SpoonFeeder

▶ Virtual Auction Ad Pro

▶ eBay's Turbo Lister, Selling Manager, ¡y más!

. . . . . . . . . . . . . . . . . . . . . . . . . . . . . . . . . . . . . . .

❝ Está listo para llevar sus subastas al próximo nivel? ¿Está buscando un texto llamativo o montajes sofisticados para hacer que sus subastas griten, "¡Cómpreme!"? ¿Necesita hacer una oferta a media noche sin perder el sueño? Si es así, aquí tiene una lista de diez (o más) programas de software y servicios para facilitarle la vida al hacer sus ofertas, las cuales también le ayudarán a poner sus subastas a la vanguardia.

A medida que las subastas en línea crecen en popularidad, los desarrolladores de software constantemente están actualizando y desarrollando nuevo software para subastas para satisfacer los cambios de eBay. Muchos de estos programas, incluso buscan las versiones nuevas de sí mismos, y se actualizan cuando usted los inicia. (Aladino nunca tuvo tanto a su disposición.)

No hace falta usar ninguno de estos programas o servicios para participar exitosamente en subasta de eBay. Cuando organiza varias subastas a la semana, agregar un "ayudante" hará que todo funcione mucho más placenteramente.

Una gran cantidad de compañías allá afuera están ofreciendo servicios de administración en línea y programas para los cuales no hace falta estar conectado. Yo no puedo tratarlos todos; yo misma he probado y comprobado el software que menciono en este capítulo. Tal vez usted conozca otros, y me encantaría saber sobre ellos. Sé que estos funcionan y son buenas herramientas para cuando usted quiera expandir sus ventas en eBay.

He incluido en este capítulo varios sitios Web de administración de subastas. Cada uno tiene su propia personalidad, muy distintiva. También suministro los nombres de algunos magníficos programas de software que funcionan sin conexión, los cuales puede usar para ayudarle a administrar su subasta, a hacer sus subastas electrónicas elegantes y atractivas, a encontrar los mejores precios y a arrebatar esa ganga en el último momento.

Asegúrese de revisar mi sitio web `www.coolebaytools.com` para obtener actualizaciones de software y servicios, así como descuentos especiales ofrecidos a mis lectores.

# Servicios en Línea

Usted se siente cómodo haciendo las transacciones de sus subastas en línea, entonces ¿por qué no administrarlas también en línea? Estos sitios ofrecen servicios increíblemente útiles que le ahorrarán tiempo al anunciar una subasta y al cerrarla.

## Auction Hawk

Auction Hawk es una estrella de rápido crecimiento, basada en la Web, que ofrece servicios administrativos. La mejor parte acerca de este servicio es que usted paga un monto fijo mensualmente, basado en el número de subastas que desea organizar por mes. Con este servicio fácil de usar, los pequeños inversionistas pueden tener los mismos beneficios que obtienen los vendedores de mayor volumen, pagando cuotas más pequeñas. Auction Hawk ha ganado muchos reconocimientos por su servicio, incluyendo el Best of the Web de la revista *Forbes*.

Puede administrar cada aspecto de sus ventas en eBay, incluyendo el alojamiento de imágenes, el diseño de anuncios, la administración automatizada de correo electrónico y el rastreo de reportes. Si quiere ponerse sofisticado, puede diseñar su propio anuncio de artículo a partir de cualquiera de las más de 300 plantillas de Hawk. Estas son otras características más:

✔ Su cliente puede pagarle directamente a usted por medio de PayPal. Los compradores pueden combinar compras múltiples (con descuento en los fletes) para cancelar y facturar. Usted incluso puede programar sus anuncios por adelantado sin incurrir en cuotas adicionales en eBay.

↳ Obtiene estadísticas de contador detalladas cada hora.

↳ El servicio se integra directamente con el programa Endicia.com, que le dará una de las soluciones más rápidas para el envío (vea el Capítulo 12 para obtener más información sobre Endicia).

↳ Si no está listo para meterse de lleno en la administración, Auction Hawk le ofrece alojamiento en la Web para sus imágenes de eBay por un bajo costo mensual.

Visite el sitio Web de Auction Hawk (`www.auctionhawk.com`) para una prueba gratuita: Obtiene 21 días de servicio completo (hasta 50 anuncios) y alojamiento de imágenes.

# *Auctionworks*

"Líder en la administración del mercado", proclama la página inicial de Auctionworks y, realmente, eso es lo que el sitio suministra. Auctionworks fue uno de los primeros proveedores preferidos de eBay en 1999 y ha estado sirviendo a miles de vendedores profesionales desde entonces. Es usado por muchos de los PowerSellers que deben manejar grandes inventarios y lanzar varios anuncios. Es una forma muy profesional y automatizada de manejar las subastas.

He aquí sólo algunas de sus muy avanzadas características:

↳ **Advanced Inventory Management:** Auctionworks tiene un sistema de administración de inventarios fácil de usar, el cual le permite colocar artículos en lista en su propia área del sitio y anunciarlos en eBay cuando quiera. Puede organizarlos en carpetas individuales que usted mismo elabora.

↳ **Robust Business Management:** Auctionworks rastrea todas las funciones relacionadas con el proceso de venta: avisos, pagos, envíos y calificación; el sistema automatiza todos estos procesos para ahorrarle tiempo. También se integra con PayPal para facilitarle los pagos de las subastas, y con UPS y el Servicio Postal de los Estados Unidos para la impresión de las etiquetas.

Al usar sus herramientas, los vendedores pueden manejar inventarios, imágenes, clientes, datos financieros y las tareas después de la subasta. Por supuesto, Auctionworks también ofrece plantillas de descripción diseñadas profesionalmente, alojamiento de imágenes y una amplia variedad de contadores. Todos los vendedores obtienen una vitrina, también, su propio sitio de comercio electrónico.

Cerciórese de revisar todo lo nuevo en el sitio web de Auctionworks (`www.auctionworks.com`), y puede inscribirse para obtener una prueba de dos semanas gratuita.

## *BidRobot*

Como podrá adivinar al leer el Capítulo 7, soy aficionada a la técnica del franco-tirador. Es mi forma favorita de ganar una subasta. Hace que toda la experiencia de una subasta sea aún más entretenida. Lamentablemente, con el horario que tengo, ¡casi nunca estoy en mi computadora cuando se cierra la subasta!

BidRobot al rescate. Cuando encuentro una subasta en la que estoy seria-mente interesada, simplemente voy al sitio web de BidRobot, me registro y coloco mis futuras ofertas francotiradoras. Solamente debo digitar el número del artículo y mi oferta más alta, y eso es todo. Puedo apagar el computador sabiendo que BidRobot hará las ofertas por mí. Nadie en eBay sabrá qué artí-culo estoy desesperada por tener, porque el mágico BidRobot no presenta mi oferta sino hasta unos pocos segundos antes del cierre de la subasta. Si soy el mayor postor, ¡nadie tendrá la oportunidad de ofrecer contra mí!

Los servicios BidRobot tienen precios razonables, basados en la cantidad de tiempo que usted quiera usar el servicio. Se paga un monto fijo por todas las ofertas francotiradoras que usted pueda soportar. No hace falta pagar ningún cargo extra por el servicio. El sitio web de BidRobot es `www.bidrobot.com`.

## *ManageAuctions*

Como usted administra sus subastas es una selección muy personal. Mana-geAuctions le provee servicios completos de administración de subastas, a bajo costo, así como alojamiento de imágenes de carga sencilla y un contador por horas. Puede determinar no sólo cuánta gente ve sus subastas, sino tam-bién cuándo lo hacen.

No necesita colocar sus subastas a través del sitio, aunque ofrece un proceso que está por patentarse para un lanzamiento masivo en eBay. ManageAuc-tions también puede recuperar sus subastas existentes de eBay y ejecutar sus servicios desde cualquier otro punto durante el desarrollo de la subasta. La siguiente lista describe otros servicios del sitio:

- ✔ Administración de correos electrónicos, etiquetado e impresión del fran-queo mediante su socio `Stamps.com` para el envío después de la subasta
- ✔ Alojamiento de fotos para sus imágenes de eBay

Consulte los servicios del sitio en `www.manageauctions.com`.

# *Software para uso sin conexión*

El software para uso sin conexión puede residir fácilmente en su computadora después de una simple descarga desde el sitio Web. Como con los servicios en línea, este software viene en una gran variedad de sabores, así que échele una mirada y decida cuál programa funciona mejor para usted. El software descargable está disponible en los sitios web que ofrecen otros servicios y pueden ser usados si usted está en línea o no. El software para uso sin conexión le permite administrar subastas en su tiempo libre, sin las limitaciones de los ISP o de los servidores.

## *Auction Wizard 2000*

Auction Wizard 2000 es un paquete de software de servicio completo para la administración profesional de subastas, desarrollado por vendedores de eBay. El software es muy simple y sorprendentemente poderoso. Ejecuta en forma expedita todas las funciones del vendedor para manejar y completar subastas, incluyendo la automatización de las siguientes tareas:

- ✔ Inserción de su inventario en las plantillas de software HTML y descarga de subastas en grupo en eBay.
- ✔ Automáticamente actualiza el software con el estado actual de sus subastas, incluyendo quién ha ganado, quién está en segundo lugar, y el historial de ofertas de la subasta. Los correos electrónicos pre-formateados y los archivos de retroalimentación completan automáticamente los valores de cada subasta y se envían a la gente con la cual usted negocia directamente a través del software.
- ✔ Rastreo de ganancias y gastos, así como la creación de un conjunto completo de reportes.

Este software también sobresale por su habilidad para rastrear información de los consignatarios. Eso es cuando usted vende artículos para alguien más, en *consignación*. Incluso calcula las cuotas que usted cobra por sus servicios.

Descargue una muestra de prueba totalmente funcional para usar durante 60 días, sin características inactivas y sin restricciones en `www.auctionwizard2000.com`.

## *Cricket Software*

Cricket Software ha existido hace tanto tiempo como eBay en los negocios de subastas, desde 1997. El dueño de Cricket Software fue un usuario de eBay que vio la necesidad e inventó el primer software francotirador. A través de los años, ha estado expandiendo sus intereses y ha desarrollado algunos programas de mucha ayuda en eBay:

## ¡Finalmente, para la Mac!

¡Alégrense! Ustedes los usuarios de Mac allá afuera, ahora tienen un programa de software que les ayudará con sus subastas en eBay. eLister 2 es un poderoso programa para usar sin conexión, el cual les da la libertad de escribir subastas en su propio tiempo e incluye un bonito grupo de plantillas para subastas. Trae un generador automático HTML y una calculadora automática de cuotas para los anuncios. Visite www.blackmagik.com/; el programa es actualizado regularmente para conformar con cualquier cambio en los procedimientos de anuncios en eBay.

- ✔ **Cricket Jr. Power Sniper program:** Cricket Jr. automáticamente maneja sus disparos de última hora desde la computadora de su casa. (Vea el Capítulo 7 para conocer más estrategias para ofrecer.)

- ✔ **Safe2Bid:** Safe2Bid es un programa fácil de usar que convierte el revisar la calificación en una tarea simple. Con este software, digite la identificación de usuario del vendedor (o del oferente), y Safe2Bid hace una revisión profunda de su reputación en eBay. Este programa extrae todos los registros negativos y neutros para que usted los examine. Safe2Bid también ayuda a detectar ofertas engañosas. (Cuídese de los postores tramposos: vea el Capítulo 16).

Para más información, vaya a www.cricketsniper.com.

## *SpoonFeeder*

Este programa de software tuvo gran éxito este año en "eBay Live". Viene en versiones Básica, Estándar y Completa. Como es probable que usted apenas esté iniciándose aquí, le voy a decir lo que obtendrá con la versión Básica. Está cargada con las muchas opciones que usted se esperaría de un software de subastas, incluyendo la programación de la subasta (en tanto su computadora esté encendida). Aquí hay algunas de sus características singulares:

- ✔ Tiene un editor de fotos incorporado en el creador de anuncios. Realmente le ayuda a preparar fotos más claras y listas para eBay.

- ✔ Alojamiento gratuito de fotos para todos los usuarios de SpoonFeeder. (Sí, alojamiento *gratuito* para *todas* sus fotos eBay.)

- ✔ Un constructor de descripciones con revisión ortográfica (mui himportanticimo) y un diccionario de sinónimos que le ayuda a encontrar las palabras correctas para sus descripciones.

- ✔ Apoyo para los anuncios especializados de eBay Motors.

La versión Básica de SpoonFeeder cuesta $19.95. Se puede solicitar una prueba gratis e información sobre las versiones más avanzadas en el sitio www.spoonfeeder.com.

## *Virtual Auction Ad Pro*

Virtual Auction Ad Pro es un pequeño y audaz generador de HTML. Lo guía a través de un proceso fácil de usar que le ayuda a lucirse en sus subastas de eBay con un toque HTML. A mí me gusta por su enfoque sencillo, y es fácil de usar para los principiantes. El software le permite ejecutar las siguientes tareas:

✔ Diseñar descripciones de subastas en cuatro diferentes fuentes con siete diferentes tamaños en millones de colores. Puede también usar títulos y subtítulos para subastas en sus descripciones en tres diferentes tamaños.

✔ Crear descripciones en un segundo con seis plantillas (diseños de montaje) y agregar hasta dos fotos a su descripción.

Descargue una versión de prueba de Virtual Auction Ad Pro (junto con otros dos programas para subastas) en `www.virtualnotions.com/vadpro`.

# *Software y Servicios de eBay*

Cuando los usuarios llaman, ¡eBay responde! A medida que eBay crecía, aumentaba también la necesidad de contar con software y servicios adicionales. eBay le dio una respuesta a esta necesidad con el software Turbo Lister y su programa PowerSeller. Siga leyendo para ver cómo estos servicios hechos a la medida del usuario de eBay lo pueden beneficiar.

## *Turbo Lister de eBay*

Turbo Lister es un software gratuito que le permite cargar varias subastas en forma simultánea. Después de preparar sus subastas sin estar conectado, el software carga sus subastas en eBay con tan sólo el clic de un botón. Usted puede editar, echar un vistazo preliminar y (cuando ya esté listo) lanzar todas sus subasta a la vez, o programarlas para ser lanzadas en diferentes momentos (cada subasta programada le cuesta $0.10). Sus artículos pueden incluir plantillas de eBay sin ningún otro cargo, y los objetos permanecerán archivados en su computadora para ser usados luego. El software es muy conveniente y simple de usar, incluso si sólo tiene unas pocas subastas a la vez; ¡aunque Turbo Lister le permite lanzar miles de ofertas de una sola vez!

El programa es gratis, y se puede descargar en: `pages.ebay.com/turbo_lister`. Si su conexión es lenta y usted no quiere esperar a que se carguen los 18MB, puede obtener un CD en eBay, en su tienda eBay-o-rama, y sólo deberá pagar los costos de envío.

# Selling Manager and Selling Manager Pro

Yo he usado Selling Manager para mis ofertas en eBay, y creo que es una manera muy conveniente de rastrear el avance de mis ventas, enviar correo electrónico, dejar retroalimentación, reanunciar un solo artículo (o varios) y mantener un registro de lo que se ha vendido y lo que no. El programa funciona muy bien cuando se usa en conjunto con el Turbo Lister.

Como puede ver en la Figura 20-1, Selling Manager reemplaza la pestaña Selling en el área My eBay. Esos minuciosos datos son actualizados automáticamente desde los servidores de eBay y PayPal, de modo que usted tiene información completamente renovada.

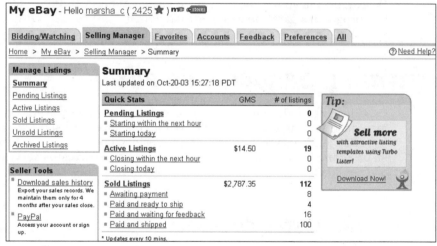

**Figura 20-1:**
Página
principal de
My Selling
Manager.

Selling Manager está disponible en eBay desde $4.99 al mes. La versión Pro, que agrega administración de inventarios y características de reportes, está diseñada para vendedores de alto volumen, y cuesta $15.99 al mes. Ambas versiones están disponibles durante un período de prueba gratuita de 30 días en `www.ebay.com/selling_manager/products.html`.

# Programa PowerSellers de eBay

eBay ofrece un club de elite a los PowerSellers que cumplan con los siguientes requisitos:

✔ Mantienen un promedio de 98 por ciento de calificación positiva con 100, o más, comentarios y un excelente récord de ventas.

✔ Anuncian un mínimo de cuatro artículos, como promedio, mensualmente durante los últimos tres meses.

✔ Mantienen ventas totales mensuales mínimas de $1 000 (nivel Bronce) del promedio de ventas brutas.

No, usted no necesita usar una fea corbata. Los PowerSellers obtienen un icono especial junto a su identificación de usuario en el sitio eBay, lo cual les da a los oferentes potenciales la seguridad de que están negociando con un vendedor de buena reputación que responderá por cada venta. Los PowerSellers que cumplan o excedan los requisitos de eBay también obtienen los siguientes beneficios:

✔ En el nivel Bronce y superiores, obtienen un rótulo físico distintivo para exhibir en su lugar de negocios o en ferias comerciales, el cual los identifica como un PowerSeller de eBay. También, obtienen un pase de admisión VIP a los eventos de eBay y acceso al apoyo técnico por correo electrónico 24 horas al día, los 7 días de la semana, con un tiempo de respuesta muy rápido.

✔ Un promedio de $3 000 al mes en ventas brutas (nivel Plata) le otorga los beneficios del nivel Bronce, más acceso a un equipo dedicado de especialistas en contaduría para ayudarle en forma telefónica en tiempo real durante las horas de trabajo en eBay.

✔ Un promedio mensual de $10 000 en ventas brutas (nivel Oro) le brinda los beneficios del nivel Plata, además de un administrador de cuentas dedicado y una línea de apoyo dedicada, ¡las 24 horas del día, 7 días a la semana!

✔ Un promedio de $25 000 al mes en ventas brutas (Platino) le otorga los beneficios de los niveles Plata, Bronce y Oro; además, apuesto a que recibirá respuesta más rápidas de parte de su administrador de cuentas que en el nivel Oro.

✔ $150 000 de promedio al mes en ventas brutas (Titanio) ¡probablemente hará que usted reciba un montón de atención especial!

Si piensa que califica para el servicio PowerSellers de eBay (¡eBay sabe quién es usted!), solicítelo en `pages.ebay.com/services/buyandsell/welcome.html`.

## *Programa Trading Assistant*

Para los vendedores experimentados en eBay que tienen una calificación de 97 por ciento o más, ¡el programa Trading Assistant es donde está la movida! Aquí puede registrarse para vender artículos a nombre de otros que no tienen el tiempo ni la inclinación para aprender a vender en eBay.

Todo el conocimiento que ha ganado al leer este libro le ayudará a obtener artículos para vender. La gente con artículos para vender se dirige a: `pages.eBay.com/trading_assistants`, y buscan asistentes comerciales (Trading Assistants) por códigos de área. Después de su búsqueda, se les presenta una lista de vendedores que están listos y deseosos de vender sus mercancías (usted, ¿no?). Observe a algunos de los vendedores de su área que son asistentes comerciales para darse una idea de lo que debería cobrar por sus servicios.

Para más información vaya a:
`pages.ebay.com/tradingassistants/learnmore.html`.

## Seller's Assistant Basic y Pro

El software Seller's Assistant le ayuda a diseñar sus páginas de artículos en subasta, cargar sus imágenes, rellenar formularios en automáticamente, colocar sus subastas y rastrearlas. Sus formularios administrativos lo mantienen al día en cuanto al avance de sus transacciones con la ayuda de la característica Auto Fetch, la cual descarga información de la subasta directamente de eBay. Seller's Assistant llegó a ser parte de eBay a finales de 1999.

Los cuotas de Seller's Assistant se pagan mensualmente. La versión Básica cuesta $9.99 al mes y la Pro, $15.99. Para revisarlas o descargar el software, **vaya a** `pages.ebay.com/sellers_assistant`.

## Apéndice A

# Respuestas para el Fanático: Encontrar Más Cosas para Vender

• • • • • • • • • • • • • • • • • • • • • • • • • • • • • • • • • • • • • • • • • • • • •

**D**espués de haber arrasado con todos los objetos de su casa, excepto los que están clavados al piso, estará listo para ampliar sus horizontes. La clave para vender artículos exitosamente en eBay es encontrar cosas que la gente realmente quiera comprar al precio indicado. (Vaya, qué observación más increíble.) Sé que parece obvio, pero tener cosas para *vender* no siempre es lo mismo que tener cosas que la gente *quiera comprar*. Al usar este concepto, puede aprender por sí mismo toda clase de estrategias efectivas de mercadeo. Encontrar el artículo que tal vez sea "la próxima gran cosa" toma mucho trabajo, tiempo y algunas veces una dosis de buena suerte.

Como vendedor de eBay, no dude que recibirá toneladas de spam (correos electrónicos no solicitados), los cuales le garantizarán que el remitente tiene los artículos más apetecidos para que usted los venda en eBay. Piense en eso por un segundo. Si usted tuviera el artículo más apetecido, ¿no lo estaría vendiendo en eBay y haciendo una fortuna usted mismo? Esta gente se gana el dinero aprovechándose de aquellos que piensan que hay una forma mágica de hacer dinero en eBay. No la hay. Requiere de mucho trabajo mecánico e investigación.

## Conocer el Mercado

Tal y como los corredores de bolsa exitosos saben de compañías individuales, también necesitan saber acerca del mercado como un todo. Claro, yo he oído de los 300 Beanie Babies que existen, igual que casi todo el mundo. Para sacarle ventaja a la competencia, usted necesita entender el panorama general también. Aquí hay algunas preguntas que debería hacerse mientras contempla ganar bastante dinero (bueno, eso espero) al vender artículos en eBay:

> ✔ **¿Cuáles artículos están actualmente de moda?** Si usted ve a todo el mundo alrededor suyo corriendo a las tiendas a comprar un artículo en particular, entonces habrá es muy probable que el objeto se hará más valioso conforme las existencias en bodega disminuyan. La simple regla de la oferta y la demanda dicta que cualquier persona con algo que los demás desean tiene la posibilidad de recibir importantes beneficios.

✔ **¿Veo un creciente interés en un artículo en especial que podría convertirlo en uno muy vendido?** Si empieza a oír conversaciones sobre un artículo en particular, o tal vez incluso un era de los años 70 (¿nostalgia de los 70? ¿Árboles navideños de los años 60 hechos de aluminio? ¿Quién diría?), escuche cuidadosamente y piense en lo que usted ya tiene (o en lo que puede obtener) que le ayudaría a atrapar una tajada de la acción de moda.

✔ **¿Debo conservar este artículo y esperar a que su valor suba o debo vender ahora?** Saber cuándo vender un artículo que usted piensa que la gente podría querer es difícil. Algunas veces, puede pescar la tendencia demasiado temprano, y descubrir luego que pudo haber obtenido un mejor precio si tan solo hubiese esperado un poco más. Otras veces, usted podría hallar una moda algo anticuada y descubrir que ya no le interesa a nadie. Es mejor probar el mercado con una pequeña cantidad de su tesoro escondido: libere los artículos individualmente al mercado hasta haber recuperado el dinero que gastó en adquirirlos. Cuando haya recuperado su inversión, lo demás será genial.

✔ **¿Está una compañía descontinuado un artículo que yo debería recolectar ahora y vender luego?** Ponga atención a artículos que son descontinuados, especialmente juguetes y objetos pequeños y llamativos. Si encuentra un artículo del cual un fabricante posee una cantidad limitada, podría obtener una ganancia decente. Si el fabricante acaba relanzando el artículo, no le olvide que el tiraje original es el más codiciado, y valioso.

✔ **¿Hubo una revocación, error o procedimiento legal asociado con mi artículo?** Si fue así, ¿como afectará el valor del artículo? Por ejemplo, un juguete retirado por razones de seguridad podría ya no ser apropiado para los niños, pero podría resultar raro y coleccionable si está intacto.

A alguna gente le gusta confiar en sus instintos acerca de cuándo y qué comprar para revender en eBay. Por favor, si el instinto le ha funcionado en el pasado, aprovéchelo aquí también. Si ha hecho investigación que parece optimista, pero su instinto dice: "No estoy seguro", escúchelo; no asuma que está escuchando al taco del almuerzo conversar. Trate de probar las aguas comprando *uno* de los artículos en prospecto para revenderlo en eBay. Si la venta no funciona, no habrá invertido una gran cantidad de dinero, y podrá acreditarle a su instinto el ahorrarle algún dinero.

# ¿Tiene Usted Algún Talento?

Si usted es talentoso en alguna forma, puede vender sus servicios en eBay. Artesanos caseros, cocineros e incluso síquicos que se quedan en sus casas hacen negocios diariamente en el sitio. Qué gran forma de hacer dinero en eBay: ¡haga su propio producto!

Muchos artículos personalizados se venden bien en eBay. Existe una gran demanda por invitaciones, tarjetas y anuncios personalizadas, e incluso etiquetas con la dirección de remitente (y usted creía que tenía todo lo que necesitaba). El trabajo caligráfico o artículos diseñados por computadora (personalizados con fotos de Fluffy y Fido, guau guau) tiene mucha demanda hoy día, pero parece que nadie tiene tiempo para hacerlos. Los vendedores astutos y talentosos pueden llenar ese nicho del mercado.

La gente va a los lugares de moda (cuando tienen tiempo) como Soho, The Grove o The Village, para encontrar joyería exclusiva hecha a mano. Y también van a eBay.

El mundo es su casa y, en eBay nada es imposible. Use su imaginación, y ¡podría sorprenderse con lo que será su nuevo negocio!

# Identificar Modas en los Media

Identificar las modas es un asunto de escuchar y observar. Puede encontrar todo tipo de información revisando detalladamente los periódicos, revistas, televisión y, por supuesto, la Internet. Aunque no lo crea, incluso puede descubrir lo que le interesa a la gente estos días sobornando a un niño. Mantenga sus ojos y oídos abiertos. Cuando la gente diga: "Ese Chihuahua de Taco Bell está *en todas partes* ahora", en lugar de asentir con la cabeza vacía, empiece a generar ideas.

## En los periódicos

Los periódicos son bombardeados por avances de prensa e información secreta de compañías de todo el mundo. Preste mucha atención a las variadas secciones del periódico. Busque historias sobre celebridades y películas por estrenarse, y vea si algunas de las viejas modas están resurgiendo (puede vender estos artículos como "retro chic").

Lea las historias acerca de las ferias comerciales, como la New York Toy Fair o la exposición de Consumer Electronics. Los periodistas introducen y dan la aprobación o desaprobación a los productos nuevos. Así puede empezar a pensar acerca de la dirección en la cual concentrar sus conocimientos.

## En la televisión

Sin importar lo que piense de la televisión, tiene un impacto enorme en las modas que vienen y van, y en las que se quedan. Si no fuera así, entonces ¿por qué los anunciantes invertirían tantos millones de dólares en los comerciales de la TV? Y mire el impacto del Club del Libros de Oprah. Basta sólo una aparición en el programa de Oprah para que un autor transforme un libro en *bestseller*, de la noche a la mañana. Más y más celebridades (incluso Homero Simpson) hablan acerca de eBay. El bullicio atrae gente al sitio.

Sintonice los noticieros matutinos y los programas de charla por las tardes. Observe qué se muestra allí. Los productores de estos programas están al tanto de la cultura pop y se mueven rápido para ser los primeros en traerle la próxima gran cosa. Tome lo que ofrecen y piense cómo mercadearlo. Si usted no lo hace, alguien más lo hará.

## Póngase al día con la cultura de los jóvenes . . .

. . . o al menos trate de mantenerse al tanto. No hay modo de llegar al mismo nivel, así como no hay forma de decir esto sin sonar pasado de moda: Si usted recuerda que se divertía con los Beatles, James Brown o la Familia Partridge (¿perdón?) hasta que sus papás gritaban: "Apaga ese espantoso ruido", podría estar en ese incómodo momento de la vida cuando difícilmente se siente atraído por lo que la gente joven escucha o hace. Pero si quiere consejos sobre artículos calientes en las subastas, tolere el espantoso ruido y escuche a los chicos que estén alrededor suyo. Los niños, especialmente los preadolescentes y adolescentes, podrían ser los mejores consejeros de moda en el planeta. Vea qué clase de consejos de mercadeo obtendrá si les hace preguntas como estas:

- ✔ **¿Qué está de moda en este momento?** O "nota" si quiere sonar a la moda; ¡vaya!, eso era lo que se decía en los años 80, ¿no es así?

- ✔ **¿Qué es totalmente pasado de moda hoy y estaba de moda hace dos meses?** ¡Su mundo se mueve a una gran velocidad!

- ✔ **¿Qué clase de música estás comprando?** Christina Aguilera, The Neptunes y Sum 41; sí, todas las bandas de moda con sus grandes éxitos, pero eso puede ser *¡uy, eso ya pasó hace cinco minutos!* para el momento en que usted lea esto.

- ✔ **¿Qué te podría comprar y te haría realmente feliz? Sugerencia:** : Si el chico dice, "Un BMW Z-3 de color rojo", o "Una liposucción", busque uno más joven.

## Revise eBay

El personal de eBay envía reportes relacionados con artículos venideros por categoría. Revise los anuncios de "artículos calientes" del personal de eBay en la página central de la Comunidad. En la casilla Talk, haga clic en el enlace para los foros de discusión. Desplácese hasta el pie de la página, y encontrará el enlace para el foro exclusivo de lectura Hot Items.

## Mire las revistas

Las revistas dirigidas al grupo de edad entre los 18 y 34 años (y a veces a adolescentes menores) le pueden ayudar a estar al tanto de lo que realmente es caliente. Vea qué ofrecen las grandes compañías a esta audiencia (y vea si realmente son exitosas). Si una celebridad de repente aparece en cada encabezado y en cada revista, busque mercancía relacionada con esa persona. (¿Estamos hablando de histeria más de dinero en efectivo, o sólo de histeria?)

# La Caza del Inventario eBay

Las revistas dirigidas al grupo de edad entre los 18 y 34 años (y a veces a adolescentes menores) le pueden ayudar a estar al tanto de lo que realmente es caliente. Vea qué ofrecen las grandes compañías a esta audiencia (y vea si realmente son exitosas). Si una celebridad de repente aparece en cada encabezado y en cada revista, busque mercancía relacionada con esa persona. (¿Estamos hablando de histeria más de dinero en efectivo, o sólo de histeria?)

## Los bienes están allá afuera

Cuando compra para vender en eBay, no deseche ningún lugar de compra. Desde la boutique más de moda al más pequeño bazar de chucherías, de las ventas de garaje a Saks Outlet, mantenga los ojos abiertos para crear su inventario de eBay. Los artículos que la gente busca en eBay están allá afuera; usted sólo necesita encontrarlos.

Consulte su categoría favorita en eBay y vea cuáles son los artículos de mayor venta. Mejor aún, vaya a su tienda favorita y hágase amigo del administrador. Los dueños de almacenes al detalle se enteran de este tipo de información un par de meses antes de que salga el producto. Si pregunta, le contarán cuál va a ser el artículo apetecido el mes siguiente. Una vez que esté armado con la información que necesita, busque ese artículo al precio más bajo que pueda, y luego pruebe suerte en eBay.

Mantenga estos locales de compra en mente al salir a cazar para eBay:

- ✔ Las tiendas por departamento lujosas, las boutiques de moda, las tiendas de productos de segunda, las tiendas de los diseñadores son buenos lugares para hacer investigación de mercado. Revise los artículos más nuevos y luego diríjase al área de ventas por liquidación o a las tiendas de productos de segunda, y escudriñe las perchas de baratas en busca de artículos de marca.

- ✔ Haga viajes a las tiendas de descuento y tiendas de un dólar en su área. Muchos de los artículos que hay en estos lugares son excesos (mucho de algo que no se vendió), de poca fabricación (muy poco de algo que a los grandes no les interesó guardar) o artículos de moda anticuados que necesitan un buen hogar en eBay.

✔ Las ventas de garaje, ventas de caridad y las ventas por mudanza ofrecen algunas de las más grandes gangas que puede encontrar. Busque piezas de cocina clásicas y juguetes viejos, y haga una oferta que no puedan rechazar.

✔ Las tiendas de artículos usados están llenas de artículos viejos pero generalmente de buena calidad. Y usted se sentirá bien sabiendo que el dinero que gastó en estas tiendas sin fines de lucro va a destinarse a una buena causa.

✔ Encuentre las tiendas que están por salir del mercado. Puede hallar gangas si el dueño tan sólo quiere vaciar los anaqueles de la tienda antes de cerrarla.

✔ Aprovéchese e cualquier mercado de pulgas o ventas de cambalaches de su área.

✔ Las tiendas de regalos en los museos, monumentos, parques nacionales y parques temáticos pueden suministrar inventario de eBay; pero piense dónde va a vender los artículos. Parte del éxito de vender en eBay es el acceso. La gente que no puede ir a Graceland podría pagar generosamente por una mini-guitarra de Elvis con el logotipo oficial en la caja.

✔ Guarde los recuerditos que le regalen. Si recibe recuerdos (pines de solapa, lápices, folletos, libros, servilletas interesantes, linternas, paños, juguetes de peluche) de un evento deportivo, una premier o algún evento histórico, o incluso un recuerdo coleccionable de un restaurante de comidas rápidas, éstos podrían convertirse en su tiquete para algunas ventas en eBay.

## Consejos para el inversionista modesto

Si usted está interesado en ganar dinero en sus operaciones en eBay pero está empezando con capital limitado, siga esta lista de consejos con respecto al inventario eBay:

✔ **No** gaste más de lo que pueda darse el lujo de perder. Si compra en boutiques y tiendas por departamentos caras, compre cosas que le gustaría usar usted mismo (o que pueda regalar), en caso de que no se vendan.

✔ **Trate** de encontrar algo local que no se pueda conseguir en un área más amplia. Por ejemplo, si vive en un lugar lejano con una especialidad autóctona, trate de venderla en eBay.

✔ **No** exagere y compre algo barato sólo porque es barato. Primero imagínese a quien le gustaría el artículo.

✔ **No** comprar en cantidad, especialmente si sabe que el artículo se vende bien en eBay o si es barato. Es bastante posible que, si compra uno y se vende bien en eBay, cuando usted trate de comprar más, el artículo ya se habrá agotado. Si un artículo es barato (digamos 99 centavos), yo siempre compro al menos unos cinco. Si nadie ofrece por el artículo cuando usted lo subasta, sólo perderá $5 (¿Hay alguien por allí que quiera una jarra de café conmemorativa del Bicentenario?).

# Hacer Avanzar su Negocio en eBay

*j* Claro que conozco la sensación! Usted empezó a vender en eBay lentamente, y ya ha vendido varias cosas. Está pensando en dedicar más tiempo a su negocio de eBay, porque ha empezado a recolectar bastante dinero; y
piensa que podría ganar más. ¿Y ahora qué?

Es tiempo de ponerse serios. Usted cuenta con los cimientos de un negocio
real en el mundo del comercio digital. De veras, sin mentir, ¡los tiene! Sí, incluso podría convertirse en el próximo magnate del comercio electrónico. No
quiero aguarle la fiesta, pero no debe adelantarse tanto a los hechos. Va a necesitar unas cuantas cosas antes de poder apoderarse del mundo de las ventas al detalle en Internet y poder retar a esos Shooting Star PowerSellers.

En esta última parte del libro, le doy unos cuantos indicadores para que se encamine
en la dirección correcta e inicie su negocio en eBay. Le recomiendo que consiga una
copia de mi otro libro, *Starting an eBay Business For Dummies* (Wiley Publishing,
Inc.), el cual desarrolla aún más todas las ideas discutidas en este capítulo y más.

## Siempre profesionales

Ignore esos tontos mensajes electrónicos que le ofrecen hacerse rico instantáneamente en eBay. Usted es más listo. Si piensa que una sola lección (que
dure todo el día o más) puede hacer de usted un éxito de la noche a la mañana en eBay, está tristemente equivocado. Aquellos que han sido exitosos en
eBay tienen una de dos cosas en común:

- ✔ Tienen experiencia en ventas al detalle y un claro conocimiento de la
  mercadería y el mercadeo.

- ✔ Fueron a la escuela de la vida a observar y estudiar (como la mayoría de
  nosotros) y han aplicado lo que aprendieron; y han tenido éxito.

En las próximas secciones, le brindo el perfil de dos usuarios que han encontrado el éxito haciendo negocios en eBay. ¿Qué tienen en común? Han traba-
jado muy duro para llegar donde querían estar. No se quedaron sentados
esperando a que hojuelas mágicas les cayeran del cielo y los bendijeran con
éxito. Sabían qué querían y persiguieron sus metas. Usted también puede hacerlo; nadie es demasiado viejo, pobre ni ocupado. (Recuerde que puede
atender un negocio en eBay como trabajo de medio tiempo.)

## Nacido para negociar

No hay nada de malo con la escuela de la vida. Mire el ejemplo de mi amigo Christopher Spencer, usuario de eBay *BornToDeal*. Chris definitivamente nació para negociar. Cuando tenía seis años, ganaba casi $50 a la semana reciclando periódicos. En el colegio, en lugar de darles manzanas a los maestros, les vendía queques y galletas hechas en casa y hacía casi $300 al mes.

La pasión de Chris por las computadoras eventualmente lo llevó a eBay en 1999. Comenzó a hablarles a los propietarios de un local de antigüedades para que le permitieran vender unos cuantos artículos de parte de ellos en eBay. Rápidamente se enganchó. Christopher ahora maneja cerca de 1.000 ventas a la semana para aquellos que quieren vender cosas en eBay. Él debería ser una inspiración para todos los Trading Assistants (vea el Capítulo 20 sobre aquellos que venden para otros) en eBay.

El negocio de Christopher en eBay es tan grande que alquila espacio en un área comercial y tiene personal trabajando tiempo completo para él. A propósito, Chris y yo trabajamos juntos como instructores en la Universidad eBay.

## PreservationPublishing

Jillian Cline es una autora importante en un campo interesante: Ha escrito libros sobre perros: cinco para ser exacta. También ha entrenado y criado hermosos perros de compañía y exhibición. Es una verdadera emprendedora, quien ha formado su propia compañía editorial y produce una línea de lindas prendas para perros que vende a los amantes de las mascotas. Antes de eBay, Jillian vendía sus artículos a través de anuncios en revistas y unos pocos vendedores en las exhibiciones de perros.

Jillian también es una experta en cuanto a legislación específica de razas y ha aparecido en programas de radio y televisión incluyendo *Oprah*. Abrió su propio sitio Web de comercio digital y luego probó eBay para expandir sus horizontes. A pesar de su ocupada agenda, Jillian encuentra tiempo para vender artículos en eBay. Aunque no es todo su negocio, siente que es una importante adición a su conjunto de negocios.

# La Organización es la Clave

Organización es la palabra clave en cualquier negocio al detalle. Sí, su trabajo de medio tiempo o tiempo completo en eBay es un negocio al detalle, en línea. No quiero que piense que el organizarse es una gigantesca incomodidad, pero sí requerirá de algún planeamiento. Puede competir en forma exitosa con los grandes. Yo lo hago, y todos los vendedores serios en eBay pueden hacerlo también.

## Montar su oficina en eBay

Es momento de sacar las cosas de la esquina de su ropero (¿o ya está todo sobre la mesa de la cocina?) y ponerlas en los anaqueles. Para empezar, use cualquier anaquel viejo, pero saque la mercadería de los armarios y ¡organícese! Estos son algunos consejos para lograrlo:

- ✔ **Ponga sus artículos en bolsas y divídalos en categorías.** Use bolsas plásticas de sandwiches y cajas, las cajas blancas que venden en las tiendas de suministros para oficinas para guardar carpetas viejas. Estas cajas tienen bastante espacio, así que usted cuenta con bastante campo para rotular los contenidos de cada caja. Y los agujeros sirven como agarraderas para su fácil transporte.

  Si quiere ponerse elegante (y planear para el futuro), use los recipientes plásticos transparentes que puede hallar en almacenes como Wal-Kart o Target. Estos tienen tapas de cierre de seguridad y manijas para levantarlos fácilmente.

- ✔ **Establezca un área separada de trabajo.** La necesitará para empacar y envolver sus artículos. También le servirá cuando necesite ensamblar sus artículos para enviarlos.

- ✔ **Designe un lugar para almacenar sus materiales de empaque.** Yo solía tener un baño separado de mi oficina. Todavía parece un baño, pero la ducha tiene anaqueles cargados con cajas de diferentes tamaños y sobres para enviar cosas por correo.

## Automatice sus envíos

Regrese al Capítulo 12 y eche una hojeada a mis recomendaciones para organizar los envíos. Cuando inicia su negocio en eBay, es el momento de inscribirse a alguna agencia transportista. UPS, FedEx y el Servicio Postal de los Estados Unidos (a través de Endicia.com o Stamps.com) proveen software que le ahorrará muchísimo tiempo en papeleo. Y no olvide la póliza de seguros de embarque mencionada en el Capítulo 12; no cuesta nada hasta que la use.

Apúrese en adquirir una impresora térmica de etiquetas. Le ahorrará una eternidad de tiempo al empacar cada artículo. Piense en la clase de aparatos que tendrán los chicos grandes. Con la venida de la Internet, hay dispositivos fáciles de usar, como las impresoras de etiquetas, ahora disponibles también para los pequeños empresarios.

## Legalícese

Con el éxito viene la responsabilidad: responsabilidad con su comunidad local (traducción: Usted necesita una licencia para establecer su negocio) y su país (su amigo, el Tío Sam). Dependiendo de dónde viva, podría verse obligado a obtener una licencia para negociar, especialmente si trabaja fuera de su casa. A menudo las cuotas de las licencias son más bajas para los negocios basados en el hogar.

Cuando solicite una licencia para su negocio, asegúrese de decirles a los buenos chicos de la oficina del condado que a su casa no llegarán camiones gigantescos varias veces al día a hacerle entregas. También, aclare que usted no va a estar haciendo transacciones comerciales en su casa. Sus transacciones comerciales tendrán lugar en línea y a través del correo. Esto realmente es una importante diferencia para el condado y sus vecinos. Si llega al punto de que los camiones *vienen* a su casa varias veces al día, es tiempo de mudarse a un local comercial.

Si quiere comprar su mercancía al mayoreo (también es parte de la idea: Compre barato, venda caro) necesita saber si en su área geográfica se requiere una licencia de revendedor. La mayoría de lugares la piden. Los mayoristas genuinos le solicitarán tener esta licencia como prueba de su estatus de comerciante. Si no la solicitan, probablemente no son mayoristas legítimos. Esta licencia también le permite comprar artículos para la venta sin pagar impuestos de venta. Al revenderlos, cargará los impuestos de venta (asumiendo que vive en un estado que declara impuestos de venta). Debe reportar y pagar el impuesto recogido al estado dentro de los períodos de tiempo predefinidos.

## Llevar registros como un profesional

Si está negociando, sea a tiempo completo o parcial, debe llevar varios registros. Consiga un buen programa de contabilidad para mantenerlos. No es tiempo de jugar; es el momento de crear una imagen profesional. Si quiere hacer las cosas bien, hable con la persona que le prepara sus impuestos o vaya a un agente autorizado que le ayude a ordenar sus libros. Mi libro *Starting an eBay Business For Dummies* le da más información sobre cómo empezar a organizarse desde su casa.

## Considere usar una red inalámbrica en casa

Una red inalámbirca en casa realmente le ayudará a mantener la cordura, porque no deberá atarse a su escritorio todos los días. ¿No sería bonito poder hacer algunos de sus negocios en eBay sentado en el corredor de su casa o en una hamaca en el jardín? Aunque no lo crea, es posible; sin tener que incurrir en grandes gastos. Estoy escribiendo este capítulo en mi laptop, en la sala de mi casa (con una tarjeta de PC inalámbrica), la cual está conectada a una conexión en vivo de Internet desde mi oficina. Si quiero imprimir algo, se imprime en la impresora, que está en otro cuarto. Cuando termine, enviaré este capítulo a mi editor en Indianápolis. Bueno, ¡esto sí es progreso!

Para obtener más detalles sobre cómo escoger el hardware, instalar una red y mantenerla segura, déle una ojeada a *Wireless Home Networking For Dummies*, por Danny Briere, Pat Hurley and Walter Bruce (Wiley Publishing, Inc.).

# Índice

## • B •

## • F •

## • Q •

## • R •

# eBay® Para Dummies,™ 4a Edición

Referencia Rápida

## La Hora eBay y las Actualizaciones

Los relojes de eBay están ajustados a tiempo militar de la zona del Pacífico. Fíjese en la tabla de mi sitio Web, la cual trae un cuadro de conversión (que se puede imprimir) con las horas eBay. Otra forma de mantenerse al tanto de los cambios en eBay es visitar mi sitio Web para obtener una suscripción gratuita a mi boletín informativo. Esta es la dirección electrónica:

`www.coolebaytools.com`

## Conozca los Términos de las Subastas

- **Precio reservado:** El precio mínimo que un vendedor está dispuesto a aceptar por un artículo subastado. Fijar un precio de reserva es opcional, y sólo el vendedor conoce el precio reservado. Si la oferta no sobrepasa la reserva, el vendedor tiene la opción de conservar el artículo. eBay cobra al vendedor una pequeña cuota por esta opción.

- **Oferta mínima:** La oferta mínima aceptable para un artículo, fijada por el vendedor. Esta cantidad debe ser determinada por el vendedor, y no se mantiene en secreto. Los montos de las ofertas mínimas a menudo son diferentes de los precios reservados.

- **Subasta (holandesas) de múltiples artículos:** Una subasta que permite a un vendedor colocar varios artículos idénticos a la venta, en lugar de organizar múltiples subastas separadas. El vendedor debe vender todos los artículos al precio mínimo ganador. Usted puede ofrecer por uno, algunos o todos los objetos.

- **BIN (Buy It Now: cómprelo ahora):** Usted tiene la opción de comprar un artículo con la alternativa BIN. Si considera que el precio BIN representa un poco más de lo que quisiera pagar, haga una oferta al nivel mínimo posible (o lo máximo que le gustaría pagar). Así, la opción BIN desaparece y tal vez usted obtenga el artículo al menor precio.

- **Auto-oferta (proxy bid):** Puede decidir el máximo que está dispuesto a pagar por un artículo y dejar que el programa para hacer ofertas de eBay las coloque por usted mientras usted continúa con su vida. El oferente automático incrementa las ofertas para ganarle a la competencia hasta que su oferta sea superada o usted gane la subasta.

## Consejos para Vendedores

- Averigüe lo máximo posible acerca del valor, la historia y la condición del artículo.

- Responda todas las preguntas hechas por los oferentes potenciales a través del correo electrónico en pocas horas. No deje pasar demasiado tiempo, a no ser que desee parecer desinteresado en sus consultas.

- Estudie su competencia en eBay. Si se están realizando muchísimas otras subastas al mismo tiempo para el mismo tipo de objeto y las ofertas son competitivas, espere hasta que la competencia sea feroz por unos cuantos artículos selectos.

- Asegúrese de que su artículo no esté prohibido ni se considere cuestionable en eBay. Si no está seguro, lea las directrices de eBay y revise las leyes de su localidad.

- Cerciórese de agregar una foto para avivar sus subastas, y asegúrese de que su título resalte las palabras claves del artículo; pero no intente encubrir sus defectos en la descripción. Ser directo, informativo y conciso muestra a los compradores potenciales que usted es honesto y es fácil trabajar con usted.

*...ra Dummies: La Serie de Libros más Vendida para Principiantes*

# eBay® Para Dummies,™ 4a Edición

*Referencia Rápida*

## Consejos para Compradores

Antes de ofrecer por un artículo en una subasta, siga estos pasos:

- Investigue el artículo antes de ofrecer, y busque las subastas terminadas para ver a qué precio se han vendido artículos similares en el pasado. Si el objeto es nuevo y puede comprarse en una tienda, conduzca una investigación en línea para saber en cuánto se vende el artículo en las tiendas. ¡No ofrezca demasiado!

- Haga una nota mental del costo del envío antes de ofrecer por un artículo. Añada los costos de transporte a su oferta total para tener una idea acertada de la suma total que deberá pagar.

- Revise la calificación del vendedor. No importa cuán alta sea ésta, cerciórese de que los últimos comentarios no sean negativos.

- Haga sus ofertas en incrementos extraños. Los oferentes a menudo utilizan números redondos (como incrementos de 25 céntimos). Si ofrece en incrementos de 27 céntimos, ¡podría ganar por sólo 2 centavos!

- Diviértase y prepárese para pagar por lo que ofrece. *Recuerde:* En muchos estados, hacer una oferta se considera un contrato vinculante.

## Cosas que Necesita Saber sobre las Calificaciones

Antes de enviar retroalimentación a otro miembro de eBay o leer los comentarios que los miembros de eBay le hayan enviado a usted, asegúrese de hacer lo siguiente:

- Antes de ofrecer por un artículo en eBay, **revise** la calificación de retroalimentación del vendedor haciendo clic en el número que aparece junto al lado de la identificación de usuario del vendedor.

- Incluso si ve una gran cantidad de comentarios positivos, **verifique** que el vendedor no tenga también un número creciente de respuestas de retroalimentación negativa, especialmente si es reciente. En los ojos de otros miembros de eBay, uno solamente es tan bueno como sus últimas transacciones, así que cuídese.

- **Respire y relájese** antes de dejar comentarios negativos para otro miembro de eBay. eBay no eliminará la retroalimentación si usted cambia de parecer o si exageró ante la situación.

- El vendedor **no está obligado** a dejar comentarios para usted cuando usted paga por el artículo. La retroalimentación se basa en toda la transacción; el comprador tal vez no haga ningún comentario hasta que reciba el artículo y ambos estén satisfechos.

- Si alguien le da calificación positiva, actúe con **reciprocidad** y déjele comentarios positivos también.

- Si recibe retroalimentación negativa y siente que es importante contar la historia desde su punto de vista, **asegúrese** de responder en un tono neutral. También puede agregar una línea de respuesta a la calificación que ha recibido, para explicar la situación a aquellos que lean el comentario.

*Para Dummies: La Serie de Libros más Vendida para Principiante*